Präsentationen mit PowerPoint 2007

Bild für Bild

Präsentationen mit PowerPoint 2007

Sehen und Können

SUSANNE WALTER

Markt+Technik

Bibliografische Information der Deutschen Bibliothek
Die Deutsche Bibliothek verzeichnet diese Publikation in der Deutschen Nationalbibliografie; detaillierte bibliografische Daten sind im Internet über http://dnb.ddb.de abrufbar.

Umwelthinweis:
Dieses Buch wurde auf chlorfrei gebleichtem Papier gedruckt.
Um Rohstoffe zu sparen, haben wir auf Folienverpackung verzichtet.

10 9 8 7 6 5 4 3 2

09 08

ISBN 978-3-8272-4141-2

Umschlaggestaltung: Marco Lindenbeck, webwo GmbH, mlindenbeck@webwo.de
Lektorat: Birgit Ellissen, bellissen@pearson.de
Korrektorat: Claudia Mantel-Rehbach
Herstellung: Martha Kürzl-Harrison, mkuerzl@pearson.de
Satz: Caroline Butz, www.carobutz.de
Druck und Verarbeitung: Bosch, Ergolding
Printed in Germany

Liebe Leserin, lieber Leser,

lernen Sie mit diesem Buch **Bild für Bild** das Präsentationsprogramm Microsoft Office PowerPoint 2007 kennen. Nach einem Überblick zur neuen Programmoberfläche stelle ich Ihnen einfache Techniken vor, mit denen Sie im Handumdrehen gelungene Schaubilder erstellen. Neben dem technischen Knowhow erhalten Sie auch Tipps, worauf Sie beim Erstellen von Präsentationen achten sollten.

Außerdem erfahren Sie, wie Sie Ihre Präsentationen gekonnt animieren, drucken und auf CD verteilen. Machen Sie mit: Bauen Sie die Beispielfolien Schritt für Schritt nach.

Die fertigen Lösungen stehen für Sie zum Download bereit:

www.slides4vision.de/bfbpptx2007.htm

Ihre Autorin

Susanne Walter

1 PowerPoint kennenlernen: Die erste Tour 11

PowerPoint starten und beenden 12
So finden Sie sich in PowerPoint 2007 zurecht 14
Dateien öffnen, speichern und schließen 20
Eine neue Präsentation erstellen 22
Design, Farbe, Schrift und Effekte zuweisen 24
Folien einfügen, anordnen und löschen 26
Für jeden Zweck die optimale Ansicht 28
Störende Automatismen abschalten 32
Schneller Zugriff auf häufig benutzte Befehle 34

2 Übersichtliche Textfolien 37

Schritt für Schritt: Text eingeben 38
Kein Stress mit Aufzählungszeichen 40
Das Aufzählungszeichen austauschen 42
Absatz- und Zeilenabstand einrichten 46
Wichtiges optisch hervorheben 48
Kopf- und Fußzeile einfügen 50
Zu viel Text auf der Folie? 52

3 Gelungene Schaubilder im Handumdrehen 55

Per Mausklick von der Aufzählung zum Schaubild 56
Der andere Weg: Erst das Schaubild, dann der Text 60
SmartArt per Formatvorlage schnell formatieren 62
Die Grafik optimieren 64
Schnell ein Organigramm erstellen 68

4 Zeichnen mit PowerPoint 71

Personen durch Symbole abbilden 72
Zeichnungen mit 3-D-Effekten aufpeppen 76
Die Folie zum Zeichnen optimal vorbereiten 78
Organisationsstrukturen flexibel zeichnen 80
Text frei auf der Folie anordnen 86

5 Informationen mit Tabellen strukturieren 89

Übersichtliche Checklisten erstellen 90
Die Tabelle per Formatvorlage aufpeppen 96
Den Zeitplan für ein Projekt abbilden 98

6 Diagramm statt Zahlenkolonnen 107

Ein Diagramm in Powerpoint einfügen 108
Diagramme übersichtlich formatieren 112
Die wichtigsten Diagrammtypen....................118
Den Branchenvergleich als Trendlinie anzeigen 120

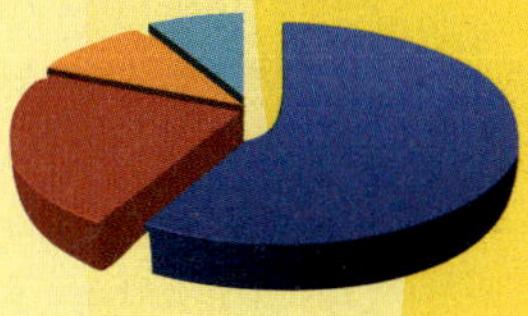

7 Multimedial: Bilder, Sound & Video einsetzen 125

Bilder auf der Folie einfügen 126
Bilder zuschneiden, vergrößern und verkleinern 128
Bild- und Dateigröße optimieren 130
Bilder mit weicher Kante freistellen 132
Bilder in Formen richtig anzeigen 134
Die Farbstimmung von Bildern anpassen 136
Attraktive Bild- und Texteffekte für Fotoalben 138
Sound in Präsentationen einsetzen 142
Videos importieren 146

8 Die Bildschirmpräsentation 149

Die Bildschirmpräsentation starten und steuern 150
Per Folienübergang zum nächsten Thema 152
Chronologisch: Die Präsentation zum Vortrag 154
Automatisch: Infokiosk und Messepräsentation 156
Interaktiv: Der Betrachter steuert selbst 158

9 Mit Animationen besser präsentieren 163

Aufzählungen Punkt für Punkt einblenden 164
Aufzählungen mit Gliederungen flexibel animieren 166
Hervorheben statt einzeln einblenden 168
Der Aufgabenbereich im Überblick 170
Die Animation für ein Schaubild schnell einrichten 174
Objekte entlang von Pfaden bewegen 176
So wird die Pfadanimation zur Eingangsanimation 178
Per Trigger ein Quiz einrichten 180
Animationen mit Sound wiedergeben 182
Diagramme und SmartArt animieren 184

10 Für jeden Zweck den richtigen Ausdruck 187

Optimal auf den Drucker zugreifen 188
Die Präsentation in Papierform 190
Gliederung und Notizen für den Vortragenden 194
Handzettel für das Publikum 196

11 Eine eigene PowerPoint-Vorlage erstellen 199

Per Office-Design zum einheitlichen Look 200
Office-Design und PowerPoint-Master im Überblick 202
Farbe, Schrift und Effekte fürs Office-Design 204
Grafische Elemente für den Hintergrund erstellen 208
Die Platzhalter des Folienmasters formatieren 212
Layouts nachbearbeiten und organisieren 214
Office-Design und PowerPoint-Vorlage fertigstellen 218

12 Präsentationen fertigstellen und weitergeben 221

Die Rechtschreibung prüfen 222
Persönliche Daten entfernen 224
Probleme mit Schriften vermeiden 226
Beim Speichern das richtige Dateiformat wählen 228
Präsentationen von einer CD wiedergeben 230

Lexikon 239

Stichwortverzeichnis 246

1

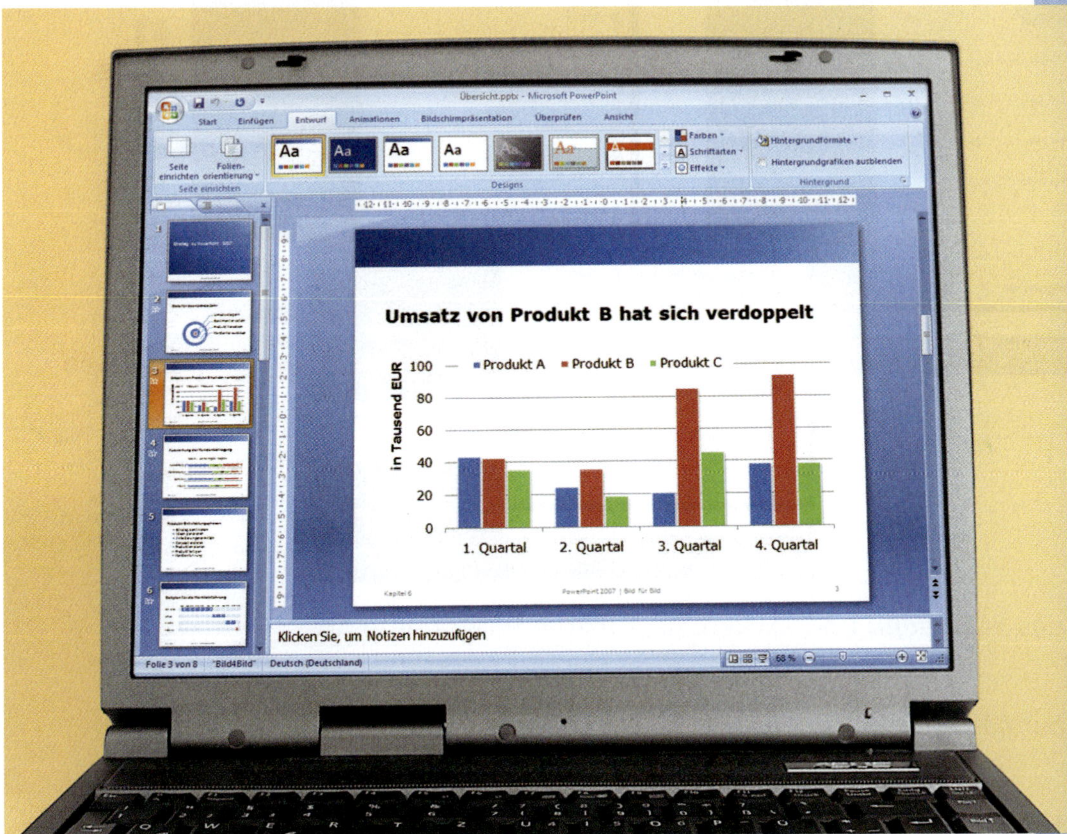

PowerPoint kennen-lernen: Die erste Tour

PowerPoint starten und beenden

Start

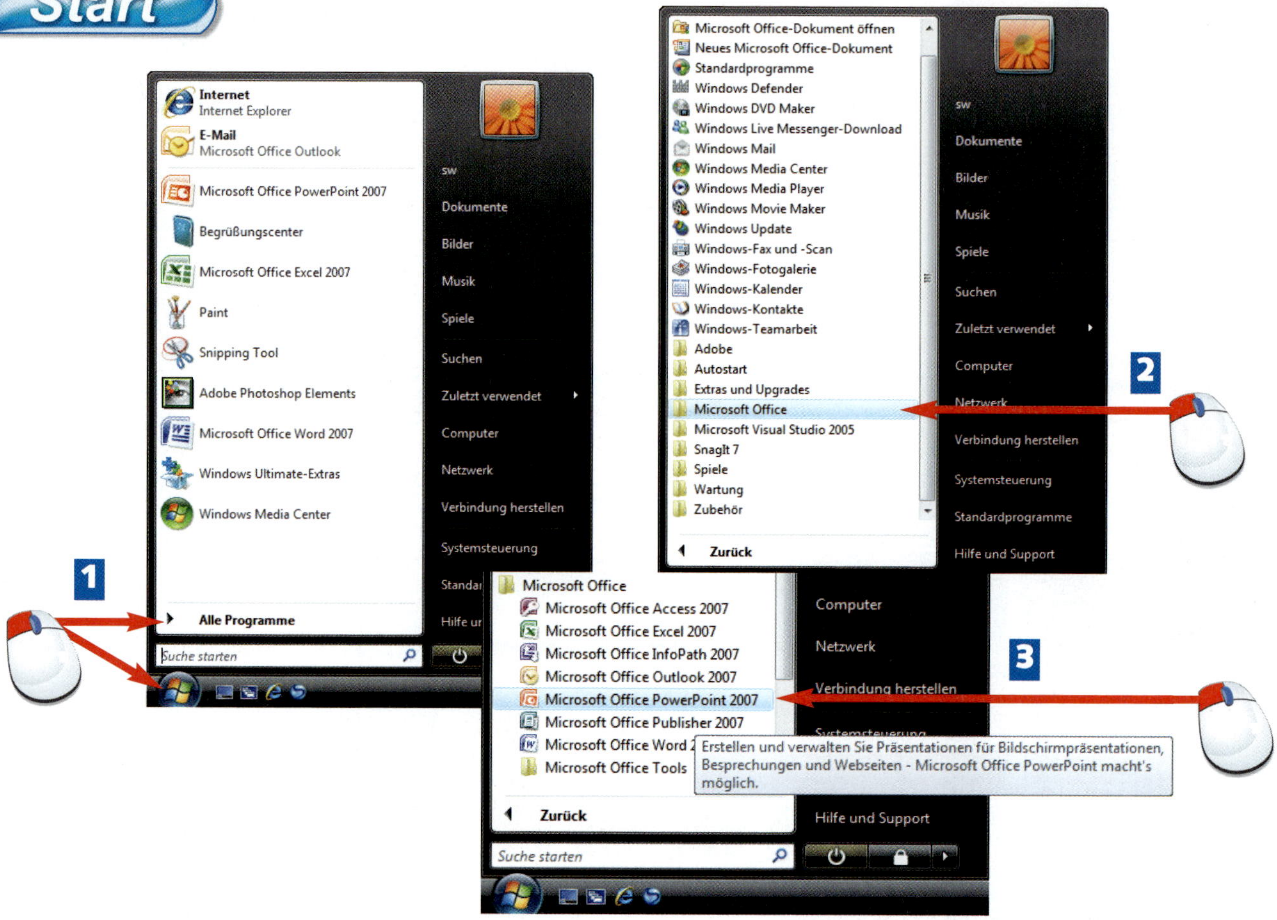

1 Öffnen Sie das *Startmenü* und klicken Sie auf *Alle Programme*.

2 Klicken Sie auf *Microsoft Office* ...

3 ... und anschließend auf *Microsoft Office PowerPoint 2007*.

PowerPoint-Präsentationen werden für Vorträge, Firmen- und Produktpräsentationen und viele andere Zwecke eingesetzt. Auch zum Erstellen interaktiver Schulungen, Diashows und animierter Glückwunschkarten ist das Programm geeignet. Die Wiedergabe der Präsentation erfolgt entweder am Bildschirm oder über einen Beamer.

WISSEN

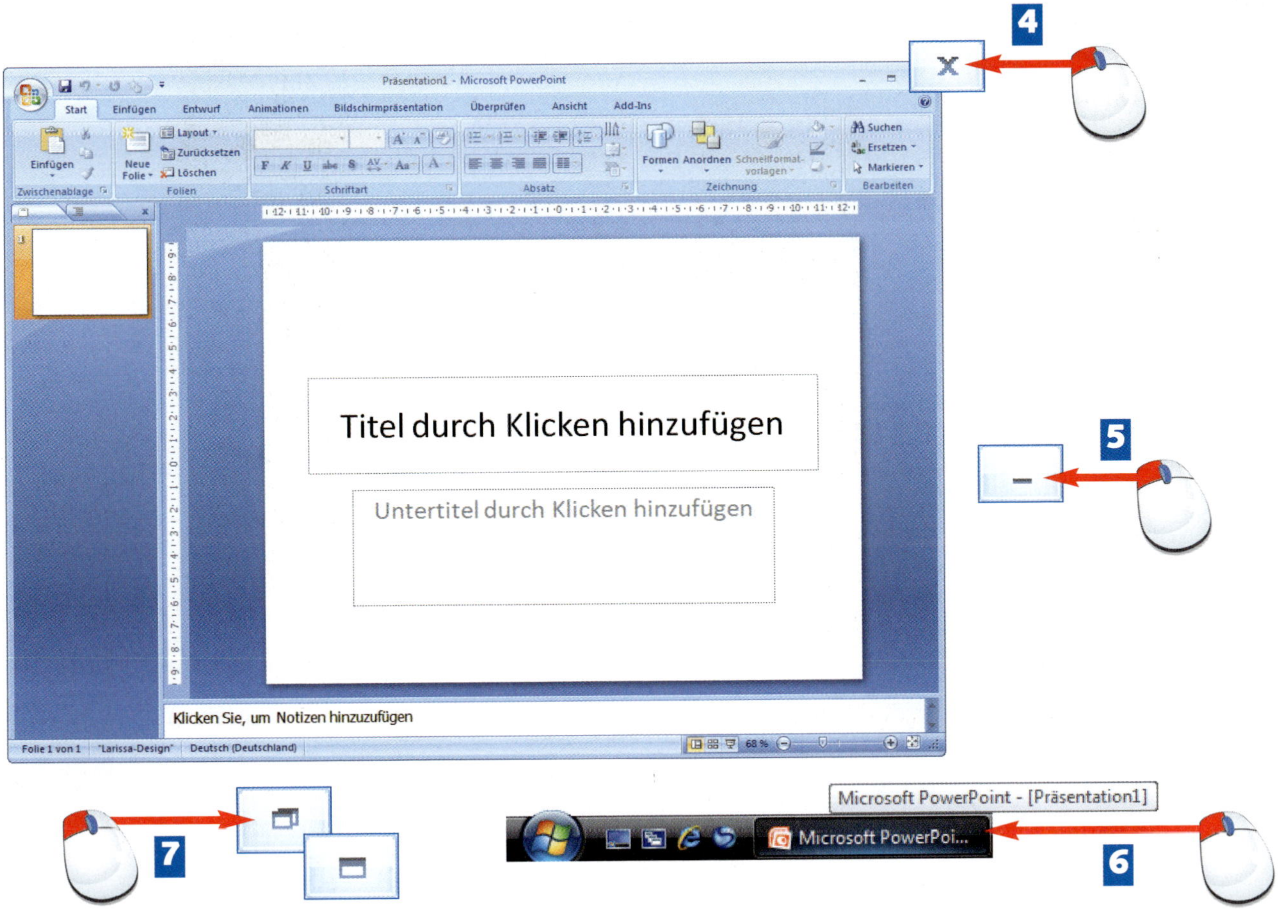

4 PowerPoint startet mit einer neuen, leeren Präsentation. Um das Programm wieder zu beenden, klicken Sie auf das Kreuz in der rechten oberen Ecke des Fensters.

5 Klicken Sie auf die Schaltfläche *Minimieren*, wenn Sie auf Ihren Desktop zugreifen möchten. Das Programmfenster wird dann vorübergehend geschlossen.

6 Per Klick auf das PowerPoint-Symbol in der Taskleiste öffnen Sie das Programm wieder.

7 Die mittlere Schaltfläche ändert ihre Funktion je nach Fensterstatus. Sie verkleinert das Programmfenster bzw. stellt die maximale Größe wieder her.

PowerPoint-Präsentationen können auch in unterschiedlichen Formaten gedruckt werden, um Manuskripte, Vortragsnotizen oder Tischvorlagen zu erstellen.

HINWEIS

In der Voreinstellung von Windows befindet sich die **Taskleiste** am unteren Bildschirmrand. Sie zeigt neben der runden Startschaltfläche alle geöffneten Programme und Dokumente.

FACHWORT

Ein **Beamer** ist ein Spezialgerät, das Bilder von einem Notebook auf eine Leinwand projiziert.

FACHWORT

Start

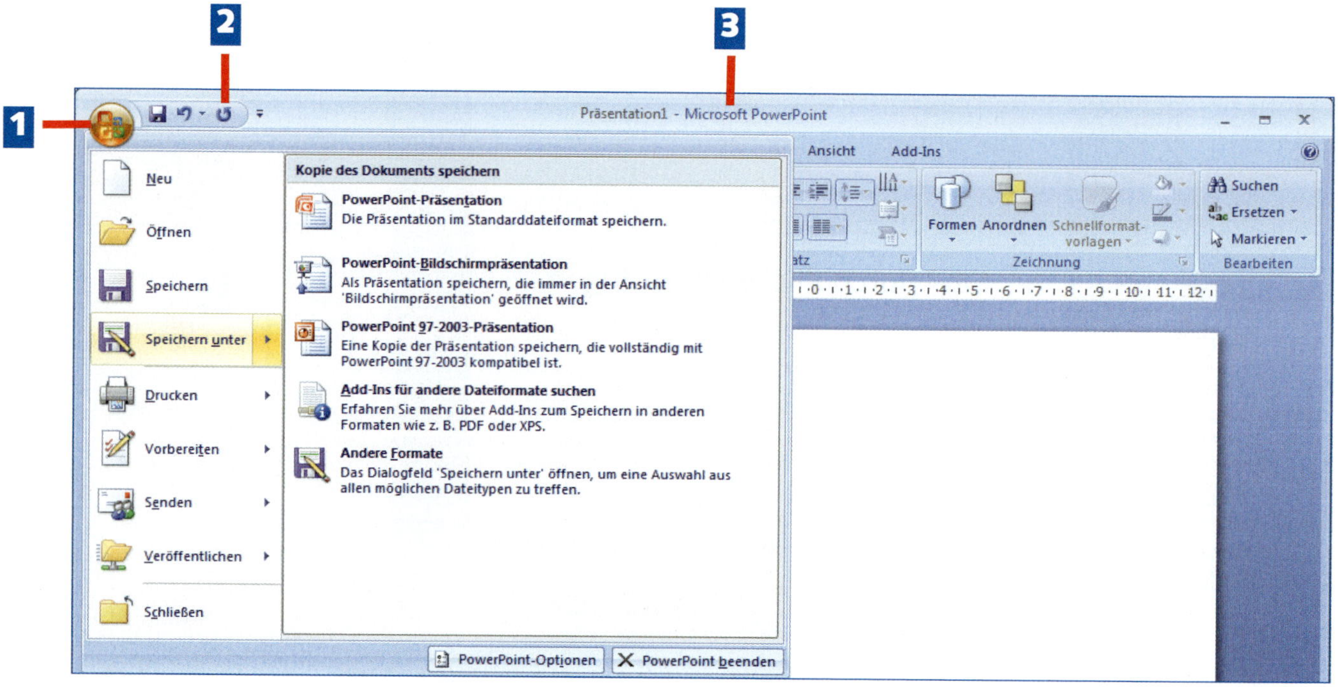

1 Die runde Office-Schaltfläche ersetzt jetzt das Menü *Datei*, das Sie vielleicht aus anderen Programmen oder früheren Office-Versionen kennen. Dort finden Sie alle Befehle zum Öffnen, Speichern und Fertigstellen von Präsentationen.

2 Daneben ist die Schnellzugriffsleiste mit Schaltflächen für häufig benötigte Befehle angeordnet.

3 Die Titelleiste zeigt den Dateinamen der aktuellen Präsentation. Präsentationen, die noch nicht gespeichert sind, werden als Präsentation1, Präsentation2 etc. bezeichnet.

Die Multifunktionsleiste passt sich dynamisch an die Größe des Programmfensters und die Bildschirmauflösung an. Steht nicht genügend Platz zur Verfügung, um die Multifunktionsleiste vollständig darzustellen, reduziert PowerPoint die Darstellung auf Symbole ohne Beschriftung.

WISSEN

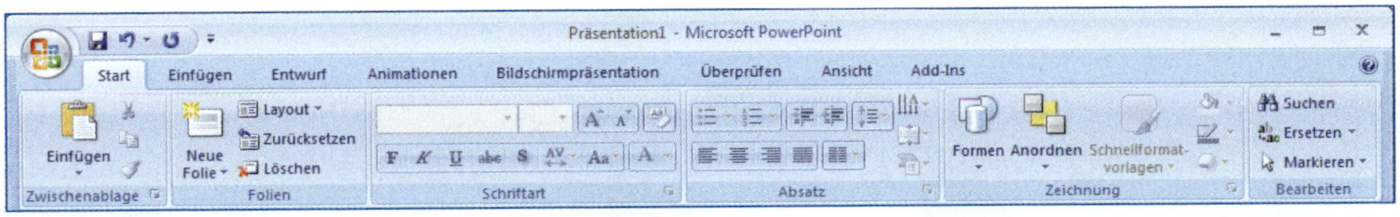

4

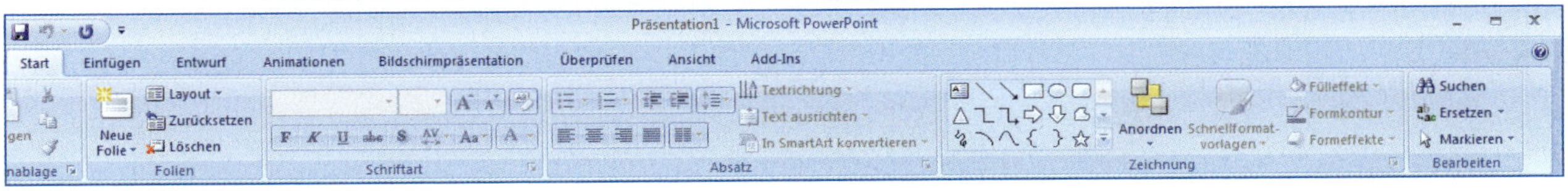

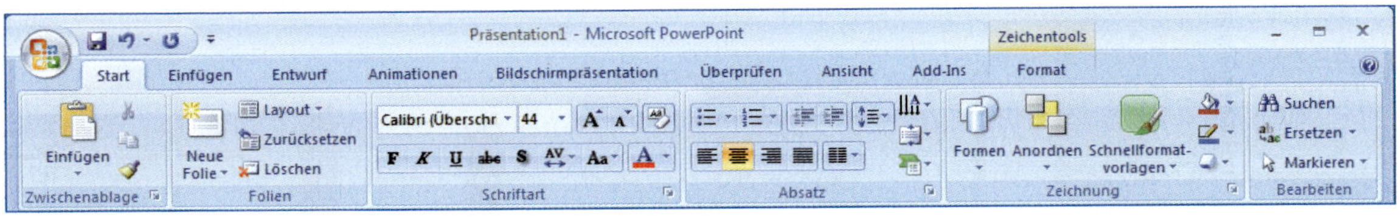

5

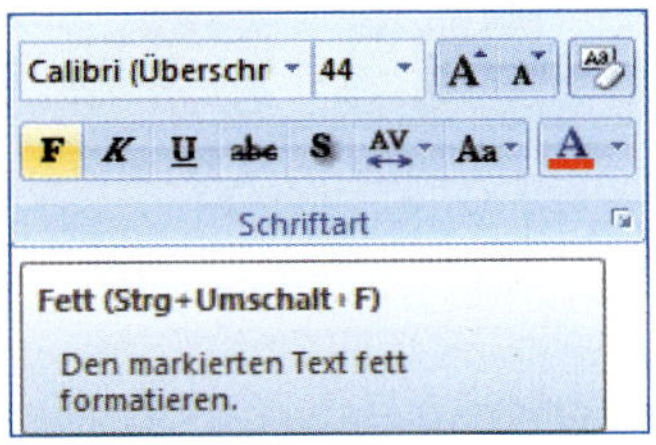

6

4 Die Multifunktionsleiste ist in Registerkarten gegliedert. Jede Registerkarte stellt für bestimmte Aufgaben beim Erstellen einer Präsentation spezielle Schaltflächen und Dialogfelder bereit.

5 Ist auf der Folie ein Objekt markiert, für das spezielle Programmfunktionen zur Verfügung stehen, blendet PowerPoint dafür eine oder mehrere zusätzliche Registerkarten auf der Multifunktionsleiste ein.

6 Sobald Sie mit der Maus auf eine Schaltfläche der Multifunktionsleiste zeigen, erscheint eine QuickInfo, die erklärt, welchen Befehl die Schaltfläche ausführt.

Schaltflächen mit hellerer Farbe oder grauer Beschriftung stehen zur Verfügung, wenn auf der Folie ein Objekt markiert ist, auf das der Befehl angewendet werden kann.

HINWEIS

Die **Bildschirmauflösung** gibt die Zahl der Bildpunkte an, die der Bildschirm in der Breite und Höhe anzeigt.

FACHWORT

Die Registerkarte *Add-Ins* wird erst angezeigt, wenn Programmerweiterungen zu PowerPoint installiert wurden.

HINWEIS

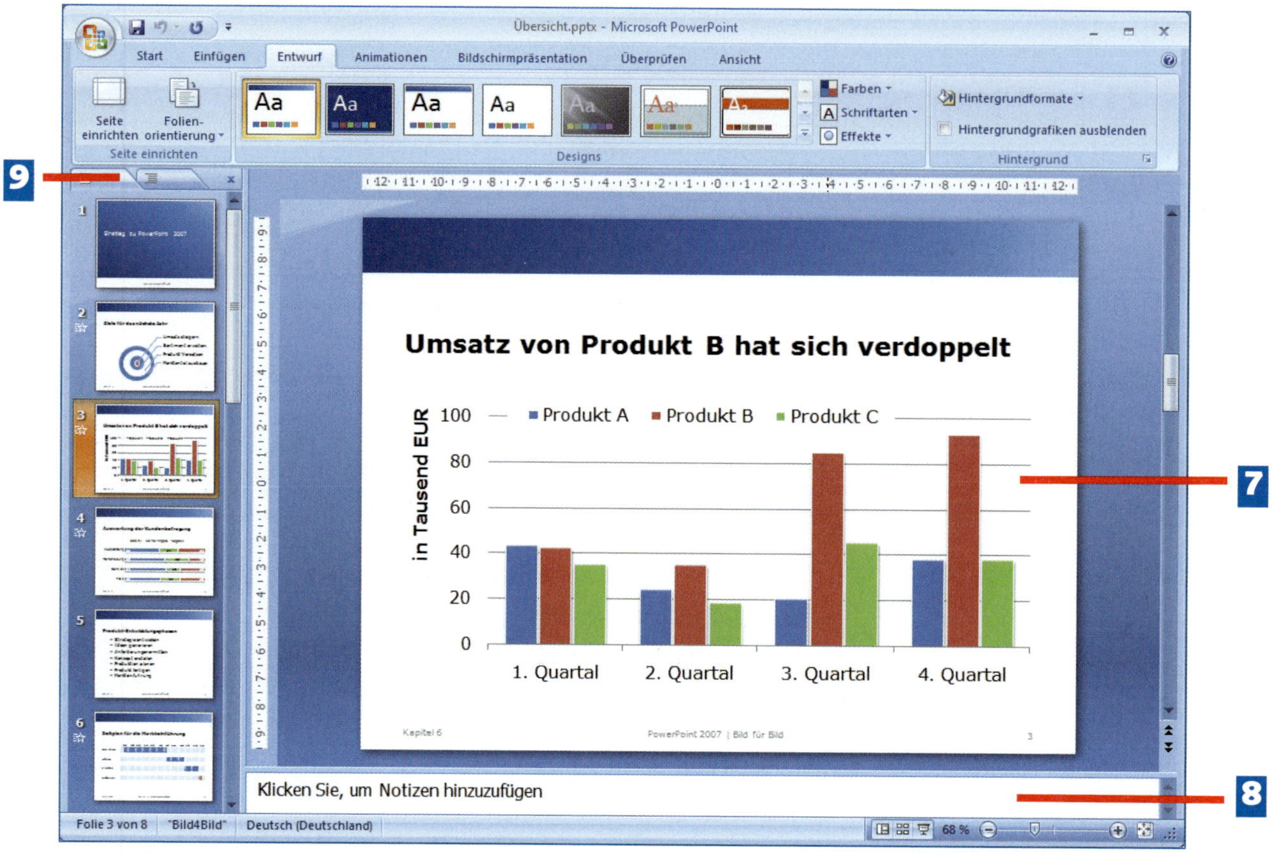

7 Die Seiten einer PowerPoint-Präsentation werden Folien genannt. Im Folienbereich nehmen Sie die Bearbeitung Ihrer Präsentation vor.

8 Unterhalb der Folie befindet sich der Notizenausschnitt. In diesem Bereich können Sie Bearbeitungshinweise oder Vortragsnotizen zum Vortrag hinterlegen.

9 Links neben der Folie befinden sich die Registerkarten *Folien* und *Gliederung*. Durch Anklicken der Miniaturansicht einer Folie in der Registerkarte *Folien* wird diese Folie im Folienbereich angezeigt.

Die Aufteilung des Programmsfensters von PowerPoint in Folienbereich, Notizenausschnitt und den Bereich mit den Registerkarten *Folien* und *Gliederung* kann durch Ziehen der blauen Teilungsleisten beliebig angepasst werden.

WISSEN

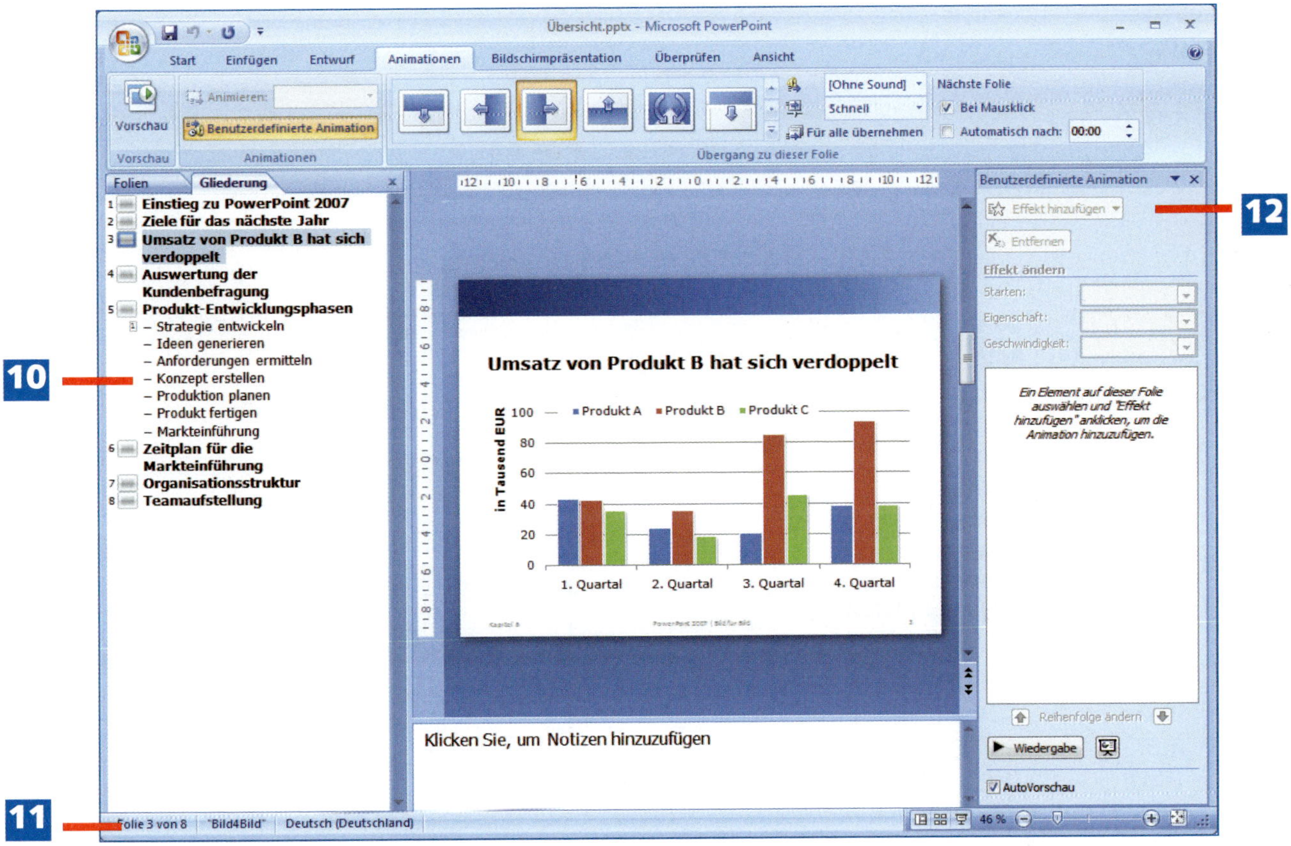

10 In der Registerkarte *Gliederung* sehen Sie anstelle von Miniaturbildern Ihrer Folien den Text.

11 Die Statusleiste am unteren Bildschirmrand zeigt links außen die Zahl der Folien einer Präsentation, das verwendete Design sowie die Spracheinstellung für die Rechtschreibprüfung. Auf der rechten Seite sind Schaltflächen zum Anpassen der Ansicht angeordnet.

12 Für manche Aufgaben wie das Einrichten von Animationen blendet PowerPoint automatisch zusätzlich Aufgabenbereiche ein.

Beim Erstellen von Folien kann man gar nicht genug Platz haben. Geben Sie dem Folienbereich möglichst viel Platz im Programmfenster.

TIPP

Aufgabenbereiche enthalten Programmfunktionen und Übersichten der bearbeiteten Objekte.

FACHWORT

Schließen Sie einen Aufgabenbereich per Klick auf das Kreuz in der rechten oberen Ecke, wenn Sie ihn nicht mehr benötigen.

TIPP

13

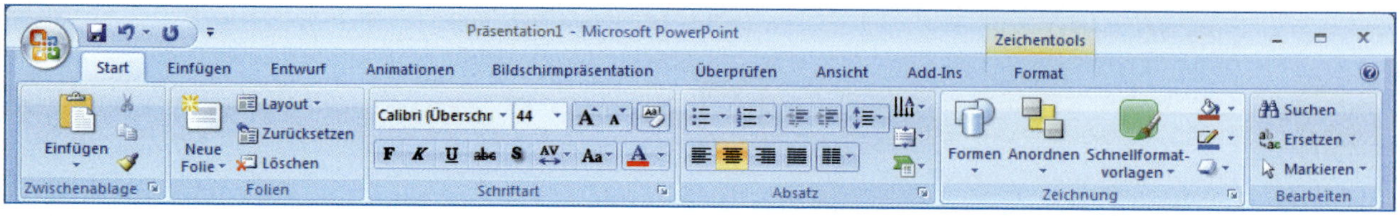

14

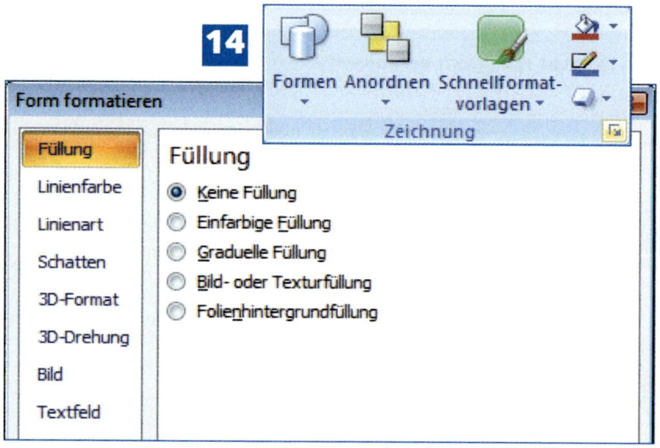

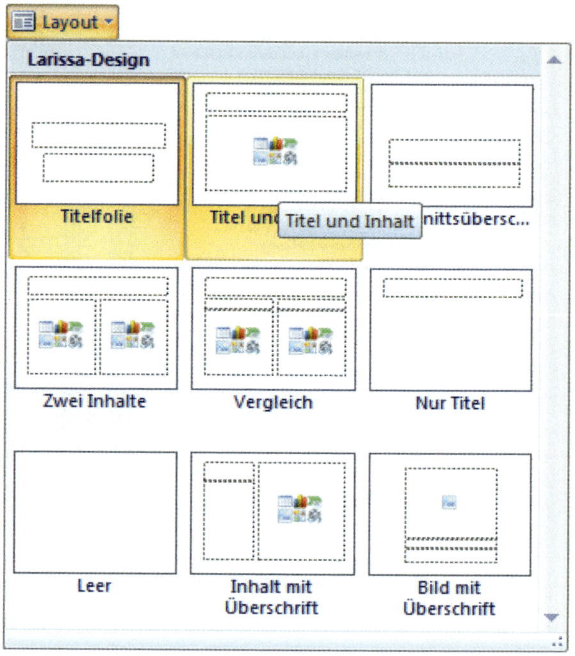

15

13 Die Schaltflächen der Multifunktionsleiste sind in Befehlsgruppen angeordnet. Sobald Sie mit der Maus auf eine Befehlsgruppe zeigen, wird sie farblich hervorgehoben.

14 Befehlsgruppen mit Pfeilen in der rechten unteren Ecke werden durch Dialogfelder oder Menüs ergänzt, in denen Sie weitere Einstellungen vornehmen können.

15 Per Klick auf den Pfeil neben oder unter einer Schaltfläche öffnen Sie ebenfalls Kataloge, Menüs und Dialogfelder, die weitere Optionen bieten.

Die Oberfläche von PowerPoint ist kontextabhängig aufgebaut. Das Programm stellt viele Befehle an mehreren Stellen der Oberfläche zur Verfügung mit dem Ziel, dass Sie schnellstmöglich auf die Funktionen zugreifen können, die Sie gerade brauchen.

WISSEN

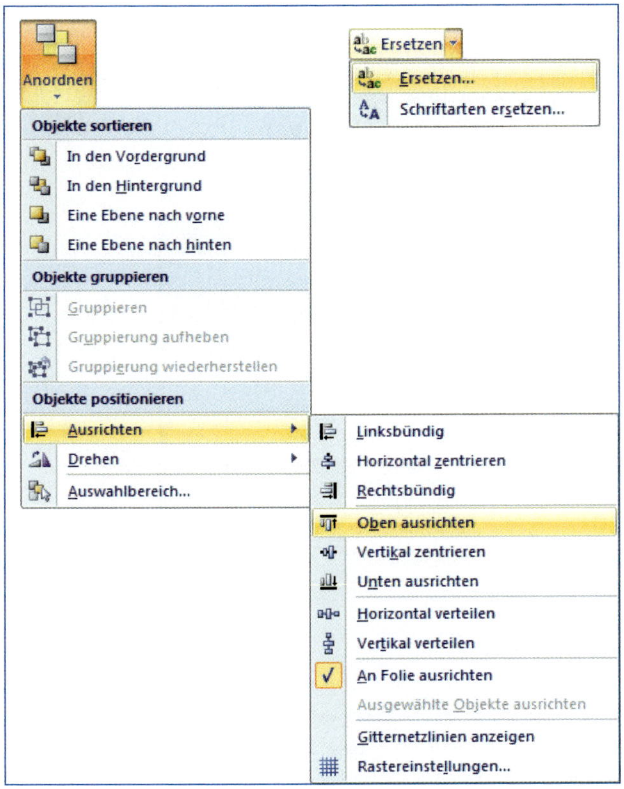

16

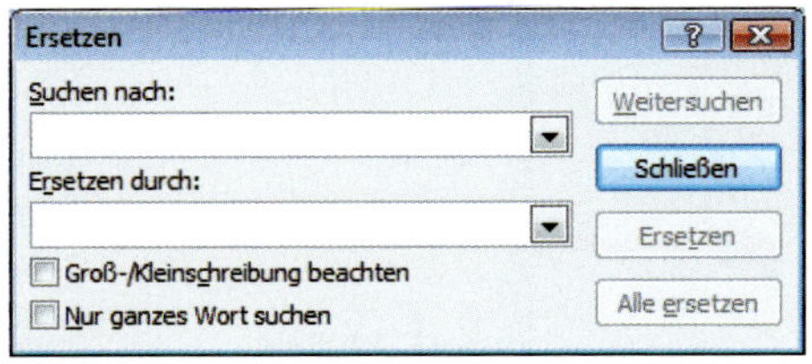

17

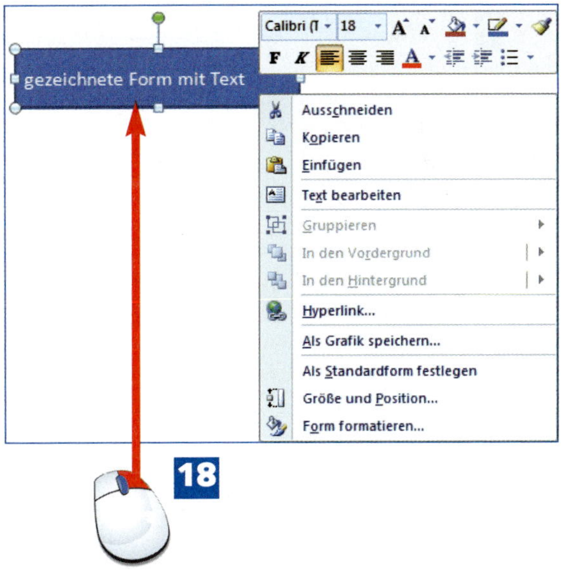

18

16 Zu einem Menübefehl mit Pfeil blendet PowerPoint ein Untermenü oder einen Katalog ein, sobald Sie mit der Maus auf den Eintrag zeigen.

17 Enthält der Menübefehl dagegen drei Punkte, wird er durch ein Dialogfeld ergänzt. Dann müssen Sie klicken, um das Dialogfeld aufzurufen.

18 Per Klick der rechten Maustaste auf ein Folienobjekt rufen Sie das zu diesem Objekt gehörige Kontextmenü auf.

Ende

Orientieren Sie sich an den Symbolen der Schaltflächen, wenn durch die Dynamik der Programmoberfläche Ihr PowerPoint etwas anders aussieht als die Abbildungen im Buch.

TIPP

Kontextmenüs enthalten eine Auswahl von Befehlen, mit denen speziell das markierte Objekt bearbeitet werden kann. Je nach Objekt können Kontextmenüs sehr verschiedene Inhalte haben.

FACHWORT

Start

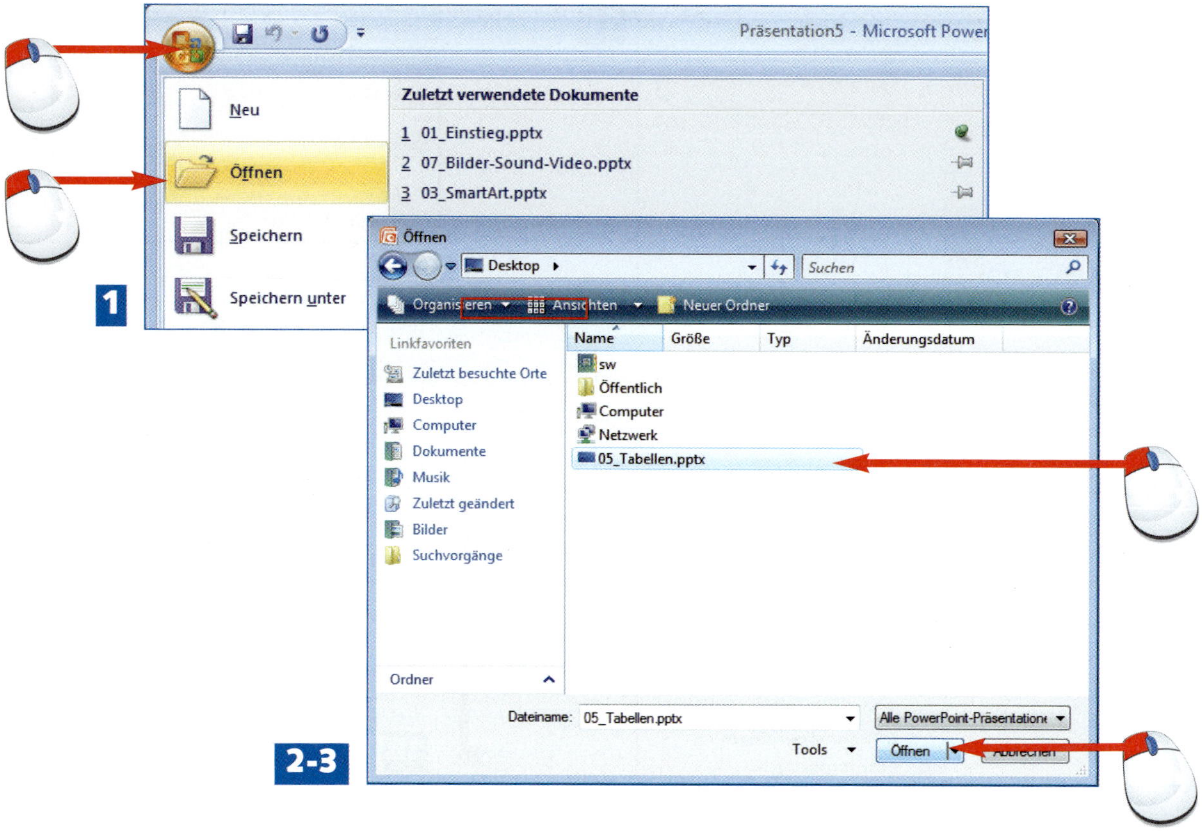

1 Um eine PowerPoint-Datei zu öffnen, klicken Sie auf die Office-Schaltfläche und wählen im Menü *Datei* den Eintrag *Öffnen*.

2 Öffnen Sie dann das Verzeichnis auf Ihrem Rechner, in dem die Datei abgelegt ist.

3 Markieren Sie die Datei und klicken Sie anschließend auf *Öffnen*. Auch ein Doppelklick auf den Dateinamen öffnet die betreffende Datei in PowerPoint.

Nur beim ersten Speichern einer Präsentation wird per Klick auf *Speichern* das Dialogfeld *Speichern unter* geöffnet, damit Sie einen Dateinamen vergeben können. Bei allen weiteren Klicks auf *Speichern* wird die Datei automatisch unter dem bereits vergebenen Namen gespeichert.

WISSEN

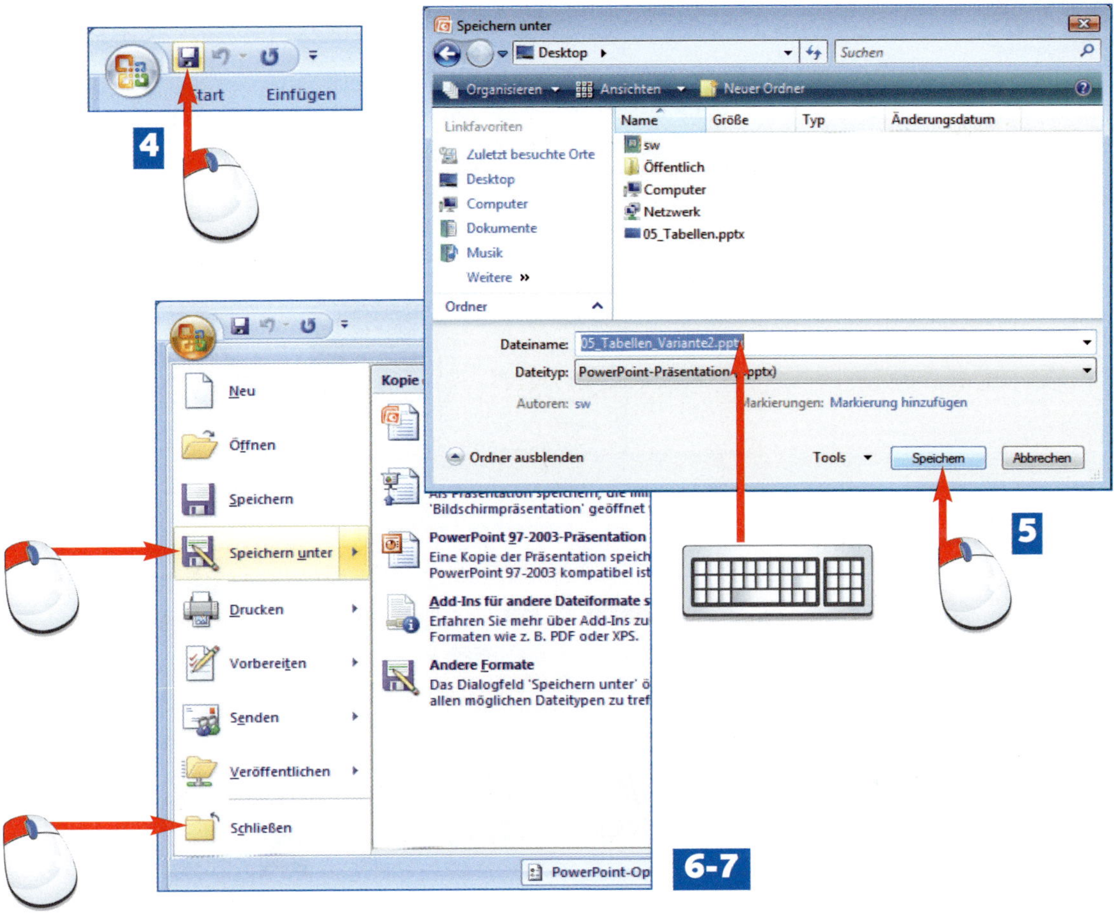

4 Wenn Sie eine Präsentation zum ersten Mal speichern, klicken Sie in der Schnellzugriffsleiste auf die Schaltfläche *Speichern*.

5 Geben Sie einen Dateinamen ein und klicken Sie im Dialogfeld erneut auf *Speichern*.

6 Um Änderungen an einer Datei unter einem anderen Namen zu speichern, wählen Sie im Menü *Datei* den Eintrag *Speichern unter*.

7 Zum Beenden einer Präsentation klicken Sie auf *Schließen*.

Ende

Die Präsentationen, die Sie zuletzt bearbeitet haben, können Sie per Klick auf den Dateinamen auf der rechten Seite des Menüs *Datei* direkt öffnen.

TIPP

PowerPoint erinnert beim *Schließen* automatisch daran noch nicht gesicherte Änderungen zu speichern.

HINWEIS

Klicken Sie auf den Pin am rechten Rand des Menüs *Datei*, damit der dazugehörige Eintrag dauerhaft in der Liste angezeigt und nicht durch später geöffnete Dateien ersetzt wird.

TIPP

Start

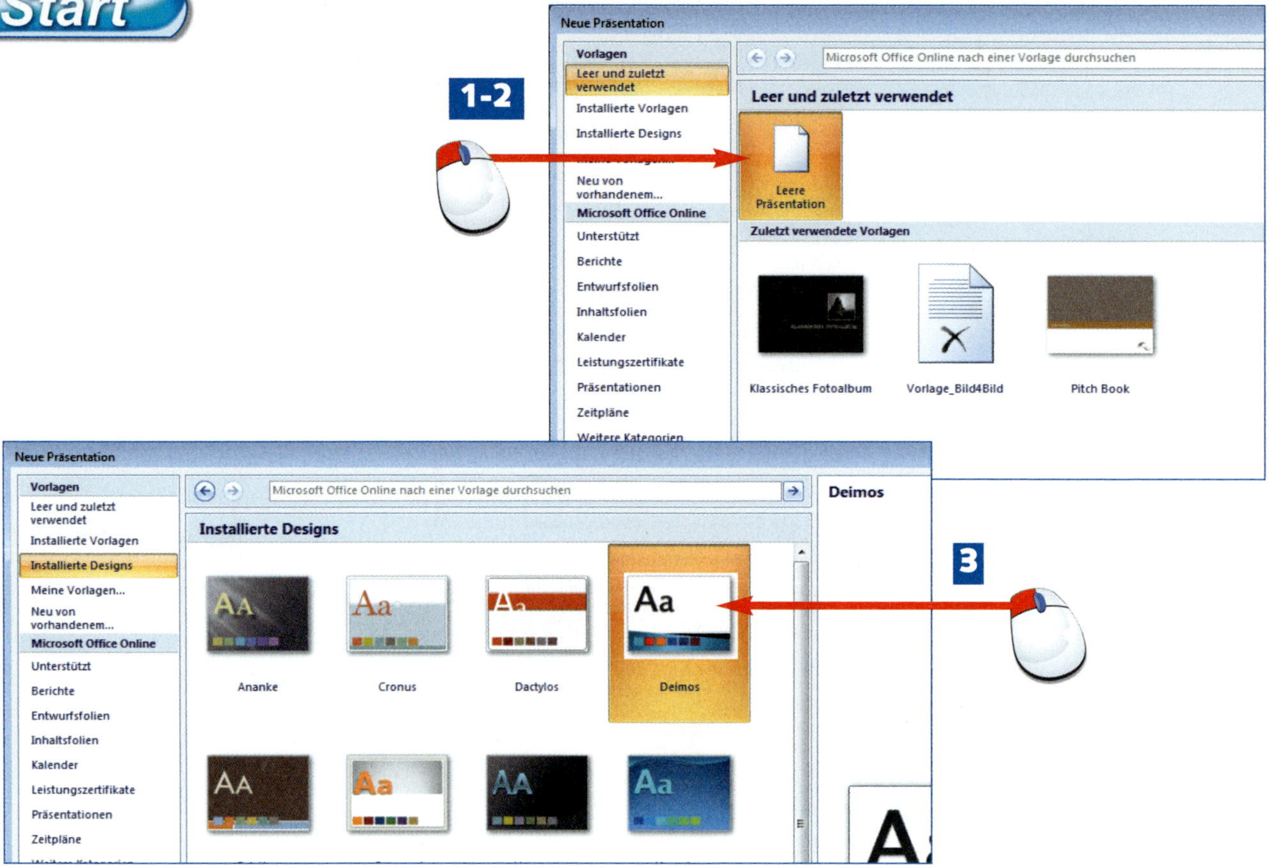

1 Wählen Sie im Menü *Datei* den Eintrag *Neu*. Damit starten Sie das Dialogfeld *Neue Präsentation*.

2 Um eine leere Präsentation ohne grafische Hintergrundelemente zu erstellen, wählen Sie in den Vorlagen unter *Leer und zuletzt verwendet* die *Leere Präsentation*.

3 Über *Installierte Designs* erstellen Sie eine neue Präsentation mit den grafischen Elementen einer Designvorlage, die zusammen mit PowerPoint auf Ihrem Rechner installiert wurde.

In Unternehmen gibt es häufig firmeneigene Designvorlagen sowie Gestaltungsrichtlinien für den Einsatz von Schrift, Layout und Farbe, die Sie beim Erstellen von Präsentationen beachten müssen.

WISSEN

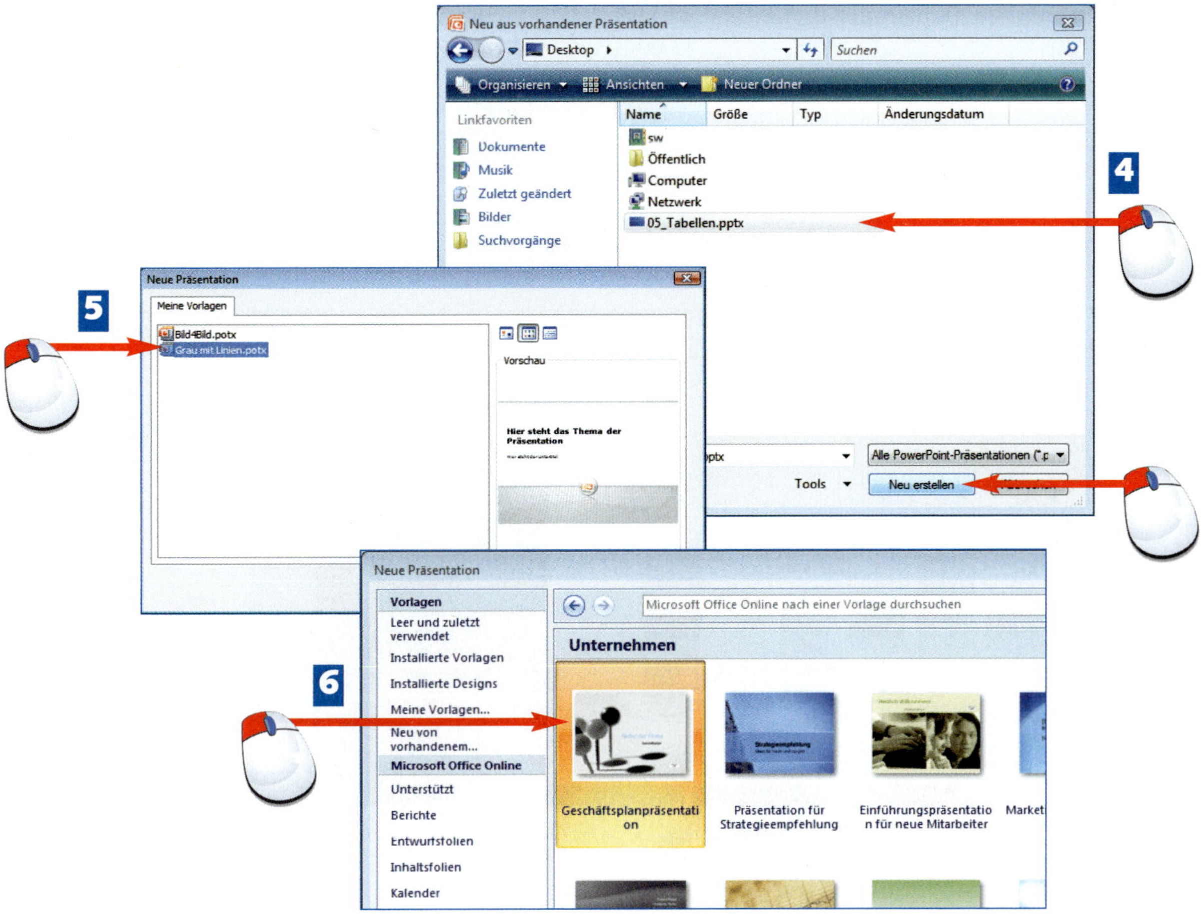

4 Über *Neu von vorhandenem ...* wählen Sie eine vorhandene Präsentation aus, um das Design oder bereits erstellte Folien in die neue Präsentation zu übernehmen. Das Original bleibt dabei unverändert.

5 Haben Sie bereits eigene Vorlagen erstellt, klicken Sie im Dialogfeld *Neue Präsentation* auf *Meine Vorlagen* und wählen die passende Vorlage aus.

6 Unter *Office Online* finden Sie eine große Auswahl von Entwurfs- und Inhaltsvorlagen. Per Klick auf Download am unteren Rand des Dialogfelds *Neue Präsentation* können Sie diese Vorlagen kostenlos downloaden.

Ende

FACHWORT

Design bezeichnet Voreinstellungen für Farben, Schrift, Effekte, Layout und grafische Hintergrundelemente und wird oft auch als Entwurfsvorlage bezeichnet.

HINWEIS

Das Dialogfeld *Neue Präsentation* zeigt auf der rechten Seite eine vergrößerte Vorschau auf die in der Mitte markierte Datei.

FACHWORT

Vorlage: Design mit Musterfolien. Vorlagen mit Musterfolien werden auch Inhaltsvorlagen genannt.

Start

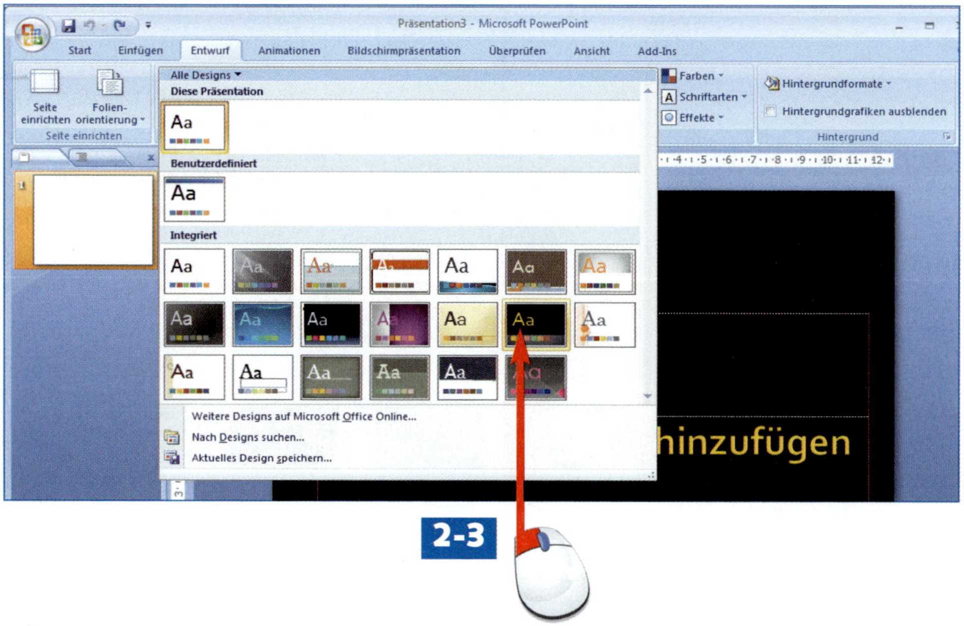

1 Erstellen Sie eine neue leere Präsentation und öffnen Sie in der Registerkarte *Entwurf* die *Designs*.

2 Zeigen Sie mit der Maus auf eine der Miniaturansichten.

3 PowerPoint zeigt in einer Live-Vorschau die Folie mit dem ausgewählten Design. Erst per Mausklick wird das Design auf die Präsentation übernommen.

Integrierte Designs werden zusammen mit PowerPoint installiert. *Benutzerdefinierte Designs* sind solche, die Sie selbst erstellt oder auf Ihrem Rechner gespeichert haben. Eine Anleitung zum Erstellen und Speichern eigener Designs finden Sie in Kapitel 11 dieses Buchs.

WISSEN

4 Klicken Sie auf den Pfeil neben *Farben* und zeigen Sie auf eine der Farbkombinationen. Auch diese wird zunächst als Live-Vorschau auf die Folie übernommen und per Mausklick zugewiesen.

5 Verfahren Sie in gleicher Weise mit *Schriftarten* ...

Ende

6 ... und *Effekten*.

Bei den **Effekten** handelt es sich um Voreinstellungen für die Gestaltung von Grafiken. Hinterlegt sind Füllfarbe, Fülleffekte, Schatteneinstellungen, 3-D-Effekte u. ä.

FACHWORT

Verwenden Sie für Bildschirmpräsentationen gut lesbare Schriften wie *Arial*, *Verdana*, *Tahoma* oder *Calibri*.

TIPP

Ein *Design* wird der gesamten Präsentation zugewiesen und nicht nur der aktuellen Folie.

HINWEIS

Folien einfügen, anordnen und löschen

Start

1

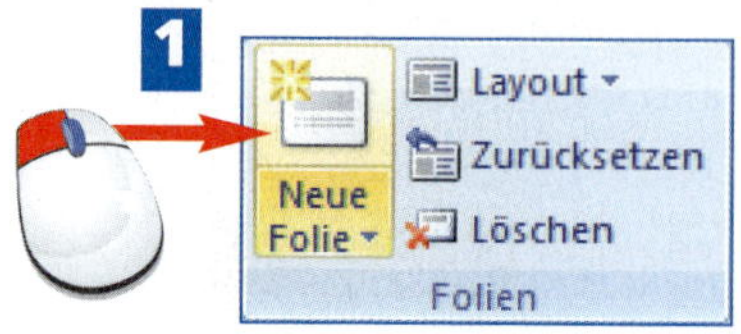

3

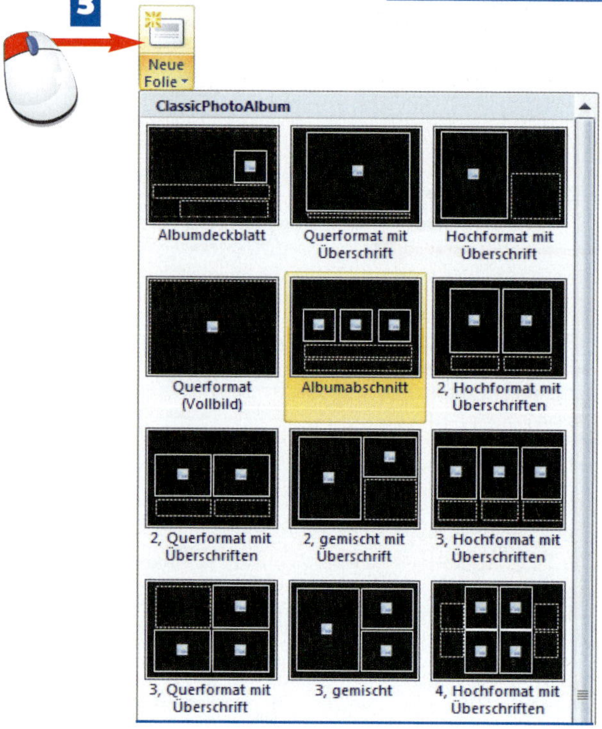

2

1 Klicken Sie in der Registerkarte *Start* auf die Schaltfläche *Neue Folie*.

2 In Registerkarte *Folien* wird die neue Folie durch eine farbliche Markierung als diejenige hervorgehoben, die Sie gerade bearbeiten.

3 Um beim Einfügen einer neuen Folie ein bestimmtes Layout auszuwählen, klicken Sie auf den Pfeil neben *Neue Folie*. Per Klick auf eine Miniaturansicht im Katalog wird die neue Folie mit dem gewählten Layout erstellt.

Für die erste Folie einer Präsentation verwendet PowerPoint zunächst das Layout *Titelfolie* mit Platzhaltern für Titel und Untertitel. Alle weiteren Folien werden mit dem Layout *Titel und Inhalt* bzw. mit dem zuletzt verwendeten Layout eingefügt, wenn Sie im Layout-Katalog keine andere Auswahl treffen. Nicht benötigte Platzhalter können Sie löschen.

WISSEN

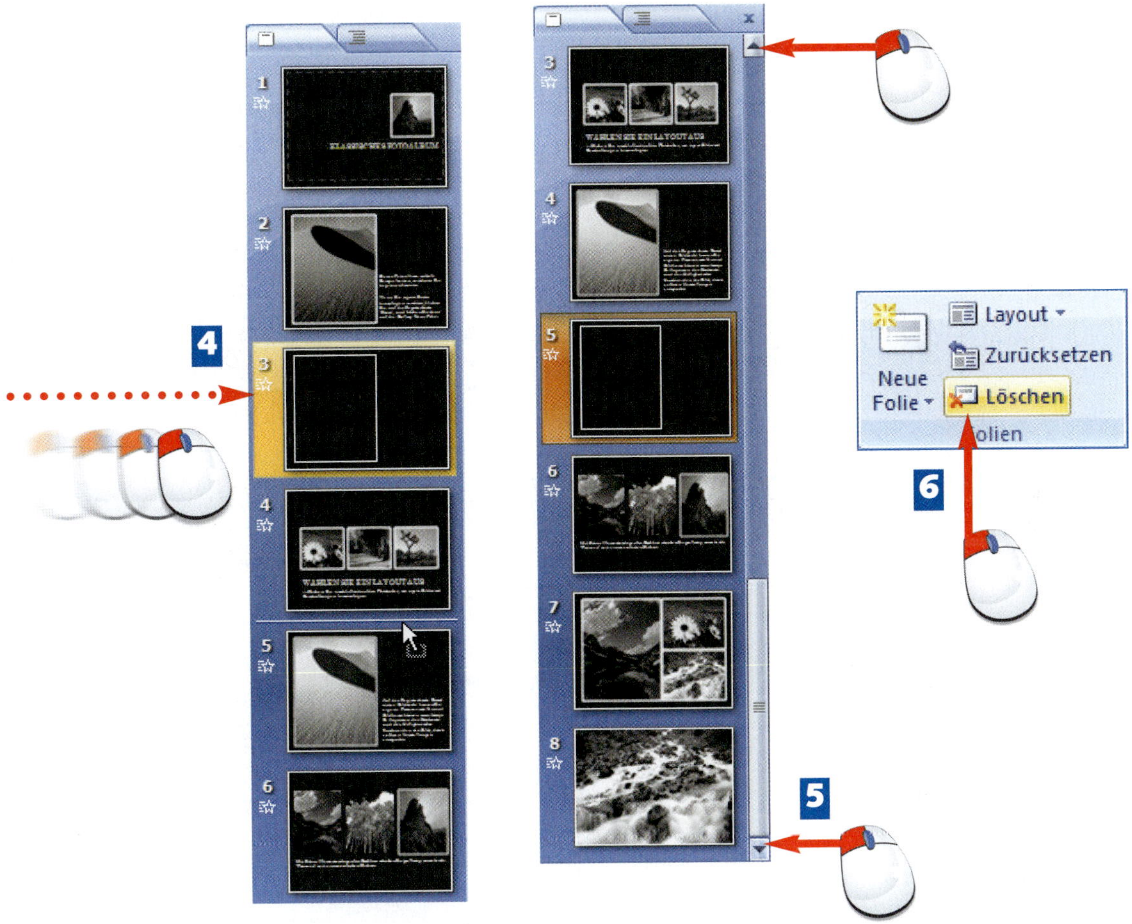

4 Um die Reihenfolge von Folien zu ändern, klicken Sie eine Folie in der Registerkarte *Folien* an, halten die Maustaste gedrückt und ziehen sie an die gewünschte Position. Ein dünne horizontale Linie zeigt, an welche Position die Folie verschoben wird.

5 Den im Bereich der Registerkarte *Folien* sichtbaren Bereich der Präsentation verschieben Sie per Klick auf die Bildlaufpfeile am oberen und unteren Rand.

6 Um eine Folie aus der Präsentation zu entfernen, markieren Sie sie in der Registerkarte *Folien* und klicken in der Registerkarte *Start* unter *Folien* auf *Löschen*.

Ende

Die Auswahl im Layout-Katalog wird durch das verwendete Design (hier: das mit PowerPoint installierte *Klassische Fotoalbum*) bestimmt.

HINWEIS

Klicken Sie auf den Pfeil neben *Layout* und wählen Sie ein Layout aus diesem Katalog, wenn Sie das Layout einer Folie nachträglich ändern möchten.

TIPP

Layouts enthalten Platzhalter, die für die automatische Anordnung von Folientitel, einem oder mehreren Inhalten sowie Fußzeilen sorgen.

FACHWORT

Start

1

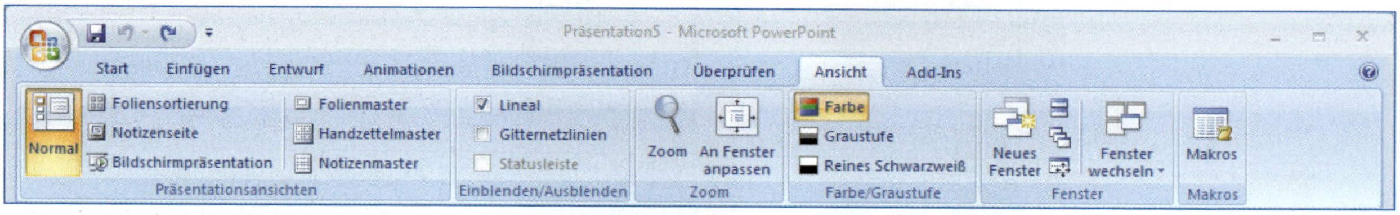

2

3

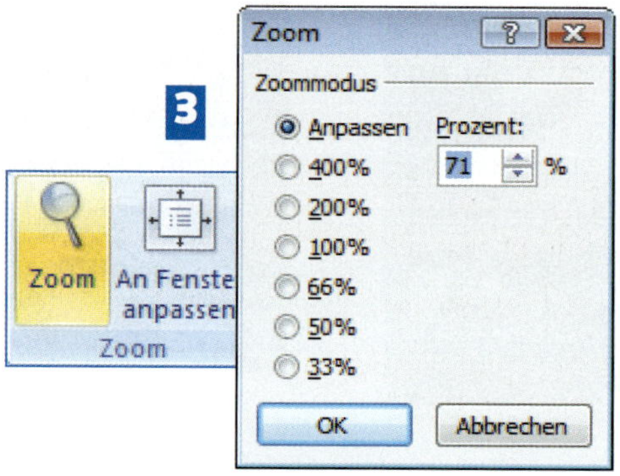

1 In der Registerkarte *Ansicht* finden Sie alle Befehle zum Anpassen und Wechseln der Ansicht.

2 Direkten Zugriff auf die meisten Ansichtsoptionen haben Sie auch auf der rechten Seite der Statusleiste.

3 Über *Zoom* vergrößern Sie die aktive Ansicht. Die *Normalansicht* kann auf maximal 400% gezoomt werden.

PowerPoint verfügt über vier verschiedene Ansichten: Die *Normalansicht* dient zum Bearbeiten der Folie, die *Foliensortierung* zum Bearbeiten der Präsentation, die *Notizenseite* mit Abbildung der Folie und Textfeld zur Eingabe von Vortragsnotizen und Bearbeitungshinweisen. In der *Masteransicht* werden Layouts und Hintergrundgrafiken bearbeitet.

WISSEN

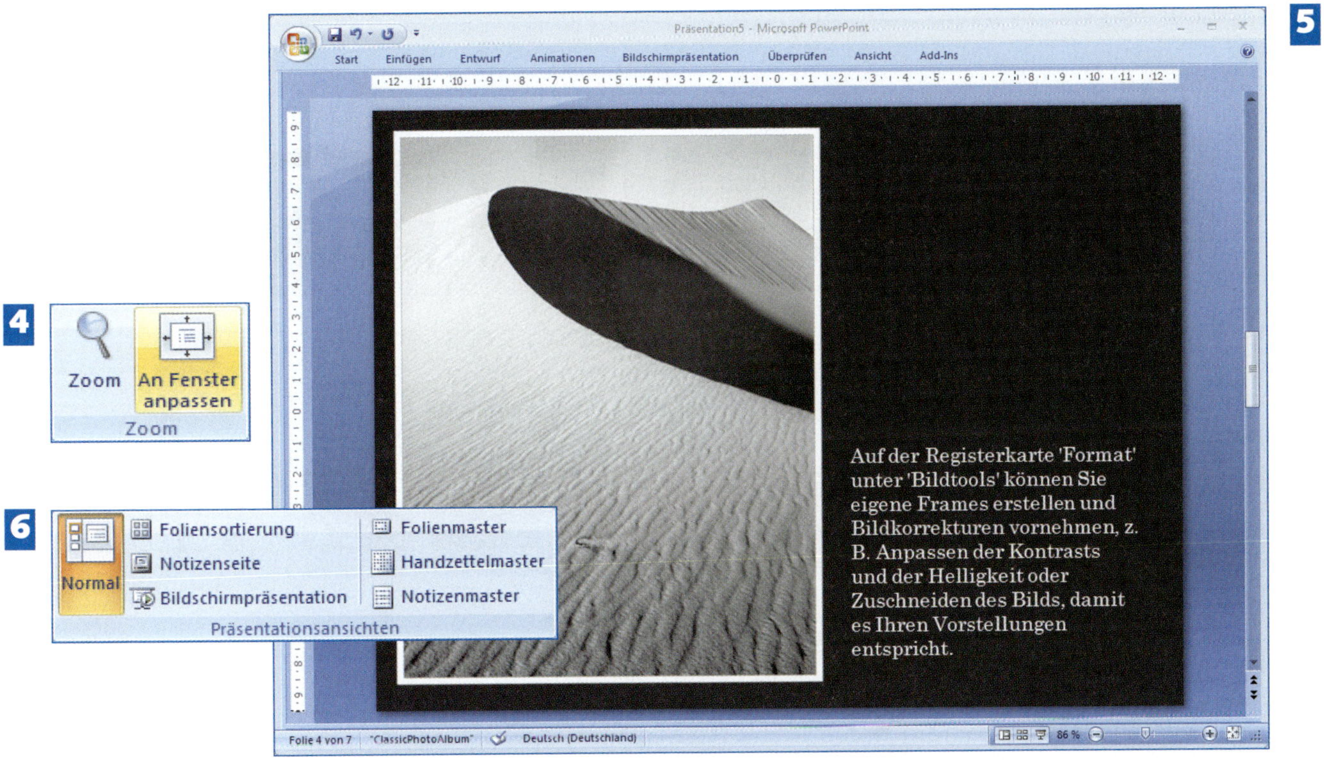

4 Der Befehl *An Fenster anpassen* stellt den Zoomfaktor der Folie so ein, dass sie vollständig zu sehen ist und den zur Verfügung stehenden Platz optimal nutzt.

5 Um mehr Platz zu gewinnen, können Sie den Bereich der Registerkarten *Folien/Gliederung* vorübergehend schließen, indem Sie auf das Kreuz in der rechten oberen Ecke klicken.

6 Per Klick auf *Normal* blenden Sie den Bereich wieder ein oder wechseln aus einer anderen Ansicht zurück in die Normalansicht.

HINWEIS

Die Symbole zum Anpassen der Ansicht in der Statusleiste sind identisch mit denen in der Registerkarte *Ansicht*.

TIPP

Verschaffen Sie dem Folienbereich mehr Platz, indem Sie mit der Tastenkombination [Strg] + [F1] die Multifunktionsleiste vorübergehend aus- und wieder einblenden.

HINWEIS

Der Zoomfaktor der Ansicht bezieht sich immer auf den aktiven Bereich des Programmfensters. Auch für den Bereich der Registerkarte *Folien* kann ein Zoomfaktor eingestellt werden.

7

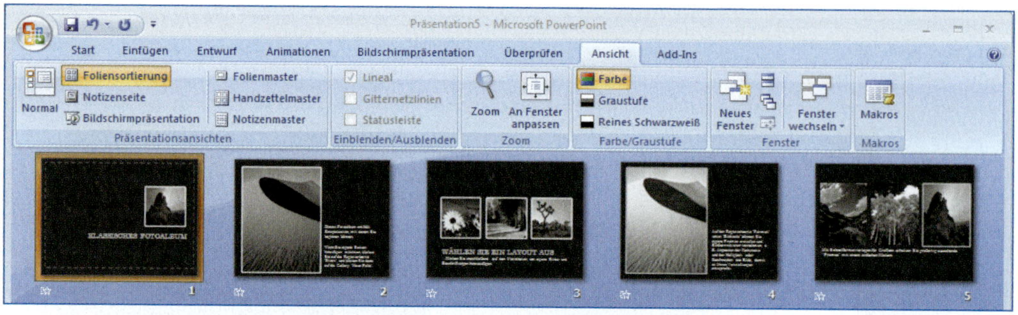

8

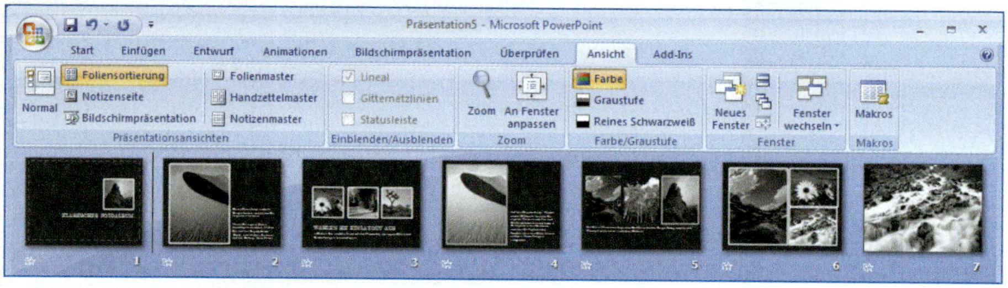

9

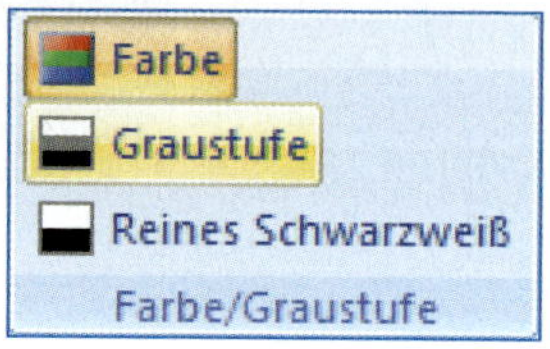

7 In der *Foliensortierung* passen Sie durch Ziehen mit der Maus die Reihenfolge der Folien komfortabler an als im Bereich der Registerkarte *Folien*.

8 Nutzen Sie den *Zoom*, um entweder möglichst viele Folien auf einmal oder möglichst große Vorschaubilder zu sehen.

9 Mit den Befehlen *Graustufe* und *Schwarzweiß* überprüfen Sie das Aussehen der Präsentation, bevor Sie sie auf einem Schwarzweißdrucker ausdrucken.

Die präzise Ausrichtung von Folienobjekten kann nur bei einem Zoomfaktor von 100% in der *Normalansicht* bzw. in der *Bildschirmpräsentation* beurteilt werden. In anderen Zoomstufen kann es in der *Normalansicht* zu kleinen Abweichungen in der Darstellung kommen, wodurch Objekte verschoben wirken, obwohl sie präzise ausgerichtet sind.

WISSEN

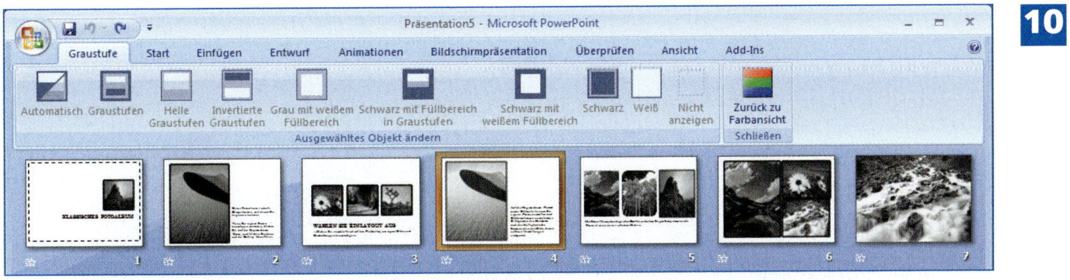

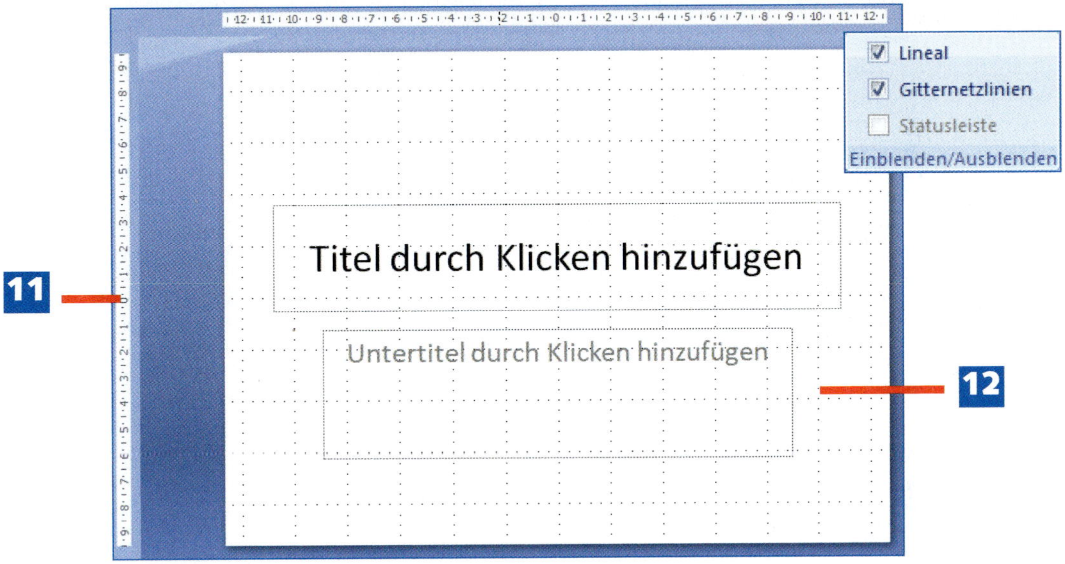

10 Um die Folie wieder in Farbe darzustellen, klicken Sie auf *Zurück zur Farbansicht* in der Befehlsgruppe *Schließen*. PowerPoint aktiviert daraufhin die Registerkarte *Start*.

11 Rufen Sie erneut die Registerkarte *Ansicht* auf. Unverzichtbares Hilfsmittel bei der Arbeit mit PowerPoint sind die *Lineale*. Diese benötigen Sie beispielsweise, um den Texteinzug von Aufzählungen zu bearbeiten.

12 Blenden Sie auch die *Gitternetzlinien* ein, um Objekte beim Zeichnen einfacher auszurichten.

Ende

Schneller als über die Multifunktionsleiste blenden Sie die *Gitternetzlinien* mit der Tastenkombination ⇧ + F9 ein und auch wieder aus.

TIPP

Doppelklicken Sie in der *Foliensortierung* auf eine Folienminiaturansicht, um diese Folie in der *Normalansicht* zu bearbeiten.

TIPP

Störende Automatismen abschalten

Start

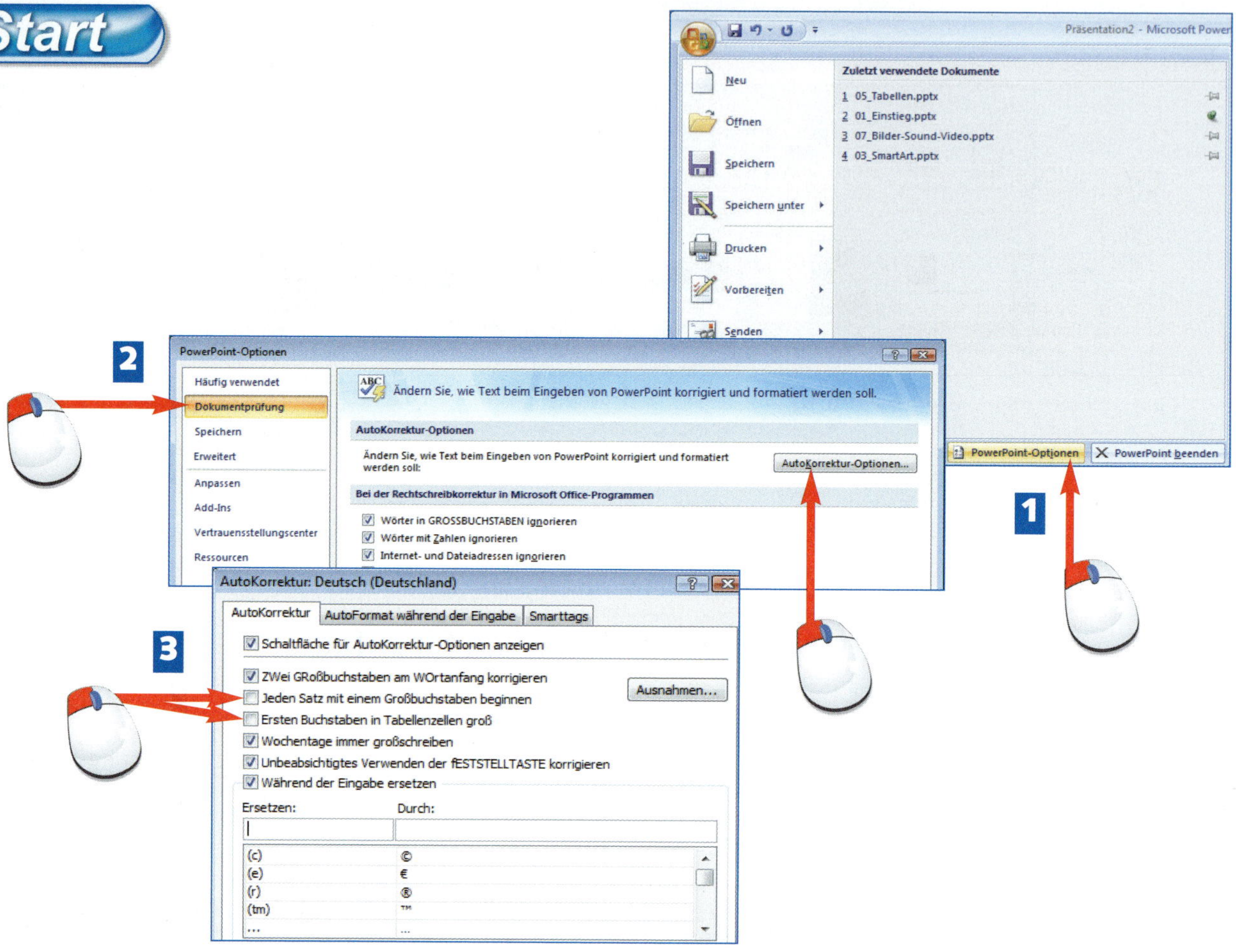

1 Rufen Sie per Klick auf die Office-Schaltfläche das Menü *Datei* auf und klicken Sie dort auf *PowerPoint-Optionen*.

2 Klicken Sie in den Optionen auf den Eintrag *Dokumentprüfung*, um die *AutoKorrektur* anzupassen.

3 Entfernen Sie den Haken vor den Kontrollkästchen *Jeden Satz mit einem Großbuchstaben beginnen* und *Ersten Buchstaben in Tabellenzellen groß.*

PowerPoint enthält in der Voreinstellung eine ganze Reihe von Automatismen, die Ihnen die Arbeit erleichtern sollen. Diese Automatismen können Sie aber an Ihren persönlichen Bedarf und Arbeitsstil anpassen, d.h. aktivieren oder deaktivieren.

WISSEN

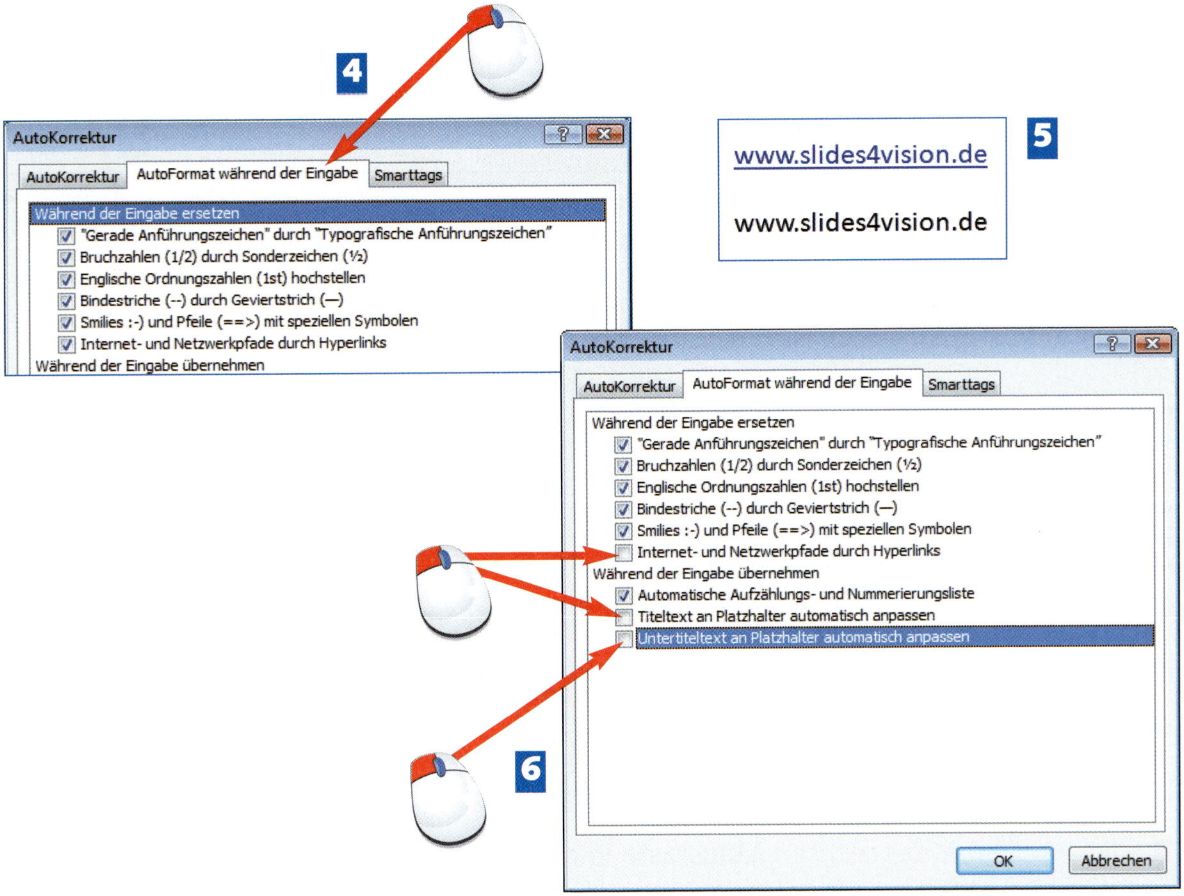

4 Wechseln Sie als Nächstes in die Registerkarte *AutoFormat während der Eingabe*.

5 Wenn Sie nicht möchten, dass Internetadressen im Text automatisch unterstrichen und in einer anderen Farbe dargestellt werden, entfernen Sie das Häkchen vor dem Eintrag *Internet- und Netzwerkpfade durch Hyperlinks*.

6 Deaktivieren Sie unbedingt das automatische Anpassen der Textgröße. Dieser Automatismus führt häufig zu überfrachteten und schlecht lesbaren Folien.

Ende

Die Option *Jeden Satz mit einem Großbuchstaben beginnen* beinhaltet auch die automatische Großschreibung nach einem Aufzählungszeichen.

HINWEIS

Verteilen Sie den Inhalt eines Platzhalters auf zwei Folien, wenn der vorhandene Platz nicht ausreicht.

TIPP

Um das Häkchen vor einem Kontrollkästchen zu entfernen, müssen Sie auf das Kästchen klicken. Nochmaliges Klicken schaltet das Häkchen wieder ein und aktiviert die Funktion.

HINWEIS

Start

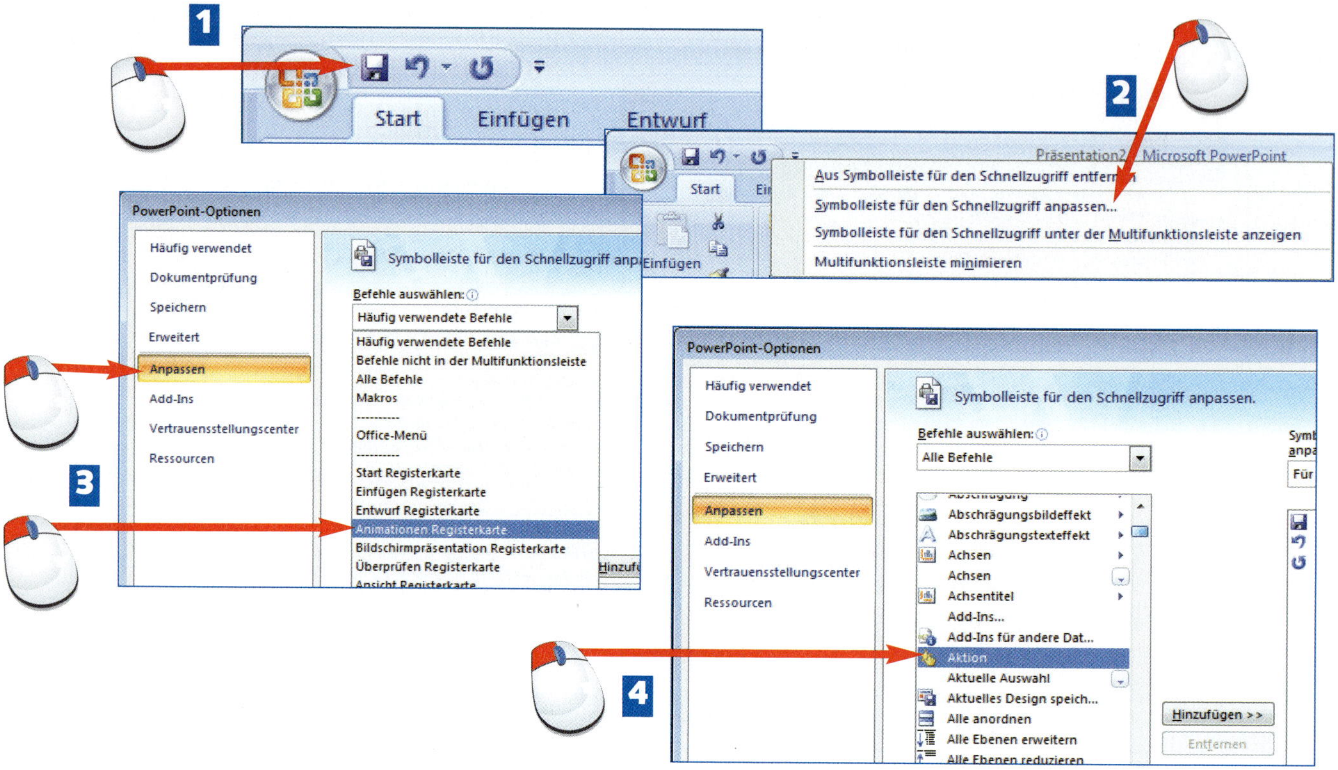

1 Klicken Sie mit der rechten Maustaste in die *Schnellzugriffsleiste* rechts neben der Office-Schaltfläche.

2 Wählen Sie aus dem Kontextmenü den Eintrag *Symbolleiste für den Schnellzugriff anpassen*.

3 Öffnen Sie in den PowerPoint-Optionen die Liste der Befehlsgruppen und wählen Sie eine der Befehlsgruppen aus.

4 Verschieben Sie gegebenenfalls den Fensterausschnitt und markieren Sie den gesuchten Befehl.

Die Befehle der Schnellzugriffsleiste stehen immer zur Verfügung, unabhängig davon, welche Registerkarte der Multifunktionsleiste gerade aktiv ist.

WISSEN

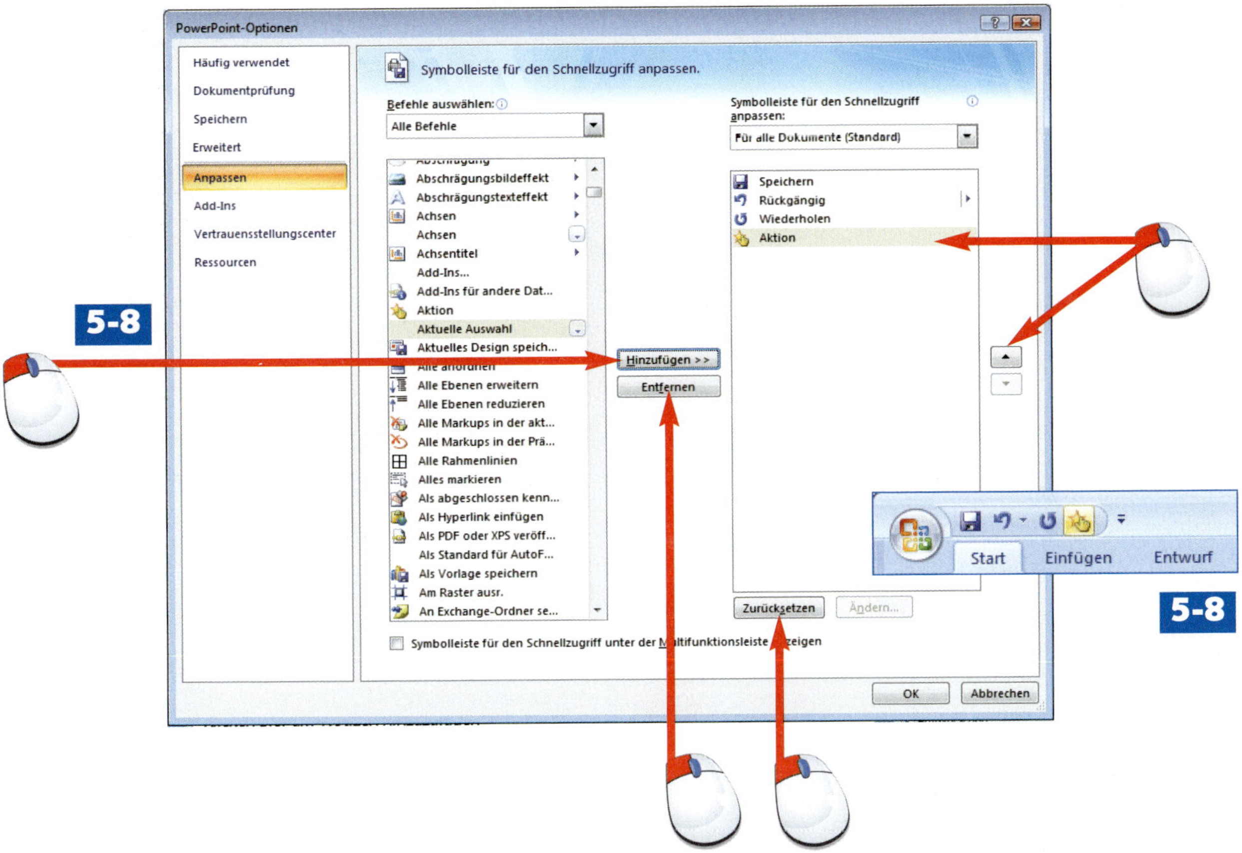

5 Klicken Sie auf die Schaltfläche *Hinzufügen*. Dann wird der Befehl in der rechten Hälfte des Dialogfelds und damit auch in der Schnellzugriffsleiste angezeigt.

6 Um die Reihenfolge zu ändern, in der ein Befehl auf der Schnellzugriffsleiste angeordnet ist, markieren Sie ihn in der rechten Hälfte des Dialogfelds und klicken auf eine der beiden Pfeiltasten am rechten Rand.

7 Um einen Befehl aus der Schnellzugriffsleiste wieder zu entfernen, markieren Sie ihn in der rechten Hälfte des Dialogfelds und klicken auf *Entfernen*.

8 Per Klick auf die Schaltfläche *Zurücksetzen* entfernen Sie alle Befehle aus der Schnellzugriffsleiste außer *Speichern*, *Rückgängig* und *Wiederholen*.

Ende

Einzelne Schaltflächen entfernen Sie aus der Schnellzugriffsleiste, indem Sie sie mit der rechten Maustaste anklicken und *Aus Symbolleiste ... entfernen* auswählen.

TIPP

Die Schaltfläche *Wiederholen* wird vorübergehend durch *Wiederherstellen* ersetzt, wenn Sie einen Befehl *rückgängig* gemacht haben.

HINWEIS

2

Übersichtliche Textfolien

Start

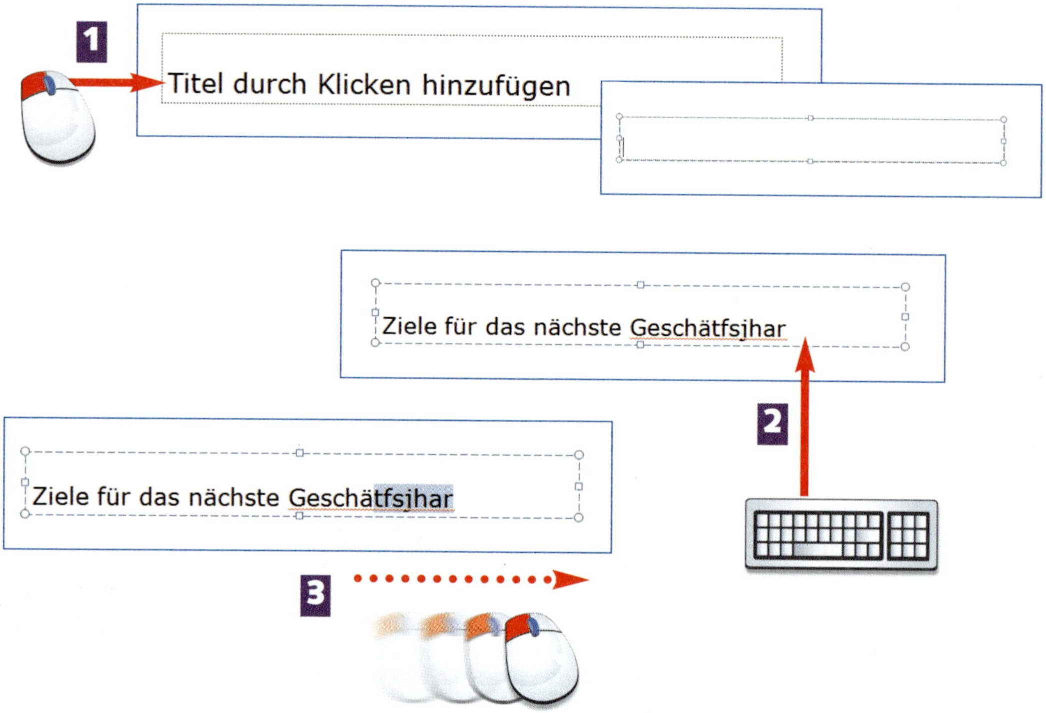

1 Klicken Sie mit der Maus in einen Platzhalter. Der vorgegebene Text verschwindet und der Cursor fängt an zu blinken.

2 Geben Sie über die Tastatur Ihren Text ein. Er wird an der Stelle eingefügt, an der der Cursor blinkt.

3 Wenn Sie sich vertippt haben, markieren Sie die betroffene Textpassage, indem Sie die Maus bei gedrückter linker Taste über den Text ziehen.

Absatz- und Zeilenabstand werden in der PowerPoint-Vorlage definiert. In der Regel sind für Absätze größere Abstände hinterlegt als für Zeilenschaltungen. Wenn PowerPoint Text am Ende der Zeile automatisch umbricht, entsteht eine Zeilenschaltung. Brechen Sie den Text dagegen manuell um, entsteht ein neuer Absatz.

WISSEN

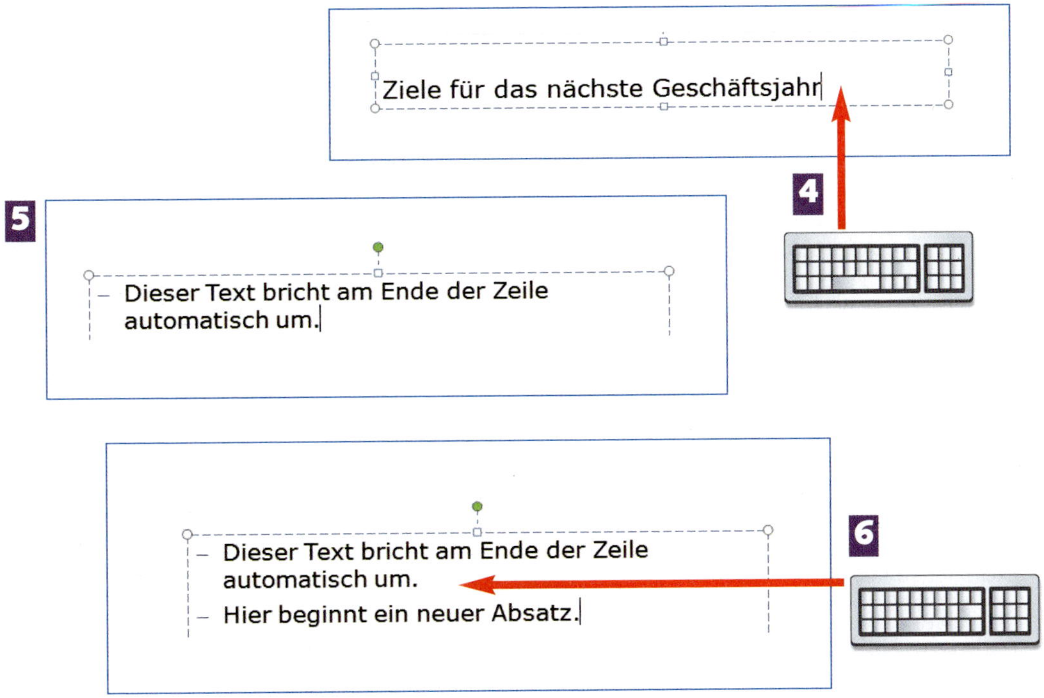

4 Die markierte Passage wird ersetzt, sobald Sie neuen Text eingeben.

5 Wenn Ihr Text den rechten Rand eines Platzhalters erreicht, schaltet PowerPoint automatisch in die nächste Zeile.

6 Um einen neuen Absatz zu erstellen, drücken Sie die [↵]-Taste.

Ende

Verwenden Sie die Tastenkombination [⇧]+[↵], um die Absatzschaltung beim manuellen Zeilenumbruch zu unterdrücken.

TIPP

Eine automatische Silbentrennung wie in Word wird von PowerPoint nicht unterstützt. Text mit Silbentrennungen ist in einer Präsentation schlecht lesbar.

HINWEIS

Setzen Sie manuelle Silbentrennungen nur in Ausnahmefällen ein. Spätere Änderungen am Text führen nämlich dazu, dass der Trennstrich mitten in der Zeile steht.

TIPP

Start

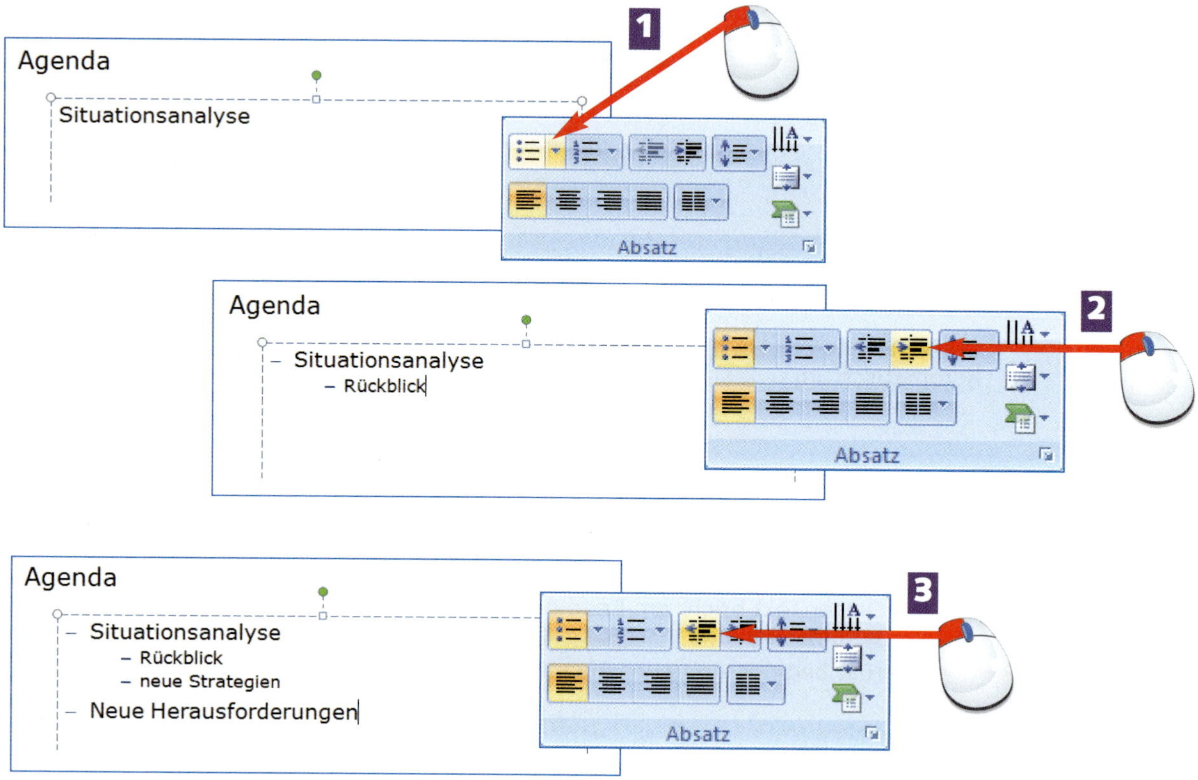

1 Schalten Sie per Klick auf die Schaltfläche *Aufzählungszeichen* in der Registerkarte *Start* die Listenfunktion ein, sofern sie im Platzhalter nicht bereits vorformatiert ist.

2 Fügen Sie Unterpunkte ein, indem Sie den Einzug vergrößern. Klicken Sie dazu auf die Schaltfläche *Listenebene erhöhen*.

3 Klicken Sie auf die Schaltfläche *Listenebene verringern*, um zur übergeordneten Listenebene zurückzukehren.

Änderungen an einer Liste werden immer für den Absatz übernommen, in dem der Cursor steht. Um mehrere Absätze in einem Arbeitsgang zu bearbeiten, müssen sie vorher markiert werden.

WISSEN

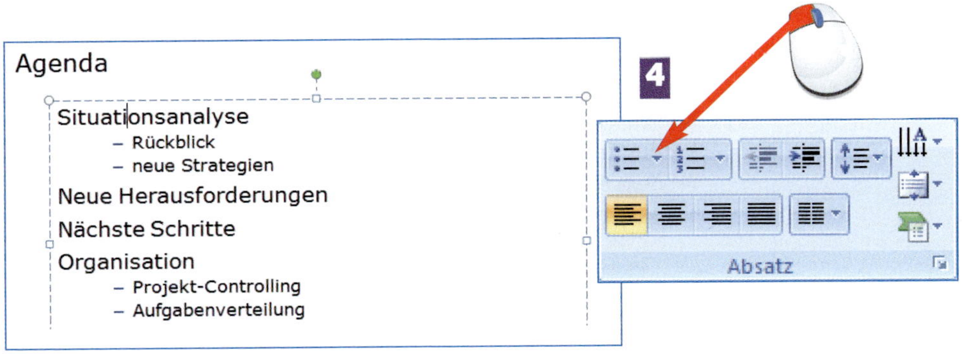

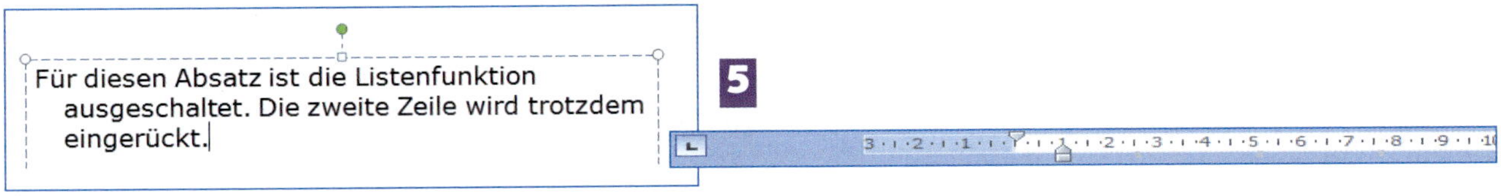

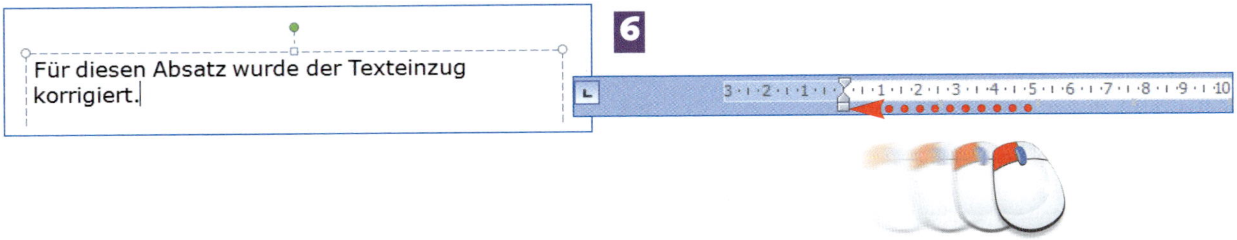

4 Um die Aufzählungsfunktion auszuschalten, klicken Sie wiederum auf die Schaltfläche *Aufzählungszeichen*.

5 Wenn trotz ausgeschalteter Aufzählungsfunktion die zweite Zeile eines Absatzes eingezogen wird, liegt dies an den Einstellungen für den Texteinzug.

6 Verschieben Sie dann auf dem Lineal den unteren Reiter für den Texteinzug nach links unter den oberen Reiter.

Ende

HINWEIS

Der obere Reiter im Lineal markiert die Position des Aufzählungszeichens im Platzhalter, der untere Reiter den Beginn des Textes.

TIPP

Verwenden Sie für eine korrekte Gliederung immer mindestens zwei Unterpunkte zu einer übergeordneten Listenebene.

HINWEIS

Bei eingeschalteter Aufzählungsfunktion erstellt PowerPoint für jeden Absatz, also für jede manuelle Zeilenschaltung automatisch einen Aufzählungspunkt.

Das Aufzählungszeichen austauschen

Start

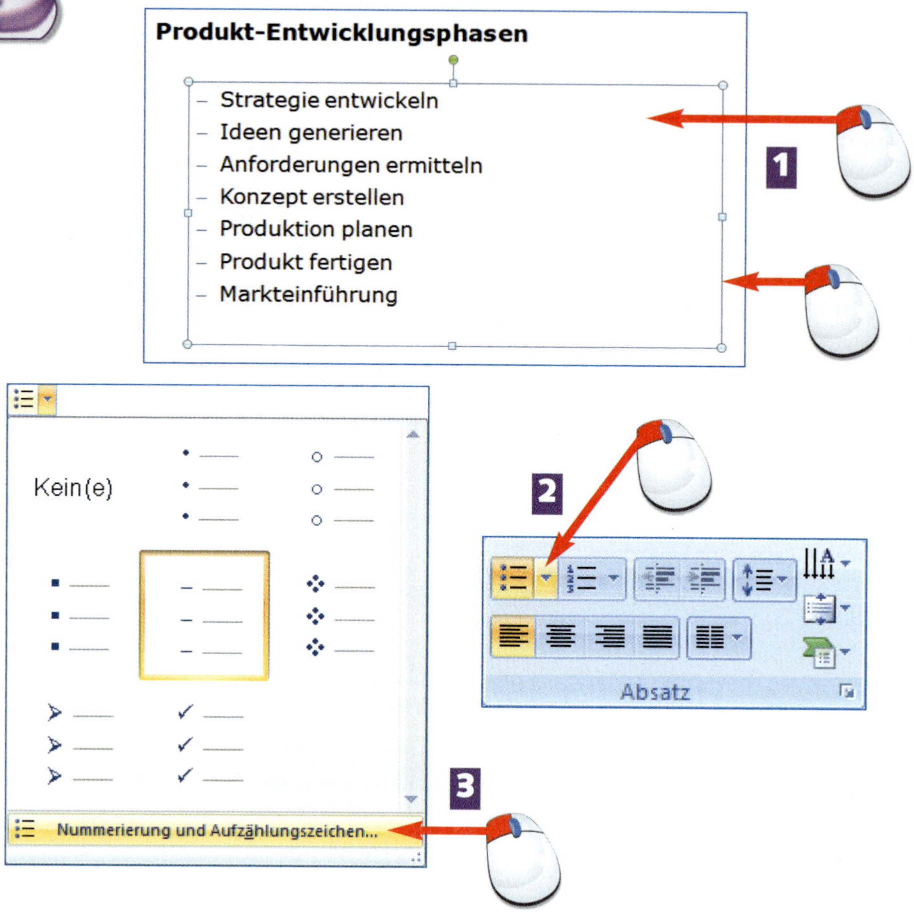

1 Markieren Sie den Platzhalter, indem Sie erst in den Platzhalter klicken und dann auf seine Rahmenlinie. Dadurch wird die neue Formatierung für alle Absätze im Platzhalter übernommen.

2 Klicken Sie in der Registerkarte *Start* auf den Pfeil der Schaltfläche *Aufzählungszeichen*.

3 Wählen Sie entweder ein anderes Aufzählungszeichen aus dem Katalog aus oder klicken Sie auf *Nummerierung und Aufzählungszeichen.*

Die Änderungen der Formatierung werden nur für den aktuell markierten Platzhalter übernommen. Wie alle anderen Voreinstellungen für den Textkörper werden auch Aufzählungszeichen über die PowerPoint-Vorlage definiert und können nur über den *Folienmaster* für die ganze Präsentation geändert werden.

WISSEN

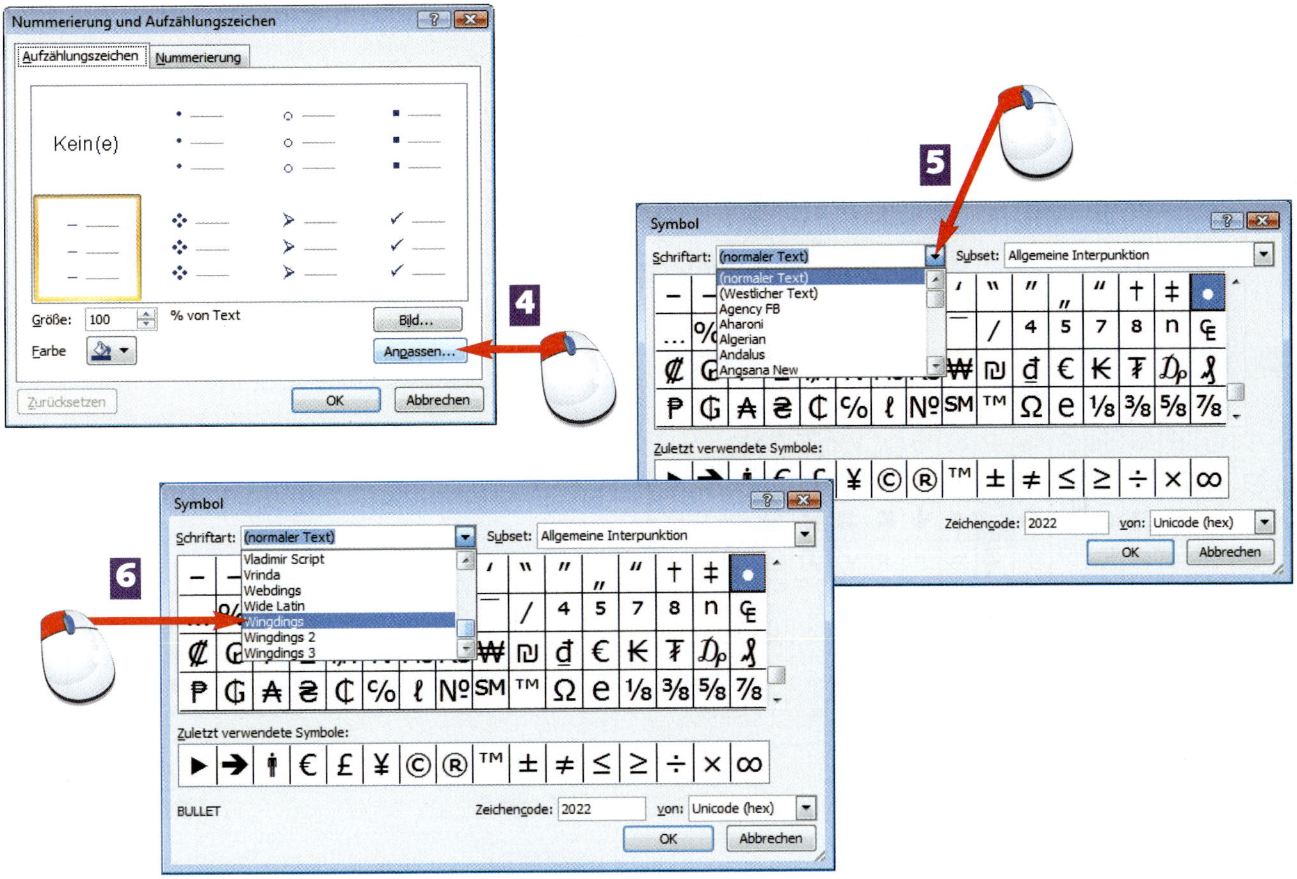

4 Klicken Sie im Dialogfeld *Nummerierung und Aufzählungszeichen* auf *Anpassen*, um ein Schriftsymbol als Aufzählungszeichen einzustellen.

5 Öffnen Sie im Dialogfeld *Symbol* das Listenfeld *Schriftart*.

6 Scrollen Sie in der Liste nach unten, bis die Schriftart *Wingdings* zu sehen ist, und klicken Sie darauf.

Der Einsatz nummerierter Listen ist in Präsentationen eher unüblich.

HINWEIS

Ändern Sie die Voreinstellungen des *Folienmasters* nur dann für einzelne Folien ab, wenn Sie etwas besonders hervorheben möchten.

TIPP

Ob ein Absatz oder der ganze Platzhalter markiert ist, sehen Sie an seiner Rahmenlinie. Die Linie eines markierten Platzhalters wird nicht gestrichelt, sondern durchgezogen dargestellt.

HINWEIS

Das Aufzählungszeichen austauschen

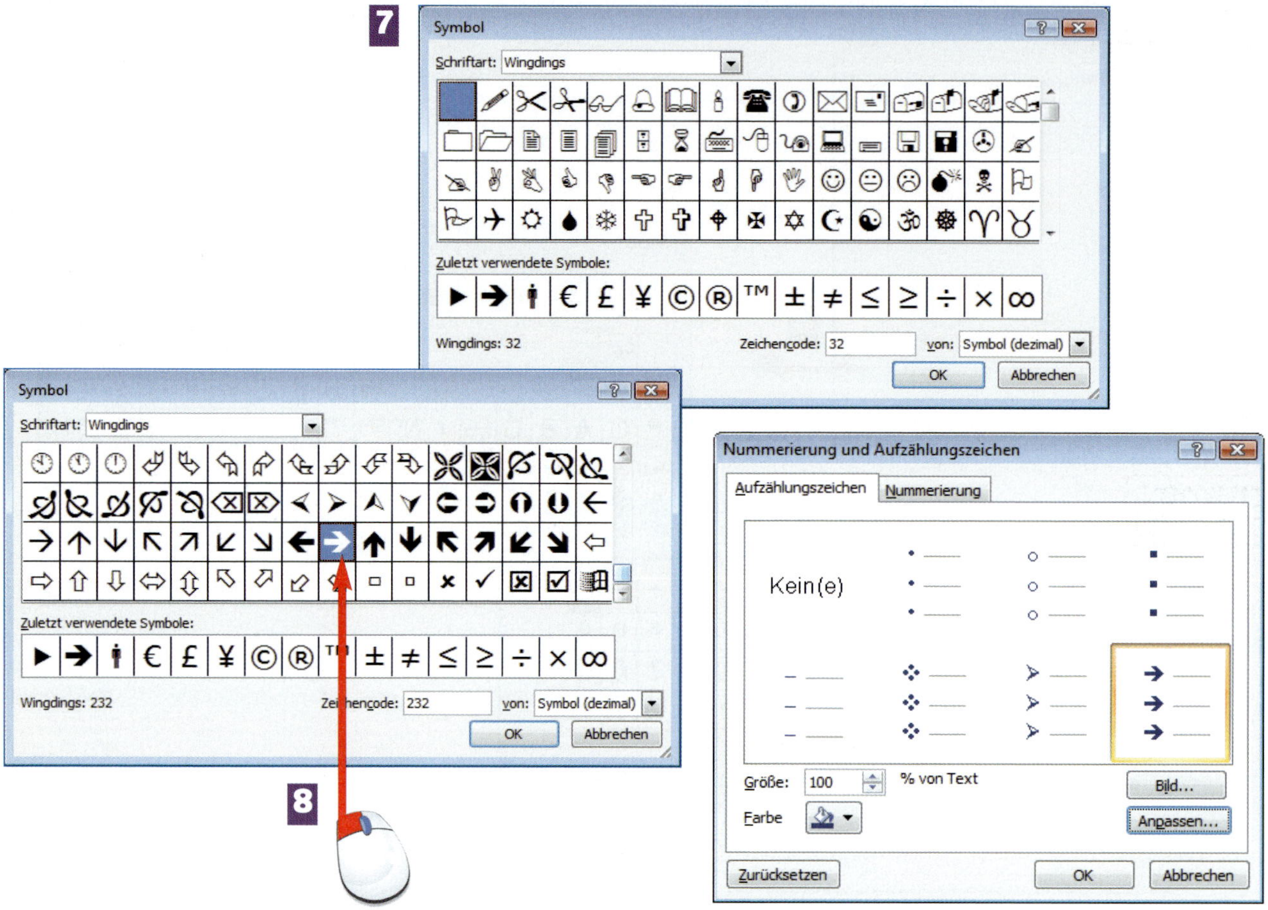

7 Nach dem Einstellen der Schriftart zeigt PowerPoint alle Symbole an, die diese Schriftart enthält.

8 Verschieben Sie über die Bildlaufleiste ggf. den sichtbaren Ausschnitt. Wählen Sie ein Symbol aus und klicken Sie auf *OK*.

9 Das neue Symbol wird daraufhin als benutzerdefiniertes Aufzählungszeichen im Dialogfeld *Nummerierung und Aufzählungszeichen* angezeigt.

Aufzählungssymbole werden nicht in der Präsentation gespeichert, sondern über die verwendete Schriftart bestimmt. Damit ein Aufzählungszeichen auf einem anderen Rechner richtig angezeigt wird, muss auch auf diesem Rechner die verwendete Schrift installiert sein.

WISSEN

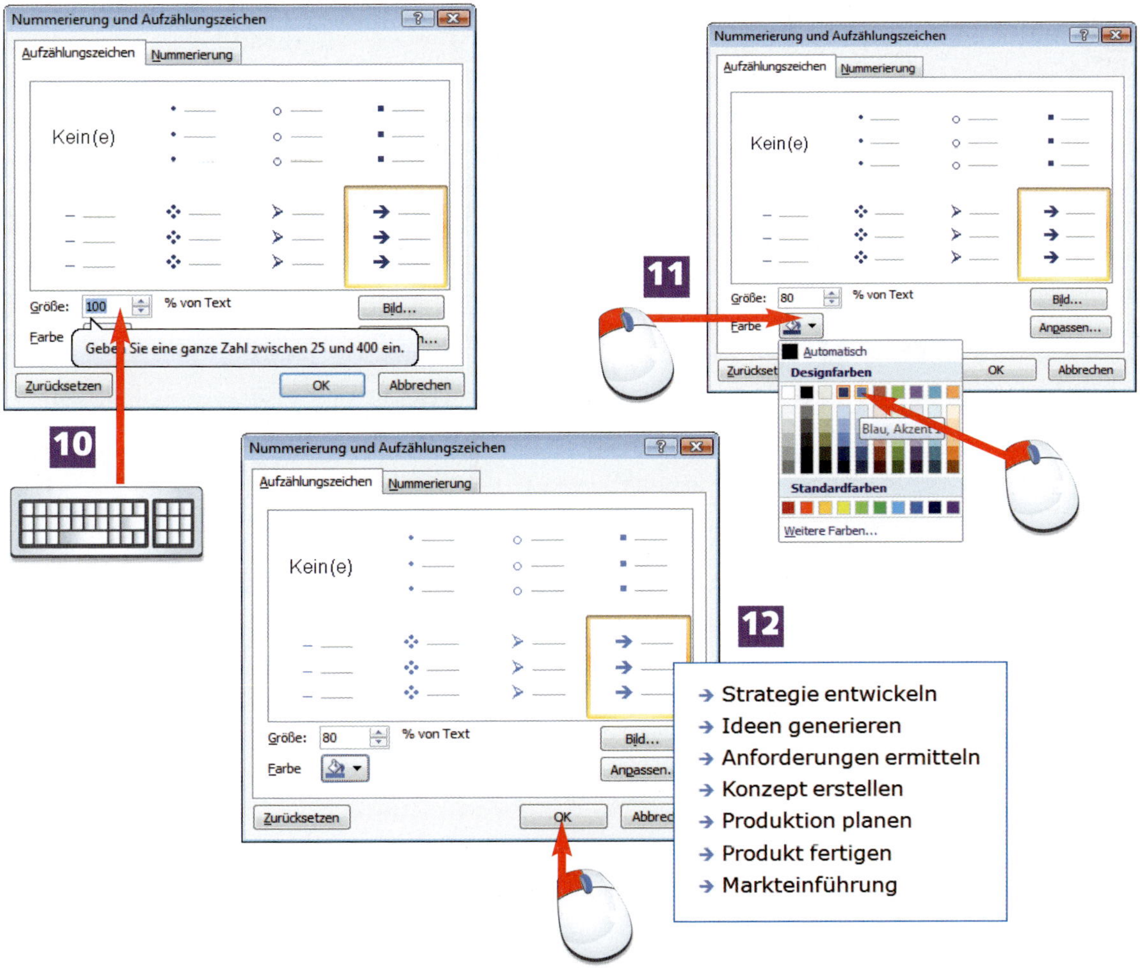

10 Ändern Sie ggf. die *Größe*, in der das Aufzählungszeichen proportional zum Text angezeigt wird, indem Sie den voreingestellten Wert markieren und überschreiben.

11 Passen Sie die *Farbe* des Aufzählungszeichens an, indem Sie auf den Pfeil der Schaltfläche *Farbe* klicken. Per Klick auf ein Farbfeld wird diese Farbe für alle Aufzählungszeichen des Dialogfelds übernommen.

12 Bestätigen Sie die Änderung, indem Sie auf *OK* klicken.

Ende

TIPP

Verwenden Sie in Präsentationen, die Sie weitergeben, Wingdings-Zeichen als Aufzählungszeichen. Wingdings ist eine Standardschrift, die in der Regel auf allen Rechnern vorhanden ist.

HINWEIS

Aufzählungszeichen können auf bis zu 400% vergrößert werden. Damit die Symbole dann nicht überlappen, muss der Absatzabstand vergrößert werden (➔ nächster Abschnitt).

Absatz- und Zeilenabstand einrichten

Start

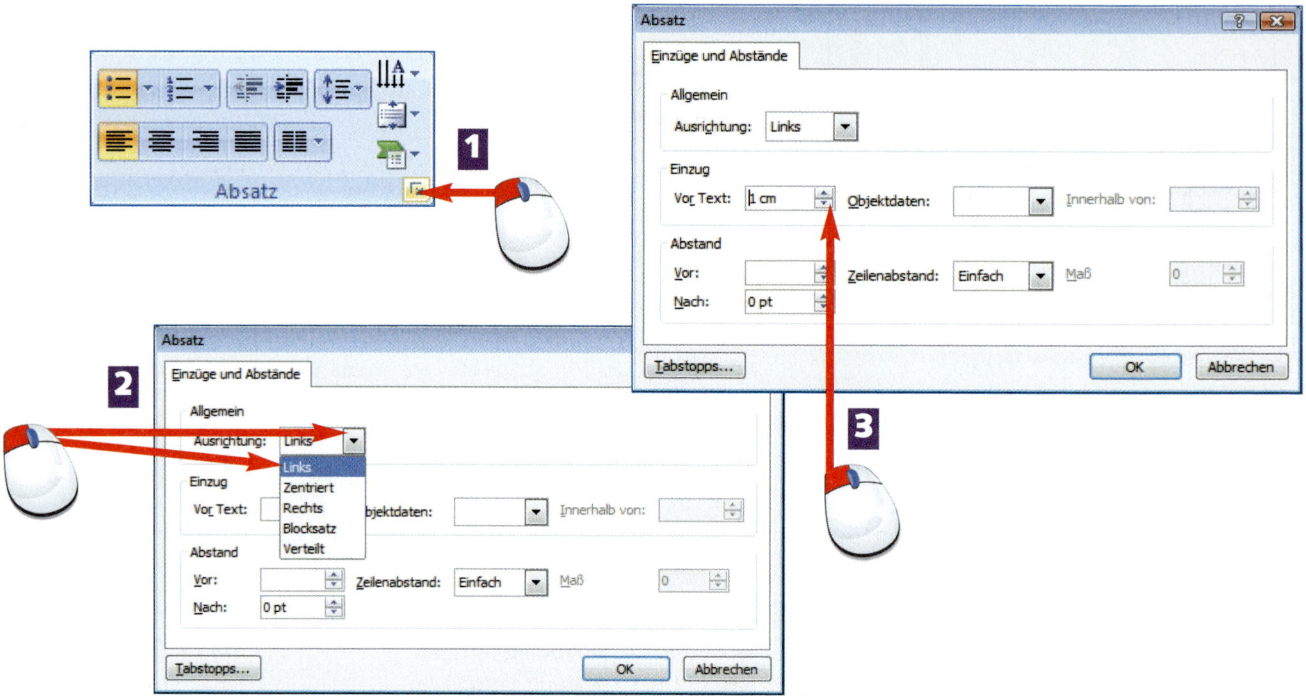

1 Markieren Sie den Platzhalter und klicken Sie auf den Pfeil in der Befehlsgruppe *Absatz*.

2 Verwenden Sie für Aufzählungen die Ausrichtung *Links*. Für Zitate und Ähnliches ist auch die Einstellung *Zentriert* geeignet.

3 Richten Sie unter *Einzug* die Position von Text und Aufzählungszeichen ein, indem Sie auf einen der Pfeile neben dem Eingabefeld klicken.

Der vergrößerte Abstand zwischen Absätzen ist ein optischer Hinweis darauf, dass ein neuer Gedanke folgt. Gute Ergebnisse erzielen Sie, wenn Sie für die erste Aufzählungsebene einen größeren *Abstand Vor* eingeben als für die nachfolgenden Ebenen und *0 pt* für *Abstand Nach* verwenden.

WISSEN

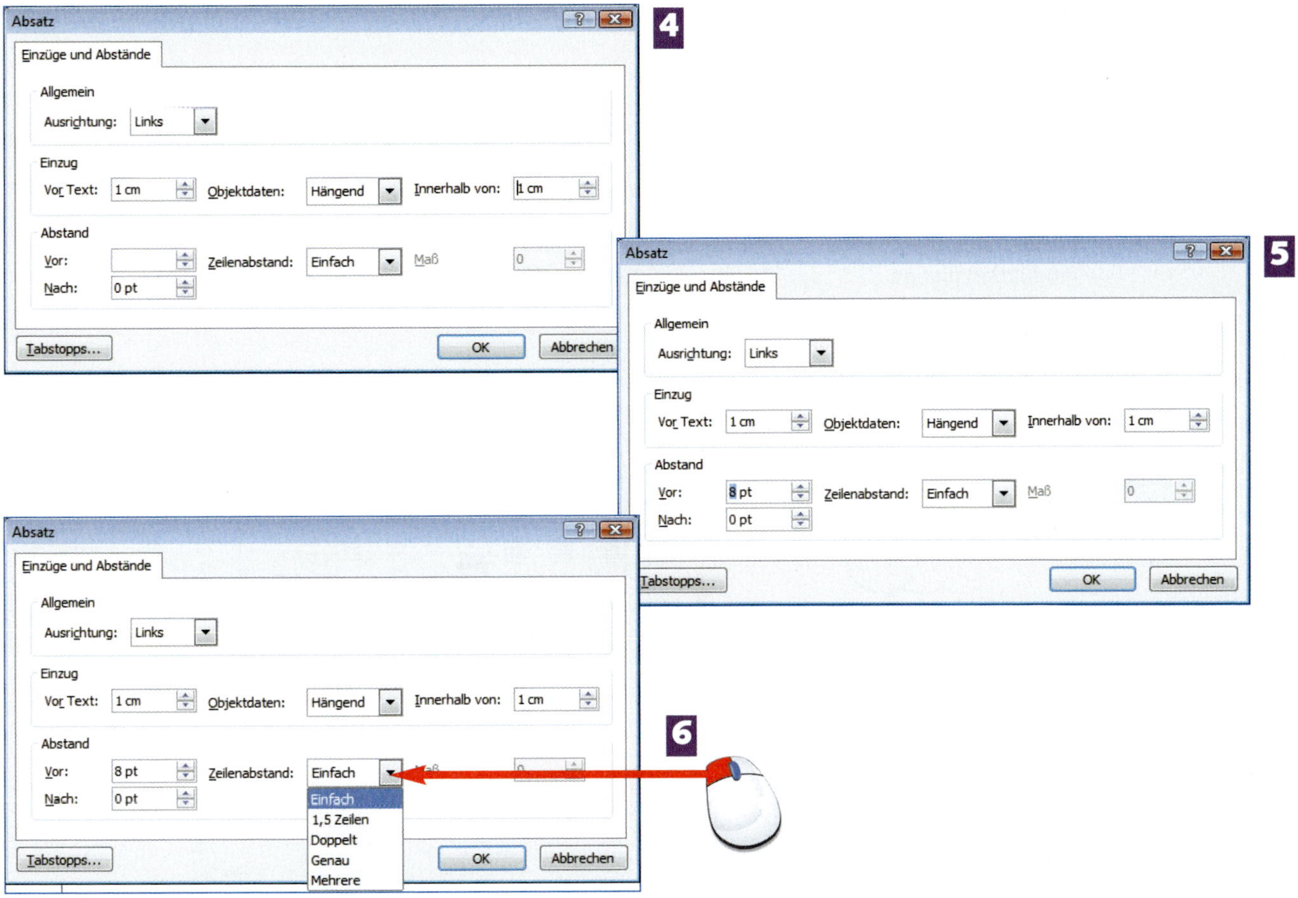

4 Verwenden Sie für *Vor Text* und *Innerhalb von* den gleichen Wert mit der Einstellung *Hängend*.

5 Richten Sie unter *Absatz Vor* und *Nach* den Absatzabstand ein. Wenn Sie in beiden Feldern Werte größer null eingeben, summieren sich diese Abstände im Layout.

6 Achten Sie darauf, dass der Zeilenabstand mindestens *Einfach* zeigt. Werte kleiner 1 führen zu einem unschönen Schriftbild.

Ende

Der Wert im Feld *Vor Text* entspricht der Position des unteren Reiters auf dem Lineal, die Einstellung *Innerhalb von* der des oberen Reiters.

HINWEIS

Verzichten Sie in PowerPoint auf *Blocksatz*. Ohne Silbentrennung und bei großen Schriftgrößen entstehen zwangsläufig unschöne Lücken im Schriftbild.

TIPP

Die Werte in einem Eingabefeld können wie in einem Textplatzhalter markiert und überschrieben werden.

HINWEIS

Start

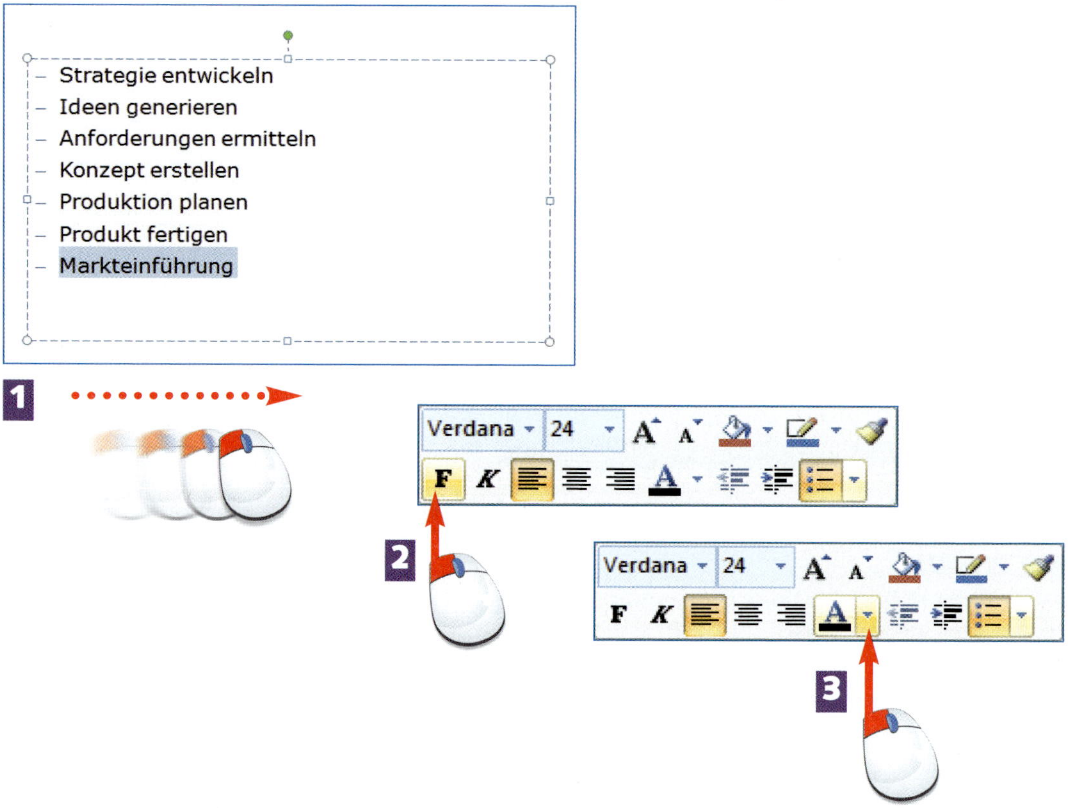

1 Markieren Sie das Wort oder den Satz, den Sie hervorheben möchten.

2 Klicken Sie in der Minisymbolleiste auf die Schaltfläche *Fett* ...

3 ... oder ändern Sie die Farbe, indem Sie auf den Pfeil neben der Schaltfläche *Schriftfarbe* klicken.

Sobald auf einer Folie Text markiert ist, wird die Minisymbolleiste angezeigt, die die wichtigsten Befehle zum Formatieren von Text enthält. Damit sie vollständig eingeblendet wird, muss sich der Mauszeiger über der Symbolleiste befinden. Als Teil des Kontextmenüs kann die Minisymbolleiste auch per Klick mit der rechten Maustaste aufgerufen werden.

WISSEN

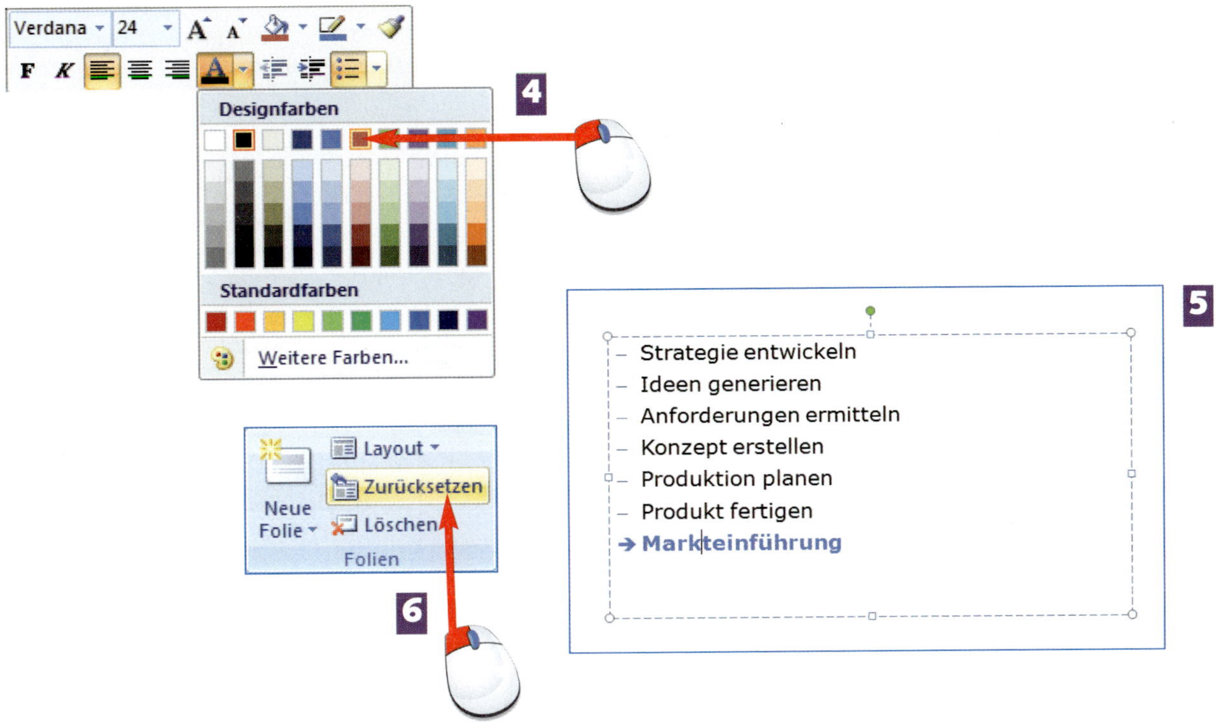

4 Wählen Sie aus den Designfarben eine Farbe aus, die sich gut vom Hintergrund und dem übrigen Text abhebt.

5 Ergänzen Sie die Hervorhebung des Textes ggf. mit einem anderen Aufzählungszeichen.

6 Wenn Sie manuelle Formatierungen zurücksetzen möchten, klicken Sie in den Platzhalter und dann in der Registerkarte *Start* auf *Zurücksetzen*.

Ende

Unterstrichener bzw. kursiver Text ist in Bildschirmpräsentationen nicht optimal lesbar und als Hervorhebung ungeeignet.

HINWEIS

Farbe ist ein nützliches Hilfsmittel beim Strukturieren von Informationen. Achten Sie darauf, für gleichartige Informationen immer die gleiche Farbe einzusetzen.

TIPP

Kopf- und Fußzeile einfügen

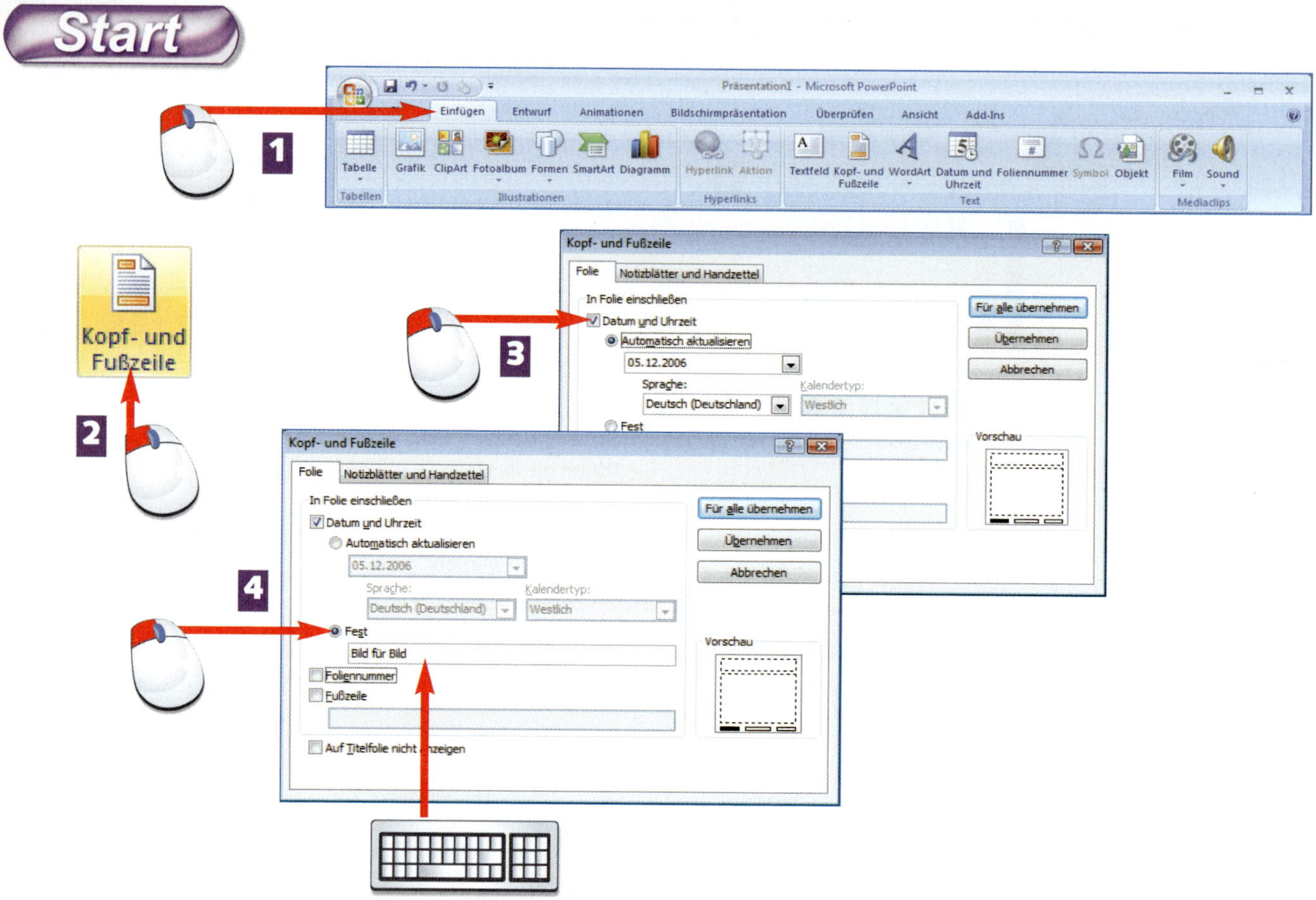

1 Wechseln Sie in die Registerkarte *Einfügen*.

2 Klicken Sie in der Befehlsgruppe *Text* auf die Schaltfläche *Kopf- und Fußzeile*.

2 Aktivieren Sie im Dialogfeld *Kopf- und Fußzeile* die Anzeige von *Datum und Uhrzeit*.

4 Wählen Sie, ob das Datum automatisch aktualisiert oder ein festes Datum verwendet werden soll.

Kopf- und Fußzeileneinträge werden auf der Folie nur angezeigt, wenn das Layout über entsprechende Platzhalter verfügt. Dies ist Standard, kann beim Erstellen einer PowerPoint-Vorlage aber geändert werden. An welcher Stelle die Kopf- und Fußzeileneinträge auf der Folie angezeigt werden, wird ebenfalls über das Layout der Vorlage bestimmt.

WISSEN

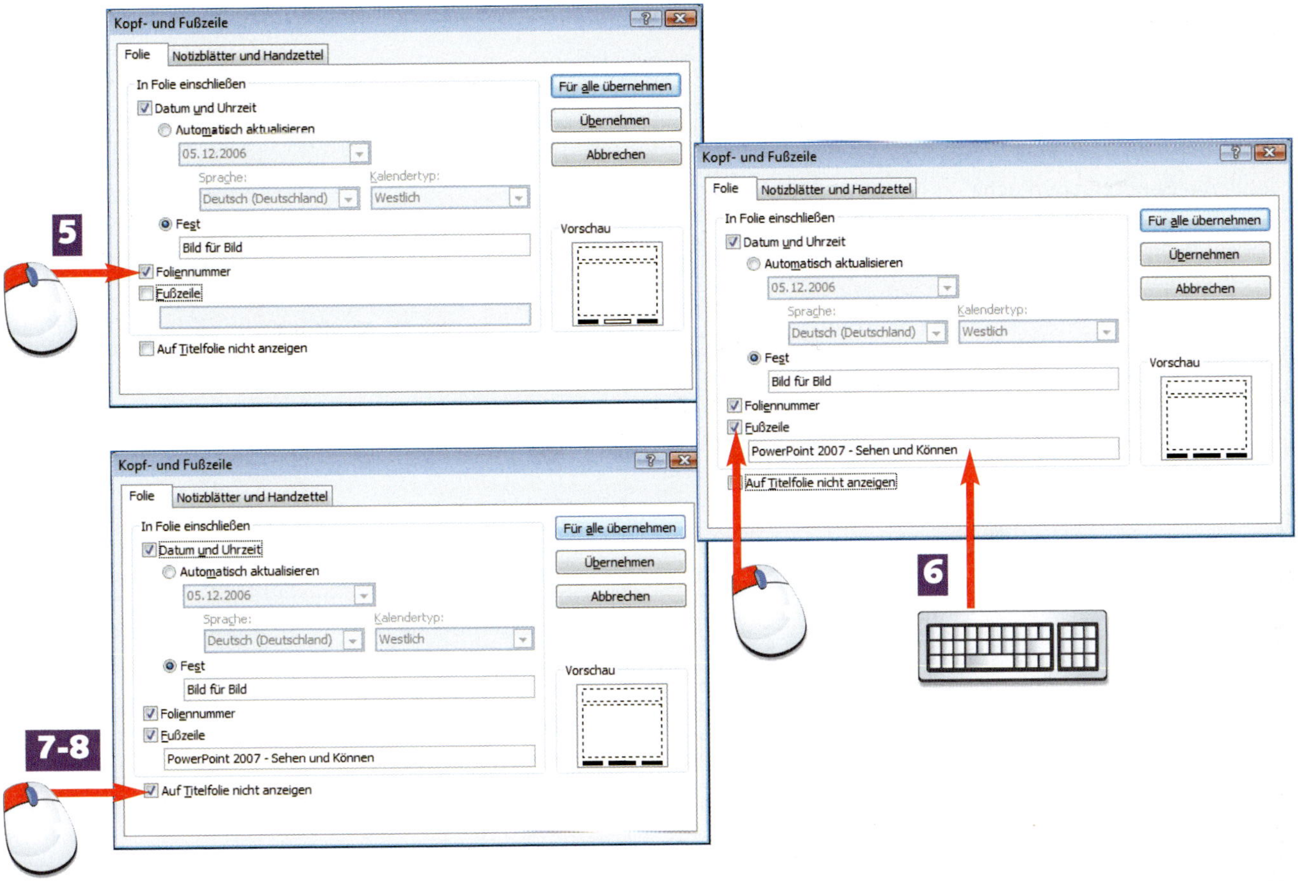

5 Setzen Sie auf jeden Fall ein Häkchen vor *Foliennummer*. Damit erleichtern Sie Ihrem Publikum Fragen zu einer ganz bestimmten Folie.

6 Geben Sie in die Fußzeile den Namen des Vortragenden, den Anlass der Veranstaltung oder Ähnliches ein.

7 Setzen Sie ein Häkchen vor *Auf Titelfolie nicht anzeigen*. Damit werden die Fußzeileneinträge auf allen Folien, die das Layout *Titelfolie* verwenden, unterdrückt.

8 Klicken Sie auf *Für alle übernehmen*, um Ihre Kopf- und Fußzeileneinträge für die ganze Präsentation zu übernehmen.

Ende

In der Einstellung *Datum und Uhrzeit/Fest* können Sie anstelle des Tagesdatums auch beliebigen Text eingeben.

TIPP

Auf Titelfolien werden in der Regel keine Fußzeileneinträge verwendet.

HINWEIS

Bearbeiten Sie die Platzhalter unmittelbar auf der Folie, um Kopf- und Fußzeileneinträge auf einer einzelnen Folie und nicht für die ganze Präsentation zu ändern.

TIPP

Zu viel Text auf der Folie?

Start

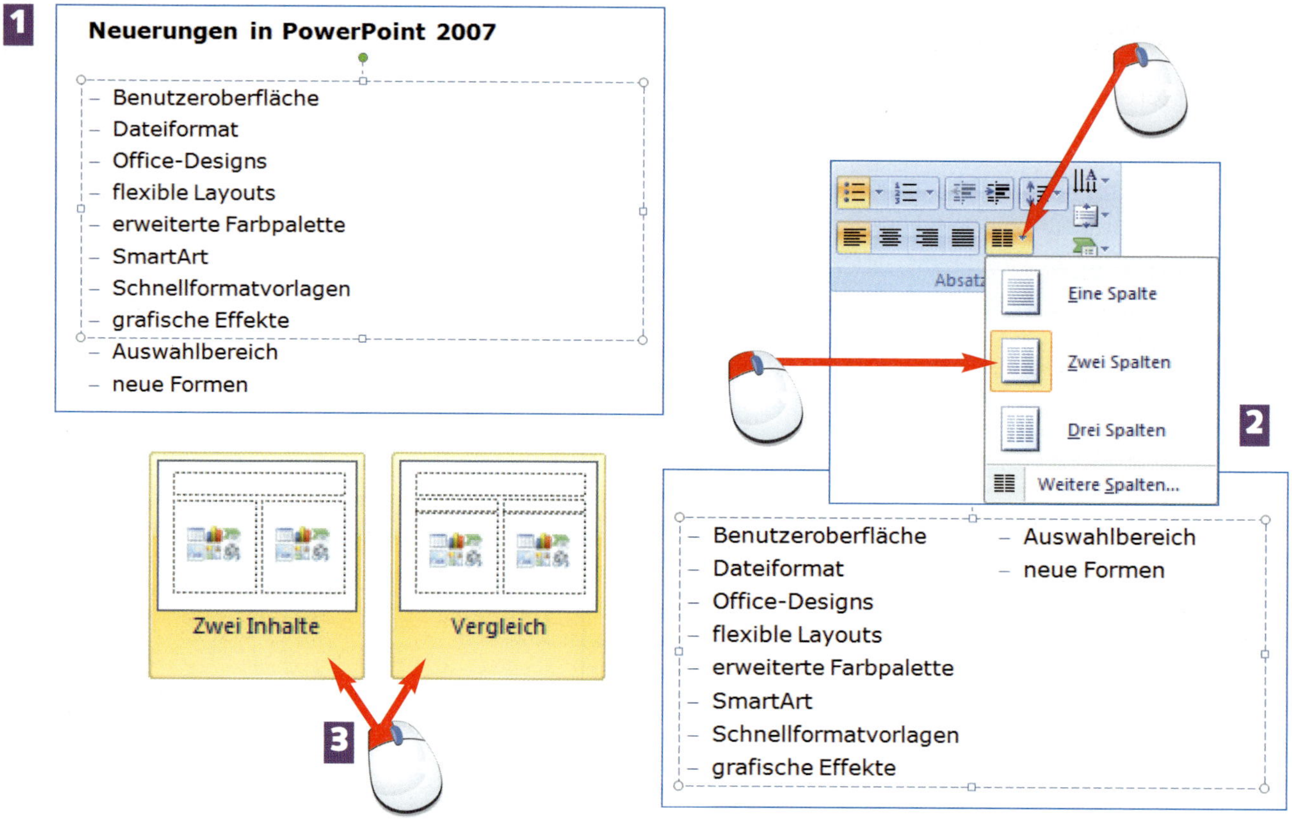

1 Steht in einem Platzhalter für den Text nicht genügend Platz zur Verfügung, werden entweder Schriftgröße und Zeilenabstand verringert oder der Text über den Platzhalter hinausgeschrieben.

2 Bei kurzen Aufzählungen verteilen Sie den Text per Klick auf *Spalten* in der Registerkarte *Start* dann einfach auf zwei Spalten.

3 Wenn Sie von vornherein Text in zwei Spalten anordnen möchten, klicken Sie unter *Start* auf den Pfeil neben *Neue Folie* und wählen aus dem Layout-Katalog *Zwei Inhalte* oder *Vergleich*.

In Vorträgen dienen Textfolien zur Orientierung für das Publikum. Sie sollen nur die Struktur des Vortrags abbilden. Das Publikum kann nicht gleichzeitig aufmerksam zuhören **und** umfangreichen Text lesen. Textfolien müssen deshalb knapp formuliert, übersichtlich gestaltet und gut lesbar sein.

WISSEN

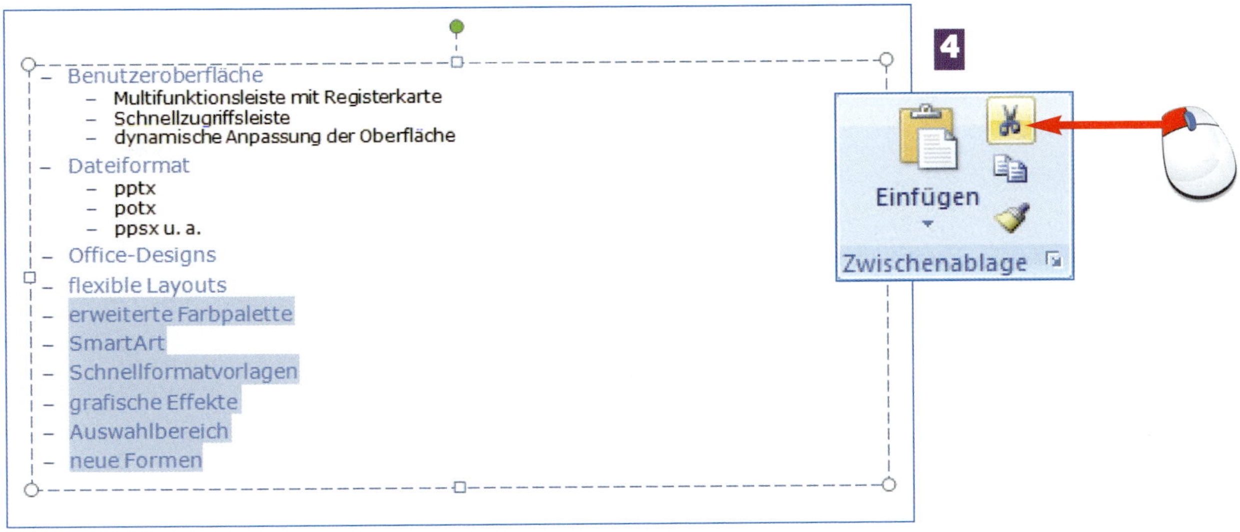

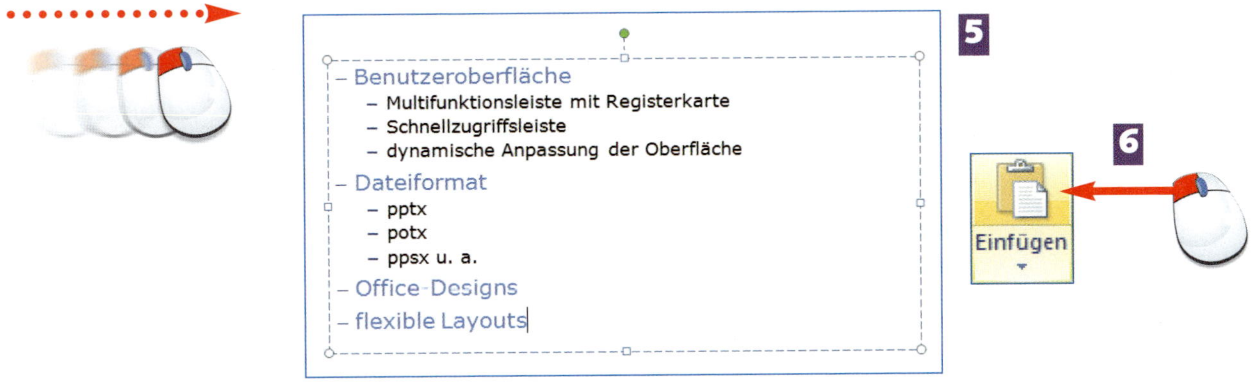

4 Um Text auf zwei Folien zu verteilen, markieren Sie den Text, der auf der nächsten Folie erscheinen soll. Klicken Sie dann in der Registerkarte *Start* auf *Ausschneiden*.

5 Auf der ersten Folie wird der Text automatisch angepasst.

6 Fügen Sie eine neue Folie ein. Setzen Sie den Cursor in den Platzhalter dieser Folie und klicken Sie auf das Symbol *Einfügen* in der oberen Hälfte der Schaltfläche.

Ende

In den meisten Präsentationen wird zu viel Text verwendet. Überlegen Sie, welche Texte Ihrer Präsentation Sie durch Grafiken ersetzen können.

TIPP

Beim Aufteilen einer Aufzählung in *Spalten* kann mithilfe der Reiter auf dem *Lineal* die Position der zweiten Spalte angepasst werden.

HINWEIS

Mithilfe der *SmartArt-Grafiken*, die Sie im nächsten Kapitel kennenlernen, konvertieren Sie Aufzählungen ganz einfach in Grafiken.

TIPP

3

Gelungene Schaubilder im Handumdrehen

Start

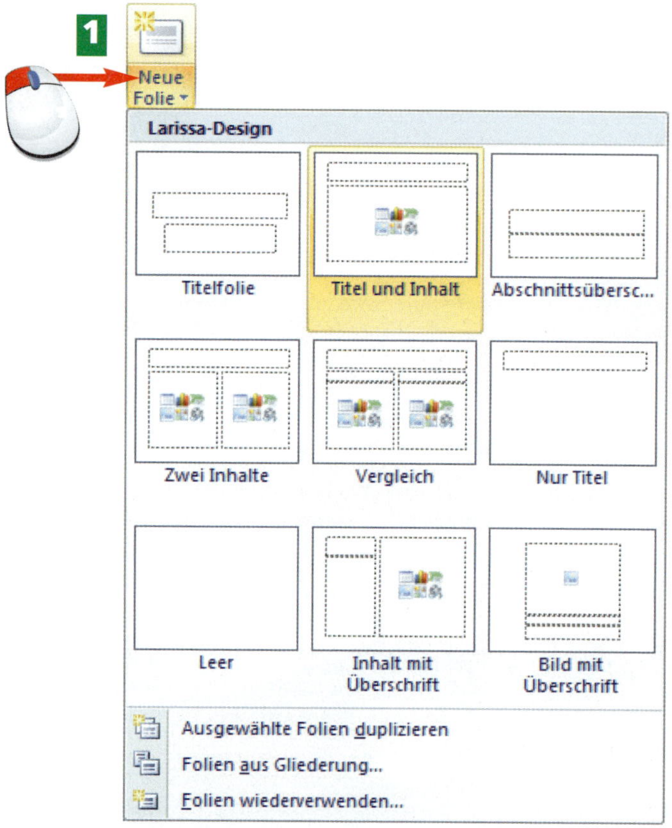

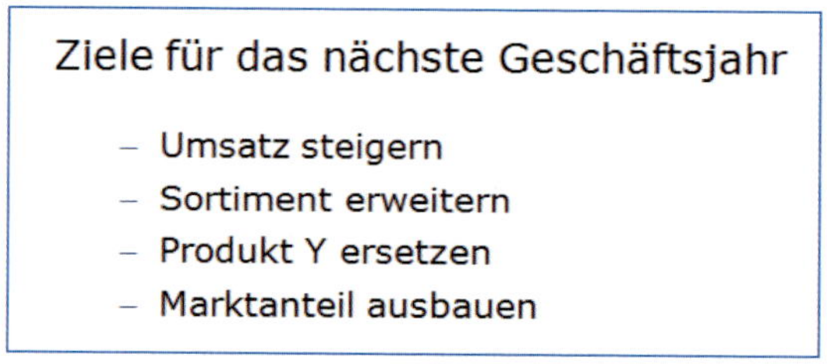

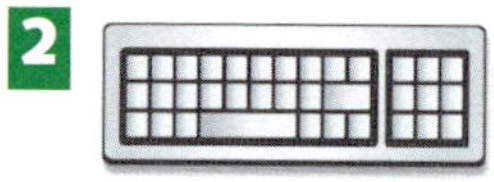

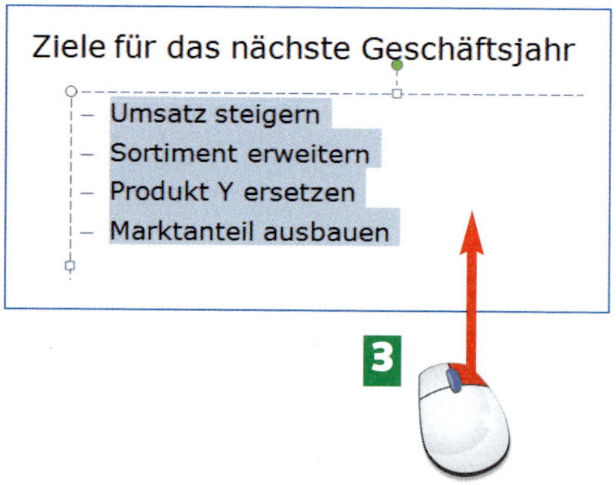

1 Erstellen Sie eine neue Folie mit dem Layout *Titel und Inhalt*.

2 Geben Sie Ihren Text ein.

3 Markieren Sie anschließend die Aufzählung und rufen Sie per Klick mit der rechten Maustaste das Kontextmenü auf.

Die Konvertierung von Aufzählungen in *SmartArt-Grafiken* ist dann sinnvoll, wenn die Aufzählung aus sehr knapp formuliertem Text – am besten nur Stichpunkten – besteht. Umfangreicher Text wird beim Konvertieren so stark verkleinert, dass das Schaubild nicht mehr lesbar ist und nachträglich nur sehr schwer bearbeitet werden kann.

WISSEN

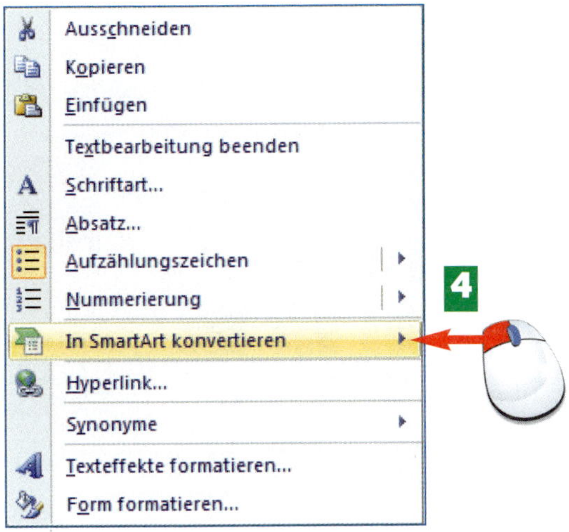

4

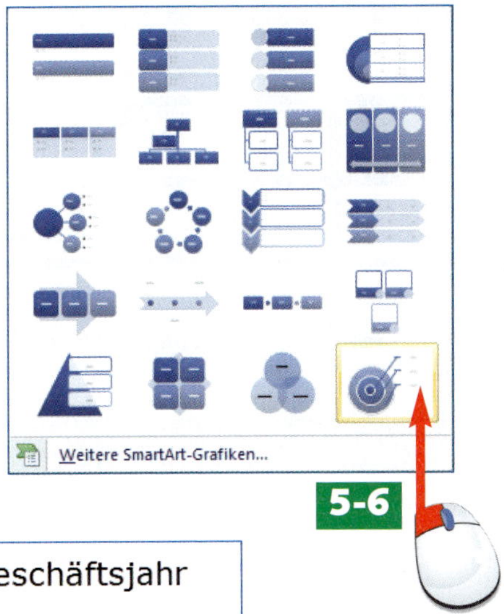

5-6

6

4 Zeigen Sie im Kontextmenü auf den Befehl *In SmartArt konvertieren*.

5 PowerPoint blendet daraufhin einen Katalog mit häufig verwendeten *SmartArt-Grafiken* ein.

6 Wenn die Auswahl bereits das gewünschte Schaubild enthält, müssen Sie nur darauf klicken, um Ihre Aufzählung in dieses Schaubild zu konvertieren.

SmartArt-Grafiken können nach dem Konvertieren der Aufzählung noch ergänzt oder gekürzt werden.

HINWEIS

Bei **SmartArt** handelt es sich um vordefinierte und editierbare Strukturgrafiken für Abläufe, Hierarchien u. ä. Sie werden als **Schaubilder** bezeichnet.

FACHWORT

Der Befehl *In SmartArt konvertieren* steht nur für markierte Absätze in einem Platzhalter zur Verfügung. Auf markierte Platzhalter kann er nicht angewendet werden.

HINWEIS

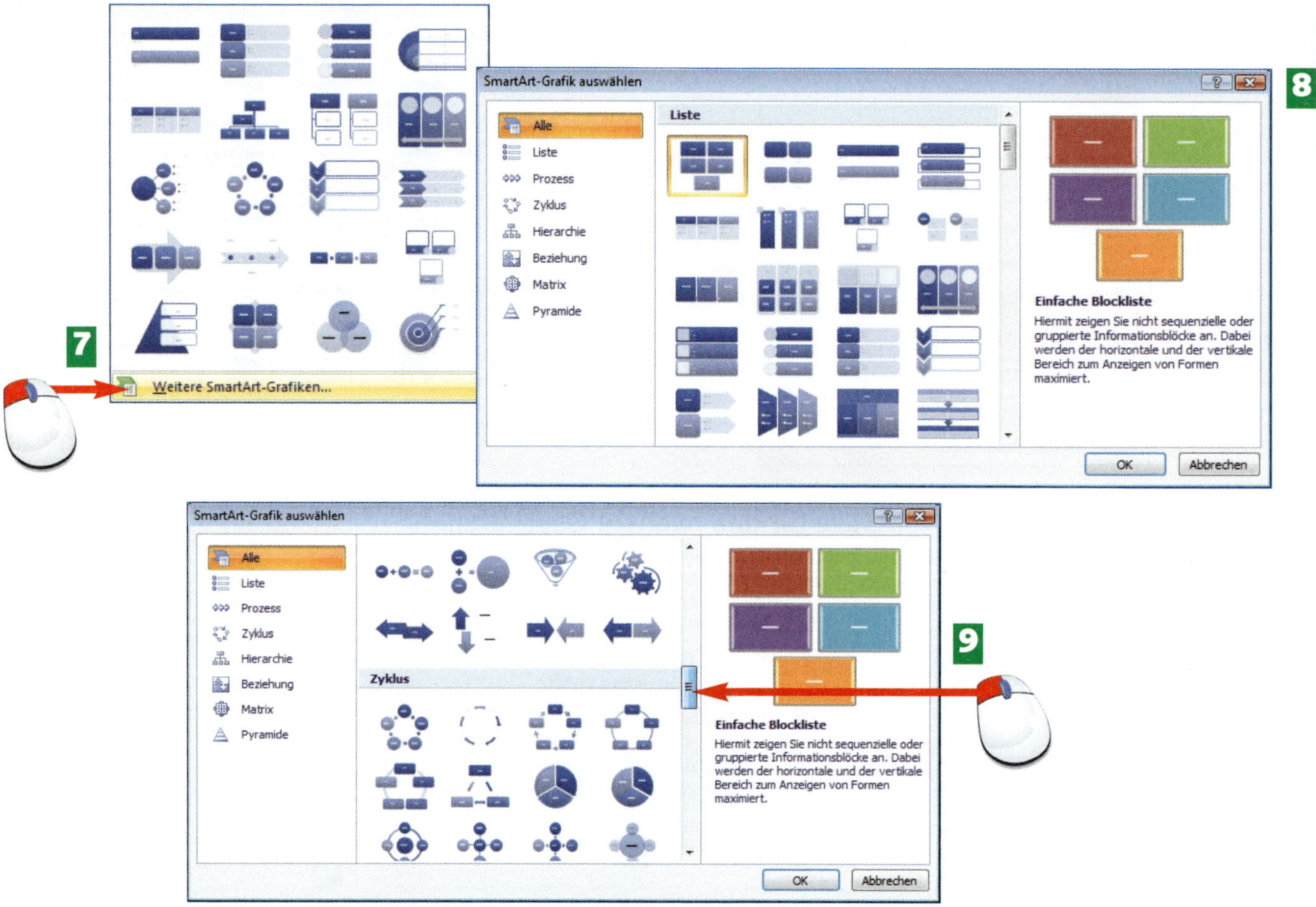

7 Per Klick auf *Weitere SmartArt-Grafiken* rufen Sie das Dialogfeld *SmartArt-Grafik auswählen* auf.

8 In der voreingestellten Kategorie *Alle* werden im mittleren Teil des Dialogfelds alle verfügbaren *SmartArt-Grafiken* aufgelistet.

9 Verschieben Sie den Scrollbalken, bis das Schaubild, das Sie suchen, zu sehen ist.

Manche *SmartArt-Grafiken* funktionieren nur mit einer limitierten Zahl von Aufzählungspunkten. Text, der in der Grafik nicht verwendet werden kann, ist im Schaubild dann nicht zu sehen. Trotzdem bleibt er verfügbar und wird angezeigt, sobald Sie einen anderen, besser geeigneten SmartArt-Typ zuweisen.

WISSEN

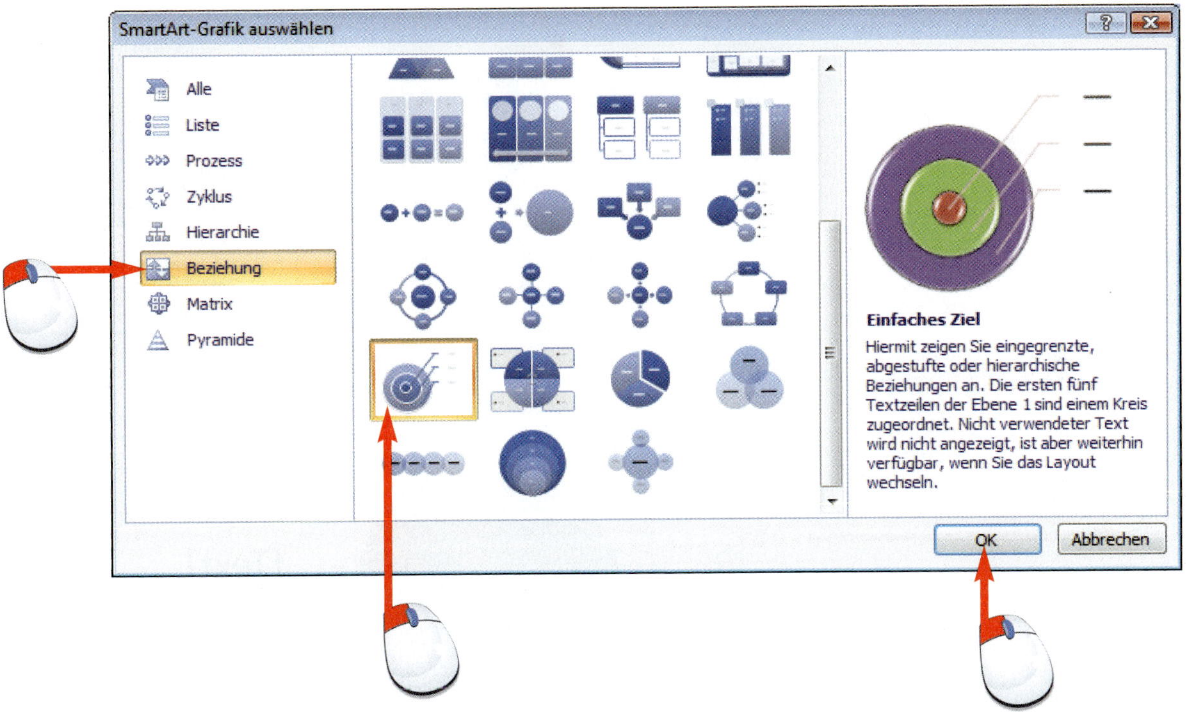

10-12

10 Klicken Sie auf eine der Kategorien auf der linken Seite des Dialogfelds *SmartArt-Grafik auswählen*, um die Liste zu filtern.

11 Markieren Sie eine der Miniaturansichten in der Mitte und prüfen Sie anhand der Beschreibung auf der rechten Seite, ob das Schaubild für Ihre Zwecke geeignet ist.

12 Bestätigen Sie Ihre Auswahl mit *OK*.

Ende

Die rechte Seite des Dialogfelds *SmartArt-Grafik auswählen* enthält Bearbeitungshinweise und eine Beschreibung, für welche Aussage ein SmartArt-Typ geeignet ist.

HINWEIS

Nutzen Sie anstelle von Textfolien nach Möglichkeit Schaubilder wie die *Smart-Art-Grafiken*. Sie sind anschaulicher und prägen sich Ihrem Publikum besser ein.

TIPP

Das Zurückkonvertieren einer *SmartArt-Grafik* in eine Aufzählung ist nicht möglich. Sollten Sie die Aufzählung noch anderweitig benötigen, speichern Sie sie als Folie separat ab.

HINWEIS

Start

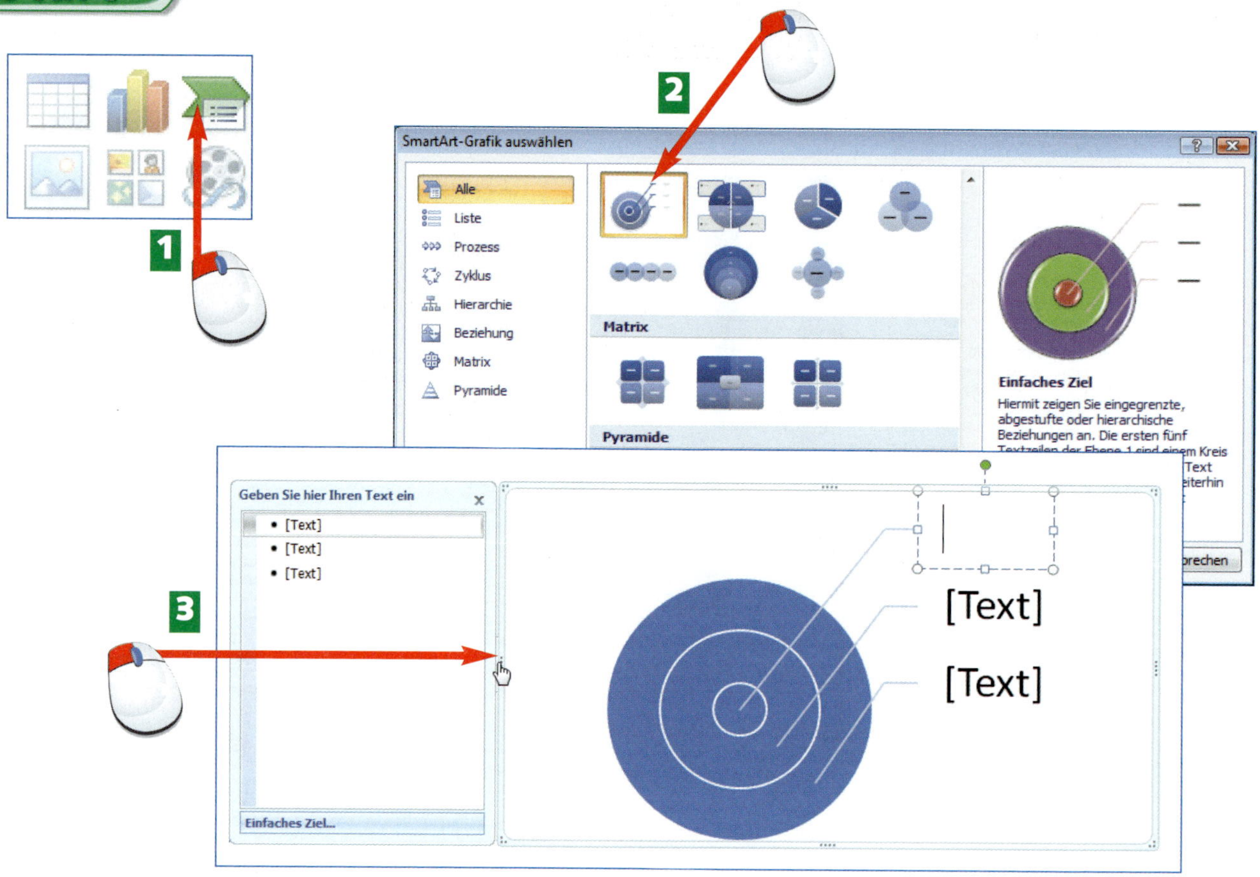

1. Erstellen Sie eine *Neue Folie* mit dem Layout *Titel und Inhalt* und klicken Sie in der Mitte des Platzhalters auf das Symbol *SmartArt-Grafik einfügen*.
2. Wählen Sie im Dialogfeld *SmartArt-Grafik auswählen* die gewünschte Grafik aus.
3. Die *SmartArt-Grafik* wird mit geöffnetem Textbereich auf der Folie eingefügt. Per Klick auf die Trennlinie zwischen Textbereich und Grafikmarkierung in Höhe der mittig angeordneten Markierung schließen Sie den Textbereich und öffnen ihn wieder.

SmartArt-Grafiken können wahlweise im Textbereich auf der linken Seite der Grafik oder direkt im Schaubild beschriftet werden. Die Textfelder in der Grafik reagieren wie die Platzhalter auf der Folie: Sobald ein Textfeld angeklickt wird, verschwindet der vorgegebene Text und das Textfeld kann beschriftet werden.

WISSEN

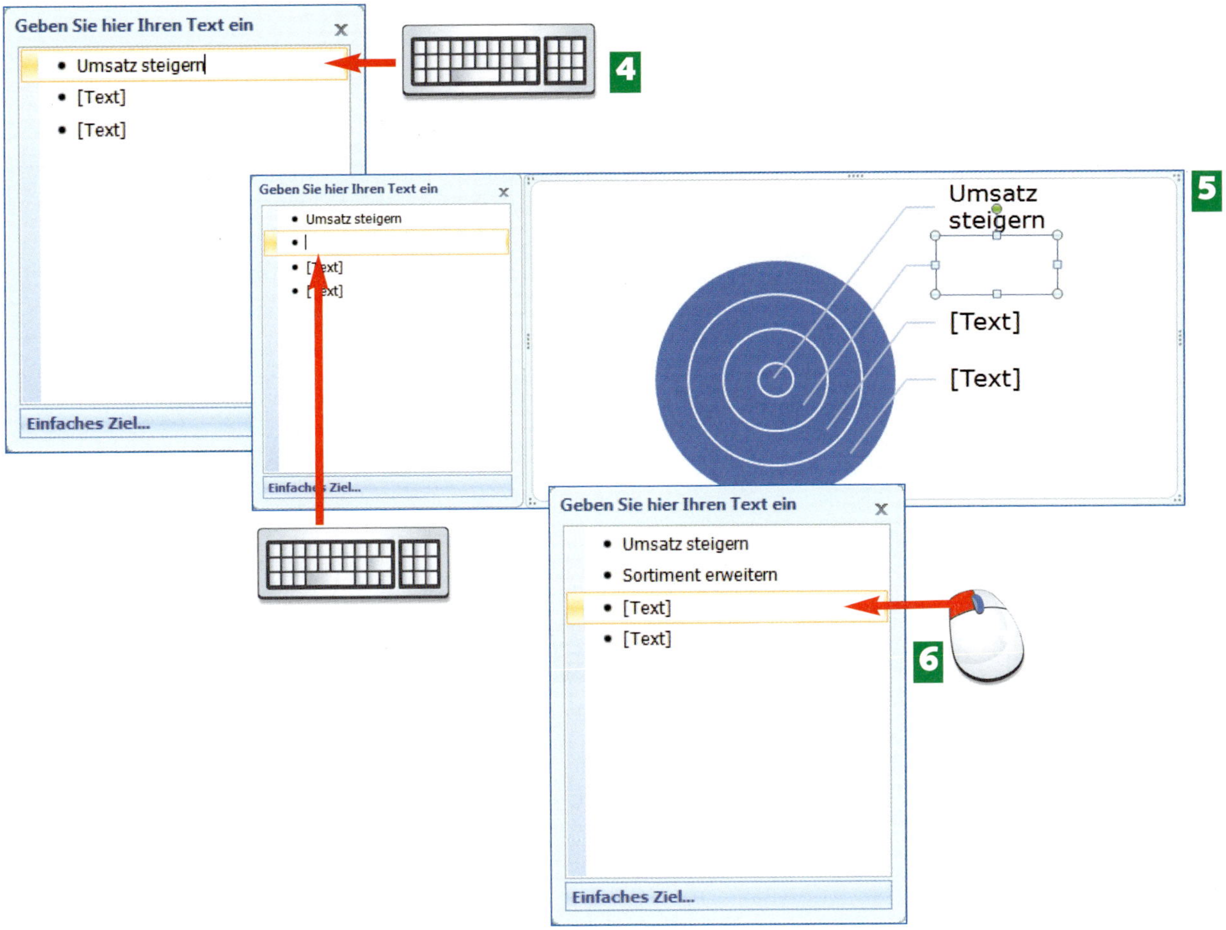

4 Geben Sie im Textbereich neben dem Schaubild Ihren Text ein.

5 Wenn Sie nach der Eingabe der ersten Zeile im Textbereich die [↵]-Taste drücken, wird eine weitere Form im Schaubild und ein weiterer Aufzählungspunkt im Textbereich erzeugt.

6 Um eine im Schaubild bereits vorhandene Form zu beschriften, klicken Sie mit der Maus in die entsprechende Zeile und geben Ihren Text ein.

Ende

HINWEIS

Textfelder im Textbereich und Formen im Schaubild sind untrennbar miteinander verbunden. Sie können nicht unabhängig voneinander gelöscht werden.

TIPP

Verwenden Sie den Textbereich zur Schaubildbeschriftung, wenn Sie mit gegliederten Aufzählungen arbeiten.

HINWEIS

Im Textbereich einer *SmartArt-Grafik* erzeugen Sie mit der [⇥]-Taste Unterpunkte und kehren mit [Alt] + [⇧] + [⇤] zur übergeordneten Aufzählungsebene zurück.

SmartArt per Formatvorlage schnell formatieren

Start

1

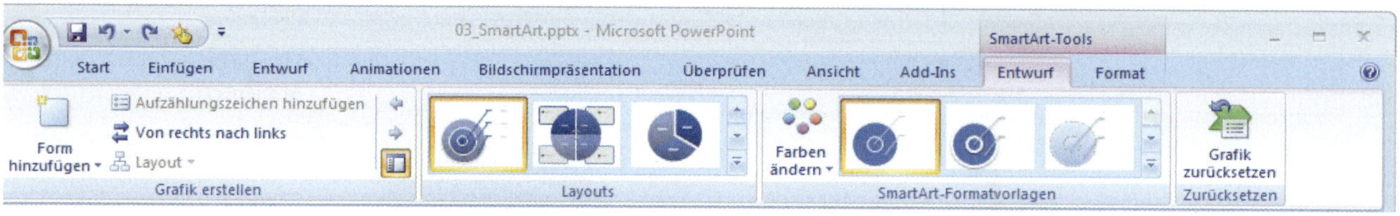

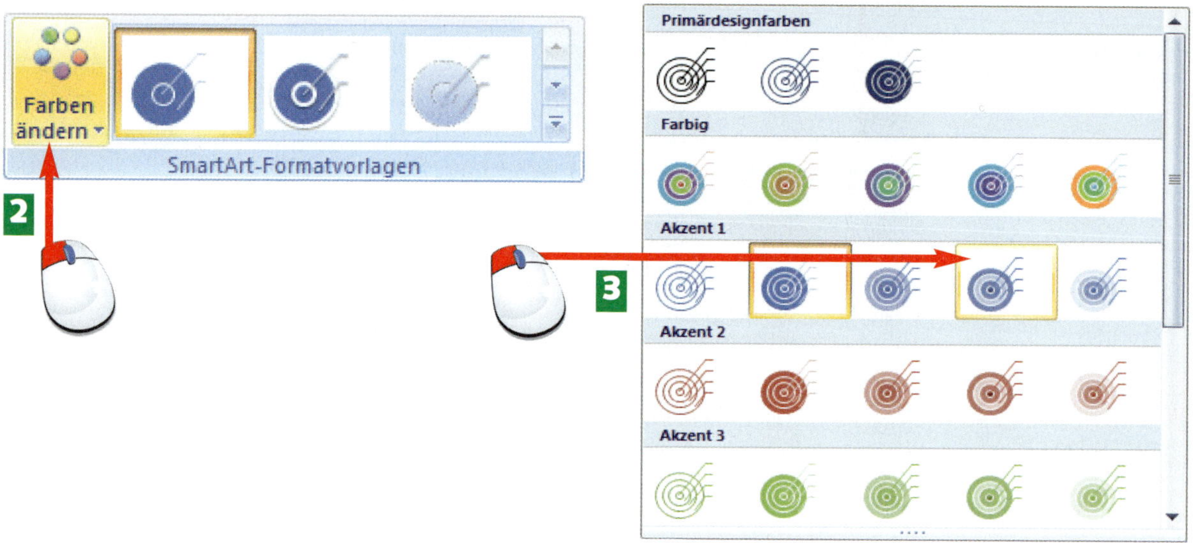

1 Nach dem Einfügen einer *SmartArt-Grafik* werden auf der Multifunktionsleiste zwei weitere Registerkarten eingeblendet: die SmartArt-Tools *Entwurf* und *Format*.

2 Klicken Sie in der Registerkarte *Entwurf* der SmartArt-Tools auf *Farben ändern*.

3 Zeigen Sie mit der Maus auf eine Farbvariante und prüfen Sie anhand der Live-Vorschau auf der Folie, wie Ihre Grafik in diesen Farben aussieht. Klicken Sie auf eine Variante, um sie der Grafik zuzuweisen.

Die *SmartArt-Tools* werden nur dann angezeigt, wenn auf der Folie eine *SmartArt-Grafik* markiert ist. Mit den Befehlen der Registerkarte *Entwurf* bearbeiten Sie die Struktur der *SmartArt-Grafik* und wählen Farbe und Grafikformate für die gesamte Grafik aus. Mit den Befehlen der Registerkarte *Format* bearbeiten Sie einzelne Formen der SmartArt-Grafik.

WISSEN

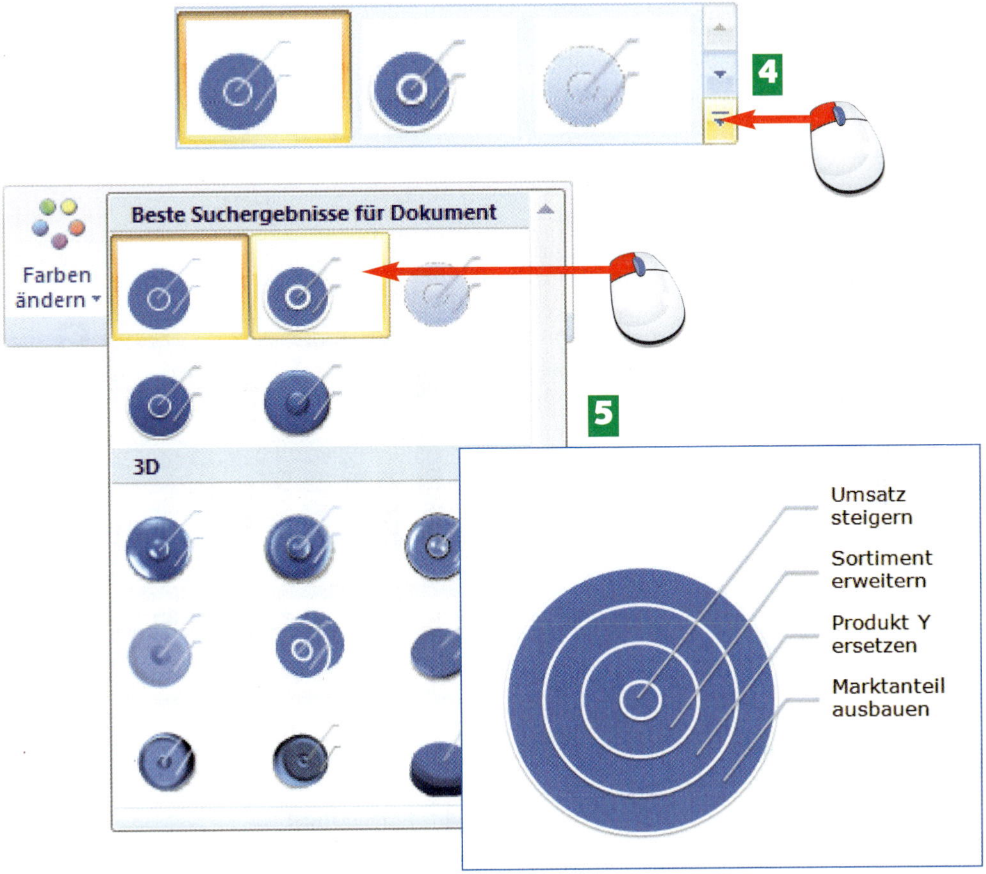

4 Öffnen Sie den Katalog mit vordefinierten Grafikformaten für *SmartArt-Grafiken*.

5 Halten Sie auch hier den Mauszeiger über eine der Miniaturansichten, um Ihre *SmartArt-Grafik* in der Live-Vorschau mit dem gewählten Grafikformat zu sehen. Bestätigen Sie Ihre Auswahl per Mausklick auf die Miniaturansicht im Katalog.

Ende

TIPP

Entscheiden Sie sich für eine oder maximal zwei *Formatvorlagen*, die Sie mit allen *SmartArt-Grafiken* einer Präsentation verwenden – sonst wirkt Ihre Präsentation zu „bunt".

FACHWORT

Die **Formatvorlagen** *für SmartArt-Grafiken* enthalten vordefinierte Farben und Grafikeffekte wie Schatten, Linienstärke und 3D, die auf das gesamte Schaubild angewendet werden.

HINWEIS

SmartArt-Grafiken mit 3D-Effekten sind nicht immer optimal lesbar.

Start

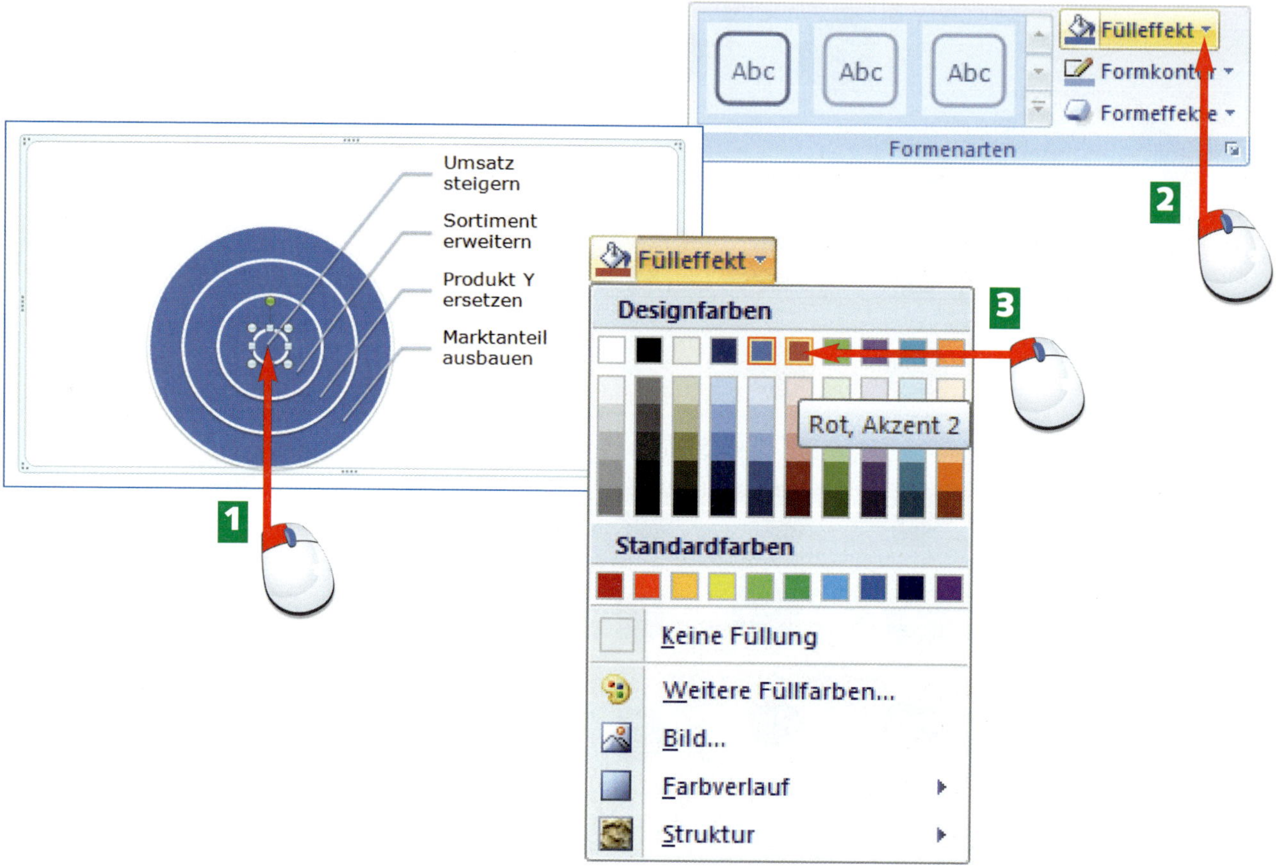

1 Markieren Sie den Kreis in der Mitte der Zielscheibe.

2 Klicken Sie in der Registerkarte *Format* auf den Pfeil der Schaltfläche *Fülleffekt.*

3 Wählen Sie, entweder aus den Design- oder aus den Standardfarben, Rot als *Füllfarbe* für den mittleren Kreis.

Nicht nur die Füllfarbe, sondern auch die Linien einer *SmartArt-Grafik* können individuell formatiert werden. Die Designfarben für Linien werden per Klick auf den Pfeil der Schaltfläche *Formkontur* geöffnet.

WISSEN

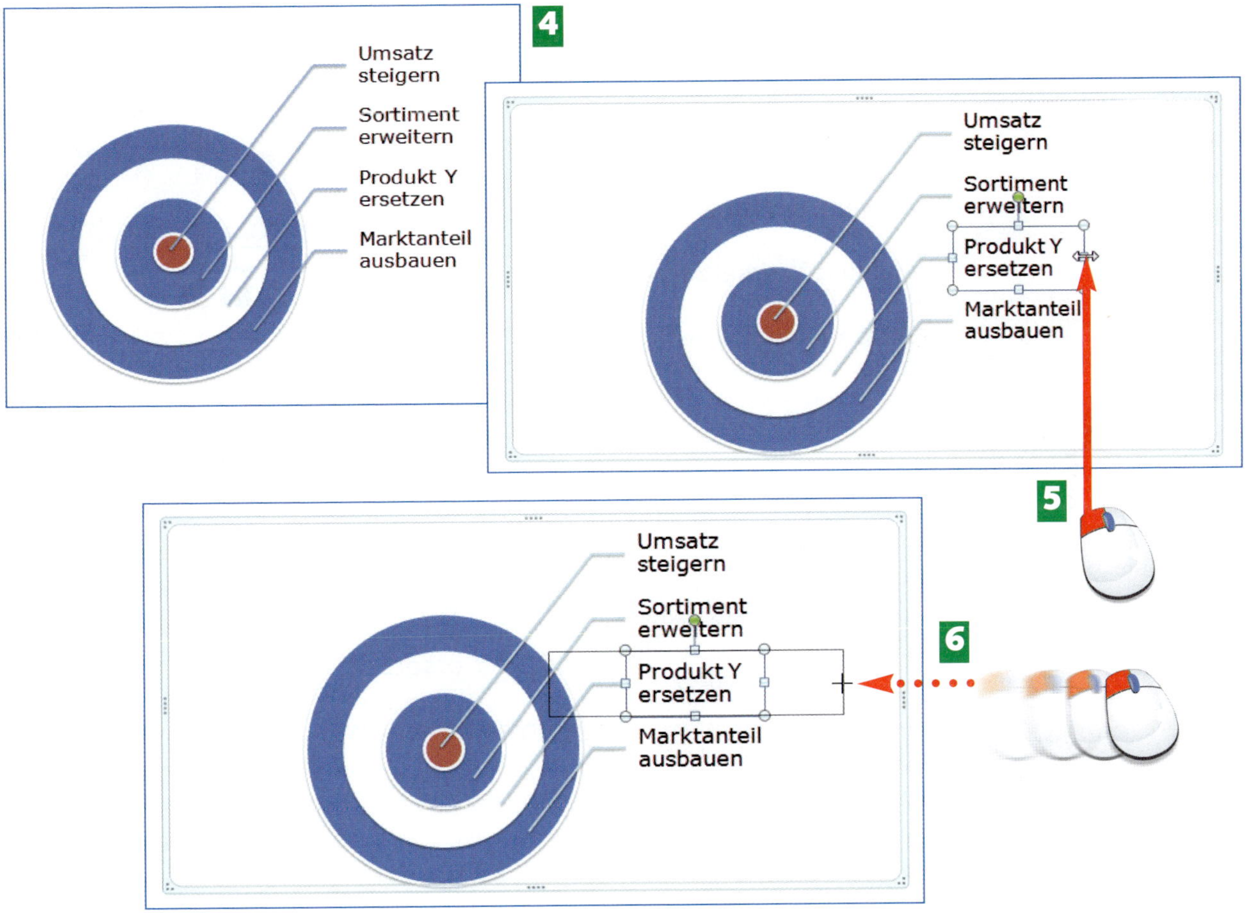

4 Markieren Sie nacheinander die übrigen Kreisringe der Zielscheibe und formatieren Sie sie abwechselnd in Weiß und einer weiteren Farbe.

5 Verbreitern Sie die Textfelder der *SmartArt-Grafik* so weit, dass der Text einzeilig dargestellt wird. Klicken Sie dazu ein Textfeld an und zeigen Sie mit der Maus auf einen der mittleren seitlichen Markierungspunkte.

6 Klicken Sie auf den Markierungspunkt und ziehen Sie das Textfeld in die Breite.

Um mehrere Elemente einer *SmartArt* zu markieren, halten Sie die ⇧-Taste gedrückt und klicken ein Element nach dem anderen an.

TIPP

Die Formen und Textfelder einer *SmartArt-Grafik* können nicht über die blaue Markierung hinaus verschoben oder vergrößert werden.

HINWEIS

Geben Sie Ihrem Text beim Verbreitern des Textfelds möglichst viel Platz. Dann können Sie bei Bedarf die Schrift vergrößern, ohne dass der Text gleich wieder zweizeilig dargestellt wird.

TIPP

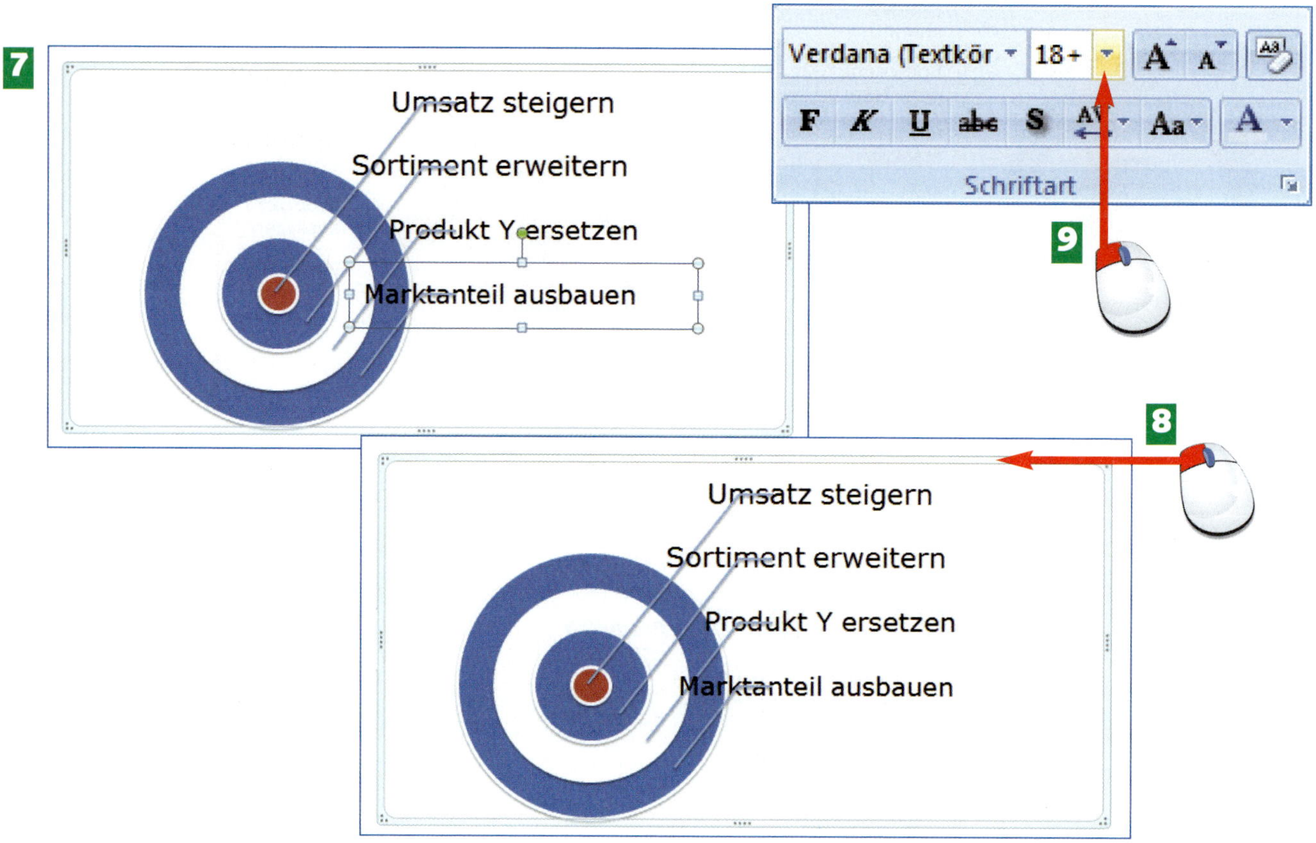

7 Wenn Sie alle Textfelder verbreitert haben, passt PowerPoint automatisch die Schriftgröße an – allerdings nicht einheitlich für alle Textfelder. Auch die Position der Textfelder in der Grafik ist nicht mehr korrekt.

8 Formatieren Sie als Erstes die Beschriftung in einheitlicher Größe. Klicken Sie auf den Rahmen der SmartArt-Grafik, sodass das Objekt und nicht einzelne Formen oder Textfelder markiert sind.

9 Klicken Sie dann in der Registerkarte *Start* auf den Pfeil der Schaltfläche *Schriftgrad*.

Das manuelle Anpassen von *SmartArt-Grafiken* ist etwas zeitaufwendig und mühsam, lohnt sich aber im Ergebnis: Das Schaubild wirkt übersichtlicher und ist besser lesbar.

WISSEN

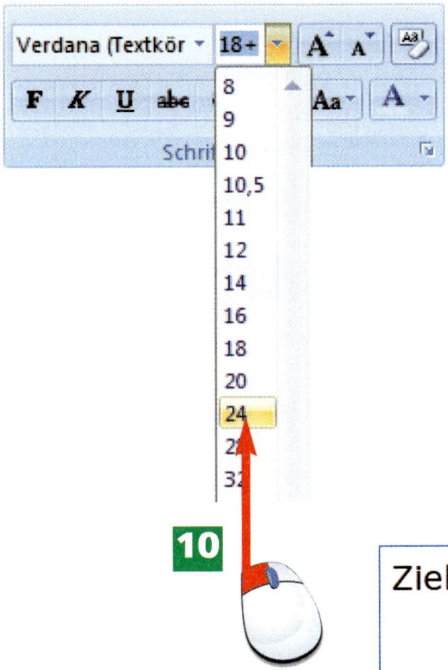

10 Wählen Sie nach Möglichkeit die Schriftgröße, die Sie auch in Aufzählungen einsetzen.

11 Richten Sie jetzt die Textfelder richtig aus. Klicken Sie auf das Textfeld und dann nochmals auf seinen Rahmen, um das Objekt und nicht den Text zu bearbeiten.

12 Verschieben Sie das Textfeld mit den Richtungstasten der Tastatur. Verfahren Sie in gleicher Weise mit den übrigen Textfeldern.

Ende

Auch beim Zuweisen der Schriftgröße können Sie anhand der Live-Vorschau überprüfen, wie sich die Änderung im Schaubild auswirkt.

TIPP

Ob das Textfeld als Objekt markiert ist, erkennen Sie daran, dass sein Rahmen als durchgezogene Linie dargestellt wird.

TIPP

Wenn Sie nicht genug Platz haben, um das Textfeld richtig anzuordnen, müssen Sie seine Breite und ggf. auch die Schriftgröße aller übrigen Textfelder nochmals anpassen.

TIPP

Schnell ein Organigramm erstellen

Start

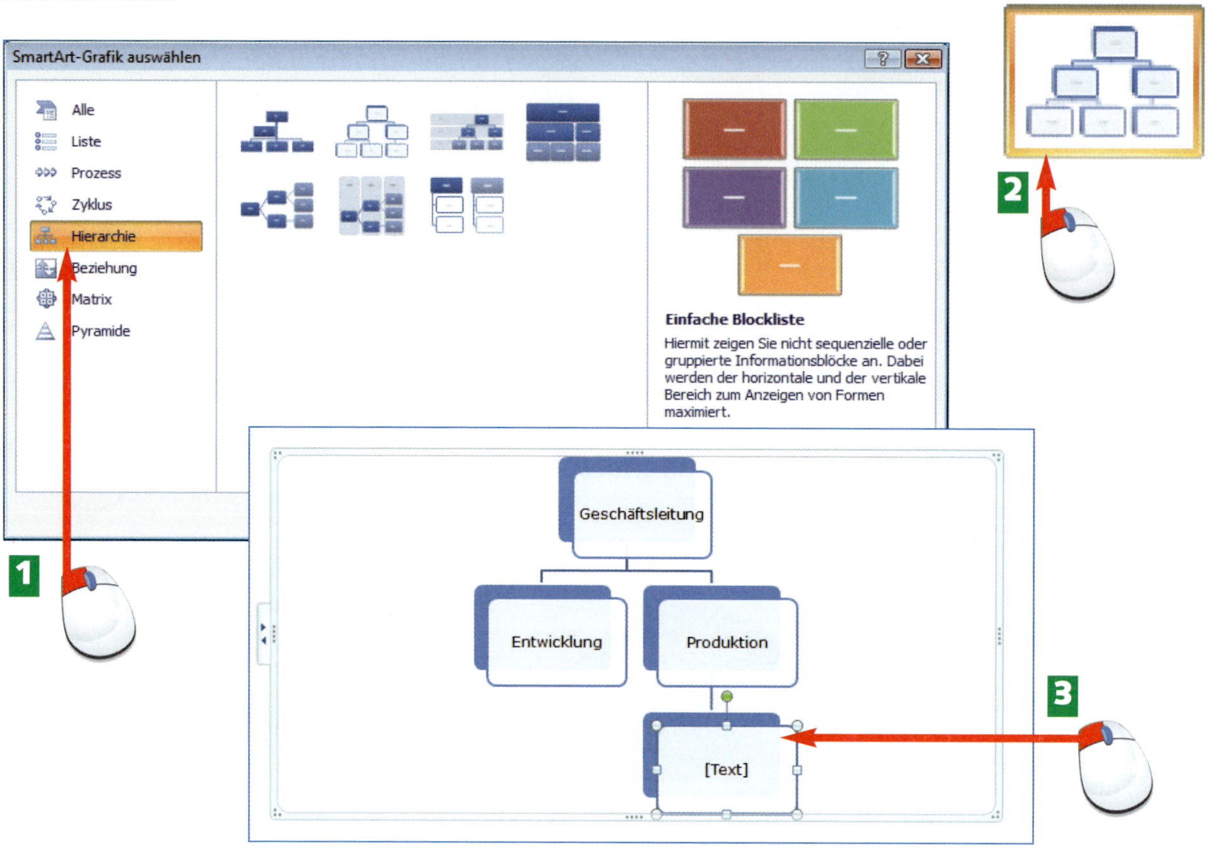

1 Klicken Sie im Dialogfeld *SmartArt-Grafik einfügen* auf den Eintrag *Hierarchie*.

2 Wählen Sie das zweite Organigramm-Layout aus.

3 Beschriften Sie die vorhandenen Formen im Schaubild. Löschen Sie nicht benötigte Formen, indem Sie die Form markieren und die [Entf]-Taste drücken.

Nicht alle Organigramme verfügen über die gleichen Optionen. Nur das erste Organigramm-Layout verfügt über eine Assistenten-Funktion. Um untergeordnete Formen in einer Linie untereinander und nicht links oder rechts hängend anzuordnen, benötigen Sie das zweite Organigramm-Layout.

WISSEN

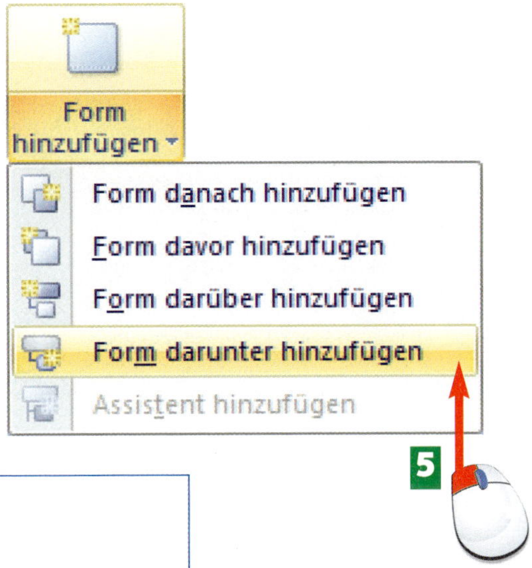

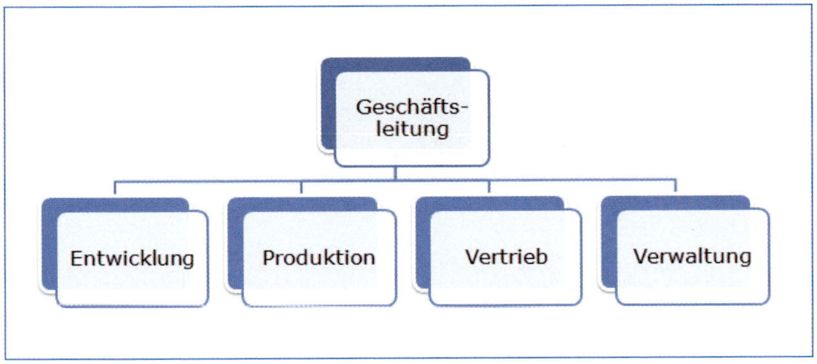

6

4 Möchten Sie eine untergeordnete Form hinzufügen, markieren Sie die übergeordnete Form und klicken in der Registerkarte *Entwurf* auf den Pfeil der Schaltfläche *Form hinzufügen*.

5 Wählen Sie aus der Liste den Befehl *Form darunter hinzufügen*.

6 Passen Sie *Farben*, *Formatvorlage* und *Schriftgröße* des Organigramms an. Arbeiten Sie in SmartArt-Grafiken bei Bedarf mit manueller Silbentrennung, um die Grafik in ausreichender Größe zu beschriften.

Ende

HINWEIS

Beim Hinzufügen von Formen ist es gleichgültig, ob der Text in der Form oder die Form markiert ist.

TIPP

Wenn sich eine Form nicht löschen lässt, ist der Text in der Form und nicht die Form selbst markiert. Klicken Sie dann nochmals auf den Rahmen der Form.

HINWEIS

SmartArt-Organigramme eignen sich zum Abbilden einfacher Hierarchien. Mehr Flexibilität bieten die *Formen* und *Verbindungslinien*, die Sie im nächsten Kapitel kennenlernen.

4

Zeichnen mit PowerPoint

Start

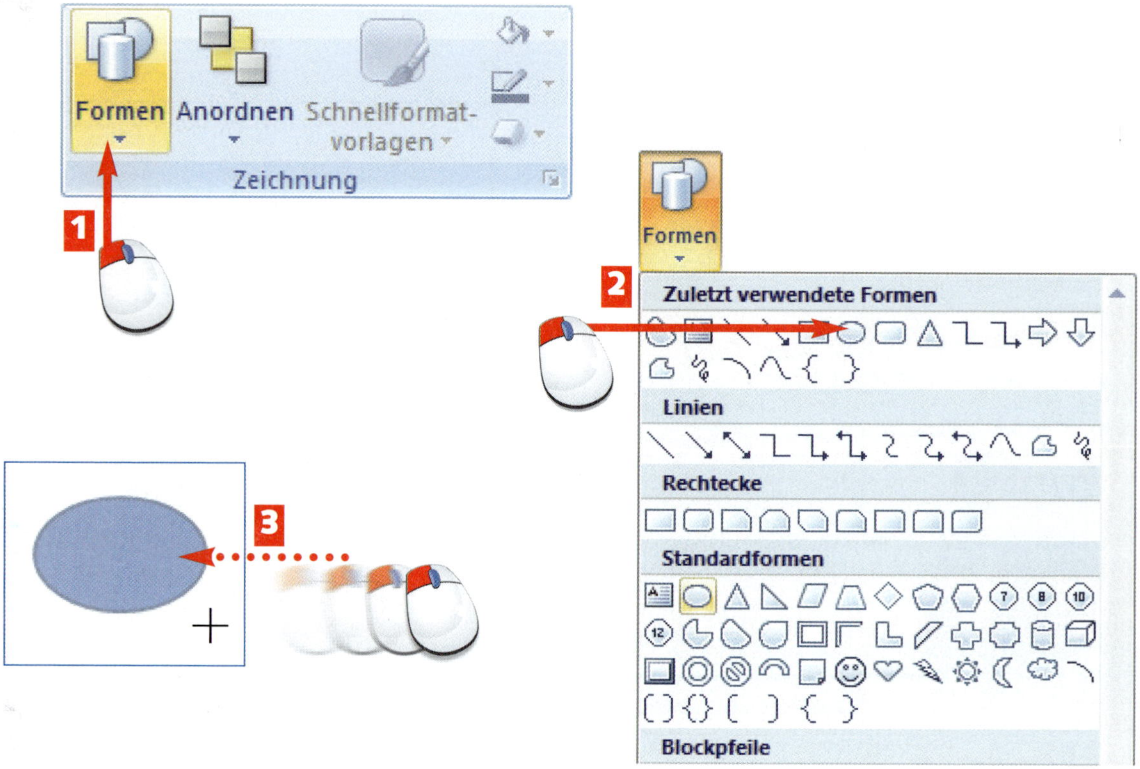

1 Klicken Sie in der Registerkarte *Start* auf die Schaltfläche *Formen*.

2 PowerPoint blendet daraufhin einen Katalog ein, der sortiert nach Kategorien alle verfügbaren Formen zeigt. Klicken Sie auf die *Ellipse* in den Standardformen.

3 Der Mauszeiger verwandelt sich daraufhin in ein Kreuz. Klicken Sie auf die Folie, halten Sie die linke Maustaste gedrückt und ziehen Sie sie ...

Bilder von Personen werden sehr häufig benötigt, um Geschäftsbeziehungen, Projektteams, Kommunikationslösungen usw. abzubilden. Während die Recherche nach geeigneten Bildern oft viel Zeit in Anspruch nehmen kann, lassen sich einfache Symbole recht schnell zeichnen und stilistisch sehr gut mit anderen Grafiken kombinieren.

WISSEN

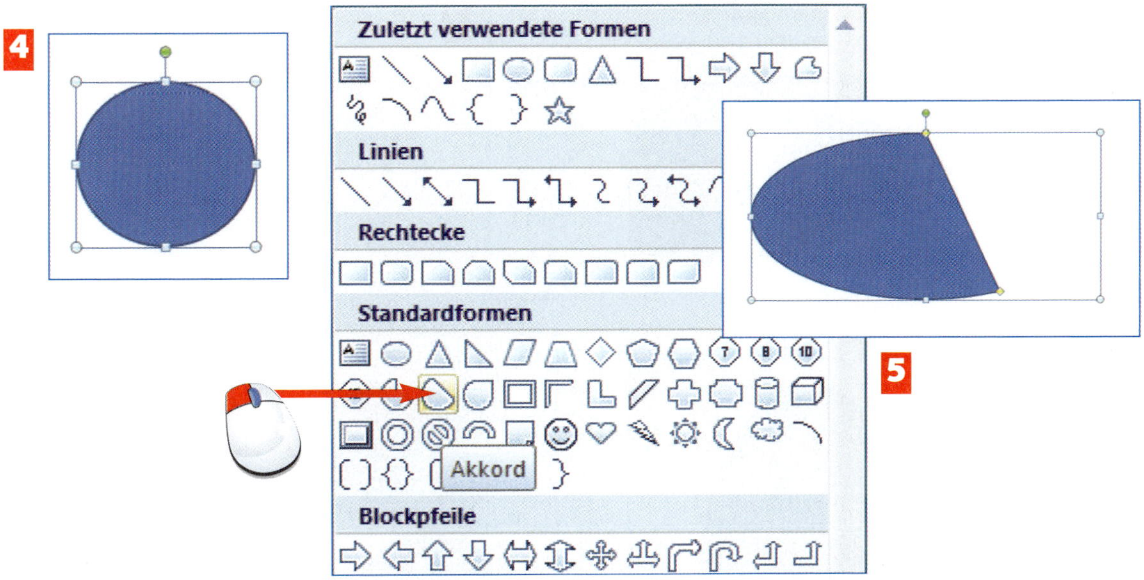

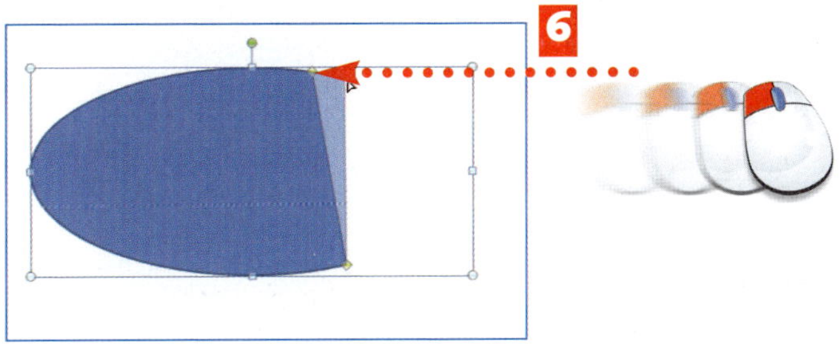

4 … bis ein Kreis entsteht. Lassen Sie dann die Maustaste wieder los.

5 Klicken Sie erneut auf die Schaltfläche *Formen* und zeichnen Sie dieses Mal den *Akkord* aus den Standardformen auf die Folie.

6 Verschieben Sie den oberen gelben *Formkorrekturpunkt* so weit nach rechts, dass er exakt über dem unteren gelben *Formkorrekturpunkt* liegt.

HINWEIS

Höhe, Breite und Position auf der Folie können nach dem Zeichnen einer Form noch beliebig geändert werden.

FACHWORT

Die kleine gelbe Raute einer markierten Form, über die die Kontur der Form geändert werden kann, wird **Formkorrekturpunkt** genannt.

TIPP

Wenn Sie beim Zeichnen von Rechtecken und Ellipsen die ⇧-Taste gedrückt halten, entstehen automatisch perfekte Quadrate und Kreise.

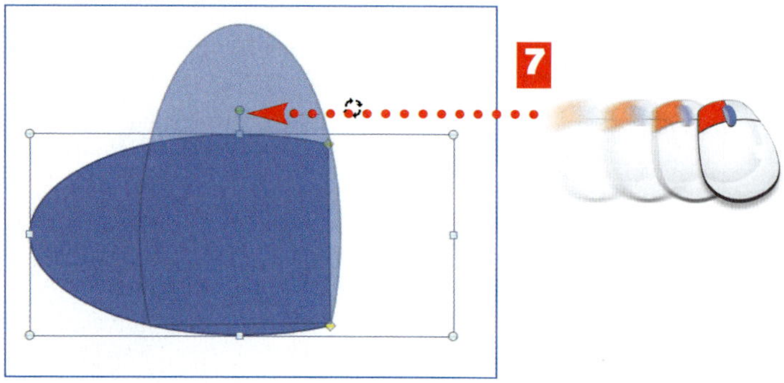

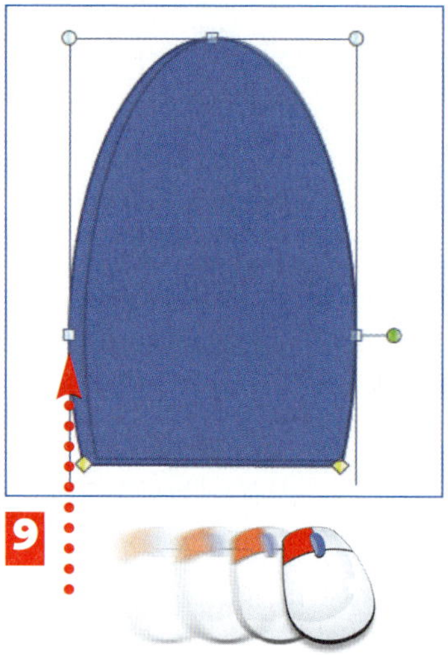

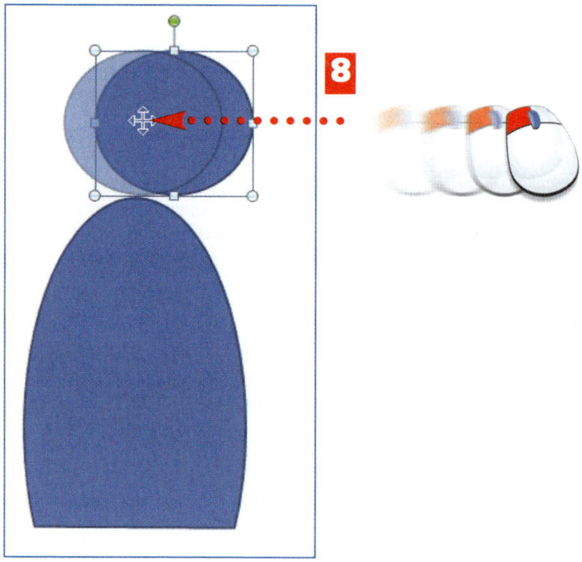

7 Ziehen Sie den grünen Markierungspunkt der Form so weit nach rechts, dass der Akkord um 90° gedreht wird.

8 Ordnen Sie Kreis und Akkord untereinander an, indem Sie eine der beiden Formen anklicken und bei gedrückter linker Maustaste an die richtige Position verschieben.

9 Um die Höhe oder Breite einer Form anzupassen, klicken Sie auf einen der mittleren Markierungspunkte und ziehen den Punkt bei gedrückter linker Maustaste nach außen oder innen.

Sobald auf der Folie eine Form markiert ist, wird die Registerkarte *Format* der Zeichentools mit Befehlen zum Formatieren und Anordnen von *Formen* eingeblendet. Auf ihrer linken Seite haben Sie direkten Zugriff auf den Formenkatalog. Um weitere Objekte zu zeichnen, müssen Sie nicht zwischen den Registerkarten *Start und Format* wechseln.

WISSEN

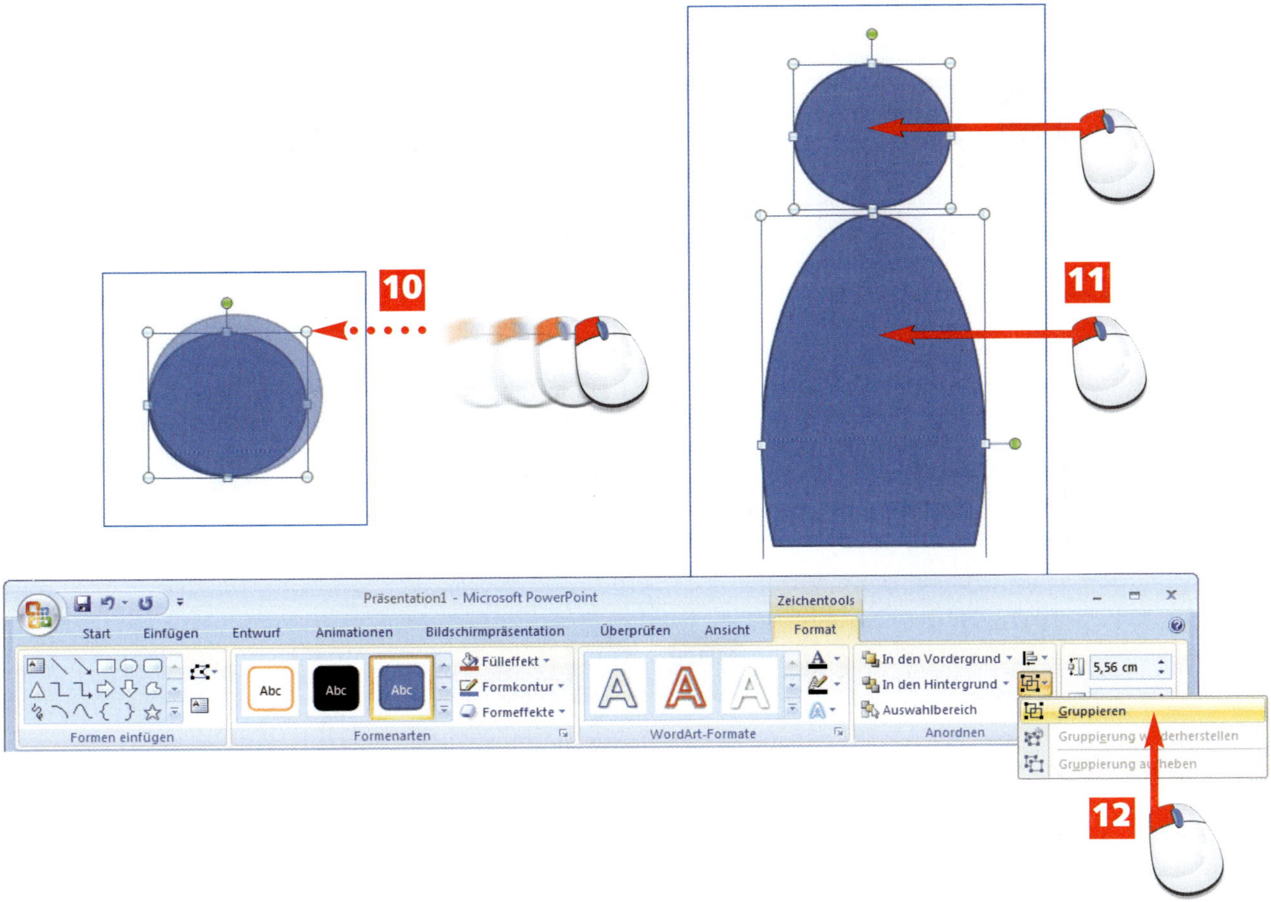

10 Um eine Form proportional zu vergrößern oder zu verkleinern, klicken Sie auf einen Eckpunkt und ziehen ihn diagonal nach außen oder innen.

11 Gruppieren Sie die beiden Formen, indem Sie die ⇧-Taste gedrückt halten und eine Form nach der anderen anklicken.

12 Klicken Sie dann in der Symbolleiste *Format* der Zeichentools auf die Schaltfläche *Gruppieren* und wählen Sie den Befehl *Gruppieren*.

Ende

TIPP

Präziser als mit der Maus richten Sie Objekte auf der Folie aus, indem Sie sie mit den Richtungstasten (Pfeiltasten) der Tastatur verschieben.

FACHWORT

Beim **Gruppieren** werden zwei oder mehrere Formen zu einem Objekt zusammengefasst.

HINWEIS

Gruppierte Objekte können wie einzelne Formen skaliert, gedreht und formatiert sowie mit weiteren Formen und Objekten erneut gruppiert werden.

Start

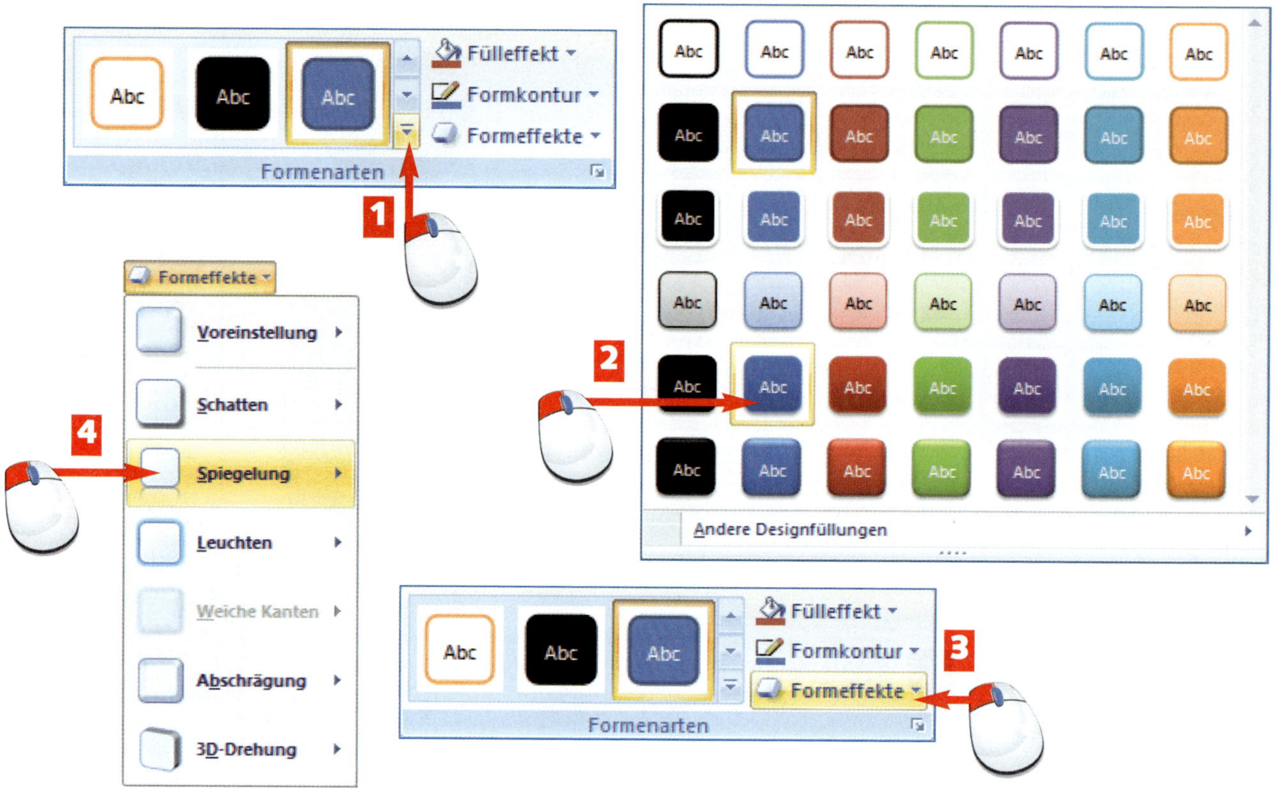

1 Öffnen Sie in der Registerkarte *Format* der Zeichentools den Katalog *Grafikformate*.

2 Weisen Sie Ihrem gruppierten Personen-Objekt eine der *Designfüllungen* zu.

3 Öffnen Sie als Nächstes den Katalog *Formeffekte*.

4 Zeigen Sie mit der Maus auf den Eintrag *Spiegelung*.

Wie bei *SmartArt-Grafiken* können Sie auch beim Zeichnen anhand der Live-Vorschau beurteilen, wie das markierte Folienobjekt mit dem ausgewählten Effekt wirkt. Erst wenn Sie auf eine Miniaturansicht klicken, wird der Effekt zugewiesen und der Katalog geschlossen.

WISSEN

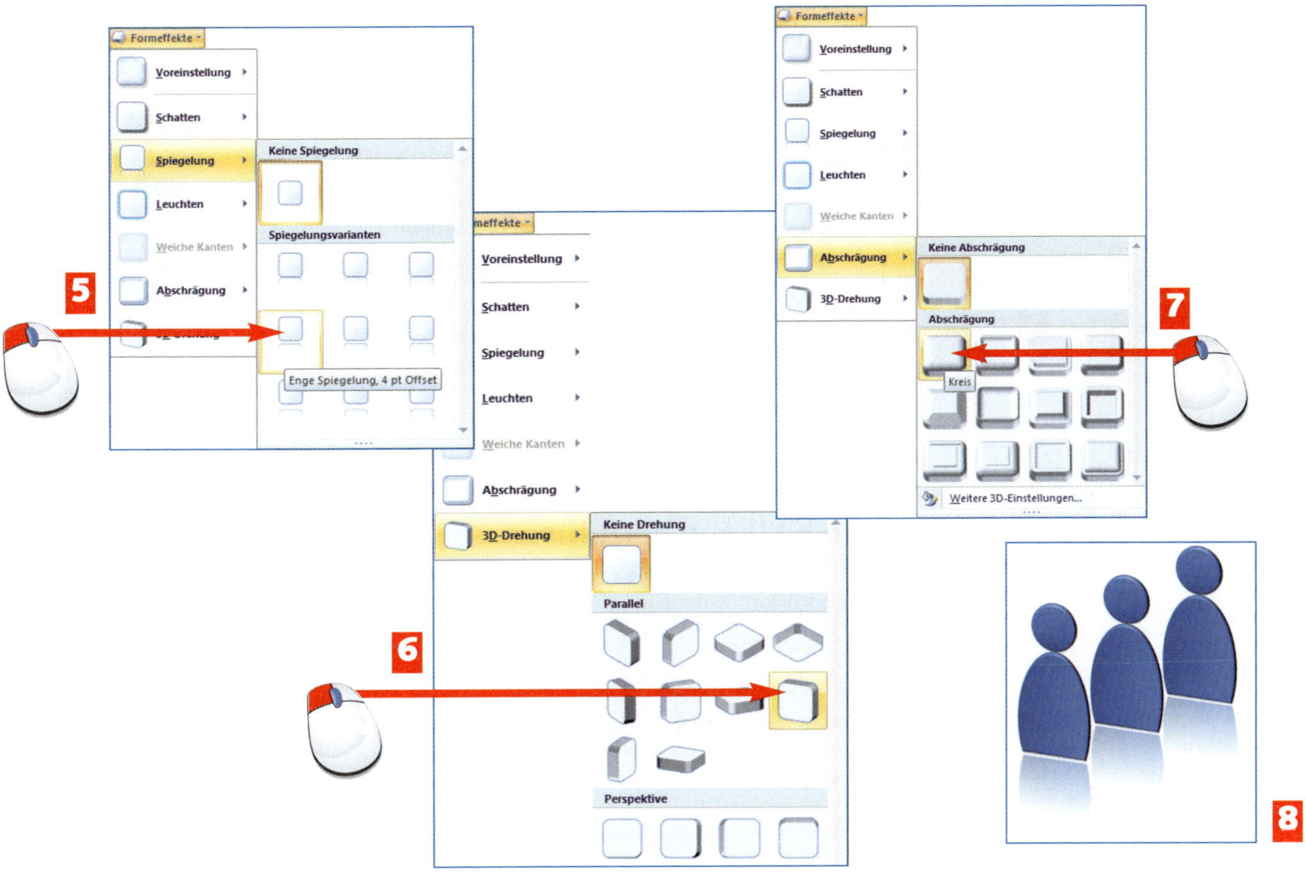

5 Klicken Sie auf eine der *Spiegelungsvarianten*, um sie zuzuweisen.

6 Rufen Sie erneut die *Formeffekte* auf und weisen Sie Ihrem Symbol über *3D-Drehung* eine perspektivische Darstellung zu.

7 Wählen Sie zum Schluss über *Abschrägung* die Einstellung *Kreis* aus.

8 Erstellen Sie bei Bedarf Kopien des fertig formatieren Symbols, indem Sie es markieren und Strg + D drücken. Ordnen Sie die weiteren Objekte mit den Richtungstasten der Tastatur auf der Folie an.

Ende

Um Effekte wieder zu entfernen, rufen Sie nacheinander alle *Formeffekte* auf und wählen jeweils die Einstellung *Keine Abschrägung*, *Keine Spiegelung* etc.

TIPP

Wenn sich ein Objekt nach dem Zuweisen von Effekten nicht mehr per Maus verschieben lässt, wenn Sie in das Objekt klicken, verschieben Sie es stattdessen durch Ziehen an seinem Markierungsrahmen.

TIPP

Start

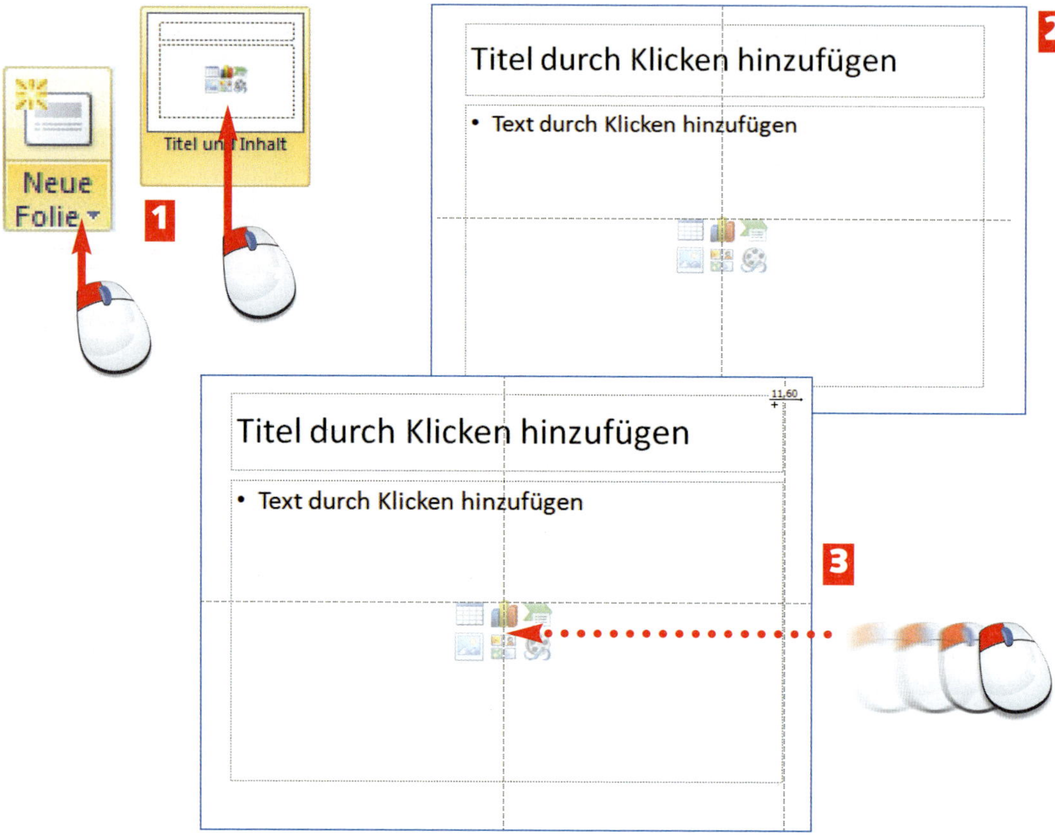

1 Fügen Sie eine neue Folie mit dem Layout *Titel und Inhalt* ein.

2 Blenden Sie mit Alt + F9 die Führungslinien ein.

3 Erstellen Sie eine Kopie der vertikalen Führungslinie: Halten Sie die Strg-Taste gedrückt und ziehen Sie eine der Führungslinien auf eine der Begrenzungslinien des Platzhalters. Lassen Sie dann erst die Maus und anschließend die Strg-Taste los.

Beim Zeichnen können Sie nicht auf Layouts zurückgreifen, die für die Einhaltung einheitlicher Abstände zum Rand und zum Folientitel sorgen. Mithilfe von Führungslinien kennzeichnen Sie auf Folien mit selbst gezeichneten Schaubildern das Layout Ihrer Vorlage. Einmal eingerichtet, steht Ihnen diese Markierung auf allen Folien einer Präsentation zur Verfügung.

WISSEN

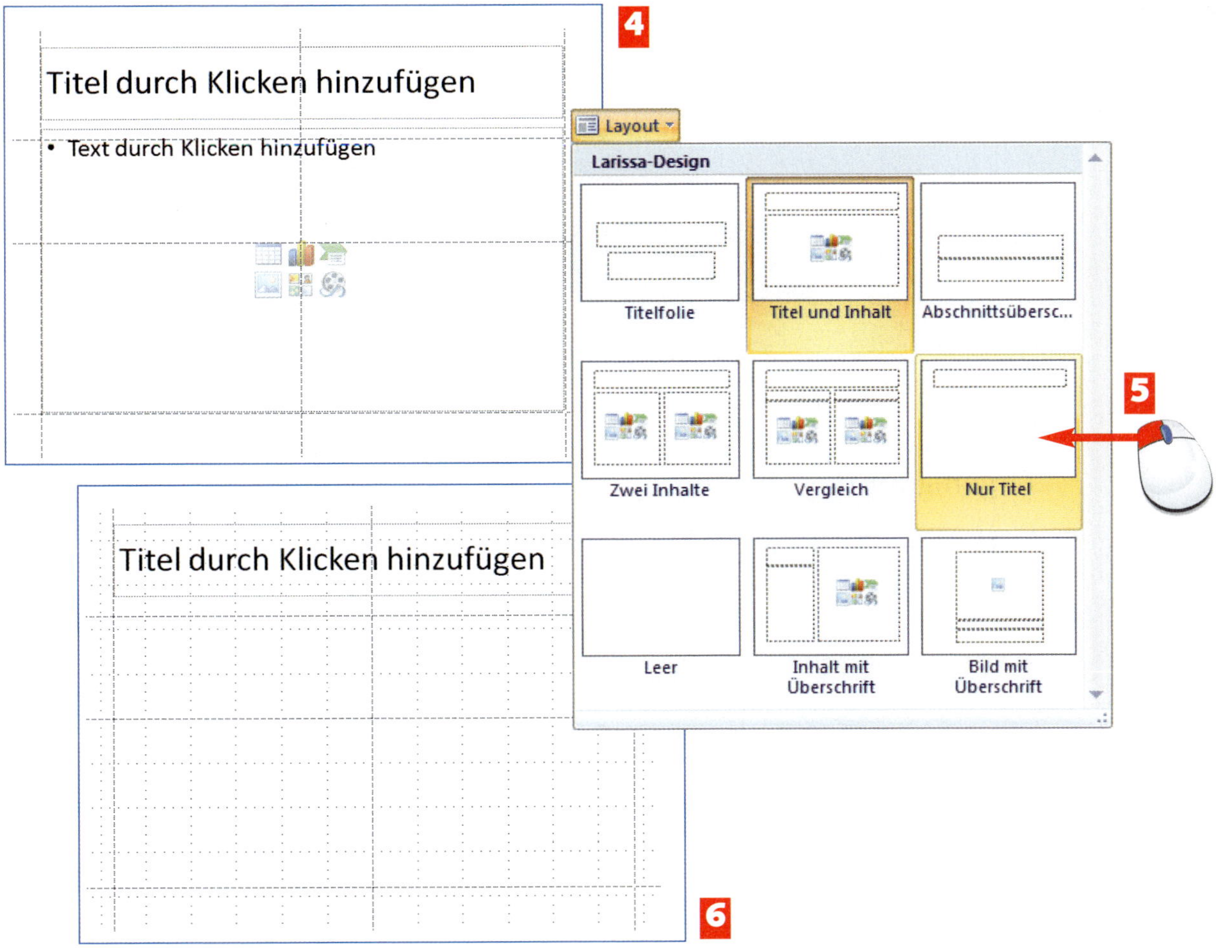

4 Erstellen Sie in gleicher Weise weitere Kopien der Führungslinien, bis alle vier Seiten des Platzhalters markiert sind.

5 Danach benötigen Sie den Platzhalter nicht mehr. Ändern Sie das Layout der Folie, indem Sie auf die Schaltfläche *Layout* klicken und das Layout *Nur Titel* wählen.

6 Blenden Sie als weitere Orientierung beim Zeichnen die Gitternetzlinien mit ⇧ + F9 ein.

Ende

HINWEIS

Nicht benötigte Führungslinien entfernen Sie, indem Sie sie über den Rand der Folie hinaus verschieben.

TIPP

Um die Führungslinien wieder auszublenden, drücken Sie nochmals die Tastenkombination Alt + F9.

HINWEIS

Beim Zeichnen und Positionieren von Objekten werden diese automatisch am Raster der Gitternetzlinien ausgerichtet. Auch Führungslinien wirken magnetisch, wenn ein Objekt in ihrer unmittelbaren Nähe bearbeitet wird.

Start

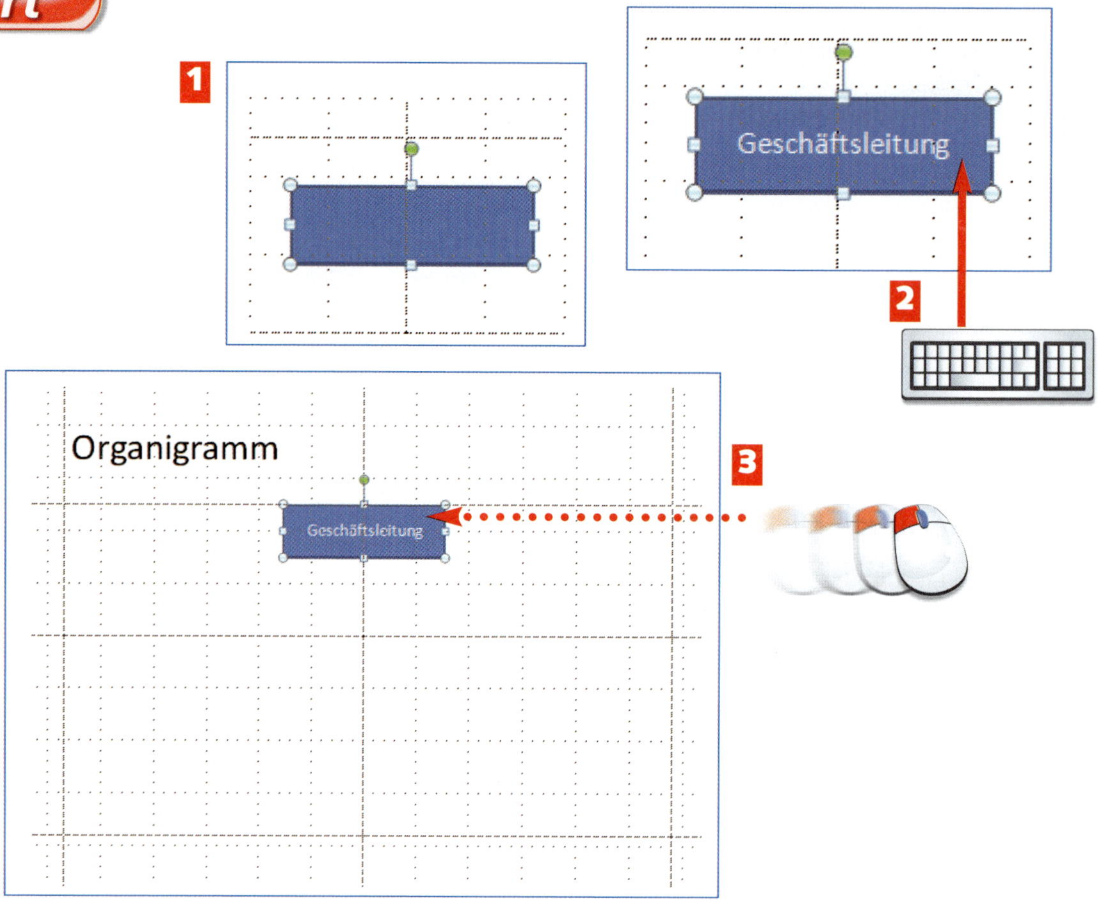

1 Blenden Sie Führungslinien und Gitternetzlinien ein. Zeichnen Sie ein *Rechteck* aus den *Formen* auf die Folie.

2 Geben Sie die Beschriftung in das markierte Rechteck ein.

3 Richten Sie das Rechteck als oberste Hierarchieebene des Organigramms mittig am oberen Rand Ihres durch die Führungslinien gekennzeichneten Layoutbereichs aus.

Formen können flexibler angeordnet und beschriftet werden und sind zum Abbilden von komplexen Organisationsstrukturen mit Doppelspitzen, Querverbindungen und dergleichen besser geeignet als SmartArt.

WISSEN

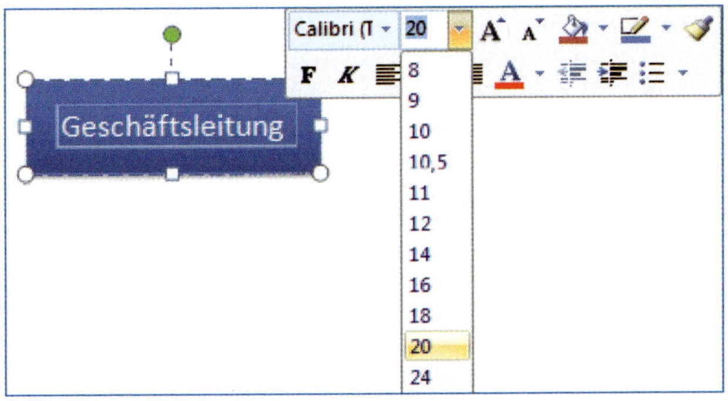

4

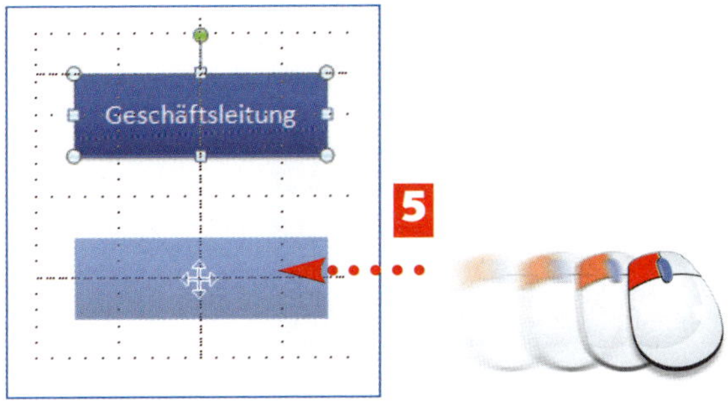

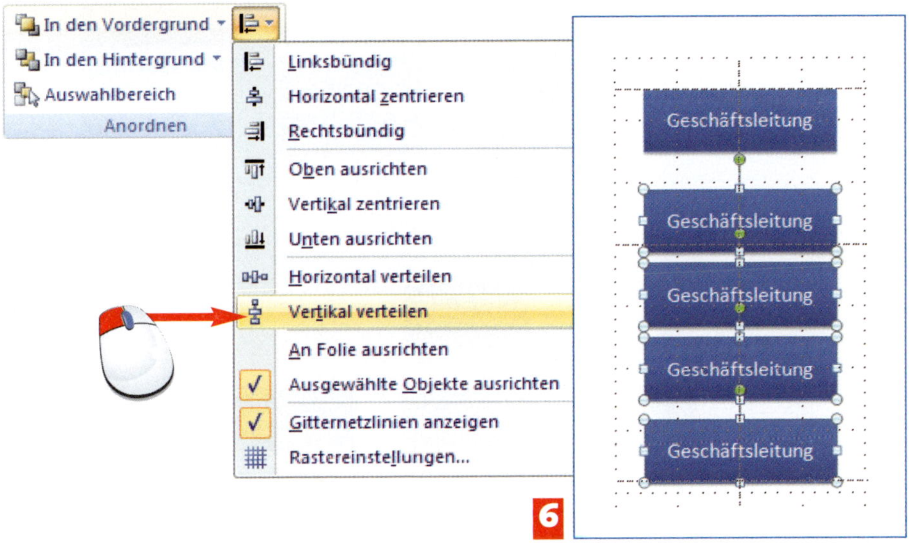

4 Passen Sie bei Bedarf die *Schriftgröße* und das *Grafikformat* an.

5 Erstellen Sie Kopien des Rechtecks für die erste vertikale Verzweigung des Organigramms, indem Sie das Rechteck mehrfach bei gedrückter [Strg] + [⇧]-Taste vertikal verschieben.

6 Markieren Sie alle Rechtecke der Verzweigung und rufen Sie in der Registerkarte *Format* in der Gruppe *Anordnen* den Befehl *Vertikal verteilen* auf.

HINWEIS

Die Minisymbolleiste zum Formatieren von Text wird automatisch eingeblendet, wenn der Text in einer Form markiert ist.

TIPP

Erstellen Sie zunächst einen Prototyp, dem Sie alle Formatierungen zuweisen, und kopieren Sie ihn dann so oft, wie sie ihn für Ihr Organigramm benötigen.

HINWEIS

Beim Verteilen werden markierte Objekte gleichmäßig auf die innerhalb der Markierung zur Verfügung stehende Fläche verteilt.

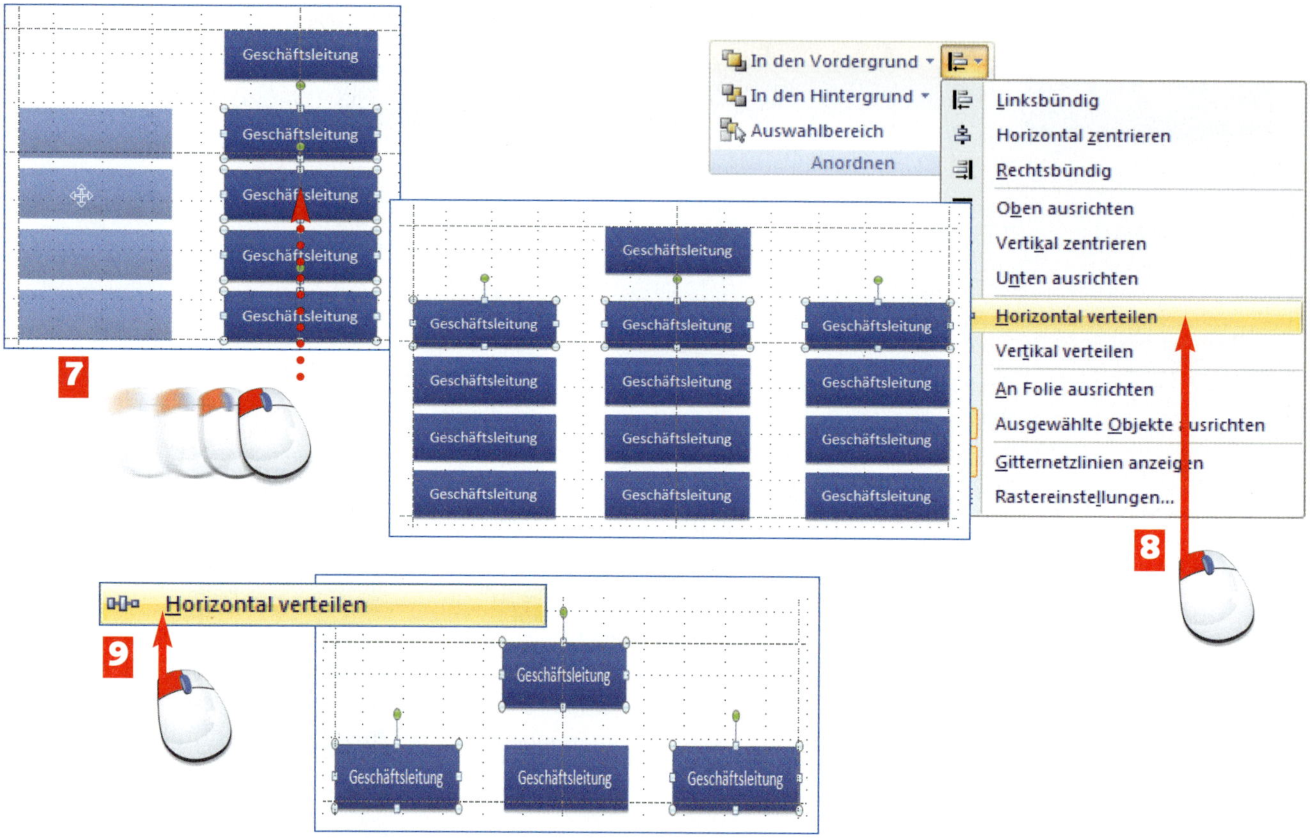

7 Erstellen Sie Kopien für die nächste Verzweigung des Organigramms, indem Sie alle Objekte der ersten Verzweigung markieren und bei gedrückter [Strg] + [⇧]-Taste horizontal verschieben.

8 Richten Sie die Verzweigungen gleichmäßig aus, indem Sie jeweils die Elemente einer horizontalen Ebene markieren und *Anordnen/Ausrichten Horizontal verteilen* wählen.

9 Korrigieren Sie die Position des obersten Rechtecks, indem Sie das oberste Rechteck und die links und rechts davon liegenden Rechtecke markieren und nochmals *Horizontal verteilen* ausführen.

Organigramme wirken übersichtlicher, wenn für unterschiedliche Hierarchieebenen verschiedene Farben verwendet werden. Das Grafikformat kann für mehrere Objekte gleichzeitig geändert werden, indem zunächst alle Objekte markiert und dann formatiert werden.

WISSEN

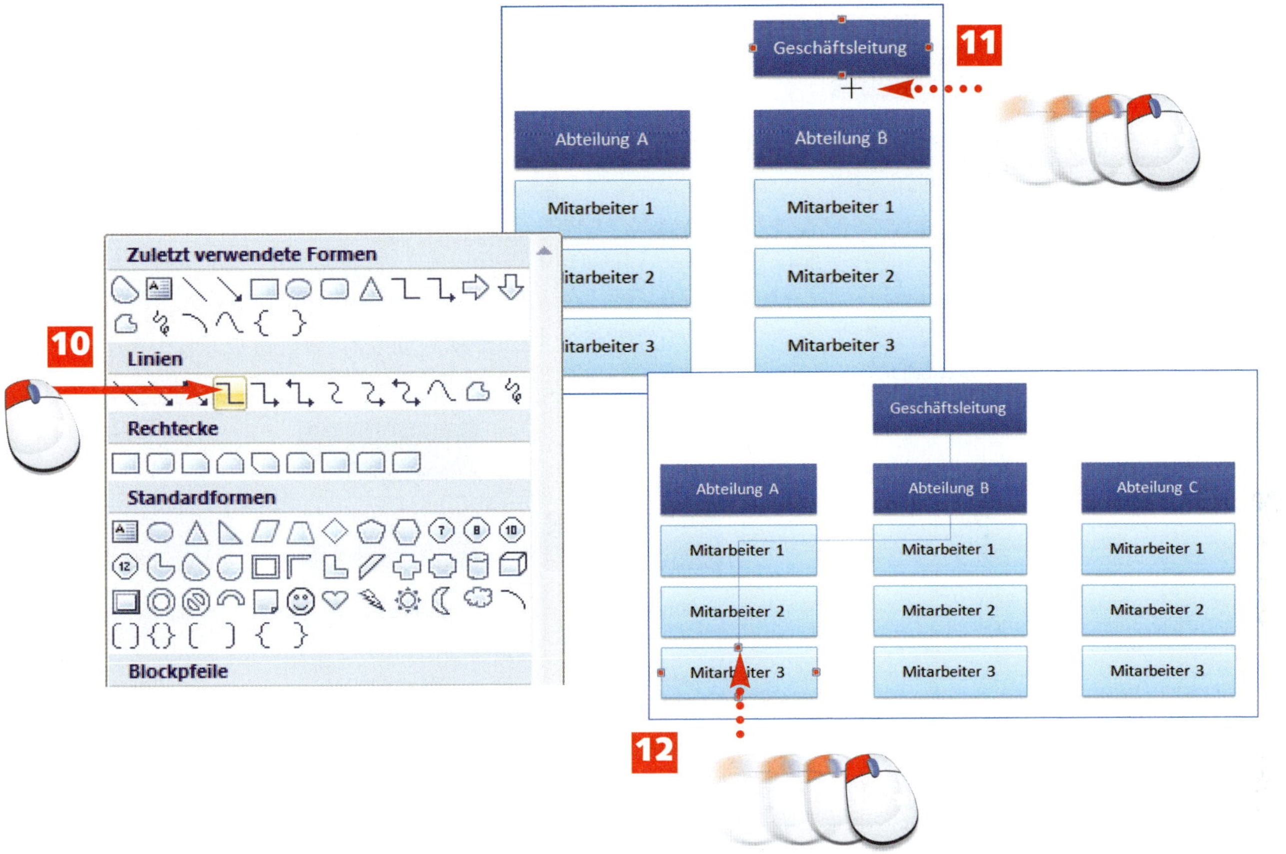

10 Zeichnen Sie Verbindungslinien zwischen Geschäftsleitung und Abteilungen ein. Klicken Sie dazu in den *Formen* auf die *Gewinkelte Verbindung*.

11 Sobald sich der Mauszeiger in der Nähe eines Objekts befindet, werden rote Quadrate eingeblendet, an denen die Verbindungslinie angesetzt werden kann.

12 Klicken Sie auf ein rotes Quadrat und ziehen Sie die Verbindungslinie zum gewünschten Endpunkt der Verbindung. Lassen Sie die Maus los, sobald auch das Ende der Linie an einem roten Quadrat eingerastet ist.

HINWEIS

Verbindungslinien „wandern“ mit, wenn eine der verbundenen Formen verschoben wird.

TIPP

Um den Text in einer Form zum Überschreiben zu markieren, klicken Sie auf die Form und drücken dann F2.

HINWEIS

Um das Ende einer Verbindungslinie einer anderen Form zuzuweisen, markieren Sie die Linie und ziehen den roten Endpunkt an die gewünschte Position.

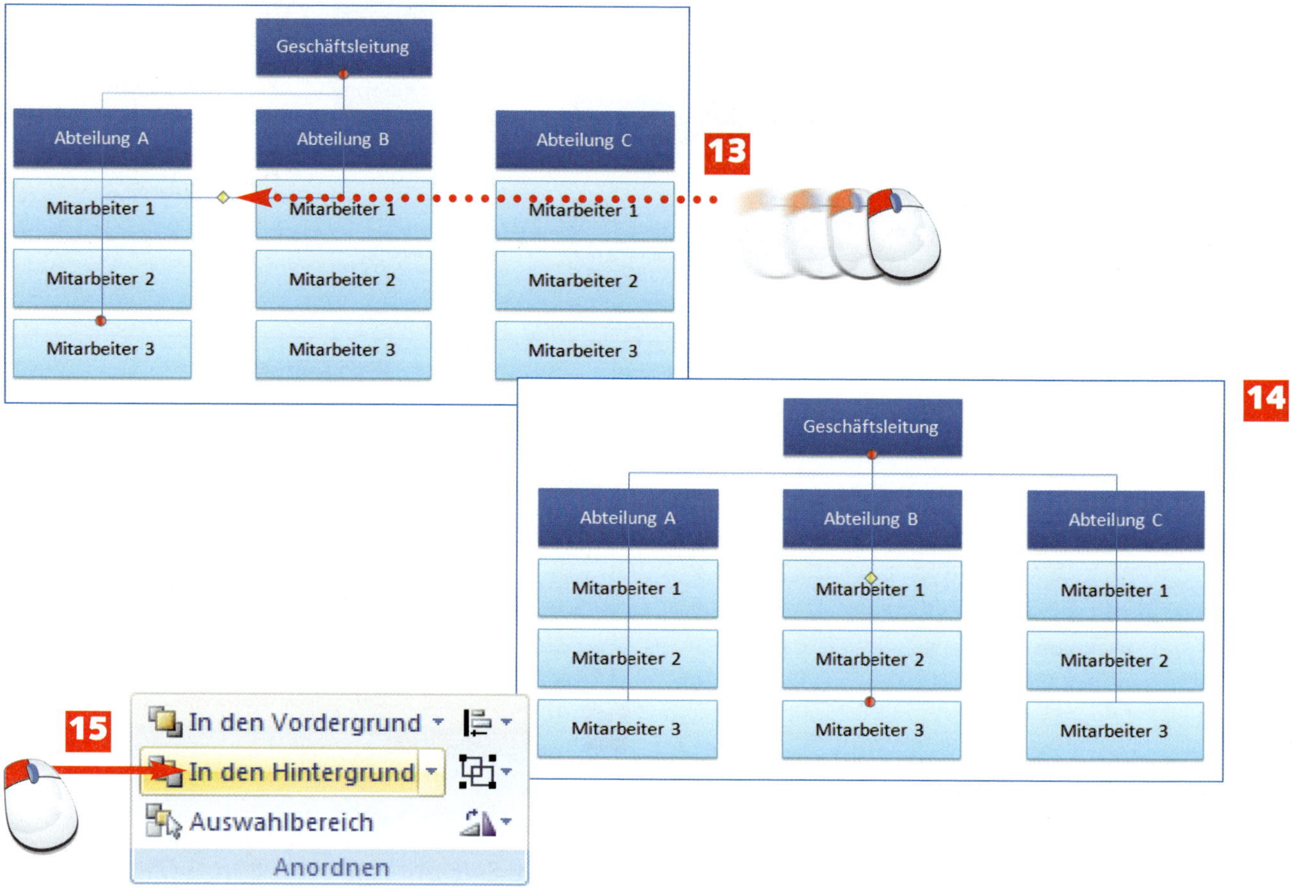

13 Passen Sie durch Ziehen am gelben *Formkorrekturpunkt* den Verlauf der Linie an.

14 Zeichnen Sie für die weiteren Verzweigungen des Organigramms ebenfalls Verbindungslinien ein.

15 Markieren Sie alle Linien, indem Sie beim Klicken die ⇧-Taste gedrückt halten. Klicken Sie dann in der Registerkarte *Format* auf *In den Hintergrund*, um die Verbindungslinien hinter den Rechtecken anzuordnen.

Auch für die Verbindung von Objekten, die in einer geraden Linie zueinander stehen, sind gewinkelte Verbindungen sinnvoll. Dann muss bei nachträglichen Änderungen nicht die Linie neu gezeichnet, sondern nur ihr Verlauf angepasst werden. Gerade Verbindungslinien werden dagegen beim Verschieben der verbundenen Objekte schräg.

WISSEN

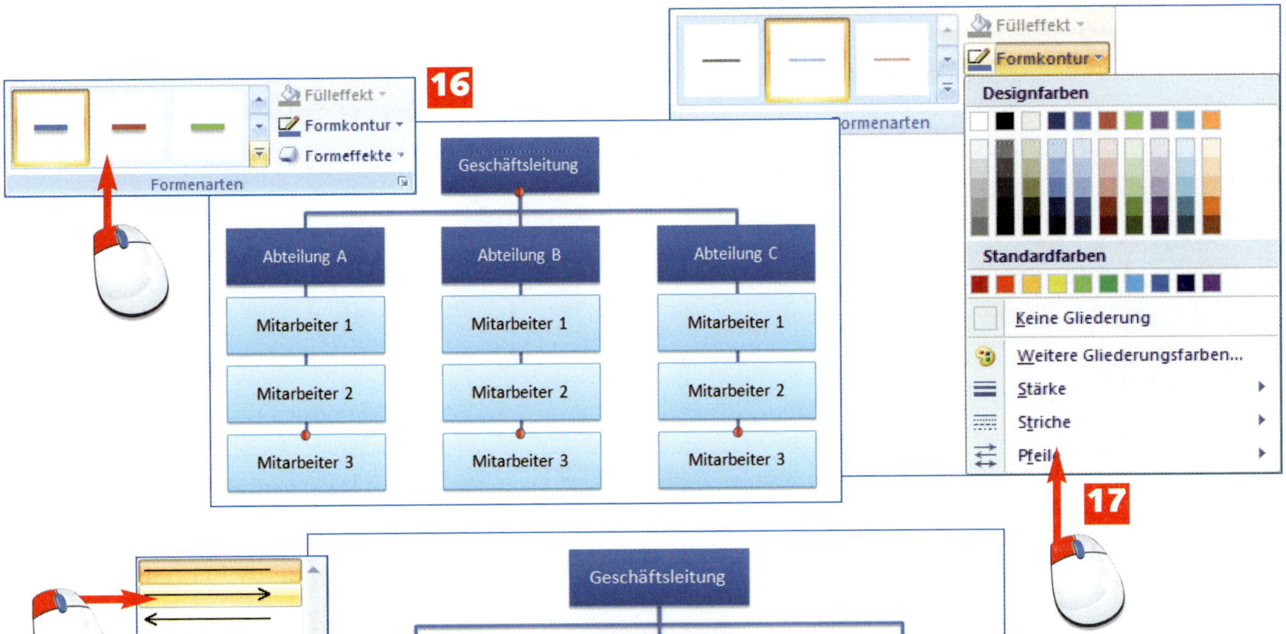

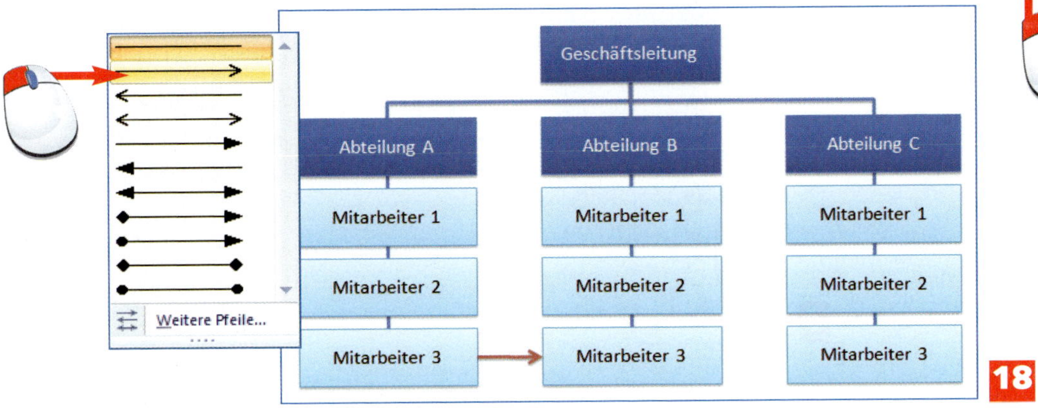

16 Weisen Sie den Verbindungslinien bei Bedarf eine andere Formatierung zu, indem Sie sie markieren und in der Registerkarte *Format* eine der Voreinstellungen wählen.

17 Wenn Sie eine Verbindungslinie nachträglich als Pfeil formatieren möchten, markieren Sie die Linie und klicken auf *Formkontur*. Zeigen Sie mit der Maus auf *Pfeile* ...

18 ... und wählen Sie per Klick einen der Pfeile aus. Die Pfeilspitze wird bei einfachen Pfeilen am Endpunkt der Linie angezeigt.

Ende

Im Vordergrund einer Folie liegt immer das Objekt, das Sie zuletzt erstellt haben.

HINWEIS

Wenn Sie das Organigramm später animieren möchten, müssen Sie die Verbindungslinien für jede Hierarchieebene getrennt einzeichnen.

TIPP

Die Grafikformate der Registerkarte *Format* werden an das markierte Objekt auf der Folie angepasst. Für Linien werden die Grafikformate für Linien eingeblendet, für Formen die Designfüllungen.

HINWEIS

Text frei auf der Folie anordnen

Start

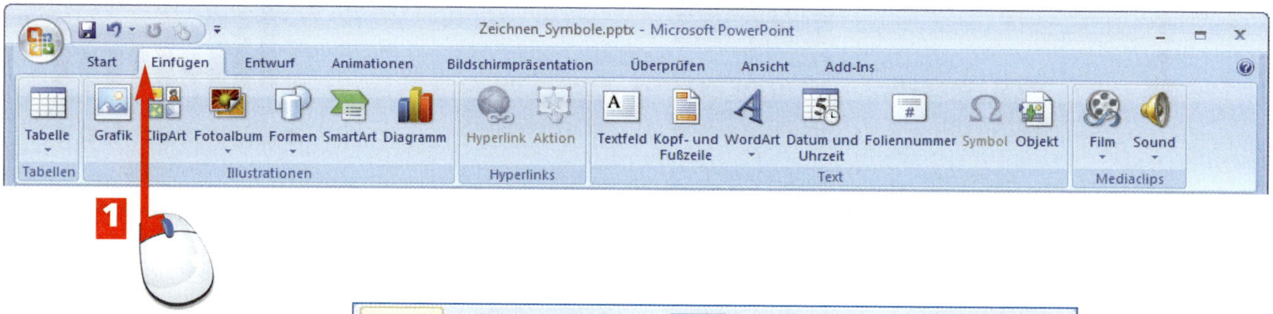

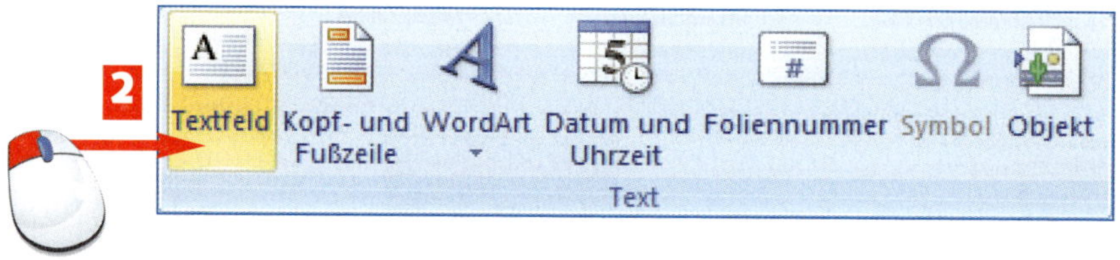

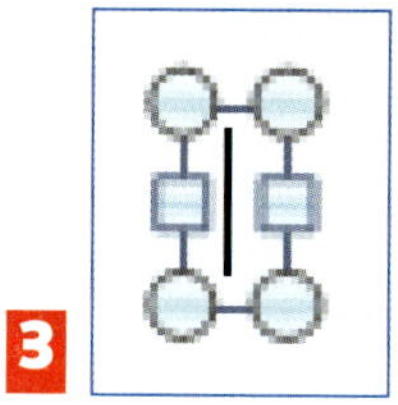

1 Wechseln Sie in die Registerkarte *Einfügen*.

2 Klicken Sie in der Befehlsgruppe *Text* auf die Schaltfläche *Textfeld*.

3 Der Mauszeiger ändert seine Form. Sobald Sie auf die Folie klicken, wird ein kleiner Platzhalter mit blinkendem Cursor angezeigt.

Ob der Text in einem Textfeld umbrochen wird, hängt davon ab, wie es erstellt wurde. Per Klick auf die Folie wird ein Textfeld erstellt, das sich der Breite des Textes anpasst. Wird das Textfeld dagegen wie eine Form in einer bestimmten Breite auf die Folie gezeichnet, bricht der Text am Zeilenende automatisch um.

WISSEN

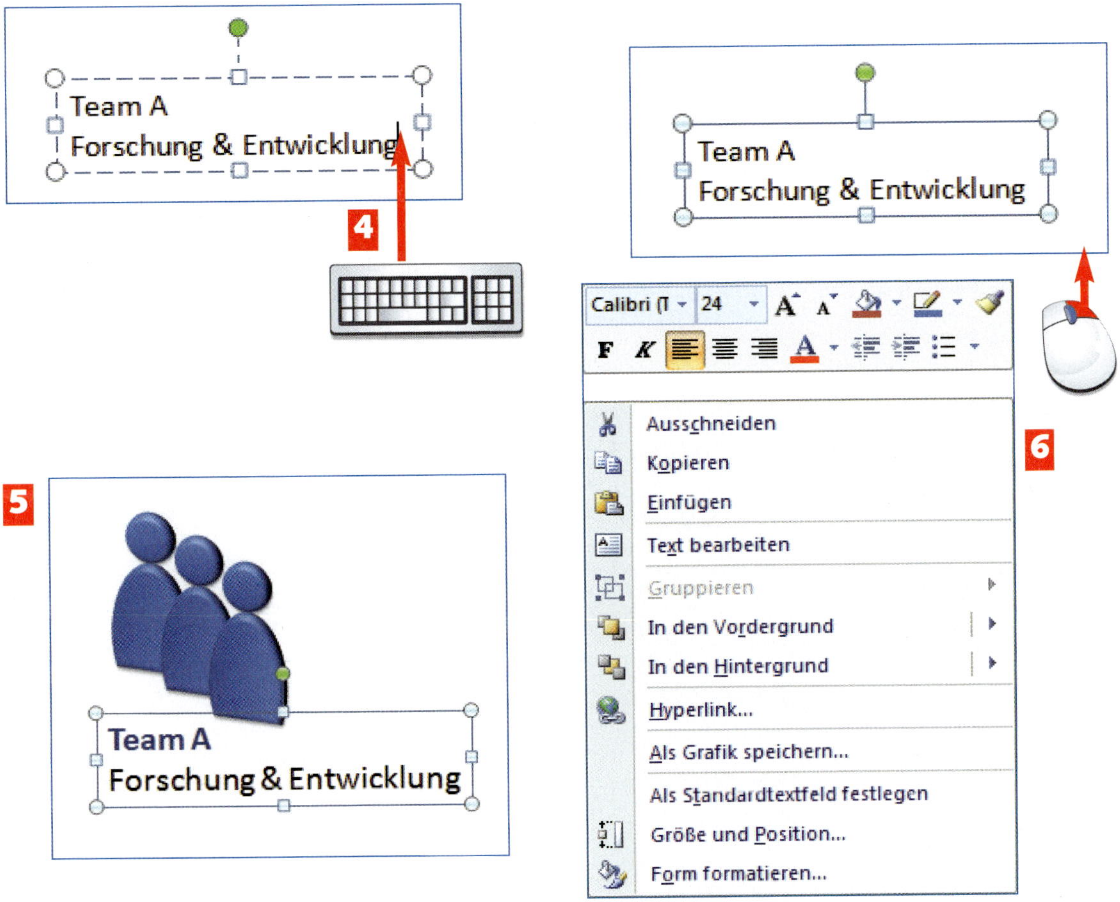

4 Geben Sie Ihren Text in das Textfeld ein.

5 Um den gesamten Text in einem Textfeld zu formatieren, klicken Sie auf den Rahmen des Textfelds, sodass er als durchgezogene Linie dargestellt wird.

6 Rufen Sie dann per Klick der rechten Maustaste die *Minisymbolleiste* auf und nehmen Sie Ihre Formatierungen vor.

Ende

HINWEIS

Anders als Formen werden Textfelder zunächst ohne Fülleffekt erstellt. Sie können aber nachträglich mit Designfüllungen und Formeffekten formatiert werden.

HINWEIS

Die Formatoptionen für Platzhalter (Aufzählung, Zeilenabstand etc.) stehen auch für Textfelder zur Verfügung.

HINWEIS

Beim Zeichnen eines Textfeldes kann nur seine Breite, nicht aber seine Höhe bestimmt werden.

5

Informationen mit Tabellen strukturieren

Start

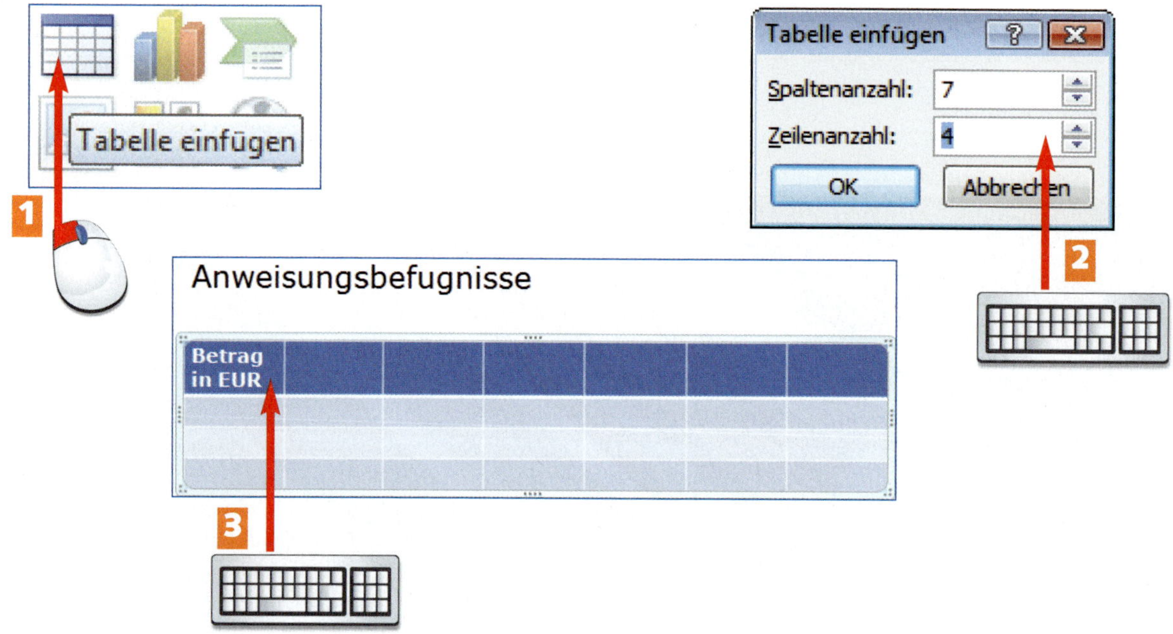

1 Fügen Sie per Klick auf *Neue Folie* in der Registerkarte *Start* eine neue Folie mit dem Layout *Titel und Inhalt* ein. Klicken Sie auf das Symbol *Tabelle einfügen*.

2 Geben Sie im Dialogfeld *Tabelle einfügen* die Zahl der benötigten Spalten und Zeilen in die betreffenden Felder ein, indem Sie dort die vorgegebenen Werte markieren und überschreiben. Schließen Sie das Dialogfeld mit *OK*.

3 Klicken Sie in eine Zelle, um Text einzugeben.

Tabellen sind sehr gut geeignet, um Leistungsmerkmale zu vergleichen, Checklisten zu erstellen oder (wenige) Zahlen übersichtlich aufzuführen. Berechnungen können in einer PowerPoint-Tabelle nicht durchgeführt werden.

WISSEN

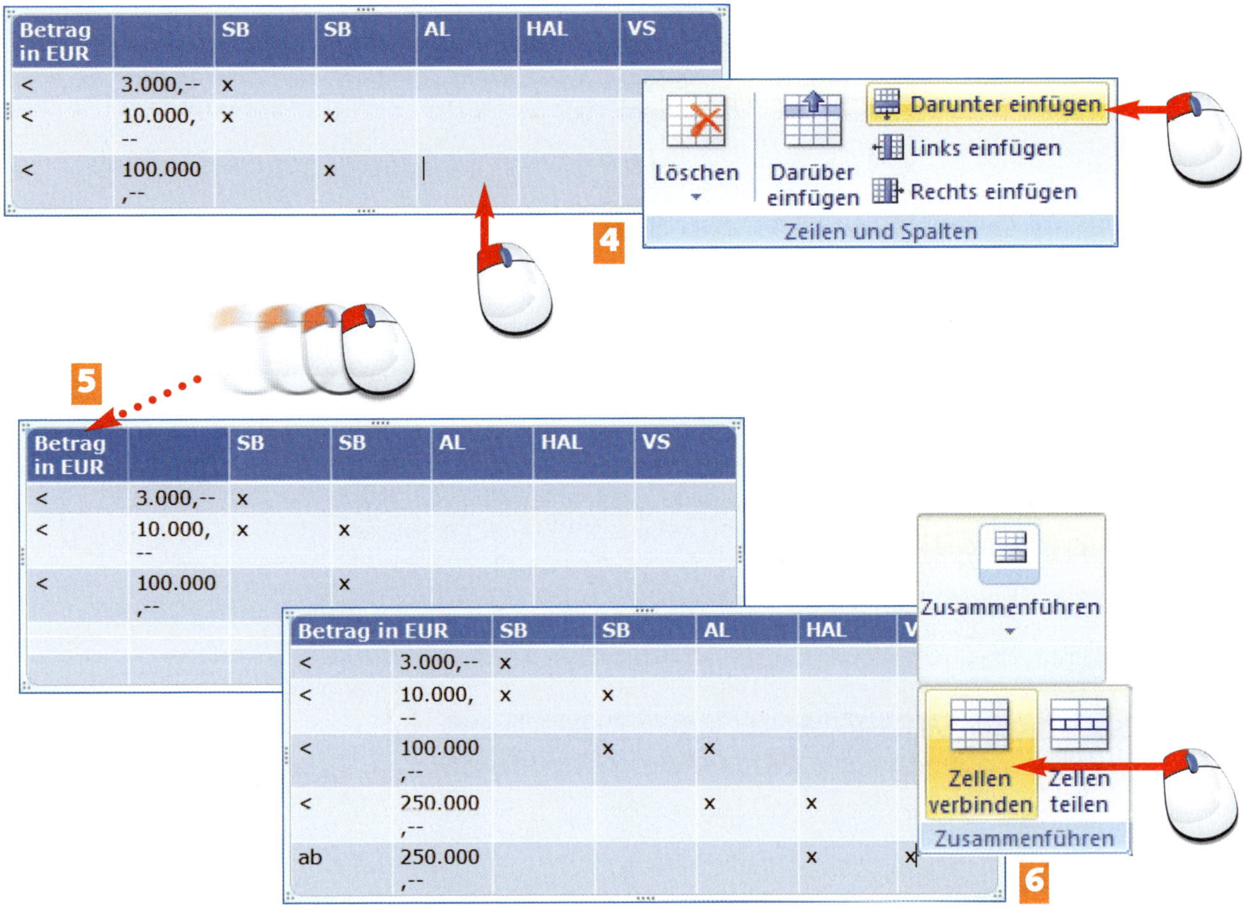

4 Wenn Sie weitere Zeilen benötigen, klicken Sie in eine Zelle und wählen in der Registerkarte *Layout* der Tabellentools *Darunter einfügen* oder *Darüber einfügen*.

5 Um benachbarte Zellen miteinander zu verbinden, markieren Sie diese Zellen: Klicken Sie dazu mit der Maus in die erste der Zellen und ziehen Sie die Maus über den gewünschten Bereich.

6 Klicken Sie dann in der Registerkarte *Layout* auf die Schaltfläche *Zusammenführen* und wählen Sie die Option *Zellen verbinden*.

Um Zeilen oder Spalten zu löschen, klicken Sie in eine der Zellen des Bereichs. Bestimmen Sie dann über *Löschen* in der Registerkarte *Layout*, ob die aktuelle Zeile oder die Spalte gelöscht werden soll.

HINWEIS

Um die Inhalte von Zellen exakt untereinander auszurichten, ist es häufig am einfachsten, sie auf mehrere Spalten zu verteilen. In diesem Beispiel werden Beträge und Vergleichsoperatoren in zwei Spalten eingegeben, um die Beträge rechtsbündig und die Vergleichsoperatoren exakt untereinander auszurichten.

HINWEIS

7

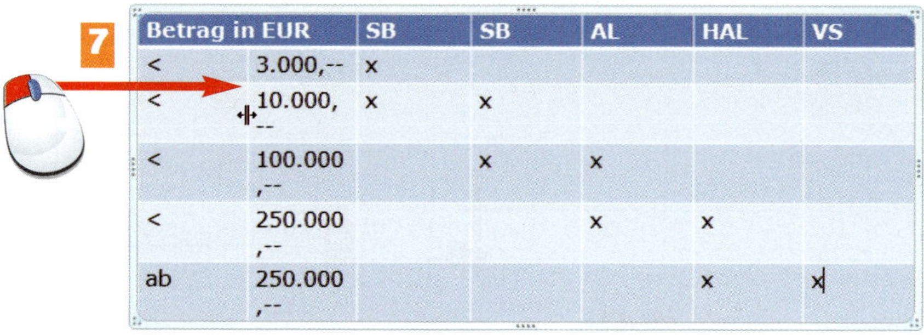

Betrag in EUR		SB	SB	AL	HAL	VS
<	3.000,--	x				
<	10.000,--	x	x			
<	100.000,--		x	x		
<	250.000,--			x	x	
ab	250.000,--				x	x

8

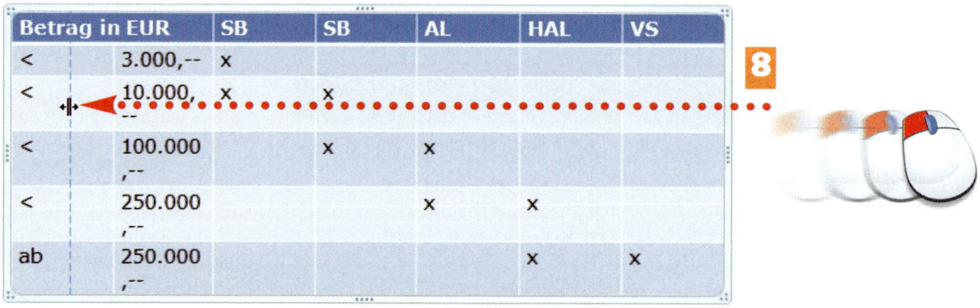

Betrag in EUR		SB	SB	AL	HAL	VS
<	3.000,--	x				
<	10.000,--	x	x			
<	100.000,--		x	x		
<	250.000,--			x	x	
ab	250.000,--				x	x

9

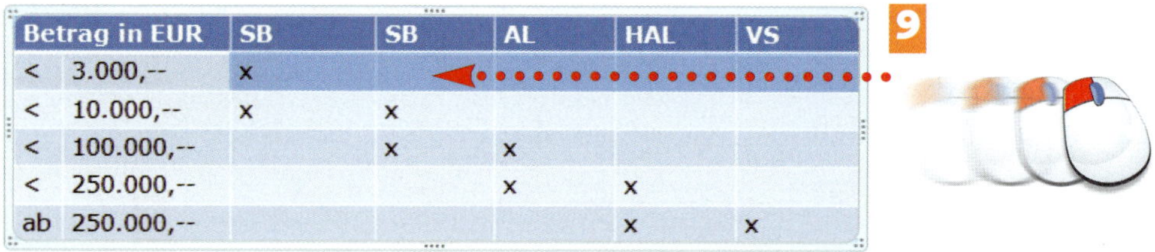

Betrag in EUR		SB	SB	AL	HAL	VS
<	3.000,--	x				
<	10.000,--	x	x			
<	100.000,--		x	x		
<	250.000,--			x	x	
ab	250.000,--				x	x

7 Passen Sie die Breite der ersten Spalte an: Zeigen Sie dazu mit der Maus auf die Trennlinie zwischen zwei Zellen, bis sich der Mauszeiger in einen Doppelpfeil verwandelt.

8 Klicken Sie auf die Trennlinie der Zellen und ziehen Sie sie an die gewünschte Stelle.

9 Wenn die Spalten, die den Inhalt der Tabelle zeigen, nicht bereits die gleiche Breite haben, markieren Sie eine Zeile dieser Spalten.

Auch die Tabellentools werden nur angezeigt, wenn auf der Folie eine Tabelle markiert ist. Die Registerkarte *Layout* enthält Befehle zum Bearbeiten der Struktur einer Tabelle, d. h. zum Ergänzen und Löschen von Zellen und zum Ausrichten des Textes. In der Registerkarte *Entwurf* befinden sich dagegen die Befehle zum Gestalten der Tabelle.

WISSEN

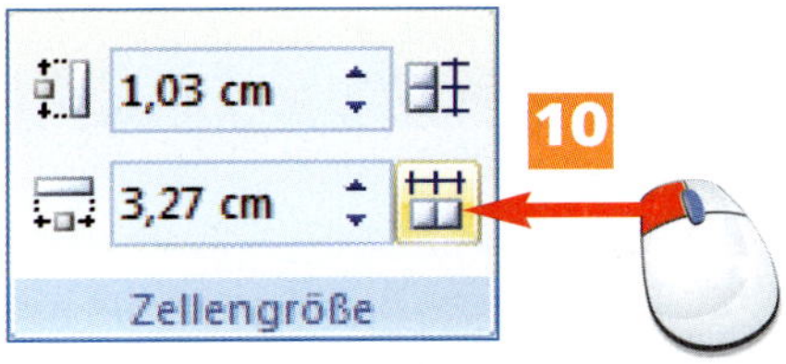

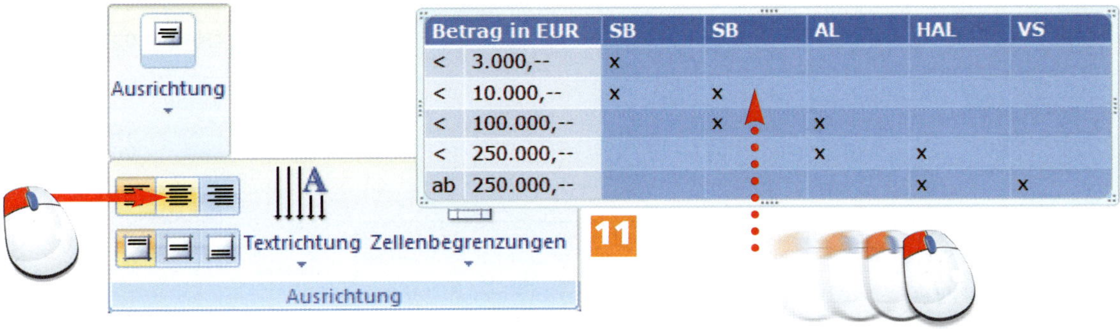

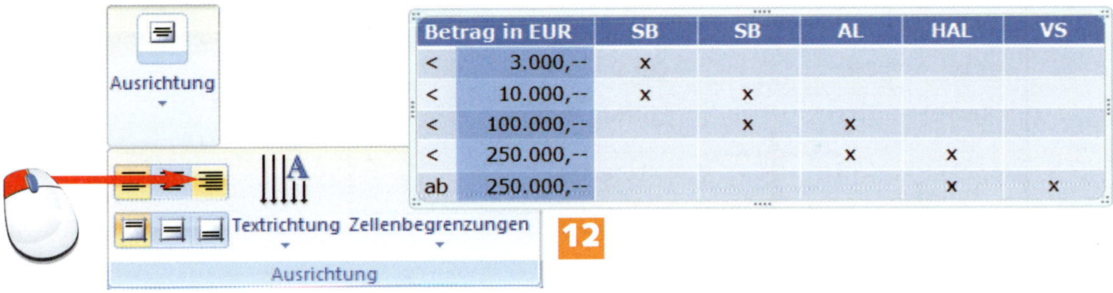

10 Klicken Sie in der Registerkarte *Layout* auf die Schaltfläche *Spalten verteilen*.

11 Richten Sie die Überschriften zentriert in der obersten Tabellenzeile aus, indem Sie die gesamte obere Zeile markieren und auf *Zentriert* (mittleres Symbol in der oberen Reihe) in der Befehlsgruppe *Ausrichtung* klicken.

12 Um die Beträge rechtsbündig untereinander auszurichten, markieren Sie diese Spalte und rufen über *Ausrichtung* den Befehl *Text rechtsbündig ausrichten* auf.

Um die Breite von Spalten oder die Höhe von Zeilen durch Ziehen mit der Maus zu ändern, müssen Sie keine Markierung des Bereichs vornehmen.

HINWEIS

Um Spalten oder Zeilen gleichmäßig zu verteilen, genügt es, wenn eine Zeile oder Spalte des betreffenden Bereichs markiert ist.

HINWEIS

Um den Text in einem bestimmten Zellenbereich zu formatieren, müssen alle Zellen markiert sein, denen die Formatierung zugewiesen werden soll.

HINWEIS

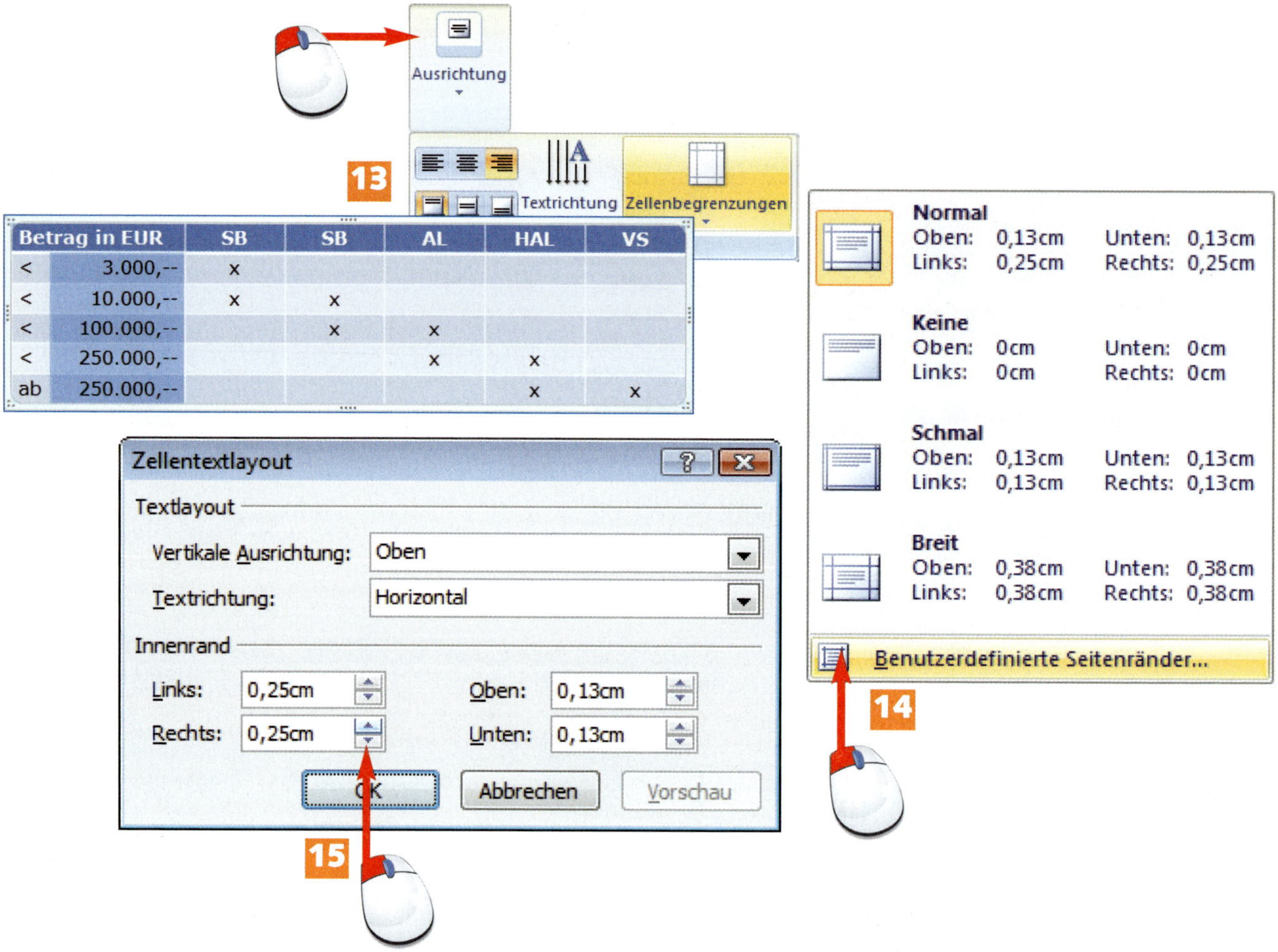

13 Markieren Sie wiederum die Zellen mit den Beträgen und klicken Sie in der Registerkarte *Layout* auf *Ausrichtung*.

14 Rufen Sie über *Zellenbegrenzungen* den Befehl *Benutzerdefinierte Seitenränder* auf.

15 Bestimmen Sie im Dialogfeld *Zellentextlayout* den Mindestabstand zwischen Inhalt und Zellenrand.

Durch das rechtsbündige Ausrichten der Beträge stehen diese zwar richtig untereinander, der Abstand zwischen Vergleichsoperator und Zahl ist dadurch aber zu groß geworden. Damit der Betrachter die beiden Spalten sofort als zusammengehörend erkennt, muss der Abstand zwischen den Zelleninhalten verringert werden.

WISSEN

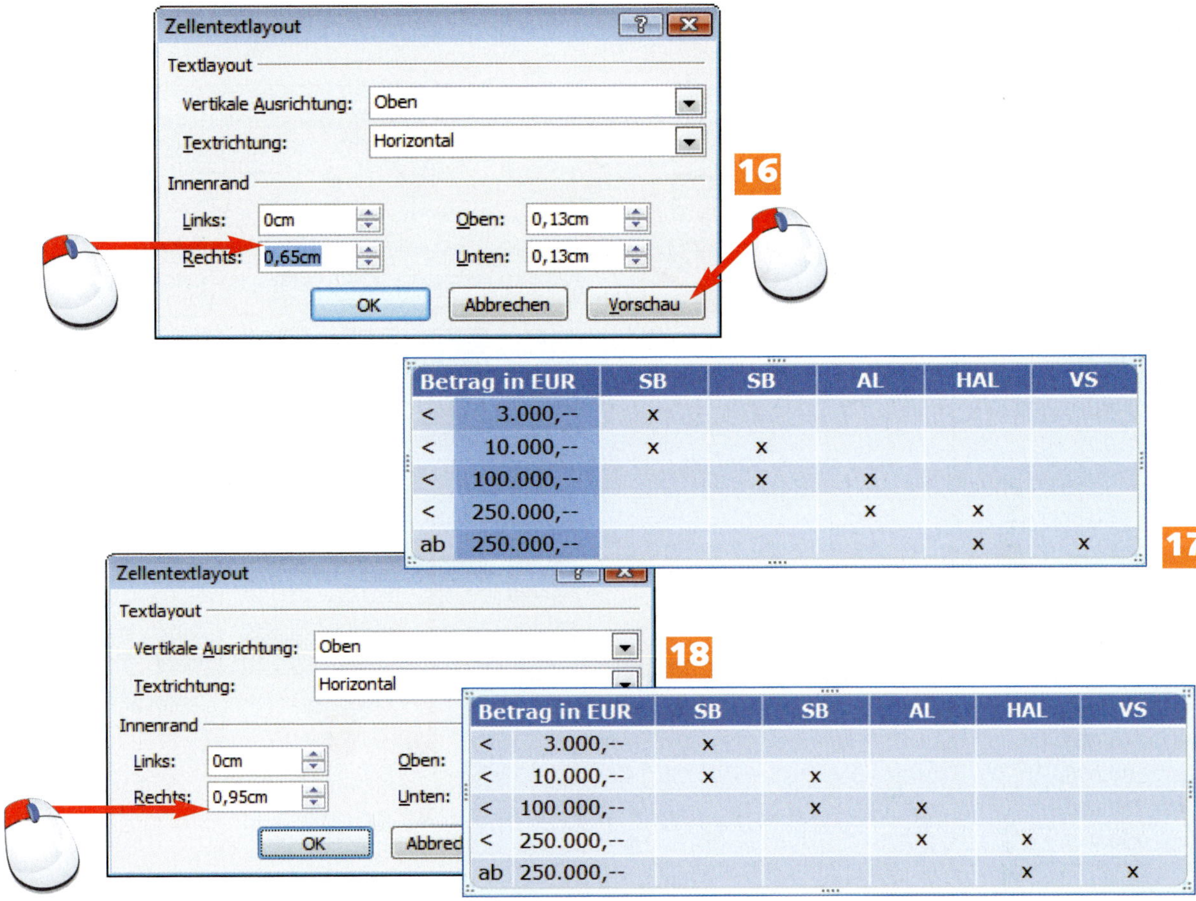

16 Reduzieren Sie durch mehrmaliges Klicken auf die Pfeile neben dem Eingabefeld den Wert für den linken Innenrand auf *0 cm* und erhöhen Sie den Wert für den rechten Innenrand.

17 Sobald Sie Änderungen an den voreingestellten Werten vorgenommen haben, wird die Schaltfläche *Vorschau* aktiv. Klicken Sie darauf, damit die Ausrichtung des Zelleninhalts mit den neuen Werten angezeigt wird.

18 Passen Sie die Werte im Dialogfeld gegebenenfalls weiter an und klicken Sie auf *OK*, um die Änderung auf die Folie zu übernehmen.

Ende

Durch Heraufsetzen des Abstands auf einer Seite der Zelle wird der Text in der Zelle verschoben, ohne seine Ausrichtung zu verändern.

HINWEIS

Die in der Vorschau auf der Folie angezeigten Veränderungen des *Zellentextlayouts* werden nicht übernommen, wenn Sie auf *Abbrechen* klicken.

TIPP

Die Tabelle per Formatvorlage aufpeppen

Start

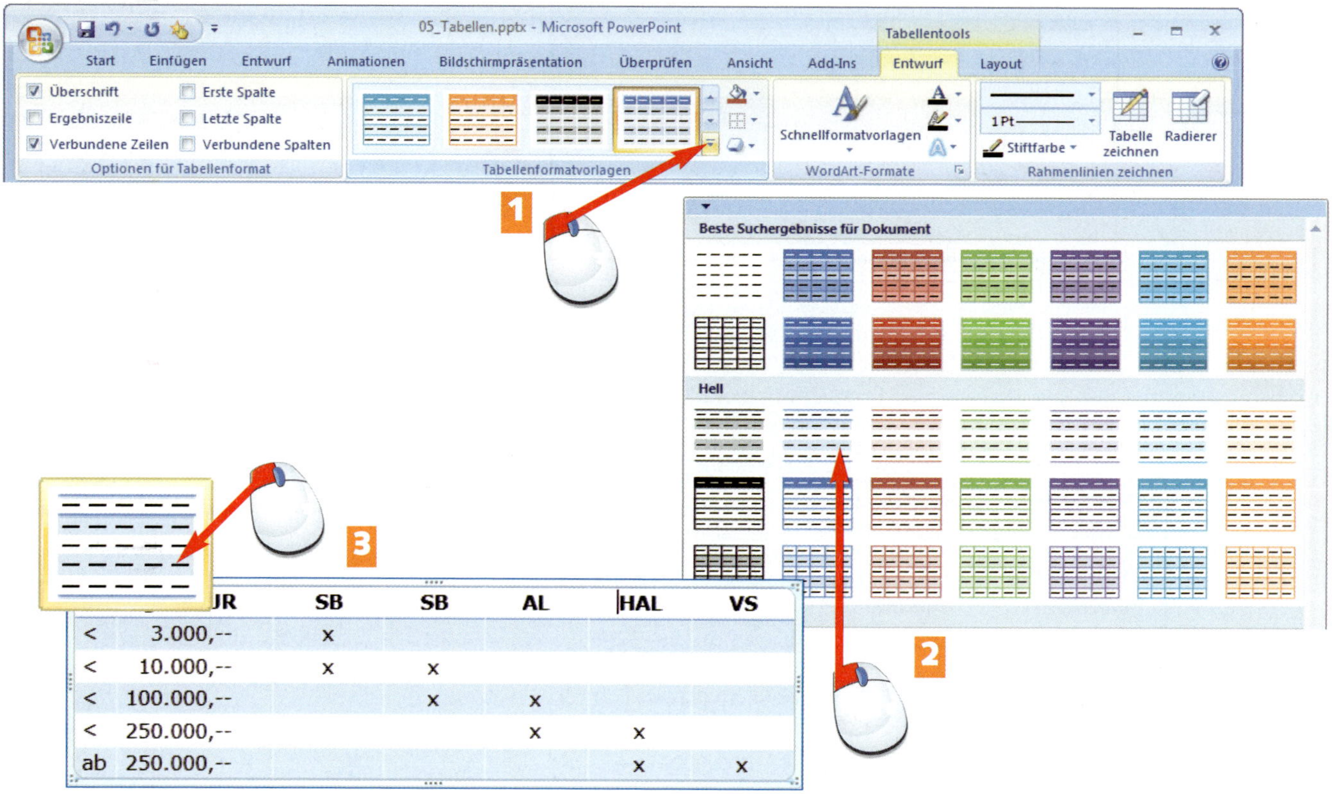

1 Öffnen Sie in der Registerkarte *Entwurf* die *Grafikformate* für Tabellen.

2 Sobald Sie mit der Maus auf ein *Grafikformat* zeigen, wird die Tabelle in einer Live-Vorschau mit diesem Format angezeigt.

3 Klicken Sie, um Ihrer Tabelle das *Grafikformat* zuzuweisen.

Ob die Anzeige der *Gitternetzlinien* einer Tabelle ein- oder ausgeschaltet ist, erkennen Sie so: Bei ausgeschaltetem Gitternetz ist die Schaltfläche *Gitternetzlinien anzeigen* nicht farblich hinterlegt.

WISSEN

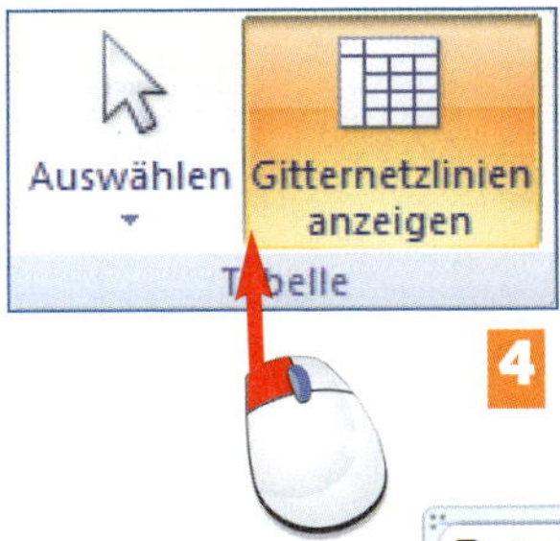

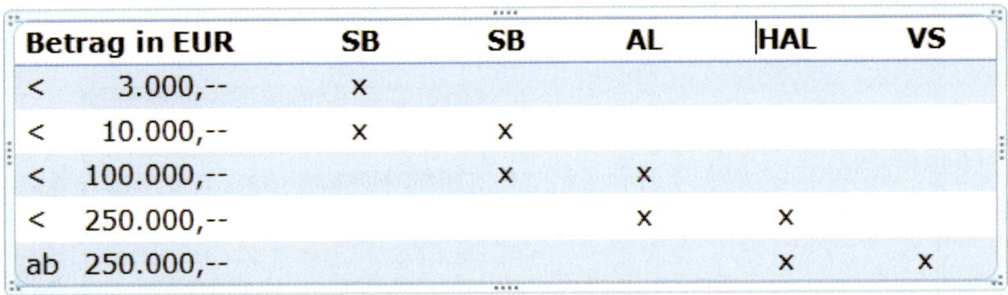

Betrag in EUR	SB	SB	AL	HAL	VS
< 3.000,--	x				
< 10.000,--	x	x			
< 100.000,--		x	x		
< 250.000,--			x	x	
ab 250.000,--				x	x

4

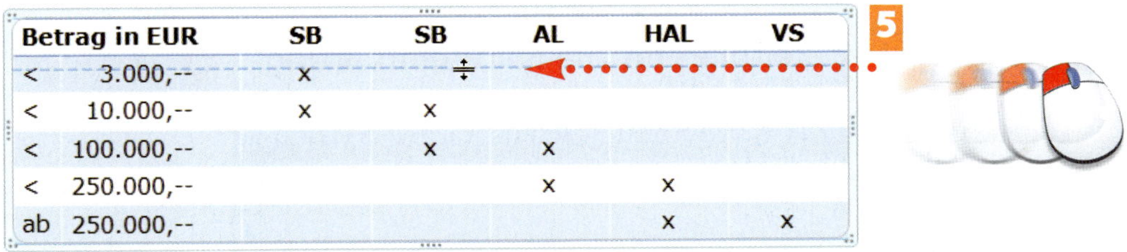

Betrag in EUR	SB	SB	AL	HAL	VS
< 3.000,--	x				
< 10.000,--	x	x			
< 100.000,--		x	x		
< 250.000,--			x	x	
ab 250.000,--				x	x

5

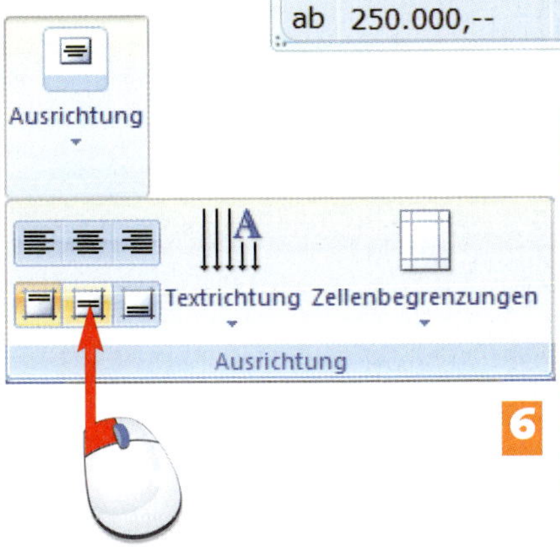

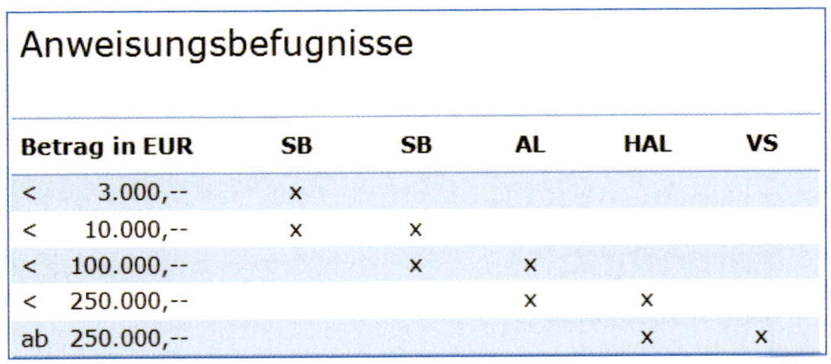

Anweisungsbefugnisse

Betrag in EUR	SB	SB	AL	HAL	VS
< 3.000,--	x				
< 10.000,--	x	x			
< 100.000,--		x	x		
< 250.000,--			x	x	
ab 250.000,--				x	x

6

4 Um das gewählte Grafikformat besser zu beurteilen, blenden Sie in der Registerkarte *Layout* per Klick auf die Schaltfläche *Gitternetzlinien anzeigen* die Gitternetzlinien vorübergehend aus.

5 Legen Sie für die Spaltenköpfe eine größere Höhe als für die übrigen Tabellenzeilen fest: Zeigen Sie dazu mit der Maus auf die Trennlinie zwischen den Tabellenzeilen, bis sich der Mauszeiger in einen Doppelpfeil verwandelt und ziehen Sie die Linie nach unten.

6 Richten Sie die Beschriftung der Zellen vertikal mittig aus, indem Sie die ganze Zeile markieren und über *Layout/Ausrichtung* die Einstellung *Vertikal zentrieren*.

Ende

Verwenden Sie in Tabellen nach Möglichkeit nur wenige Linien. Die Tabelle wirkt sonst schnell zerstückelt.

TIPP

Gitternetzlinien: Hilfslinien, die während der Bearbeitung einer Tabelle die Trennlinien zwischen Tabellenzellen kennzeichnen.

FACHWORT

Mit wechselnden, dezenten Füllfarben hinterlegte Tabellenzeilen sind für den Betrachter angenehmer zu lesen.

HINWEIS

Den Zeitplan für ein Projekt abbilden

Start

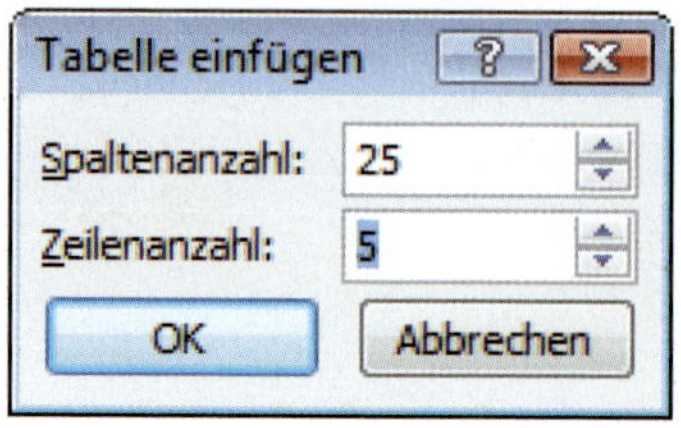

1

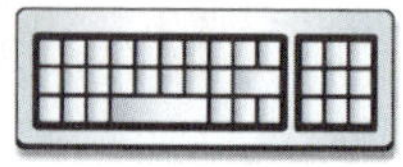

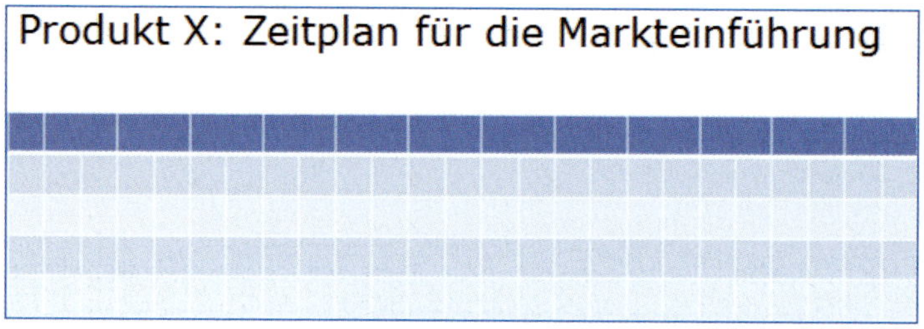

2

3

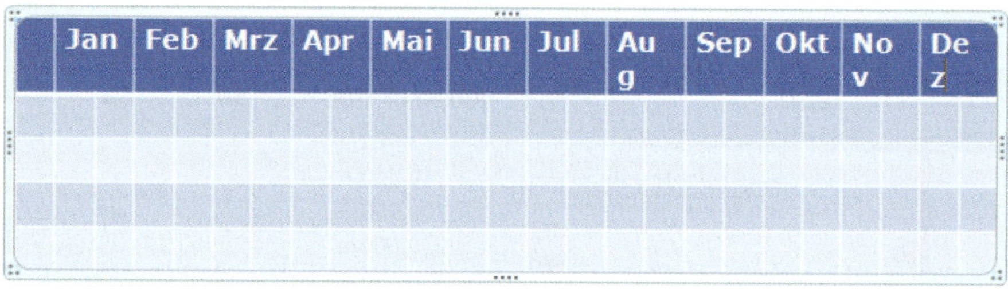

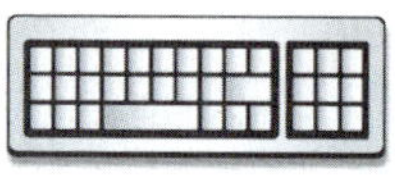

1 Erstellen Sie eine neue Tabelle mit 25 Spalten, um den Zeitraum von einem Jahr abzubilden: Die erste Spalte bleibt für den Zeilenkopf reserviert; von den anderen 24 dienen jeweils zwei Spalten für einen Monat. Die Zeilenanzahl hängt von der Zahl der Projektphasen ab.

2 Verbinden Sie in der ersten Zeile mit Ausnahme der Zeilenkopfs (erste Spalte) über *Layout/Zusammenführen* jeweils zwei benachbarte Zellen zu einer Zelle, um für die Spaltenüberschriften mehr Platz zu schaffen.

3 Geben Sie in die verbundenen Zellen die Monatsnamen für die Dauer des Projekts ein.

Tabellenzellen können nicht beliebig verkleinert werden. Ihre Mindestgröße wird durch den Inhalt, die Schriftgröße und den Abstand zum Zellenrand bestimmt. Trotzdem lassen sich Tabellen flexibel bearbeiten, indem Schriftgröße und Randabstand zunächst für die ganze Tabelle reduziert und später für einzelne Bereiche gezielt angepasst werden.

WISSEN

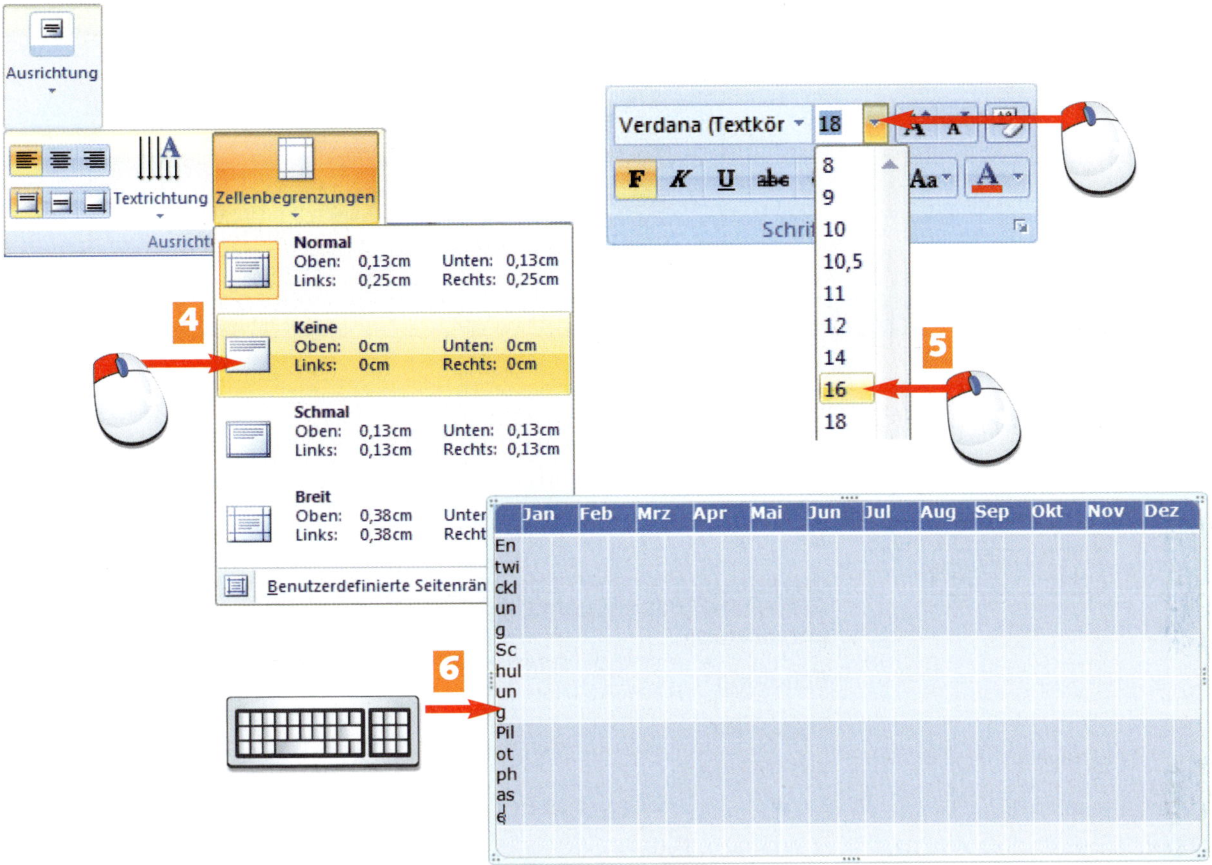

4 Wählen Sie in der Registerkarte *Layout* unter *Zellenbegrenzungen* die Einstellung *Keine*.

5 Markieren Sie die Tabelle per Klick auf ihren hellblauen Rahmen und reduzieren Sie in der Registerkarte *Start* die Schriftgröße auf *16*.

6 Tragen Sie in die Zeilenköpfe der zweiten und nachfolgenden Zeile die Bezeichnungen der Projektphasen ein.

Ein Zeitplan, der als Balkendiagramm die zeitliche Abfolge von Aktivitäten über einer Zeitachse zeigt, wird als **Gantt-Diagramm** bezeichnet.

FACHWORT

Durch die Markierung der gesamten Tabelle per Klick auf den Tabellenrahmen wird die Markierung einzelner Tabellenbereiche automatisch aufgehoben.

HINWEIS

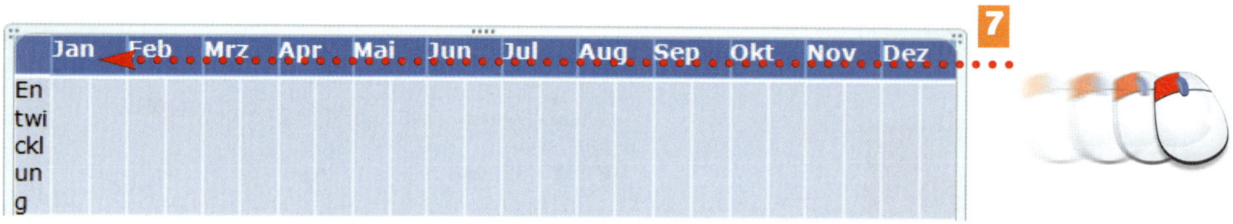

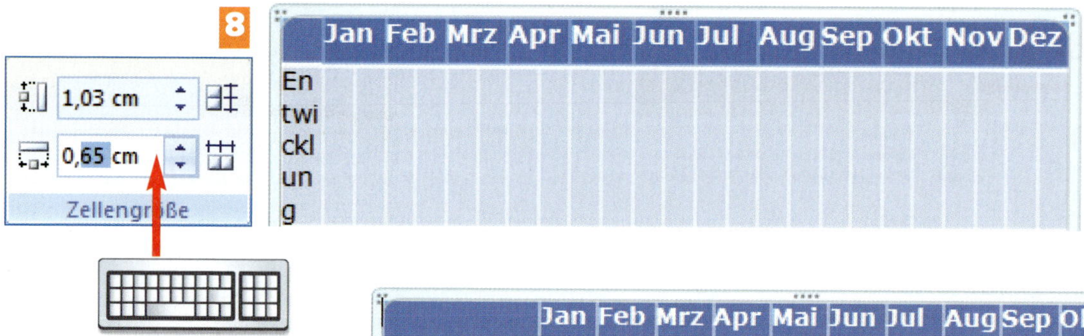

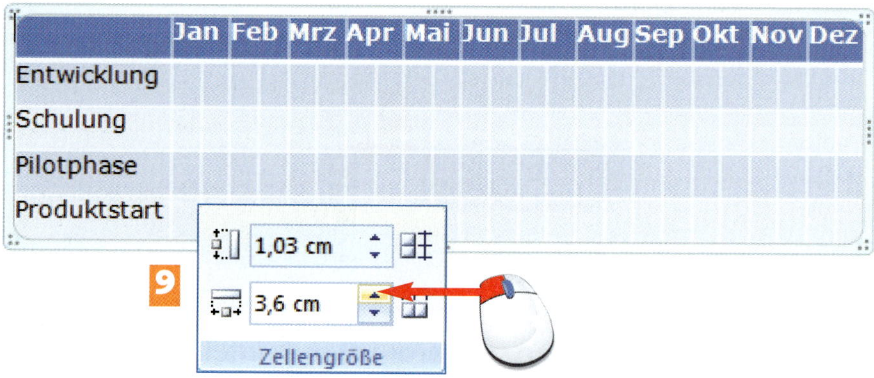

7 Markieren Sie in der obersten Zeile der Tabelle die Zellen, die die Monatsnamen enthalten.

8 Reduzieren Sie unter *Layout/Zellengröße* die Breite der Spalten so weit, wie dies möglich ist, ohne dass die Beschriftung in eine zweite Zeile umbrochen wird.

9 Klicken Sie in die erste Zelle der obersten Zeile und erhöhen Sie die Breite dieser Spalte so weit, dass der Text in den Zeilenköpfen nicht mehr umbrochen wird.

Text in Tabellen wird automatisch und ohne Berücksichtigung der Silbentrennung umbrochen, wenn das Ende der Zeile erreicht ist. Wird der Text schon deutlich früher umbrochen, ist für die Zelle unter *Zellenbegrenzung* ein großer Abstand zwischen Text und Zellenrand definiert.

WISSEN

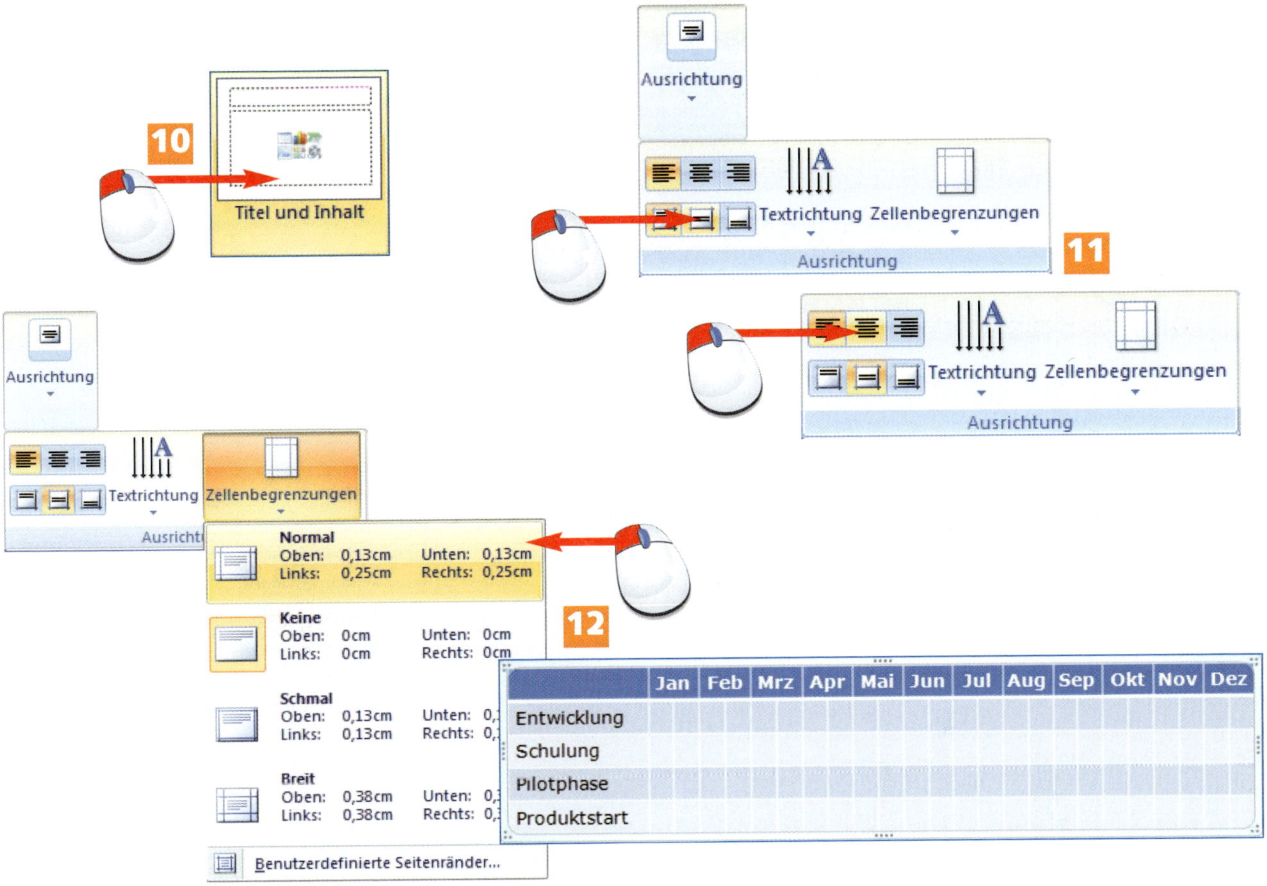

10 Wenn beim Reduzieren der Spaltenbreite die Tabelle insgesamt zu schmal wurde, weisen Sie über *Start/Layout* das Layout *Titel und Inhalt* neu zu.

11 Formatieren Sie über *Tabellentools/Layout* alle Zellen der Tabelle mit der Einstellung *Vertikal zentrieren* und die Tabellenzellen mit den Monatsnamen zusätzlich mit der Einstellung *Zentriert*.

12 Markieren Sie die Zeilenköpfe mit den Projektphasen und wählen Sie für Zellenbegrenzungen die Einstellung *Normal*.

Um Einstellungen für alle Zellen einer Tabelle vorzunehmen, markieren Sie die Tabelle per Klick auf den blauen Rahmen.

TIPP

Beim erneuten Zuweisen des Layouts wird die Größe der Tabelle wieder an das Layout der PowerPoint-Vorlage angepasst.

HINWEIS

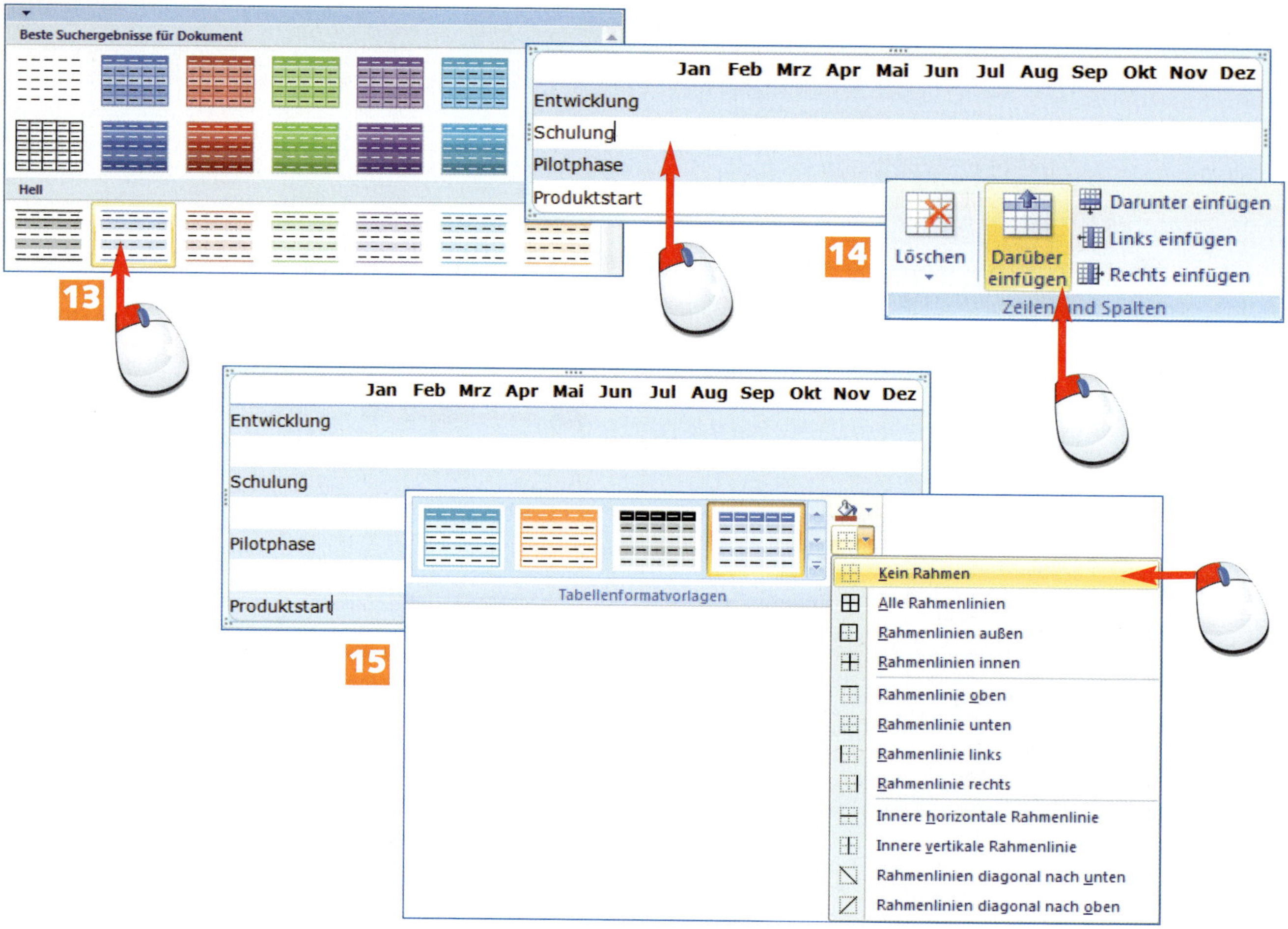

13 Weisen Sie der Tabelle über *Entwurf* ein Grafikformat *der Kategorie Hell* zu.

14 Fügen Sie über der zweiten und allen folgenden Projektphasen jeweils eine neue Zeile ein, indem Sie in eine Zelle der Zeile klicken und in der Registerkarte *Layout* auf die Schaltfläche *Darüber einfügen* klicken.

15 Entfernen Sie jetzt alle Linien der Tabelle, indem Sie die Tabelle markieren und in der Registerkarte *Entwurf* auf den Pfeil der Schaltfläche *Rahmen* klicken. Wählen Sie hier die Einstellung *Kein Rahmen*.

Mit den *Rahmeneinstellungen* bestimmen Sie, wie die Tabelle durch Linien unterteilt wird. Dabei wird die unter *Rahmenlinien zeichnen* zuletzt eingestellte *Stiftfarbe* verwendet.

WISSEN

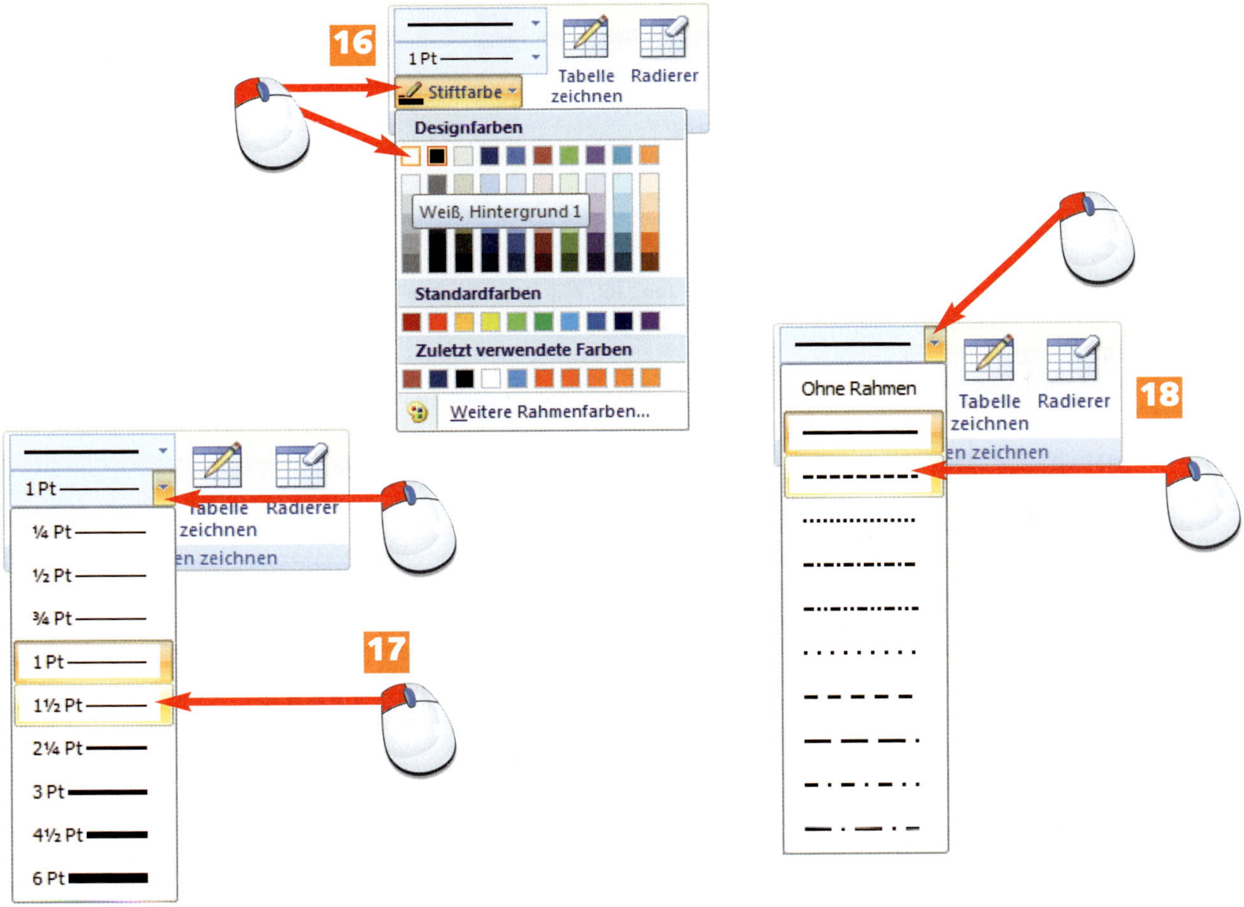

16 Zeichnen Sie Trennlinien zwischen den Monaten ein, um die Lesbarkeit der Tabelle zu verbessern: Klicken Sie dazu auf den Pfeil der Schaltfläche *Stiftfarbe* und wählen Sie aus den Designfarben die Hintergrundfarbe Ihrer Folie aus.

17 Wählen Sie als *Stiftstärke* 1 ½ Pt.

18 Wählen Sie als *Stiftart* die gestrichelte Linie.

Einfacher als über die *Rahmeneinstellungen* zeichnen Sie die Trennlinien in einer Tabelle mit dem *Stift* ein. Dies wird auf der nächsten Seite beschrieben.

TIPP

Um einzelne Linien wieder aus einer Tabelle zu entfernen, klicken Sie erst auf die Schaltfläche *Radierer* und dann auf die Linien, die Sie entfernen möchten.

HINWEIS

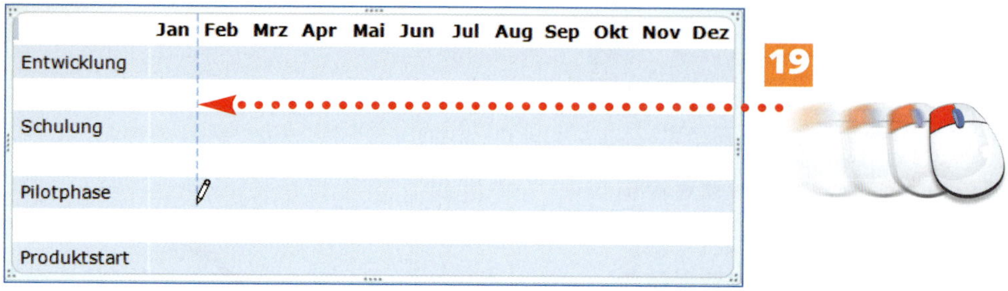

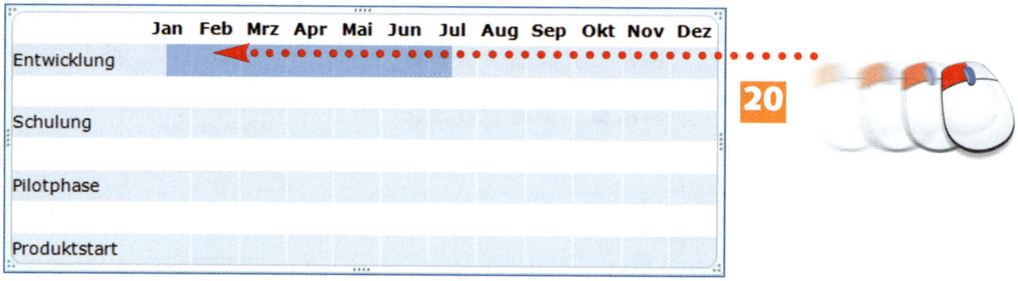

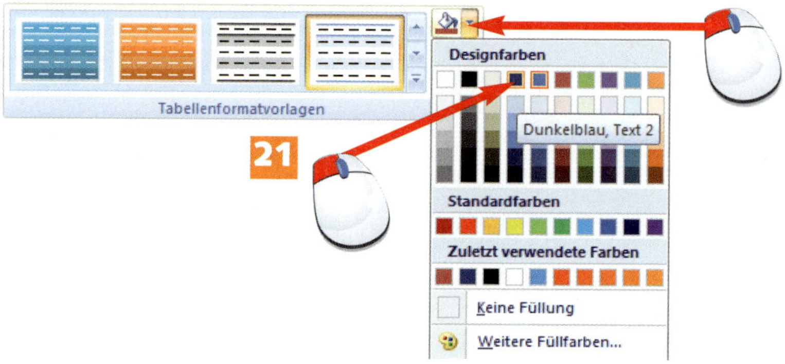

19 Nachdem Sie die Einstellungen für den Stift vorgenommen haben, verwandelt sich der Mauszeiger in einen Stift. Zeichnen Sie mit der Maus die Trennlinien zwischen den Zellen nach. Klicken Sie dazu den Anfangspunkt an und lassen Sie die Maustaste am Endpunkt wieder los.

20 Um die Dauer der Projektphasen einzuzeichnen, markieren Sie jeweils den Zeitraum in einer Tabellenzeile, der für die Phase eingeplant ist.

21 Klicken Sie auf den Pfeil der Schaltfläche *Schattierung* und wählen Sie aus den Designfarben eine geeignete Farbe zum Einzeichnen der Projektphase aus.

Die Schaltflächen für Füllfarbe, Linienfarbe und Textfarbe zeigen immer die Farbe, die zuletzt ausgewählt wurde. Um einem anderen Objekt die gleiche Farbe zuzuweisen, genügt es später, einfach direkt auf das betreffende Symbol zu klicken.

WISSEN

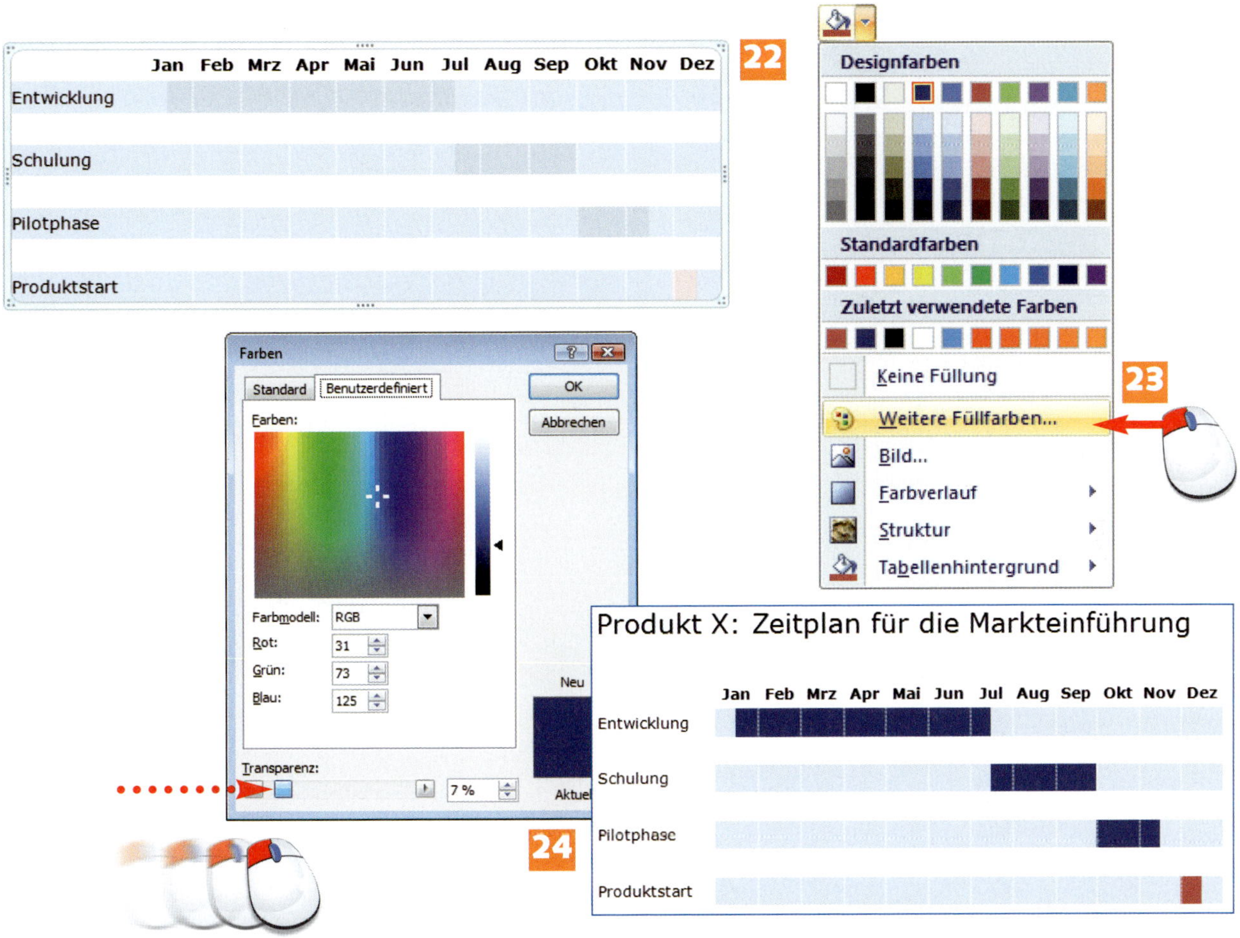

22 Da die Tabelle mit einer transparenten Füllfarbe vorformatiert ist, ist die neu zugewiesene Farbe noch nicht deutlich genug zu erkennen.

23 Markieren Sie den Bereich erneut und rufen Sie die Designfarben auf. Klicken Sie auf *Weitere Füllfarben*.

24 Verschieben Sie den Transparenzregler im Dialogfeld *Farben* auf *0*. Diese Einstellung müssen Sie für jede Phase einzeln ändern.

Markieren Sie den Zeitpunkt für den Produktstart mit einer anderen Farbe. Weisen Sie den Zeilenköpfen die Hintergrundfarbe als *Schattierung* zu.

TIPP

Blenden Sie zum Einzeichnen der Trennlinien die *Gitternetzlinien* wieder ein.

TIPP

Klicken Sie einmal außerhalb der Folie, um den *Stift* wieder zu deaktivieren.

TIPP

6

Diagramme statt Zahlenkolonnen

Ein Diagramm in PowerPoint einfügen

Start

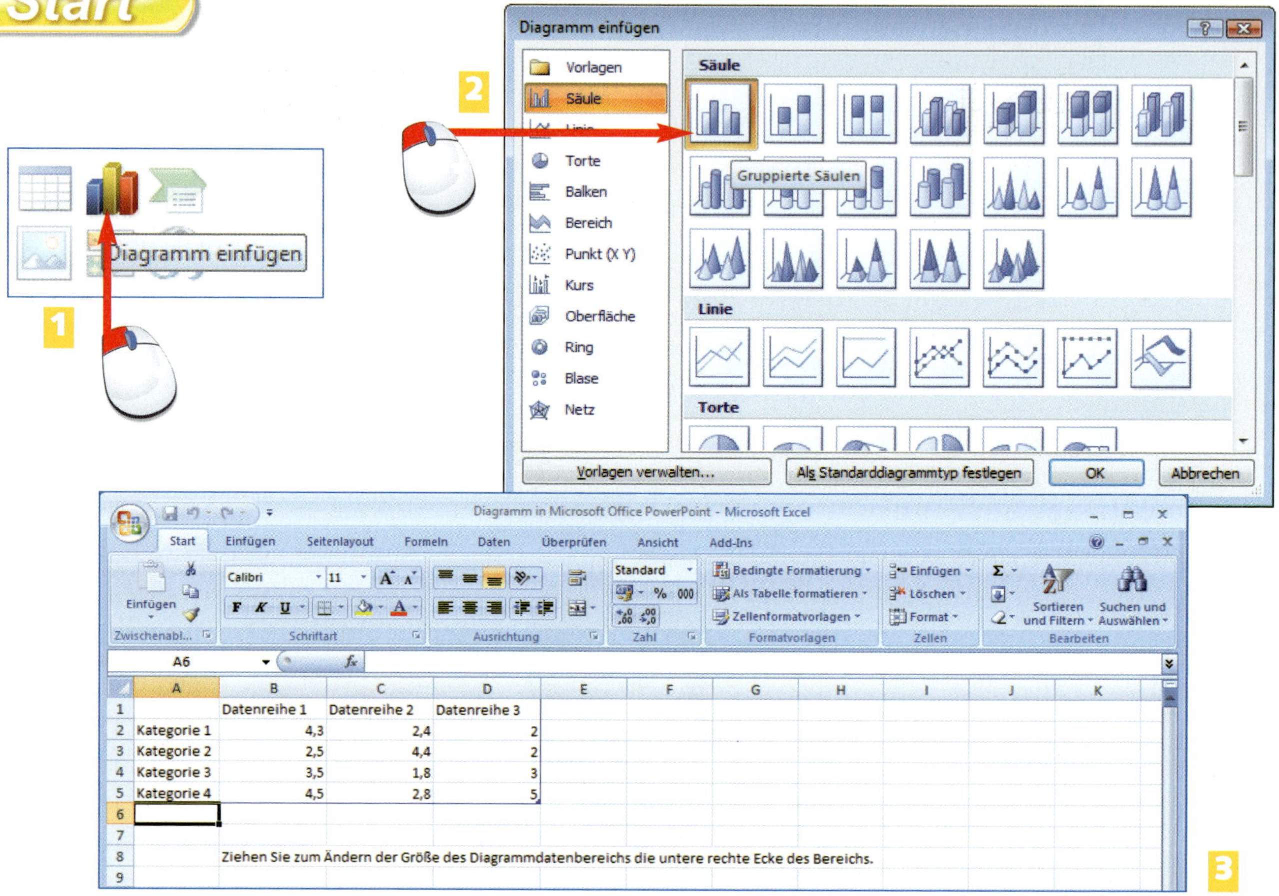

1 Erstellen Sie eine neue Folie mit dem Layout *Titel und Inhalt* und klicken Sie auf das Symbol *Diagramm einfügen*.

2 Wählen Sie im Dialogfeld *Diagramm einfügen* den Diagrammtyp *Gruppierte Säulen*.

3 Mit der Auswahl des Diagrammtyps wird automatisch Excel gestartet. Das Datenblatt enthält Musterwerte für den gewählten Diagrammtyp. Der Datenbereich, der in ein Diagramm umgewandelt werden soll, ist blau umrahmt.

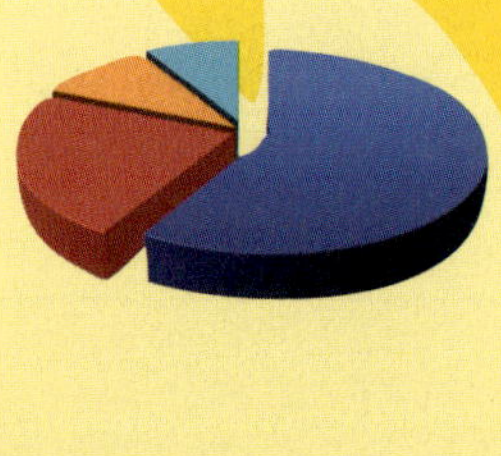

Parallel zum Start von Excel erstellt PowerPoint das Diagramm mit den Musterwerten der Excel-Tabelle. Alle Änderungen, die Sie in Excel im Diagrammdatenbereich vornehmen, werden in PowerPoint in das Diagramm automatisch übernommen. Die Formatierung des Diagramms erfolgt anschließend in PowerPoint.

WISSEN

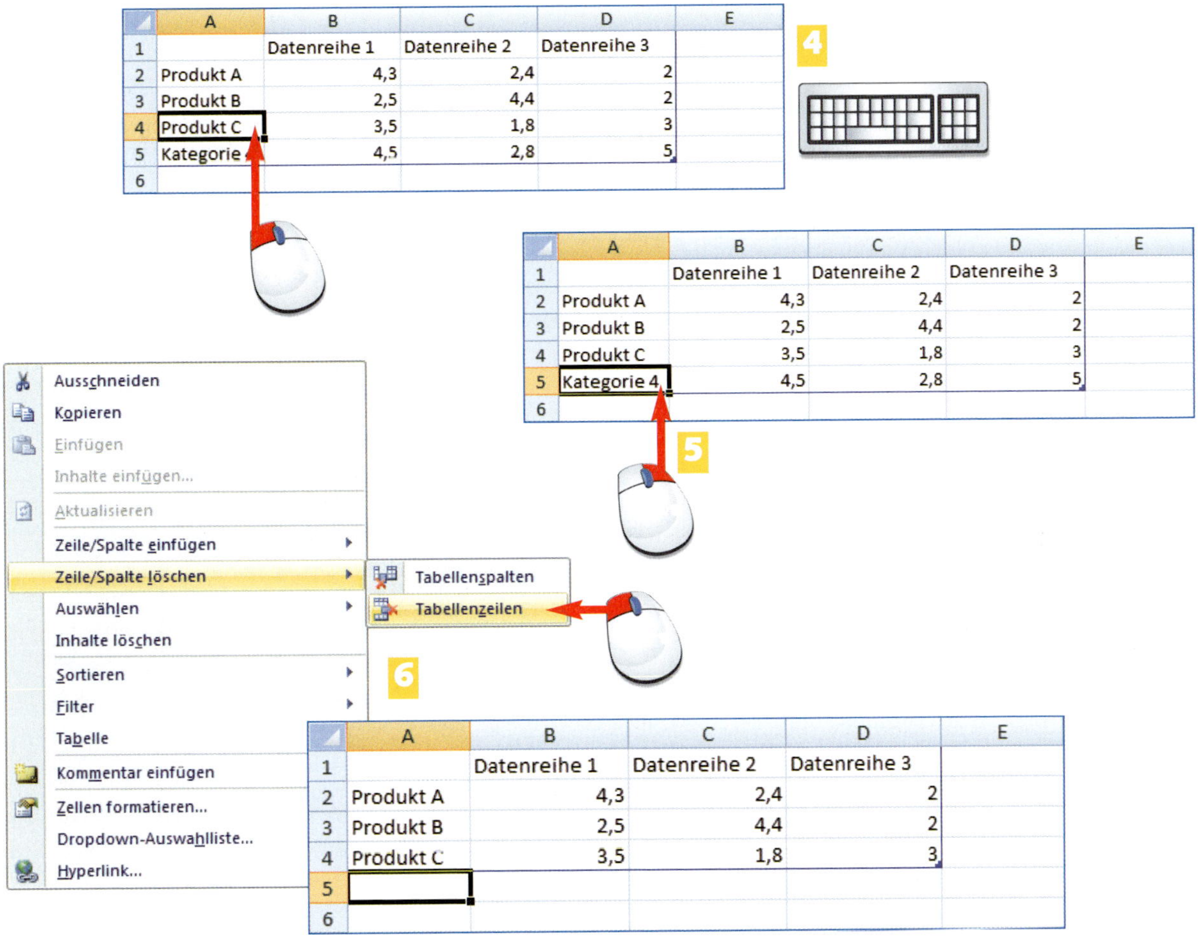

4 Um Ihre eigenen Daten einzugeben, klicken Sie in die Zellen und überschreiben die vorhandenen Werte. In einer Zelle bereits vorhandener Inhalt wird automatisch ersetzt, sobald Sie neue Werte oder Text eingeben.

5 Nicht benötigte Zeilen und Spalten im Diagrammdatenbereich löschen Sie, indem Sie per Rechtsklick in eine Zelle des Bereichs das Kontextmenü aufrufen.

6 Wählen Sie *Zeile/Spalte löschen* und dann *Tabellenzeilen* oder *Tabellenspalten*, um eine Zeile oder Spalte aus dem Datenbereich zu entfernen.

Um sich innerhalb von Excel-Tabellen zu bewegen, verwenden Sie ebenfalls die [Tab]-Taste oder die Richtungstasten auf der Tastatur.

TIPP

Diagrammdatenbereich: Der Bereich in Excel, der in Form eines Diagramms dargestellt werden soll. Es müssen nicht immer alle Daten aus einer Tabelle für das Diagramm verwendet werden.

FACHWORT

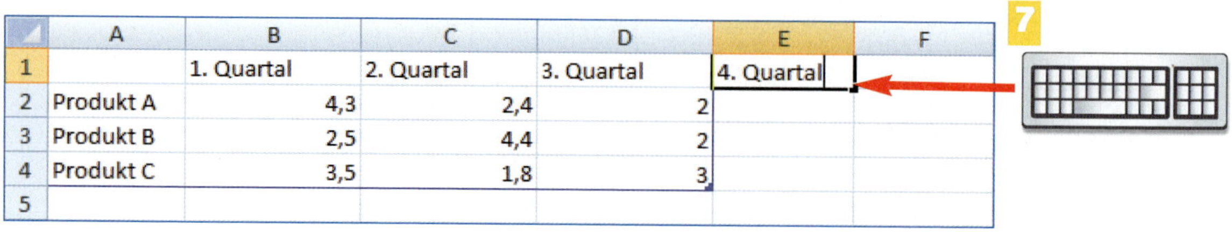

	A	B	C	D	E	F
1		1. Quartal	2. Quartal	3. Quartal	4. Quartal	
2	Produkt A	4,3	2,4	2		
3	Produkt B	2,5	4,4	2		
4	Produkt C	3,5	1,8	3		
5						

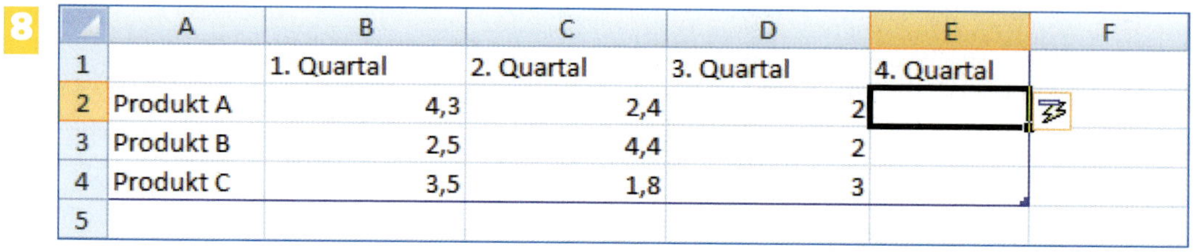

	A	B	C	D	E	F
1		1. Quartal	2. Quartal	3. Quartal	4. Quartal	
2	Produkt A	4,3	2,4	2		
3	Produkt B	2,5	4,4	2		
4	Produkt C	3,5	1,8	3		
5						

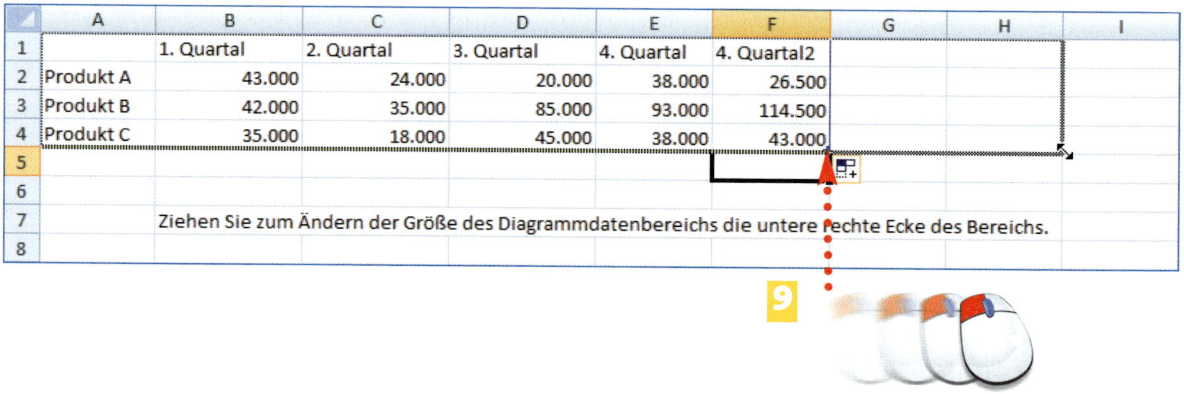

	A	B	C	D	E	F	G	H	I
1		1. Quartal	2. Quartal	3. Quartal	4. Quartal	4. Quartal2			
2	Produkt A	43.000	24.000	20.000	38.000	26.500			
3	Produkt B	42.000	35.000	85.000	93.000	114.500			
4	Produkt C	35.000	18.000	45.000	38.000	43.000			
5									
6									
7		Ziehen Sie zum Ändern der Größe des Diagrammdatenbereichs die untere rechte Ecke des Bereichs.							
8									

7 Fügen Sie für den Diagrammdatenbereich weitere Zeilen und Spalten ein, indem Sie Daten in die nächste Zelle eingeben.

8 Excel passt den Diagrammdatenbereich an, sobald Sie die Eingabe beendet haben.

9 Alternativ dazu können Sie den Diagrammdatenbereich auch so erweitern: Ziehen Sie an dem kleinen Dreieck in der rechten unteren Ecke der blauen Markierung.

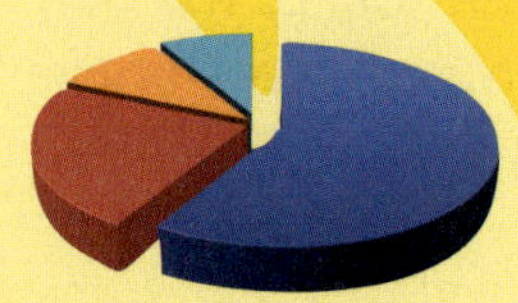

Damit die Datenpunkte im Diagramm korrekt angeordnet werden, darf der Diagrammdatenbereich keine leeren Zellen enthalten. Um den Diagrammdatenbereich über den Bearbeitungshinweis hinaus zu erweitern, muss der Hinweis gelöscht werden.

WISSEN

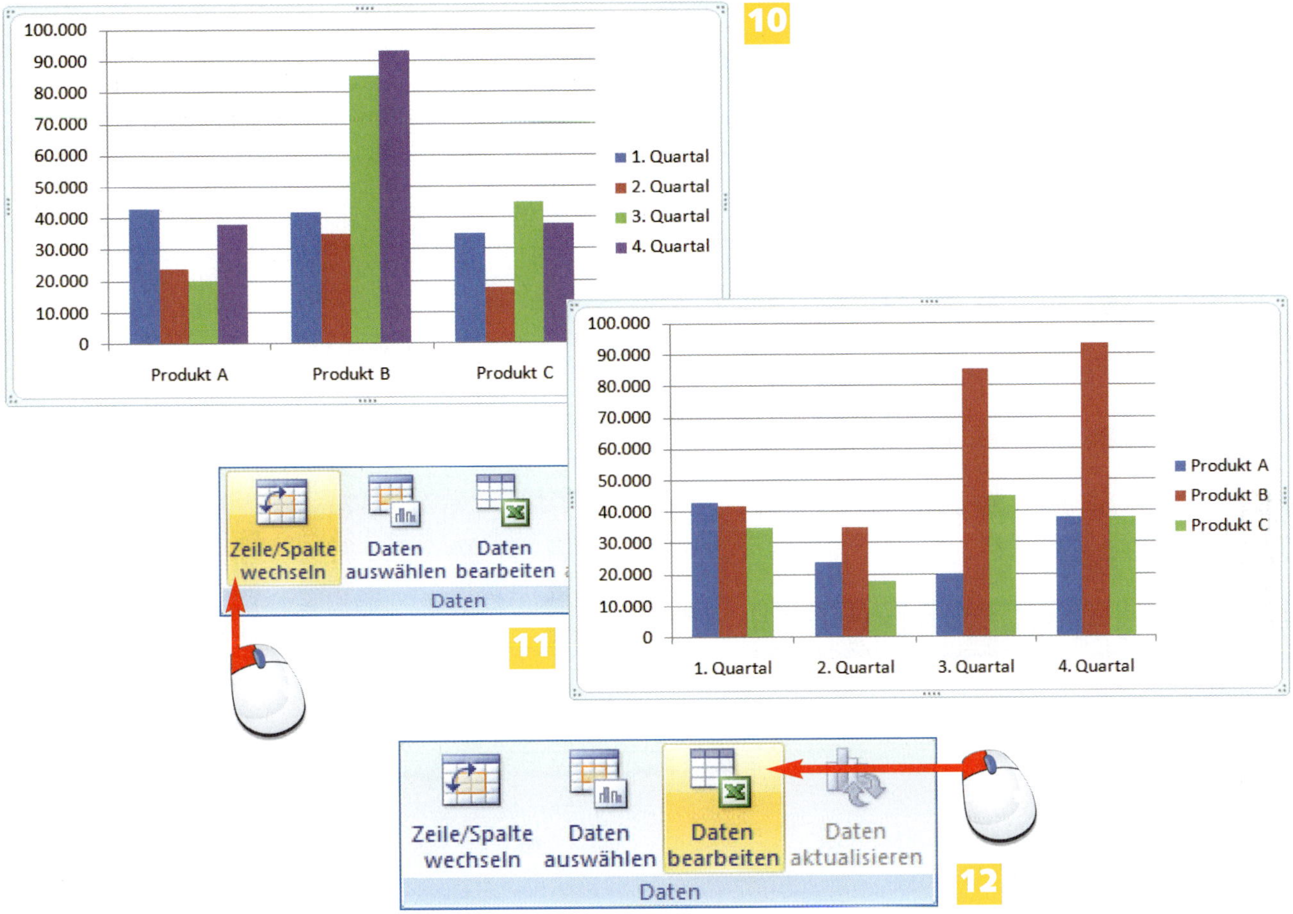

10 Rufen Sie PowerPoint wieder auf und überprüfen Sie die Anordnung der *Datenreihen* und *Kategorien* im Diagramm.

11 Tauschen Sie bei Bedarf *Datenreihen* und *Kategorien* gegeneinander aus, indem Sie in der Registerkarte *Entwurf* der *Diagrammtools* auf *Zeile/Spalte wechseln* klicken.

12 Um Änderungen an den Diagrammdaten vorzunehmen, rufen Sie über *Daten bearbeiten* die Excel-Tabelle wieder auf.

Ende

Der Befehl *Zeile/Spalte wechseln* steht nur zur Verfügung, wenn Excel mit dem Diagrammdatenbereich geöffnet ist.

HINWEIS

Sie können im Diagrammdatenbereich auch Berechnungen durchführen.

TIPP

Die Datenwerte zum Diagramm werden in der PowerPoint-Datei gespeichert. Ein gesondertes Speichern der Excel-Tabelle ist nicht erforderlich.

HINWEIS

Start

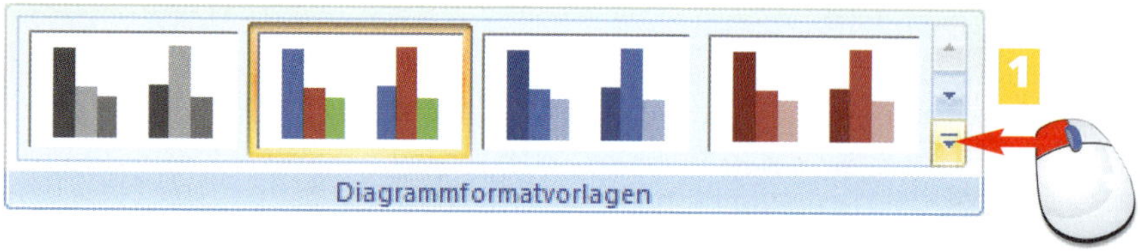

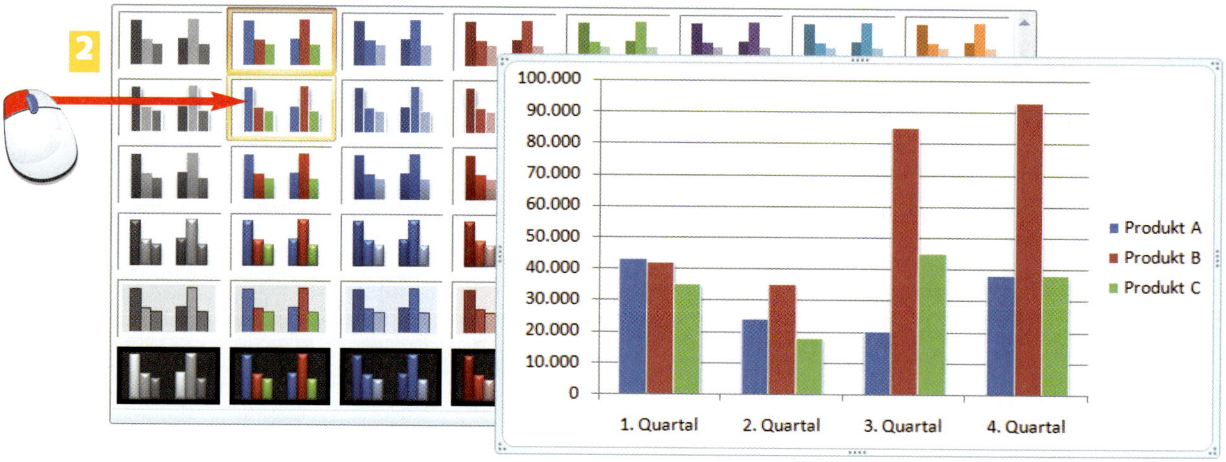

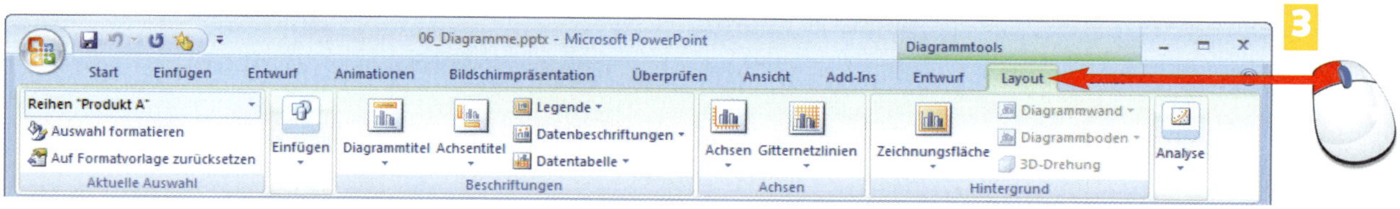

1 Öffnen Sie in der Registerkarte *Entwurf* der *Diagrammtools* die *Grafikformate* für Diagramme.

2 Wählen Sie per Mausklick ein Format aus um es Ihrem Diagramm zuzuweisen. Eine Live-Vorschau wie bei *SmartArt* ist für die Diagrammformatvorlagen nicht verfügbar.

3 Wechseln Sie dann in die Registerkarte *Layout* der Tabellentools, um die Diagrammformatierung nachzubearbeiten.

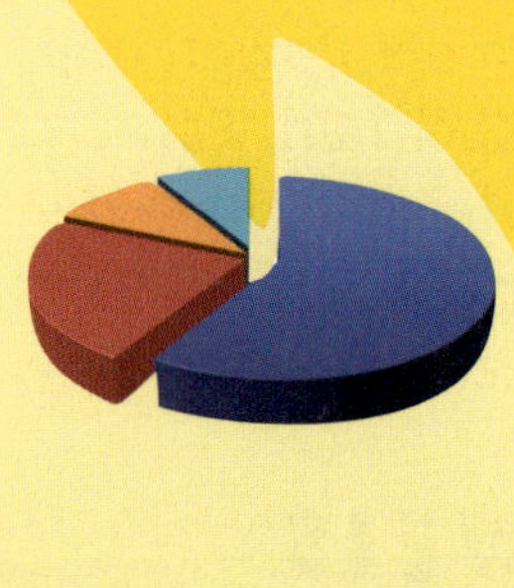

Viele Hilfslinien und ungekürzte Achsenbeschriftungen führen häufig dazu, dass ein Diagramm überfrachtet wirkt. Diese Voreinstellungen können flexibel angepasst werden, um die Lesbarkeit von Diagrammen zu verbessern.

WISSEN

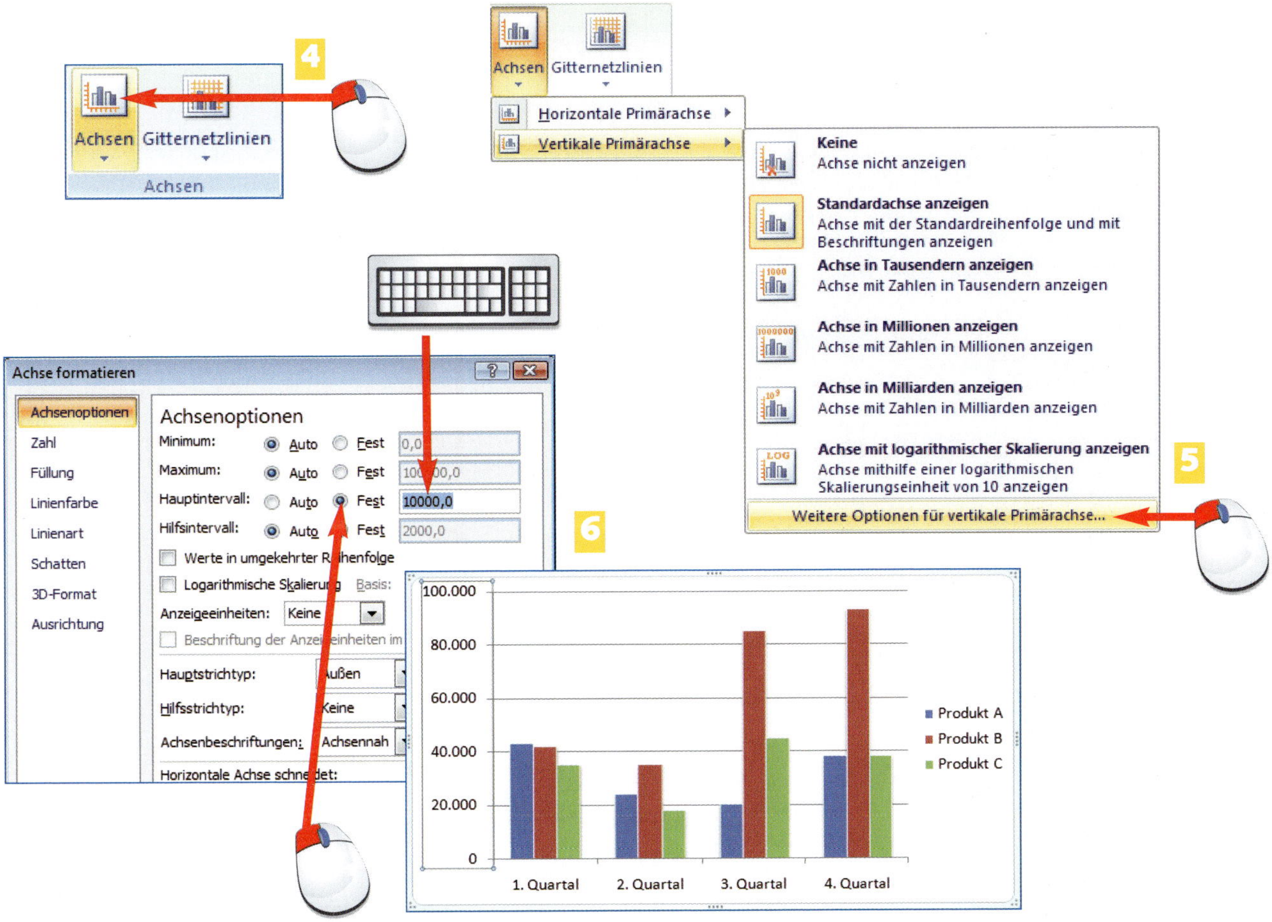

4 Klicken Sie auf die Schaltfläche *Achsen*, um die Beschriftung der Größenachse anzupassen.

5 Wählen Sie *Vertikale Primärachse* und dann *Weitere Optionen für vertikale Primärachse*.

6 Aktivieren Sie in den *Achsenoptionen* für *Hauptintervall* die Option *Fest* und wählen Sie einen Wert, mit dem das Diagramm gut lesbar bleibt, ohne dass zu viele Werte auf der Achse angezeigt werden.

Die voreingestellten Werte in den Achsenoptionen lassen sich ändern, indem der vorhandene Wert markiert und überschrieben wird.

HINWEIS

Der Abstand zwischen den Teilstrichen einer Achse wird **Intervall** genannt.

FACHWORT

Die Einstellungen im Dialogfeld *Achse formatieren* werden sofort auf die Folie übernommen und können nur über *Rückgängig* in der Schnellzugriffsleiste zurückgenommen werden.

HINWEIS

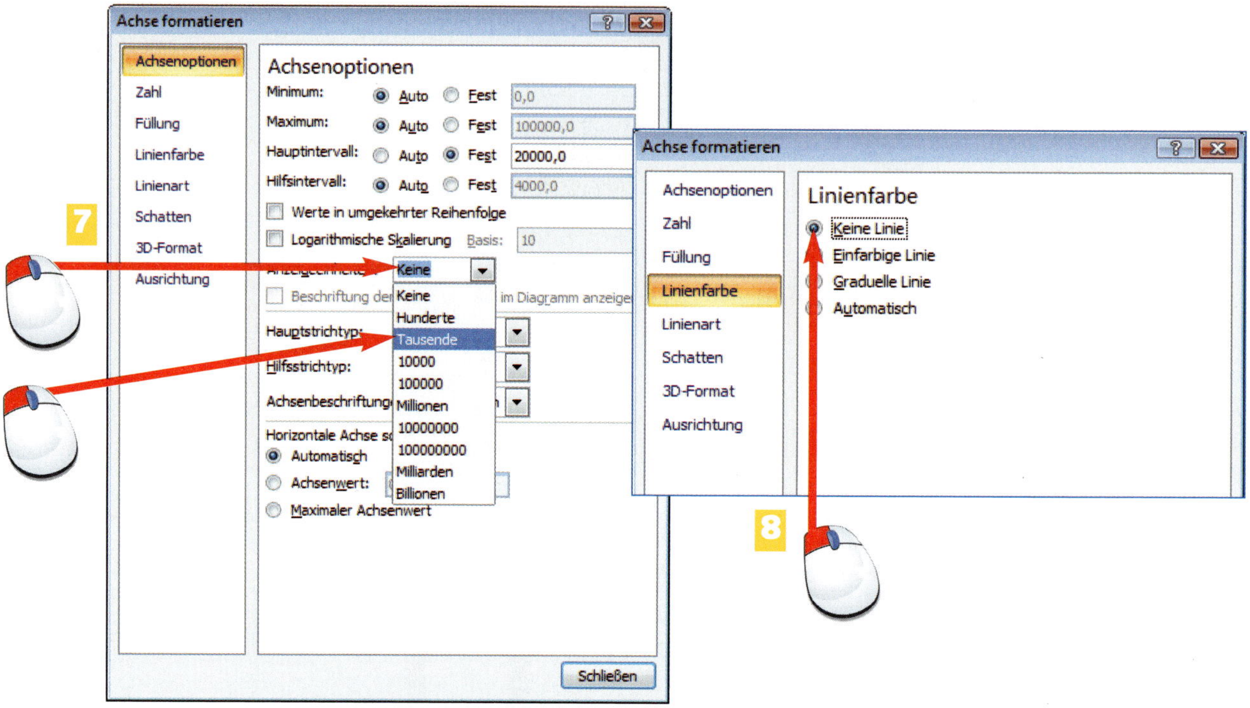

7 Verkürzen Sie unter *Anzeigeeinheiten* gegebenenfalls die Beschriftung der Größenachse. Die gewählte Anzeigeeinheit wird im Diagramm automatisch eingeblendet.

8 Aktivieren Sie in der Rubrik *Linienfarbe* des Dialogfelds *Achse formatieren* die Option *Keine Linie*.

9 Ändern Sie falls erforderlich die Anordnung der *Legende* im Diagramm.

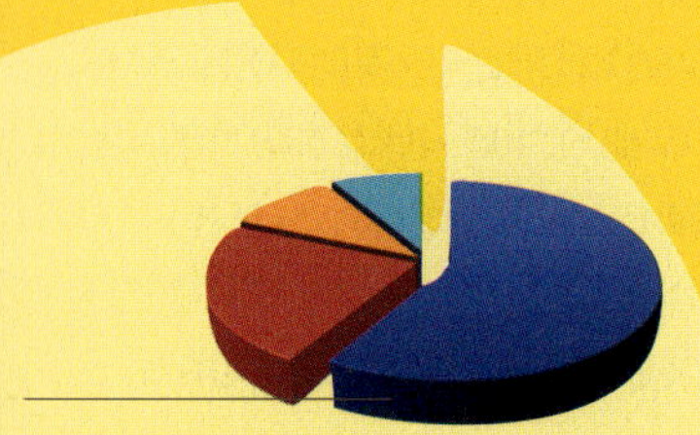

In Diagrammen mit vielen Datenpunkten beansprucht die Legende neben dem Diagramm häufig in der Horizontalen zu viel Platz. Durch die Anzeige der Legende innerhalb des Diagramms steht den Diagrammsäulen mehr vertikaler Raum zur Verfügung. Unterschiede in den Diagrammwerten werden dadurch besser sichtbar.

WISSEN

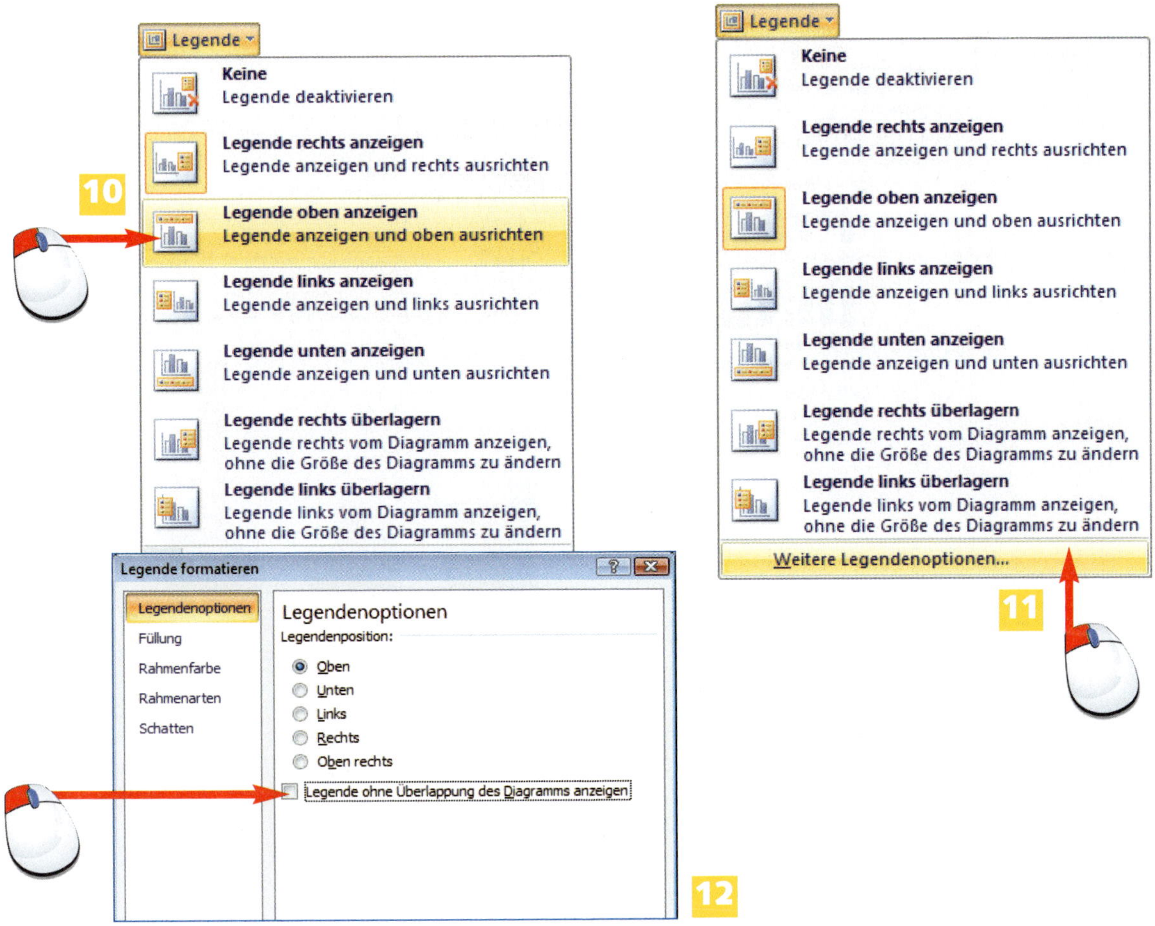

10 Wählen Sie die Einstellung *Legende oben anzeigen*.

11 Um weitere Einstellungen für die Legende vorzunehmen, klicken Sie auf *Weitere Legendenoptionen*.

12 Soll die Legende innerhalb der Diagrammfläche angezeigt werden, entfernen Sie das Häkchen vor *Legende ohne Überlappung des Diagramms anzeigen*.

Auch beim Verschieben von Diagrammelementen bewirkt die [⇧]-Taste, dass das Objekt nur in exakt horizontaler oder vertikaler Richtung verschoben wird.

TIPP

Die *Legende* und die Beschriftung der *Anzeigeeinheiten* können markiert und innerhalb des blauen Objektrahmens durch Ziehen mit der Maus manuell angeordnet werden.

HINWEIS

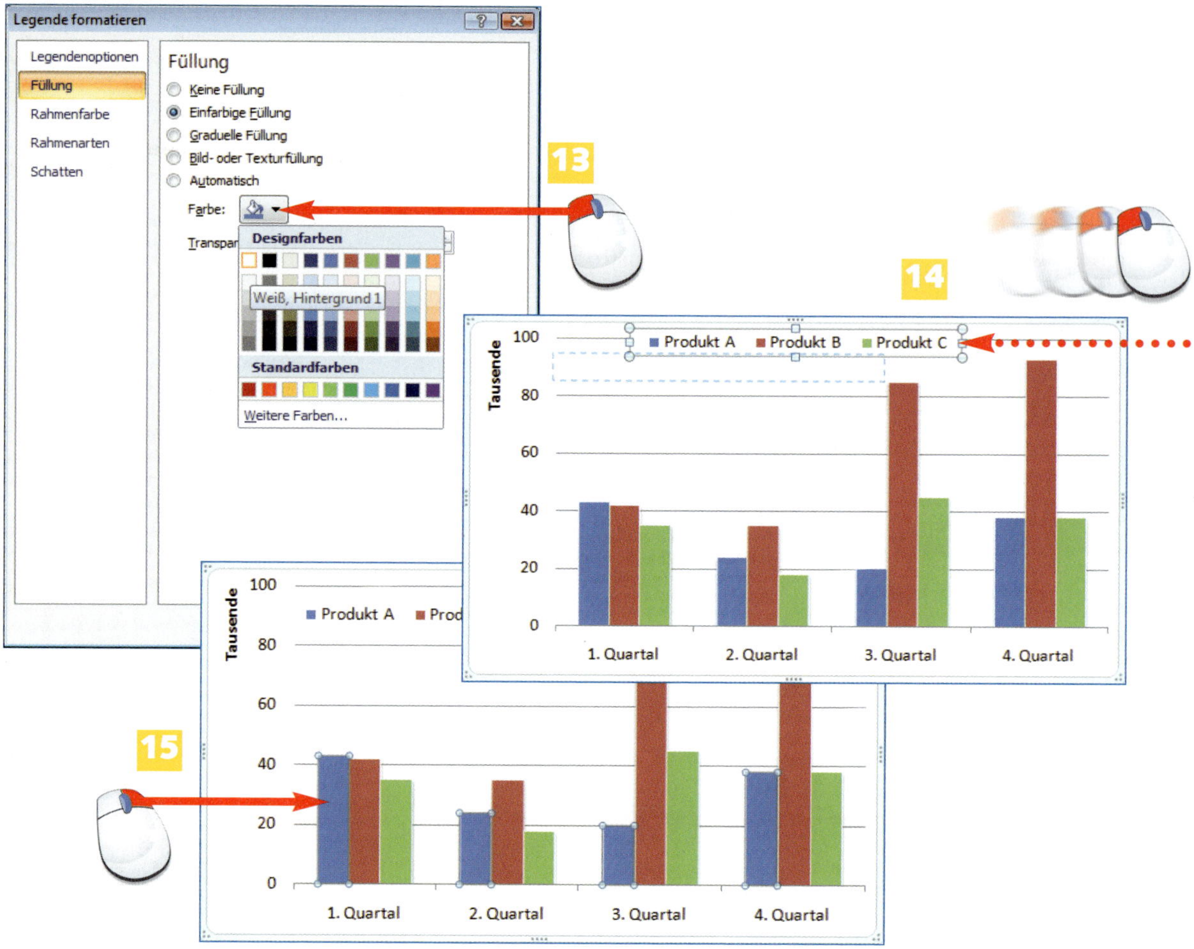

13 Weisen Sie der Legende in der Rubrik *Füllung* eine *Einfarbige Füllung* in der Hintergrundfarbe des Diagramms zu. Damit decken Sie die hinter der Legende liegenden Gitternetzlinien ab.

14 Alternativ: Verschieben Sie bei Bedarf die Legende innerhalb der Diagrammfläche.

15 Passen Sie zum Schluss noch die Ausrichtung der Datenpunkte an. Rufen Sie dazu per Rechtsklick auf einen Datenpunkt das zugehörige Kontextmenü auf.

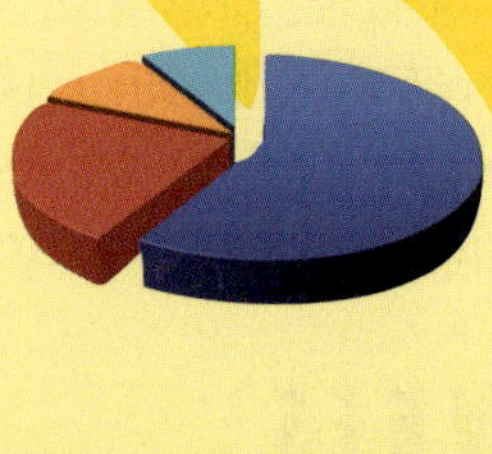

Beim Anklicken eines Datenpunkts werden zunächst alle Punkte dieser Datenreihe markiert. Klicken Sie nochmals auf einen markierten Punkt, ist nur noch dieser eine Punkt markiert. Einzelne Datenpunkte können über die Grafikformate der Registerkarte *Format* abweichend formatiert werden, um sie besonders hervorzuheben.

WISSEN

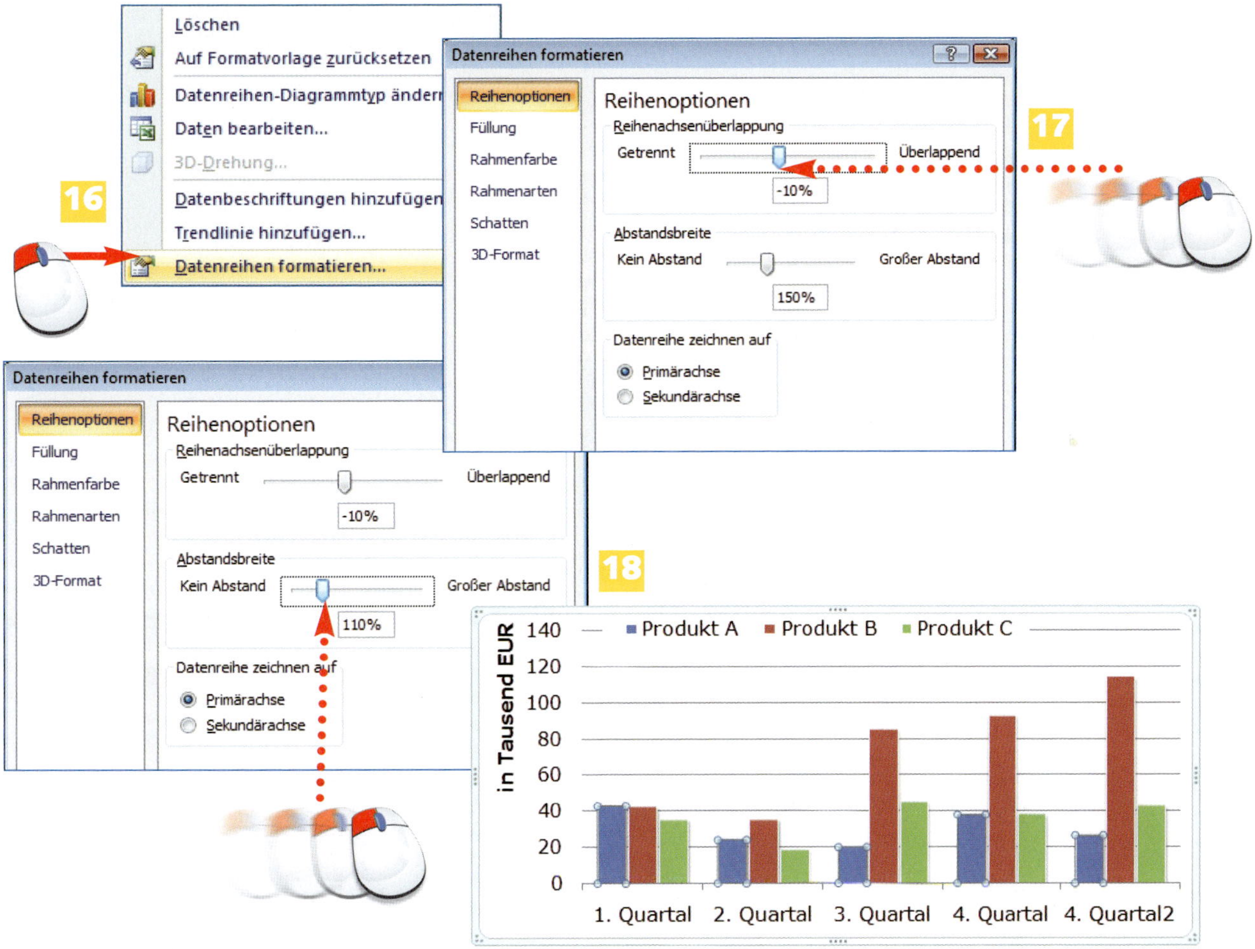

16 Wählen Sie den Eintrag *Datenreihen formatieren*.

17 Verschieben Sie in den *Reihenoptionen* den Regler für die *Reihenachsenüberlappung* auf einen Wert kleiner null. Dadurch erzeugen Sie kleine Abstände zwischen den einzelnen Datenpunkten.

18 Reduzieren Sie die *Abstandsbreite*, um den Abstand zwischen den Kategorien zu verkleinern.

Ende

Die Beschriftung der *Anzeigeeinheit* können Sie wie in einem Textfeld ändern.

TIPP

Der einzelne Wert in einem Diagramm wird **Datenpunkt** genannt. Mehrere Datenpunkte einer Einheit bilden eine **Datenreihe**.

FACHWORT

Abstandsbreite und *Überlappung* werden für alle Datenreihen angepasst, auch wenn nur eine Datenreihe markiert ist.

HINWEIS

Start

1

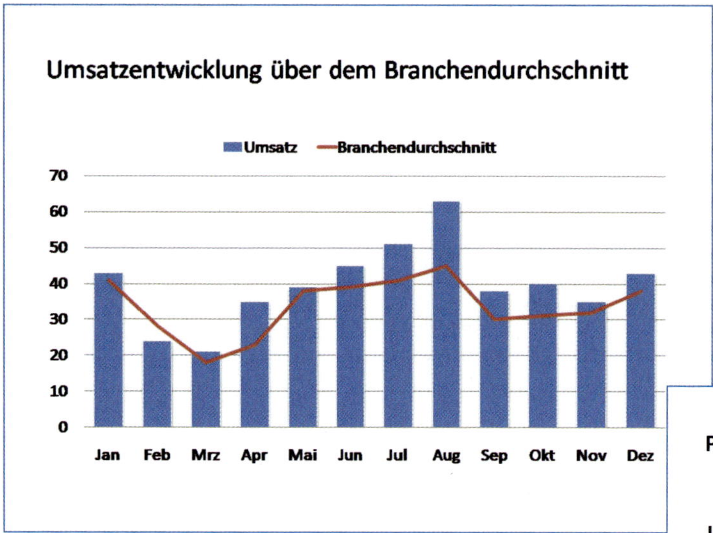

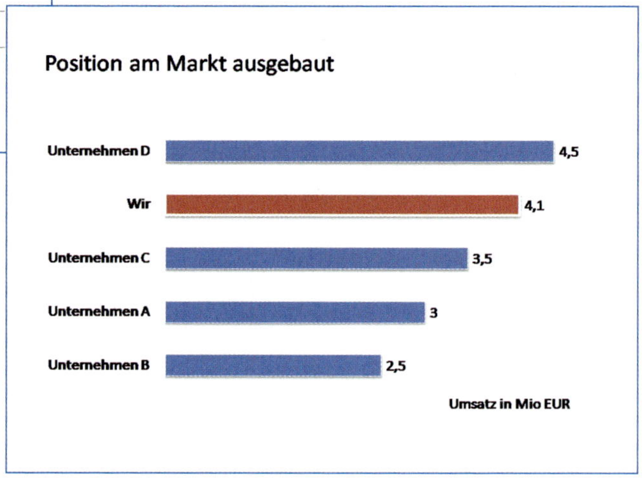

2

1 Säulendiagramme werden eingesetzt, um die Entwicklung von Werten über einen bestimmten Zeitraum hinweg abzubilden.

2 Für die Abbildung von Rangfolgen sind Balkendiagramme gut geeignet. Die Werte werden dabei vom niedrigsten zum höchsten auf- oder absteigend sortiert.

Nach der Auswahl des Diagrammtyps zeigt Excel im Diagrammdatenbereich zum Diagrammtyp passende Beispielwerte. Diese Beispielwerte demonstrieren, wie die Daten im Datenbereich eingegeben werden müssen, damit das Diagramm richtig erstellt wird.

WISSEN

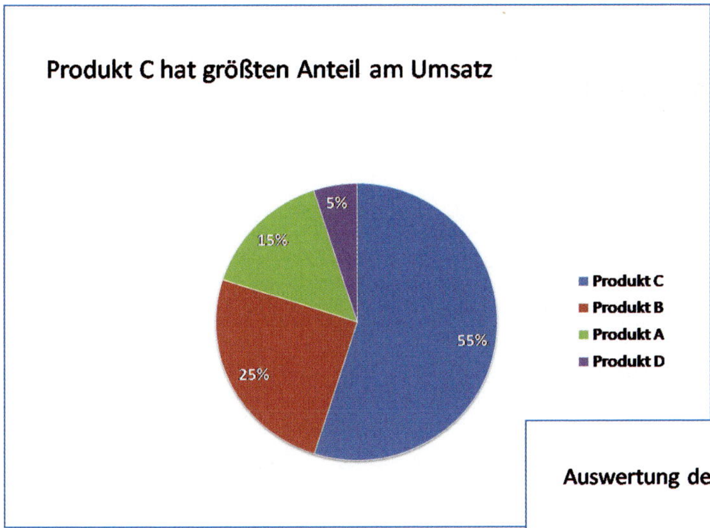

3

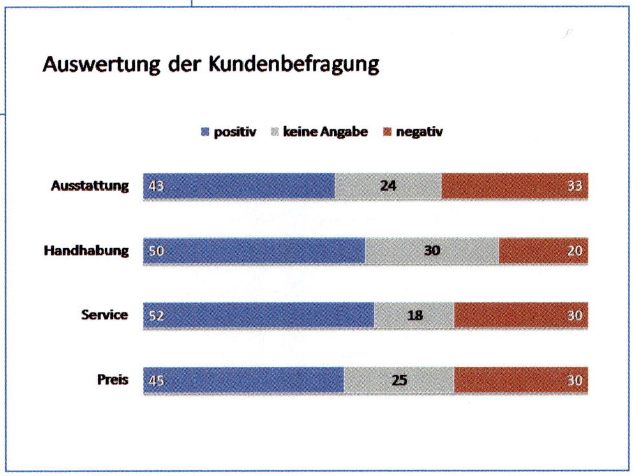

4

3 Kreisdiagramme zeigen verschiedene Anteile an einem Gesamtwert an, etwa den Anteil verschiedener Produkte am Gesamtumsatz.

4 Gestapelte 100%-Balken- oder Säulendiagramme zeigen wie Kreisdiagramme Anteile an einem Ganzen. Sie sind geeignet, wenn mehrere Faktoren verglichen werden.

Ende

Die Werte in einem Diagramm sind fast immer interpretationsbedürftig. Verwenden Sie Diagramme deshalb immer mit einem aussagekräftigen Titel.

TIPP

Die Daten für ein Kreis- oder 100%-Säulen-Diagramm müssen Sie nicht in Prozentwerte umrechnen. PowerPoint bzw. Excel erledigen das automatisch für Sie. Liegen Ihre Daten dagegen bereits als Prozentwerte vor, müssen Sie selbst überprüfen, ob die Summe 100% ergibt. Die Kontrolle wird vom Programm nicht duchgeführt.

TIPP

Den Branchenvergleich als Trendlinie anzeigen

Start

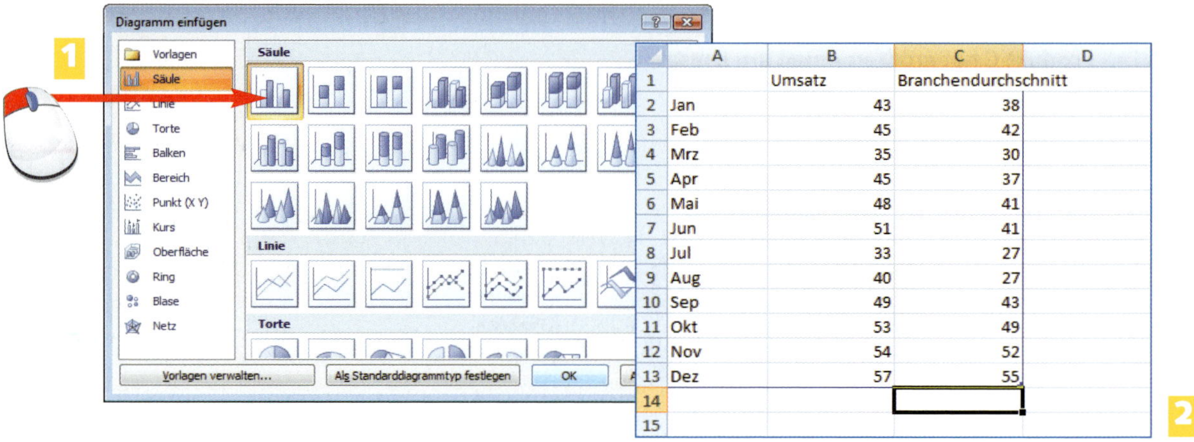

	A	B	C	D
1		Umsatz	Branchendurchschnitt	
2	Jan	43	38	
3	Feb	45	42	
4	Mrz	35	30	
5	Apr	45	37	
6	Mai	48	41	
7	Jun	51	41	
8	Jul	33	27	
9	Aug	40	27	
10	Sep	49	43	
11	Okt	53	49	
12	Nov	54	52	
13	Dez	57	55	
14				
15				

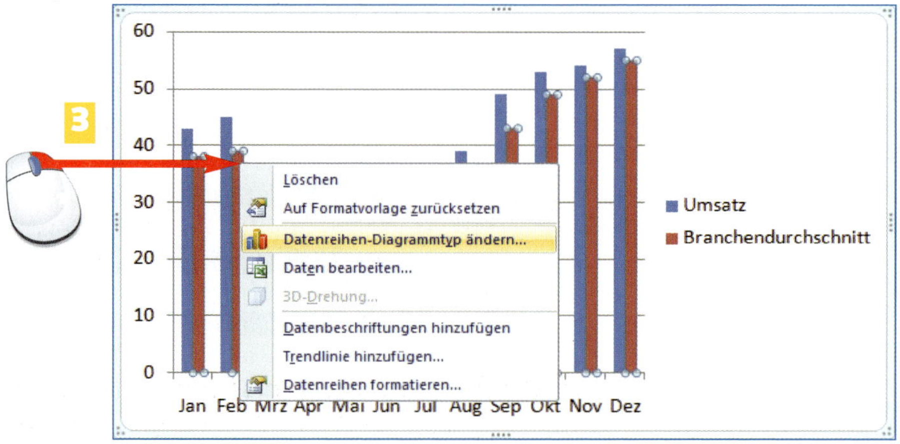

1 Erstellen Sie ein Diagramm vom Typ *Gruppierte Säulen*.

2 Geben Sie als Datenreihe 1 den Umsatz und als Datenreihe 2 den Branchendurchschnitt ein.

3 Rufen Sie per Rechtsklick das Kontextmenü zur Datenreihe des Branchendurchschnitts auf und wählen Sie *Datenreihen-Diagrammtyp ändern*.

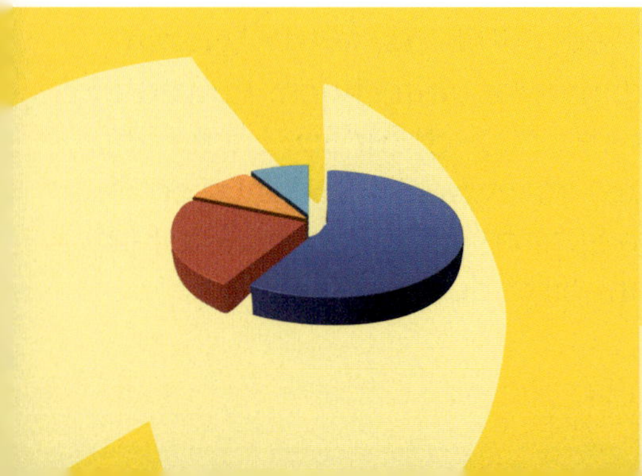

Um den Branchendurchschnitt in einem Diagramm abzubilden, verwendet man am besten ein Säulen-Linien-Verbunddiagramm. Dazu wird zunächst ein Säulendiagramm erstellt. Anschließend wird der Datenreihe, die den Trend abbildet, der Diagrammtyp *Linie* zugewiesen.

WISSEN

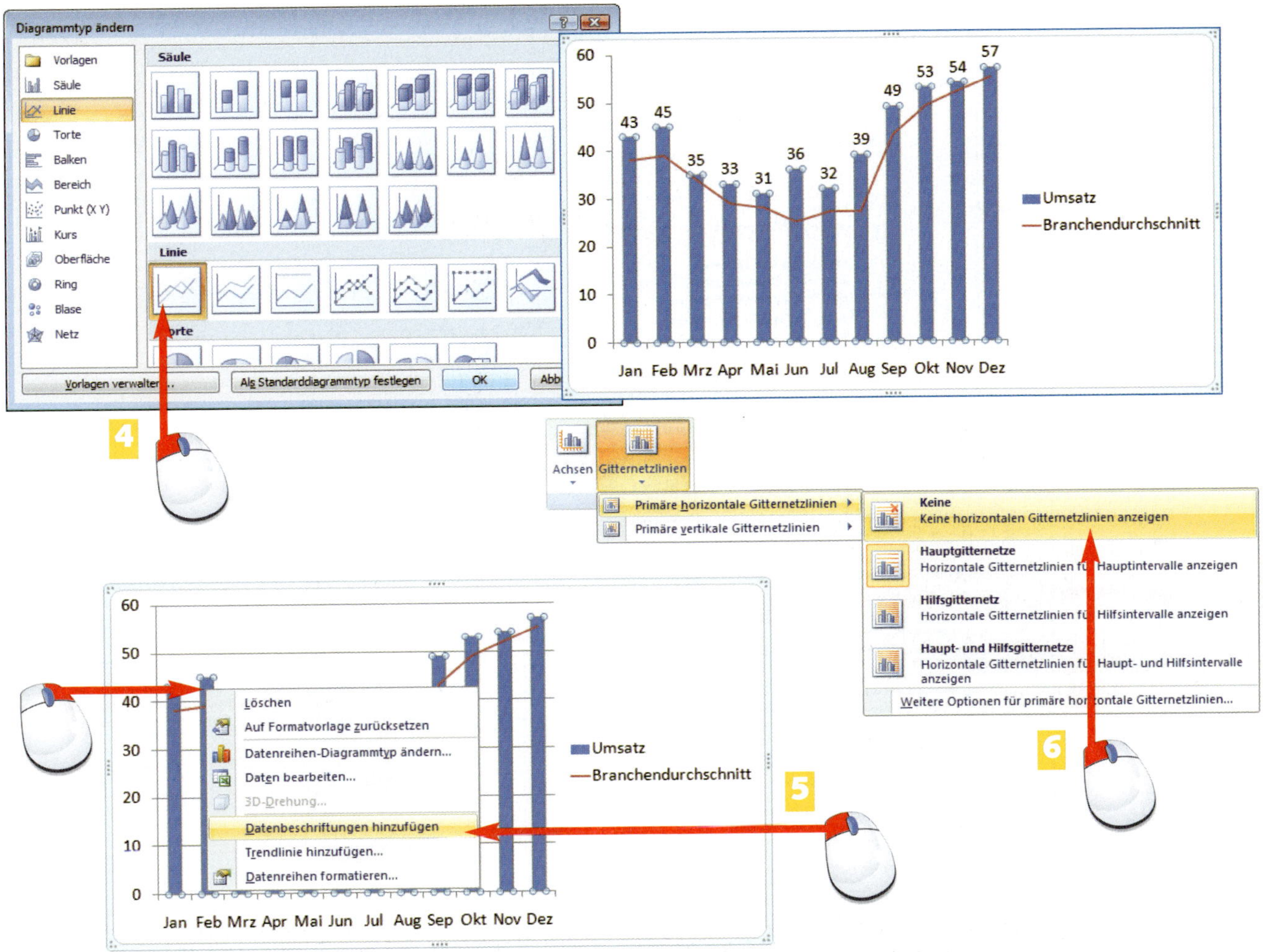

4 Wählen Sie im Dialogfeld *Diagrammtyp ändern* den Typ *Linie*.

5 Um die Lesbarkeit des Diagramms zu verbessern, rufen Sie per Rechtsklick das Kontextmenü der Datenreihe *Umsatz* auf. Wählen Sie *Datenbeschriftungen hinzufügen*.

6 Blenden Sie über *Diagrammtools/Layout/Gitternetzlinien* die *Primären horizontalen Gitternetzlinien* aus, indem Sie die Einstellung *Keine* auswählen.

Um einen Trend abzubilden, genügt eine einfache Linie ohne Datenpunkte.

TIPP

Diagramme, in denen die Werte durch zwei verschiedene Diagrammtypen dargestellt werden, nennt man **Verbunddiagramme**.

FACHWORT

Verwenden Sie *Datenbeschriftungen* anstelle von *Gitternetz* und *Achse*, wenn im Diagramm genügend Platz für eine direkte Beschriftung der Daten zur Verfügung steht.

HINWEIS

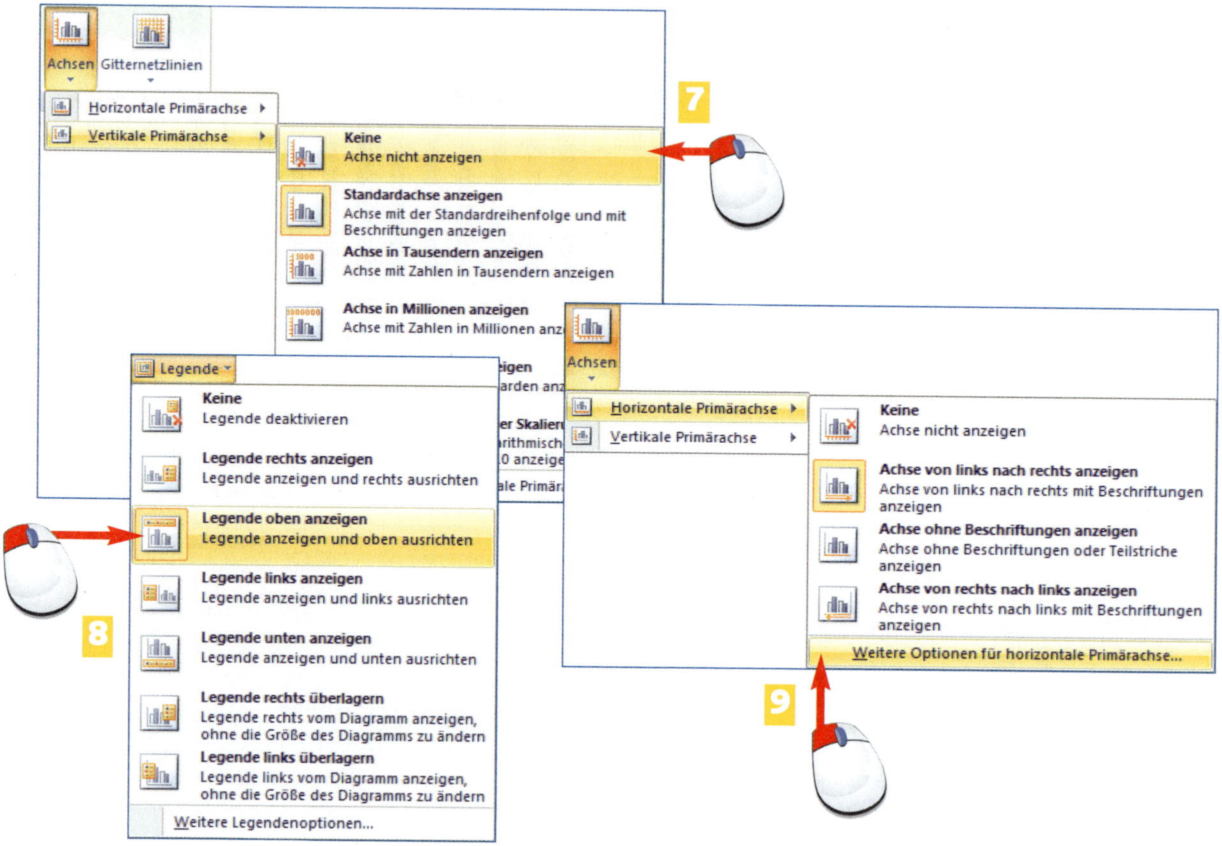

7 Deaktivieren Sie auch die Anzeige für *Vertikale Primärachse*, indem Sie ebenfalls die Einstellung *Keine* wählen.

8 Ordnen Sie die *Legende* wieder über dem Diagramm an.

9 Über Achsen/*Horizontale Primärachse* rufen Sie *Weitere Optionen für horizontale Primärachse* auf.

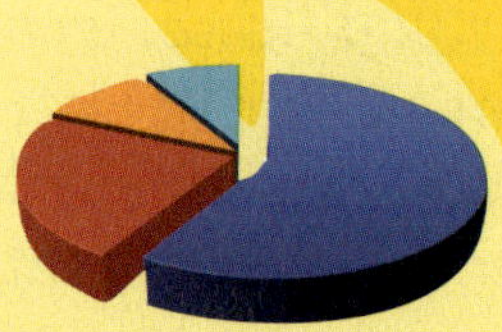

Beim Ausblenden einer Achse wird immer auch die Beschriftung der Achse ausgeblendet. Um lediglich Linie und Teilstriche einer Achse, nicht aber die Achsenbeschriftung auszublenden, kann die Linie ohne Farbe formatiert werden.

WISSEN

10 Blenden Sie die Linienfarbe und damit auch die Teilstriche aus.

11 Rufen Sie über das Kontextmenü der Datenreihe *Umsatz* das Dialogfeld *Datenreihen formatieren* auf. Reduzieren Sie die Abstandsbreite auf ca. 80%, um die Säulen zu verbreitern.

12 Markieren Sie die Linie im Diagramm. Erhöhen Sie unter *Linienart* im Dialogfeld *Datenreihen formatieren* die *Breite* der Linie auf *3 pt*. Schließen Sie dann das Dialogfeld.

Ende

Neben den Formatvorlagen der Registerkarte *Entwurf* können Sie die Elemente eines Diagramms auch einzeln mit Füll- und Formeffekten sowie Konturen formatieren.

HINWEIS

Dialogfelder zum Formatieren von Objekten können geöffnet bleiben, während Sie auf der Folie ein anderes Objekt markieren. Im Dialogfeld werden dann die Formatierungsoptionen des neuen Objekts angezeigt.

HINWEIS

7

Multimedial: Bilder, Sound & Video einsetzen

Start

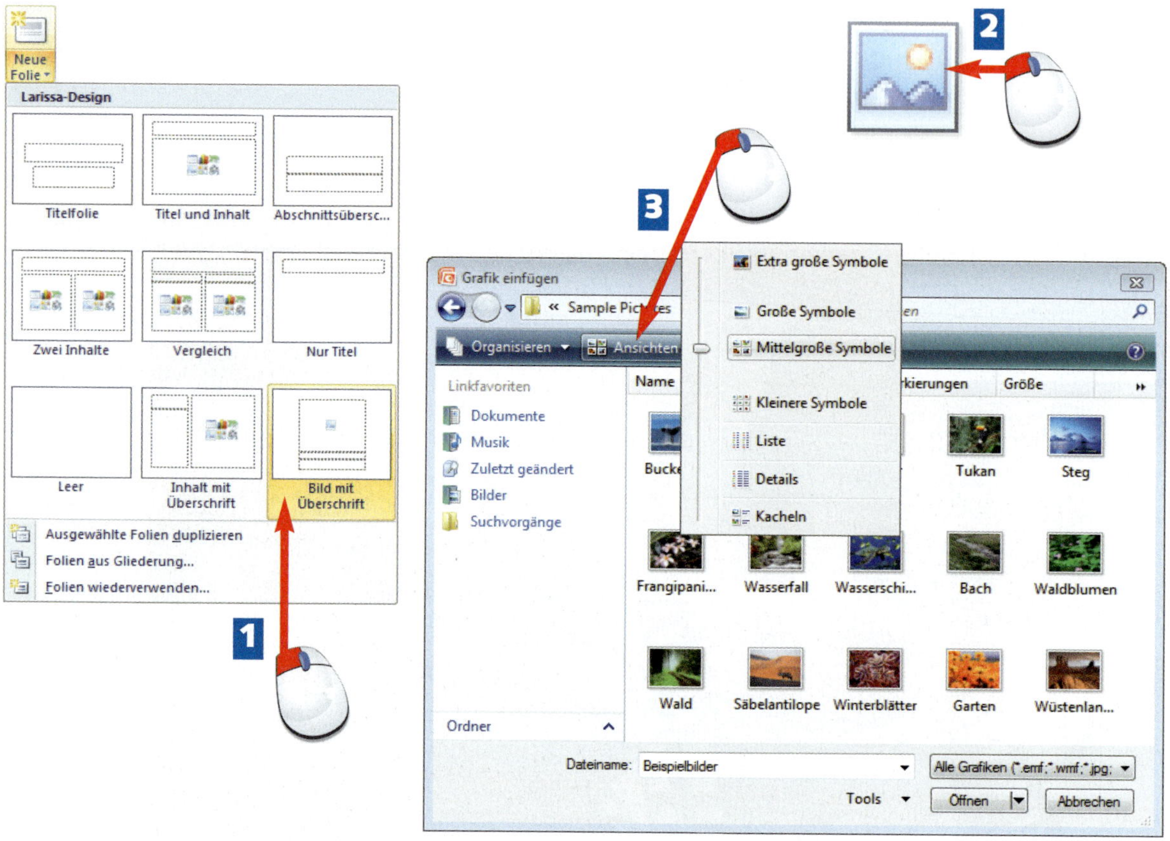

1 Erstellen Sie eine neue Folie entweder mit einem speziellen Bild-Layout oder mit dem Layout *Titel und Inhalt*.

2 Klicken Sie auf das Symbol *Grafik einfügen* im Platzhalter.

3 Wählen Sie im Dialogfeld *Grafik einfügen* unter *Ansichten* die Einstellung *Mittelgroße Symbole*, um Miniaturansichten Ihrer Bilder zu sehen.

Beim Einfügen in einen speziellen Platzhalter für Bilder wird das Bild an den Platzhalter angepasst und ist als Ausschnitt zu sehen, wenn das Seitenverhältnis von Bild und Platzhalter nicht übereinstimmt. Der Platzhalter *Inhalt* passt dagegen sein Seitenverhältnis an das des Bildes an. In beiden Fällen bestimmt der Platzhalter die Anordnung auf der Folie.

WISSEN

4 Markieren Sie das gesuchte Bild im Dialogfeld und klicken Sie auf *Einfügen*.

5 Die Alternative: Sie fügen das Bild unmittelbar in die Folie ein. Klicken Sie dazu in der Registerkarte *Einfügen* auf *Grafik* und suchen Sie das Bild im entsprechenden Ordner.

6 Anders als im Platzhalter auf Folie 1 wird das Bild auf Folie 2 entsprechend seiner tatsächlichen Größe angepasst und zentriert auf der Folie angeordnet.

Ende

FACHWORT

Seitenverhältnis: Das proportionale Verhältnis von Breite und Höhe eines Bildes bzw. eines Platzhalters.

TIPP

Verwenden Sie in PowerPoint nach Möglichkeit Bilder in den Formaten .JPG, .PNG oder .GIF. Diese Formate benötigen vergleichsweise wenig Speicherplatz und halten die Dateigröße der PowerPoint-Präsentation in einem angemessenen Rahmen.

Start

1

3

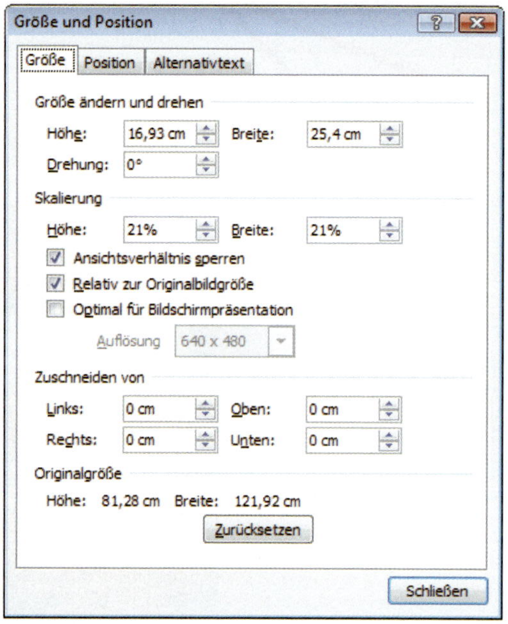

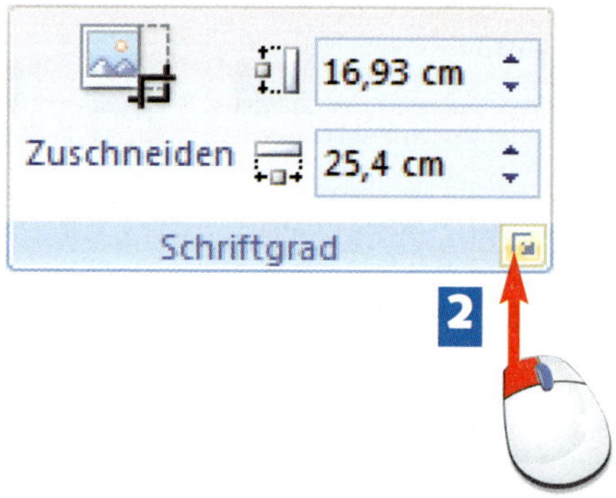

2

1 Mit dem Einfügen eines Bildes werden in der Multifunktionsleiste die *Bildtools* mit der Registerkarte *Format* angezeigt.

2 Klicken Sie in der Registerkarte *Format* auf den Pfeil der Befehlsgruppe *Schriftgrad*.

3 Prüfen Sie unter *Skalierung* in der Registerkarte *Größe* des Dialogfelds *Größe und Position*, in welcher Größe das Bild in PowerPoint eingefügt wurde.

Das Dialogfeld *Größe und Position* zeigt unter *Größe ändern und drehen* die angepassten Seitenmaße des Bilds in PowerPoint, unter *Originalgröße* die Größe, die das Bild vor dem Einfügen hatte. Beträgt die *Skalierung* weniger als 100%, kann das Bild ohne sichtbare Mängel in der Bildqualität auf maximal 100 % vergrößert werden.

WISSEN

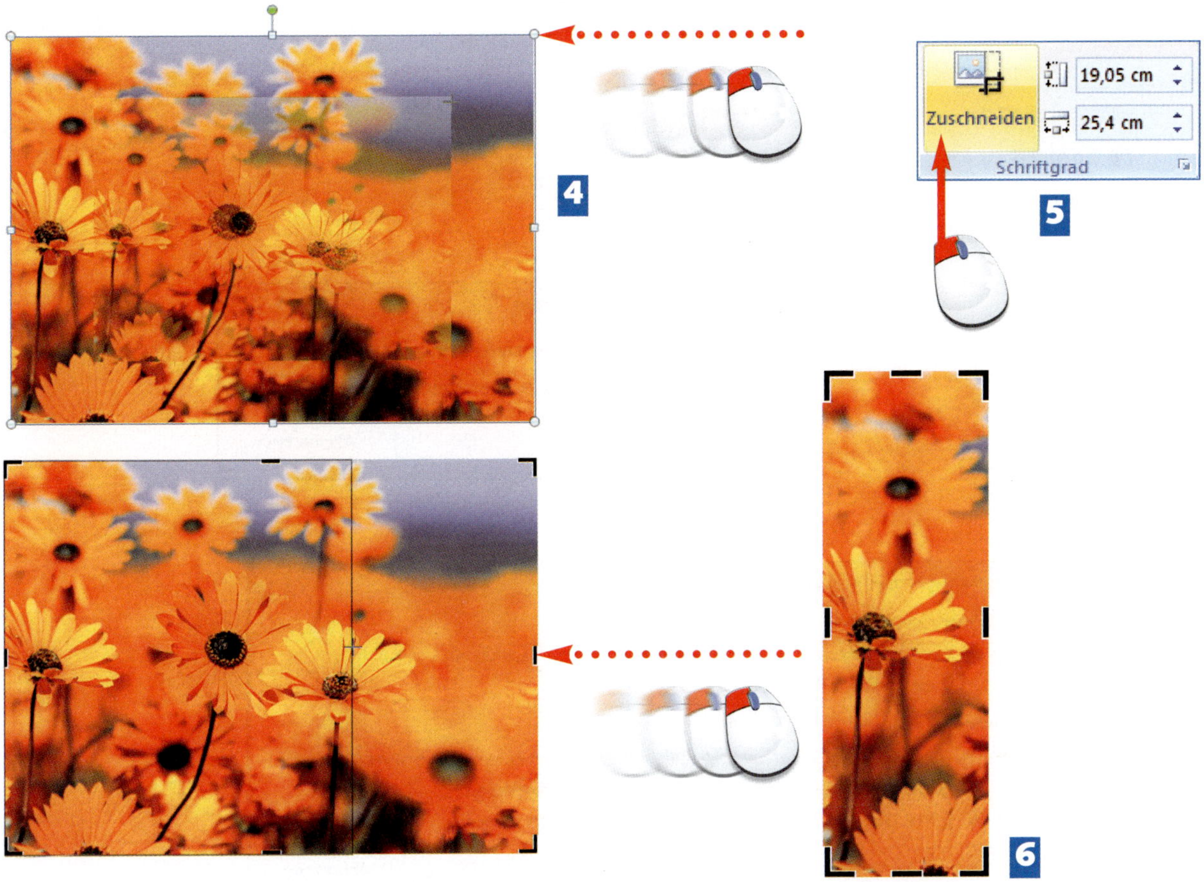

4 Um die Größe eines Bildes zu ändern, halten Sie die Strg + ⇧-Tasten gedrückt und ziehen einen der Eckmarkierungspunkte zum Verkleinern nach innen bzw. zum Vergrößern nach außen.

5 Um Bildbereiche zu entfernen, klicken Sie auf *Zuschneiden*. Die Markierungspunkte des Bildes werden daraufhin als Schnittkanten angezeigt.

6 Entfernen Sie nicht benötigte Bildbereiche, indem Sie eine Schnittkante nach der anderen nach innen ziehen.

Ende

Beim Zuschneiden werden die zugeschnittenen Bildteile zunächst nur ausgeblendet und nicht gelöscht.

HINWEIS

Um zugeschnittene Bildbereiche wieder einzublenden, klicken Sie nochmals auf *Zuschneiden* und verschieben die Schnittkanten wieder nach außen.

TIPP

Durch das Drücken von Strg + ⇧ beim Ziehen an einem Eckmarkierungspunkt wird die Größe des Bildes gleichmäßig aus der Mitte heraus verändert. Das Bildseitenverhältnis bleibt erhalten.

HINWEIS

Start

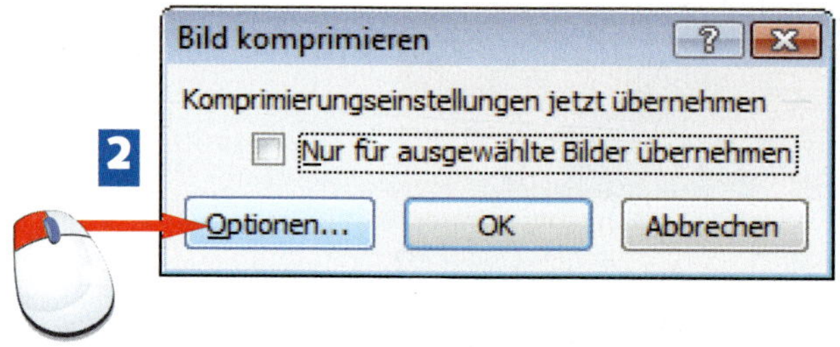

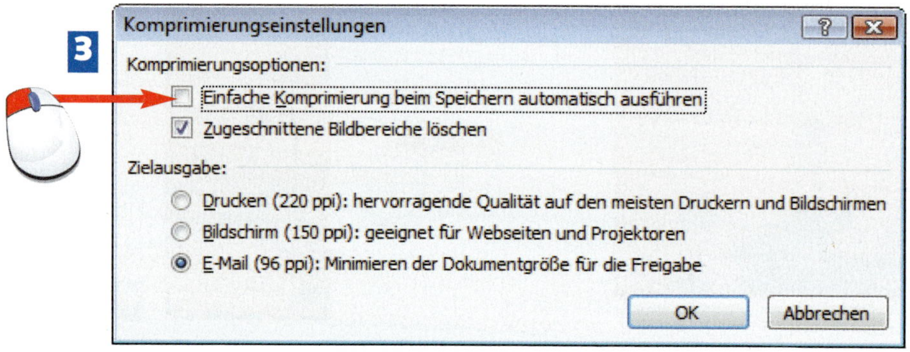

1 Klicken Sie in der Befehlsgruppe *Anpassen* der Bildtools auf die Schaltfläche *Bilder komprimieren*.

2 Klicken Sie auf *Optionen*, um die Einstellungen für die Komprimierung anzupassen.

3 Deaktivieren Sie *Einfache Komprimierung beim Speichern automatisch ausführen*.

Zu große Bilder sind die häufigste Ursache dafür, dass PowerPoint-Dateien zu groß werden und Probleme beim Versand per E-Mail oder beim Öffnen und der Wiedergabe als Bildschirmpräsentation bereiten. Mehrfaches oder zu starkes Komprimieren kann andererseits zu einem sichtbaren Qualitätsverlust führen.

WISSEN

4

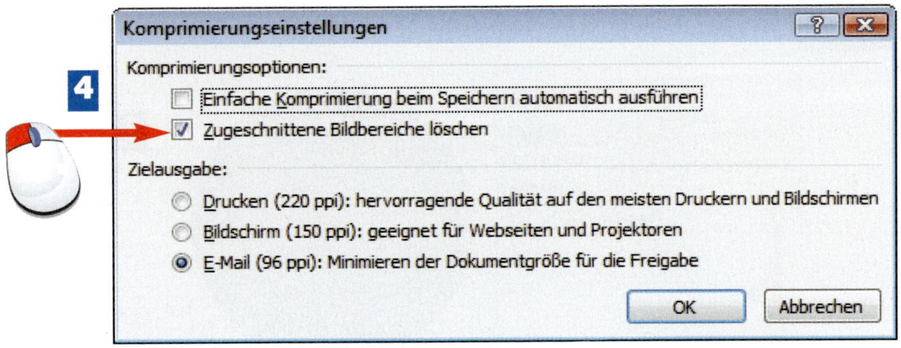

5

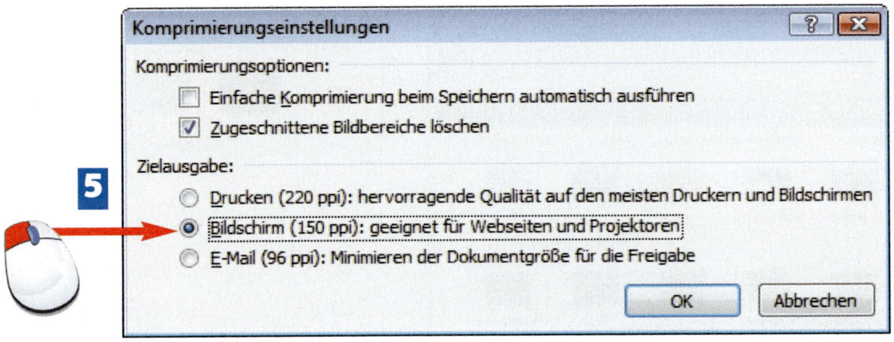

6

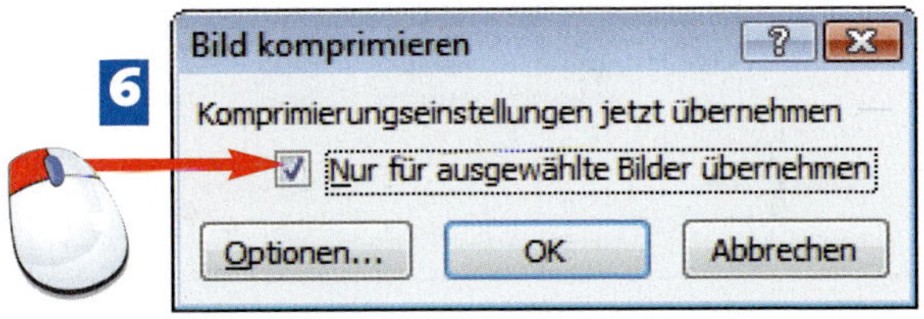

4 Setzen Sie ein Häkchen vor *Zugeschnittene Bildbereiche löschen*, wenn Sie das Bild zugeschnitten haben und die zugeschnittenen Bereiche nicht mehr benötigen.

5 Wählen Sie unter Zielausgabe *Bildschirm (150 ppi)*.

6 Setzen Sie im Dialogfeld *Bild komprimieren* ein Häkchen vor *Nur für ausgewählte Bilder übernehmen*, wenn Sie nur das aktuelle Bild und nicht alle Bilder der Präsentation komprimieren möchten.

Ende

TIPP

Komprimieren Sie Bilder einzeln und überprüfen Sie anschließend die Bildqualität, statt die Komprimierung beim Speichern automatisch durchzuführen.

FACHWORT

Bilder bestehen aus einzelnen Punkten (Pixeln). Beim **Komprimieren** wird ihre Zahl verringert. Gleichzeitig werden Farbinformationen zusammengefasst.

HINWEIS

Beim Verkleinern und Zuschneiden wird lediglich der sichtbare Teil eines Bildes verändert. Der Speicherbedarf eines Bilds wird erst beim Komprimieren reduziert.

Start

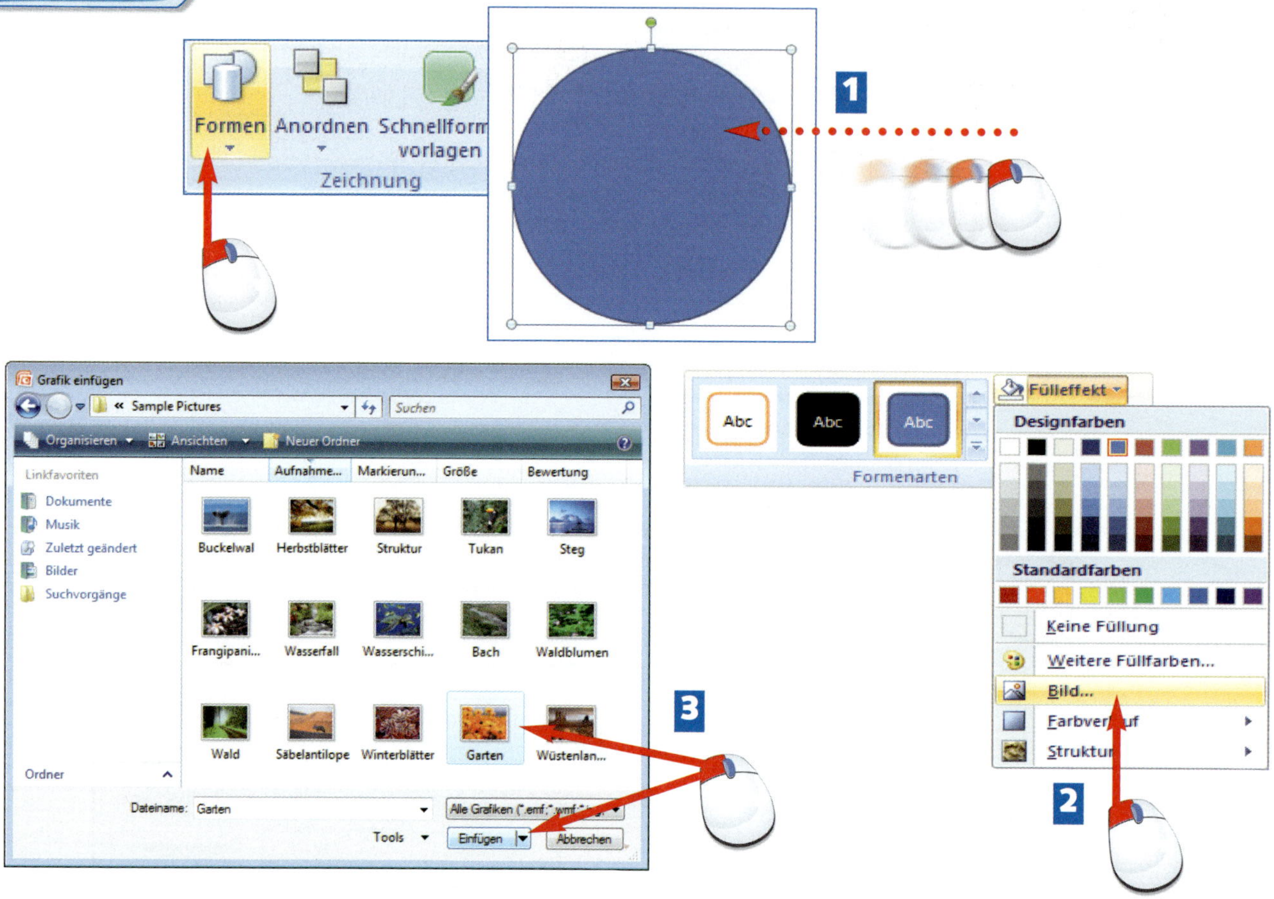

1 Wählen Sie im Register *Start* in den *Formen* die *Ellipse* aus. Zeichnen Sie bei gedrückter ⇧-Taste einen Kreis auf die Folie.

2 Öffnen Sie in der Registerkarte *Format* der Zeichentools die *Fülleffekte* und klicken Sie auf *Bild*.

3 Wählen Sie im Dialogfeld *Grafik einfügen* ein Bild als Fülleffekt für den Kreis aus.

Sobald eine Form ein Bild als Fülleffekt verwendet, zeigt die Multifunktionsleiste neben der Registerkarte *Format* der *Zeichentools* auch die Registerkarte *Format* der *Bildtools*. Die Befehle zum Anpassen von Helligkeit, Kontrast und Farbe der Bildtools stehen auch für Bilder zur Verfügung, die als *Fülleffekt* in eine *Form* eingefügt wurden.

WISSEN

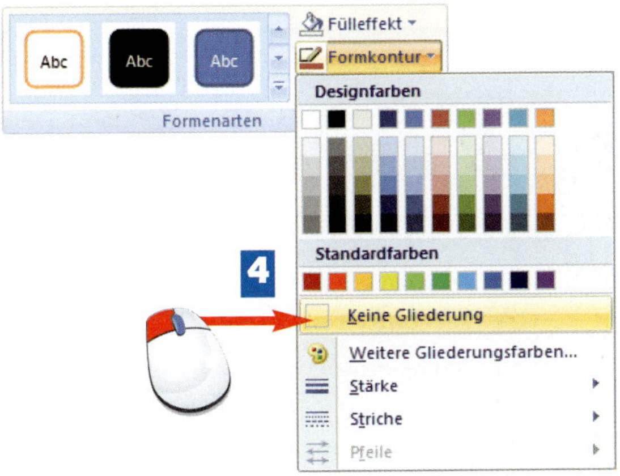

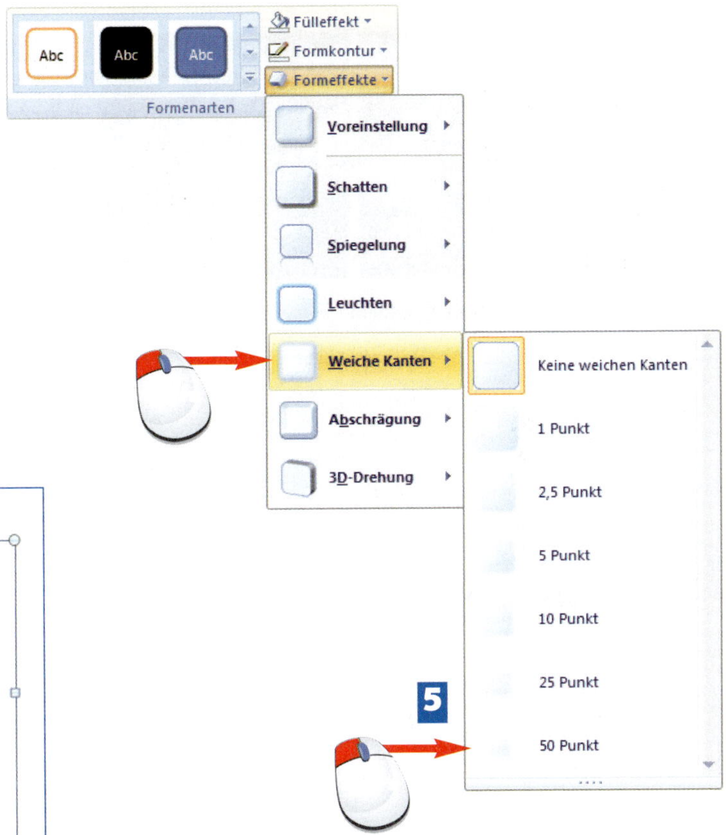

4 Entfernen Sie die Linie des Kreises, indem Sie auf die Schaltfläche *Formkontur* klicken und *Keine Gliederung* wählen.

5 Klicken Sie auf die Schaltfläche *Formeffekte* und zeigen Sie mit der Maus auf *Weiche Kanten*.

6 Wählen Sie eine der Voreinstellungen für die Breite des weichen Rands aus. Der optimale Wert hängt von der Größe des Bildes ab. Das Beispiel verwendet die Einstellung *50 Punkt*.

Ende

TIPP

Durch Drücken der ⇧-Taste entsteht beim Zeichnen einer *Ellipse* automatisch ein Kreis.

FACHWORT

Weiche Kanten: Der Rand eines Bildes wird mit zunehmender Transparenz ausgeblendet.

HINWEIS

Ein breiter weicher Rand kann ein sehr kleines Bild vollständig ausblenden.

Bilder in Formen richtig anzeigen

Start

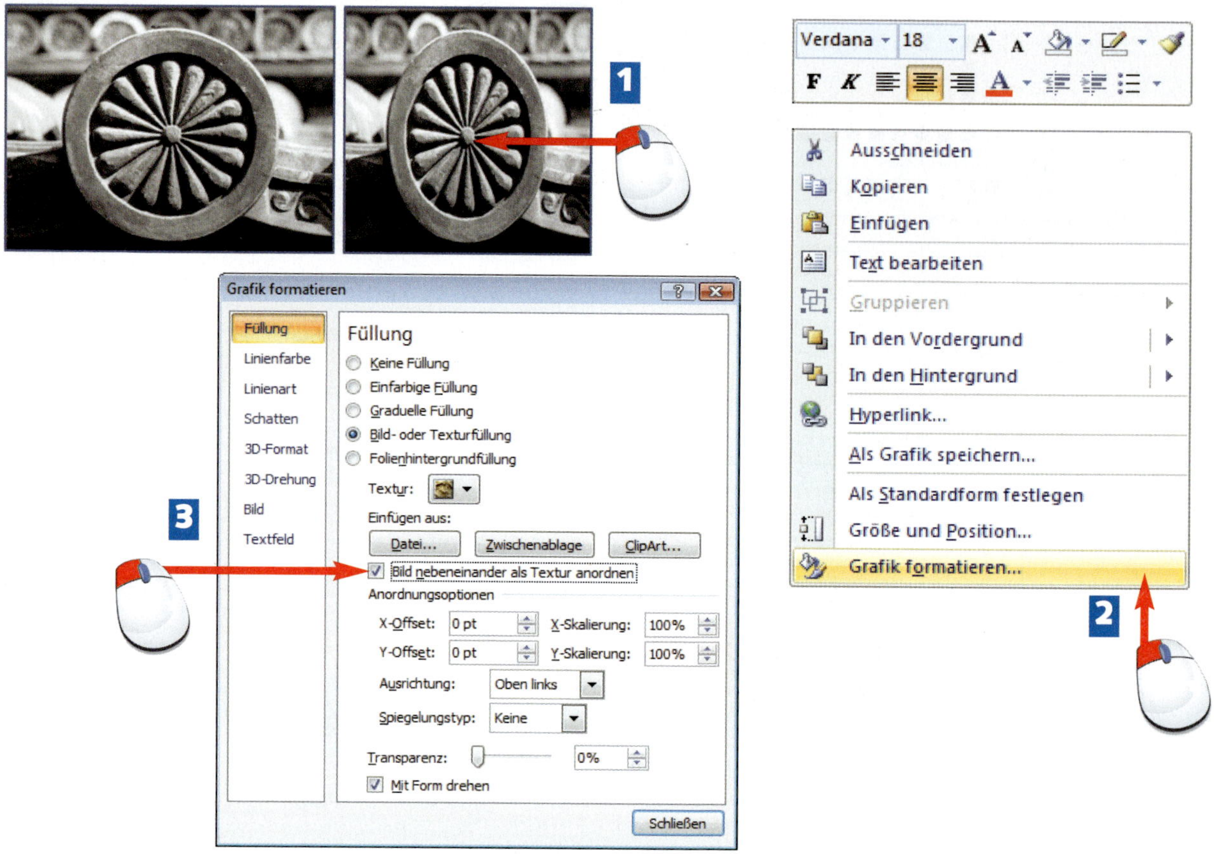

1 Als *Fülleffekt* in einer Form werden Bilder zunächst ohne Rücksicht auf das Bildseitenverhältnis vollständig in der Form angezeigt und dabei häufig verzerrt. Rufen Sie in diesem Fall das Kontextmenü der Form auf.

2 Wählen Sie den Befehl *Grafik formatieren*.

3 Aktivieren Sie unter *Füllung* im Dialogfeld *Grafik formatieren* die Option *Bild nebeneinander als Textur anordnen*.

Sobald Sie die Texturoption aktiviert haben, verändert sich der Inhalt des Dialogfelds. Aus *Dehnungsoptionen* werden *Anordnungsoptionen*. Ist das Bild größer als die Form, wird nur ein Ausschnitt gezeigt. Ist es dagegen kleiner oder wird es per Skalierung verkleinert, entstehen Bildkacheln, die mehrfach neben- und untereinander angeordnet sind.

WISSEN

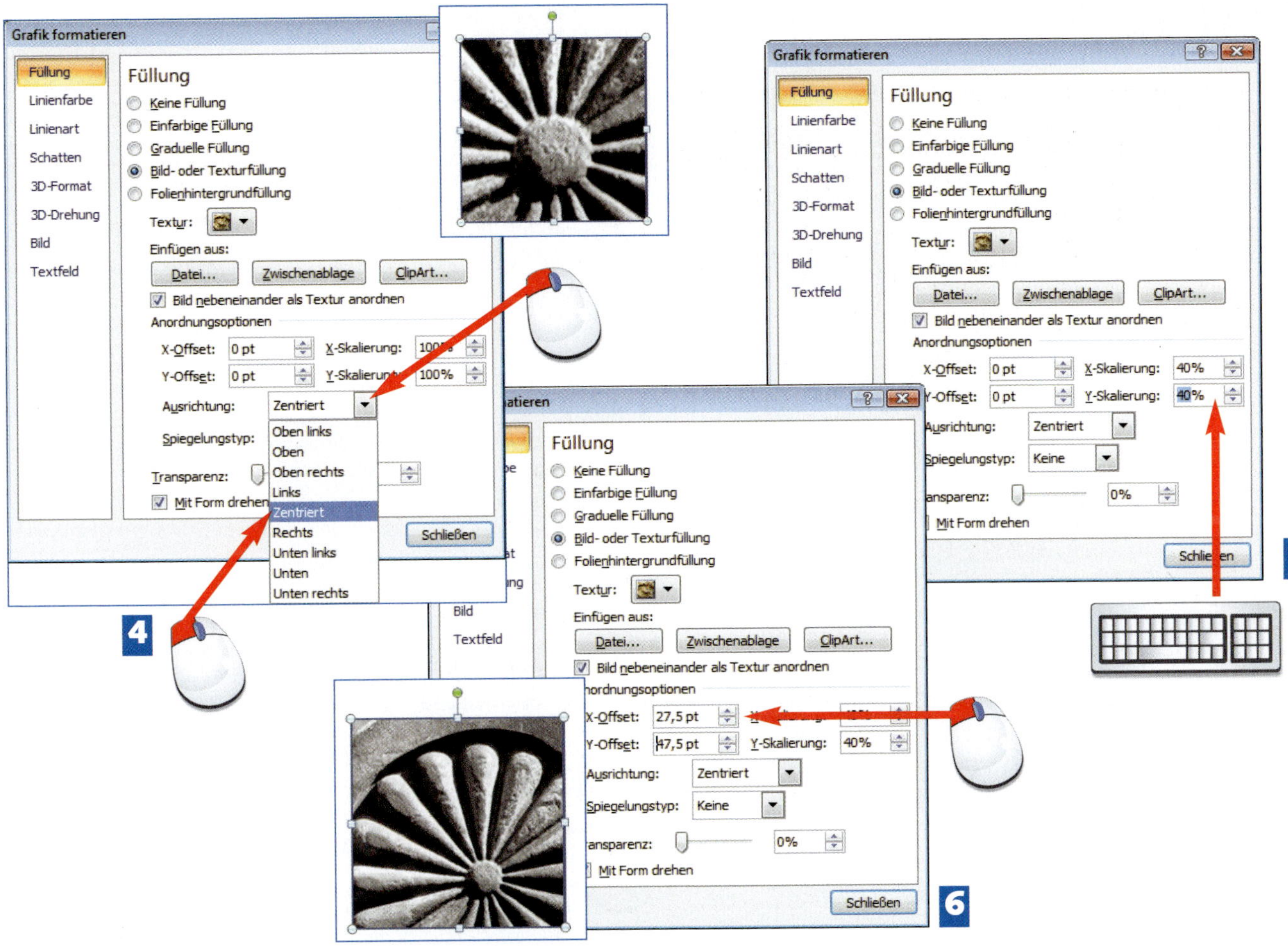

4 Bestimmen Sie unter *Ausrichtung* die grobe Anordnung des Bilds in der Form, indem Sie den Bildbereich auswählen, der in der Form angezeigt wird.

5 Legen Sie über *Skalierung* fest, wie groß das Bild in der Form gezeigt wird. Ist der sichtbare Ausschnitt zu klein, reduzieren Sie den Wert.

6 Richten Sie mit den *Offset-Einstellungen* das Bild exakt aus. Per *X-Offset* verschieben Sie den sichtbaren Bildausschnitt von links nach rechts, per *Y-Offset* von oben nach unten.

Ende

HINWEIS

Der Einsatz von Bildern in *Formen* hat den Vorteil, dass sich über die Größe der *Form* exakt die Größe des Bildausschnitts bestimmen lässt.

TIPP

Verwenden Sie für *X-Skalierung* und *Y-Skalierung* den gleichen Wert. Andernfalls wird das Bild wieder verzerrt.

HINWEIS

Die Einstellungen im Dialogfeld *Grafik formatieren* werden sofort auf die Folie übernommen und können nur mit *Rückgängig* in der Schnellzugriffsleiste zurückgenommen werden.

Die Farbstimmung von Bildern anpassen

Start

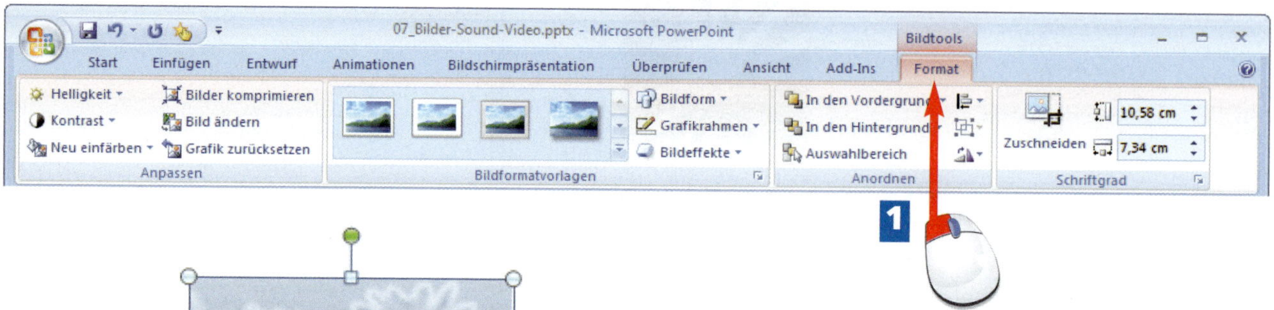

3

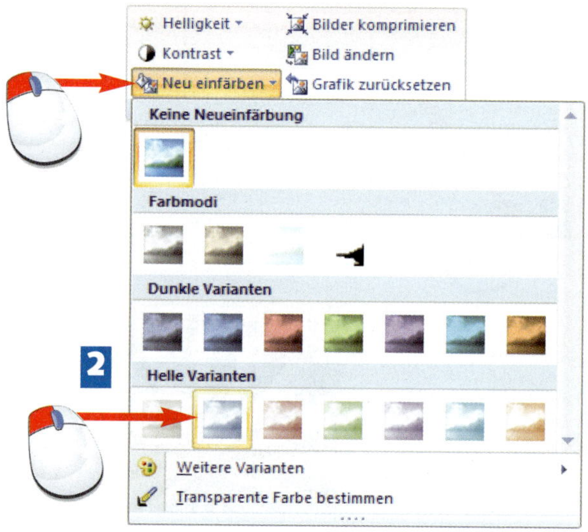

1 Markieren Sie Ihr Bild, indem Sie es auf der Folie anklicken, und rufen Sie die Registerkarte *Format* der Bildtools auf.

2 Klicken Sie in der Befehlsgruppe *Anpassen* auf *Neu einfärben*.

3 Zeigen Sie mit der Maus auf eine der Varianten und überprüfen Sie Ihre Auswahl anhand der Live-Vorschau. Klicken Sie auf eine der Farbvarianten, um die Einstellung auf das Bild zu übernehmen.

Das Einfärben von Bildern ist eine schnelle und einfache Lösung, wenn zum Beispiel die Mitglieder eines Teams vorgestellt werden sollen und keine einheitlichen Bilder verfügbar sind. Beim Einfärben werden die unterschiedlichen Farbstimmungen einzelner Bilder ausgeglichen.

WISSEN

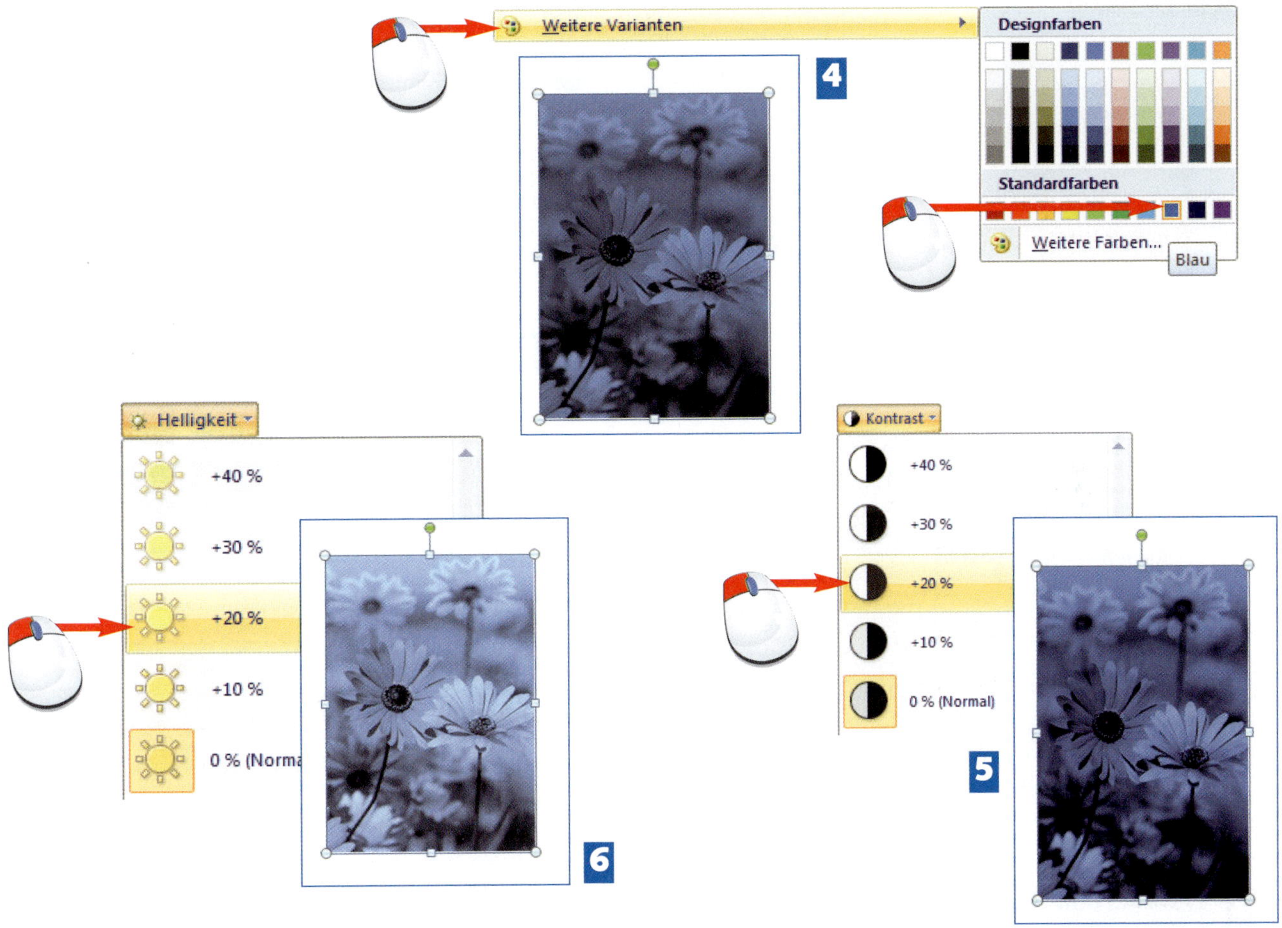

4 Klicken Sie auf *Weitere Varianten*, um andere Farbeinstellungen für das Färben Ihres Bildes auszuwählen.

5 Optimieren Sie falls notwendig den *Kontrast* …

6 … und die *Helligkeit* der Bildfarben.

Ende

Stellen Sie die Originalfarben des Bildes über *Rückgängig* in der Schnellzugriffsleiste wieder her, um alle Farbänderungen zurückzunehmen.

TIPP

Mit dem Befehl *Grafik zurücksetzen* werden nicht nur Farbe, Helligkeit und Kontrast zurückgesetzt, sondern auch Position und Größe des Bilds.

HINWEIS

Start

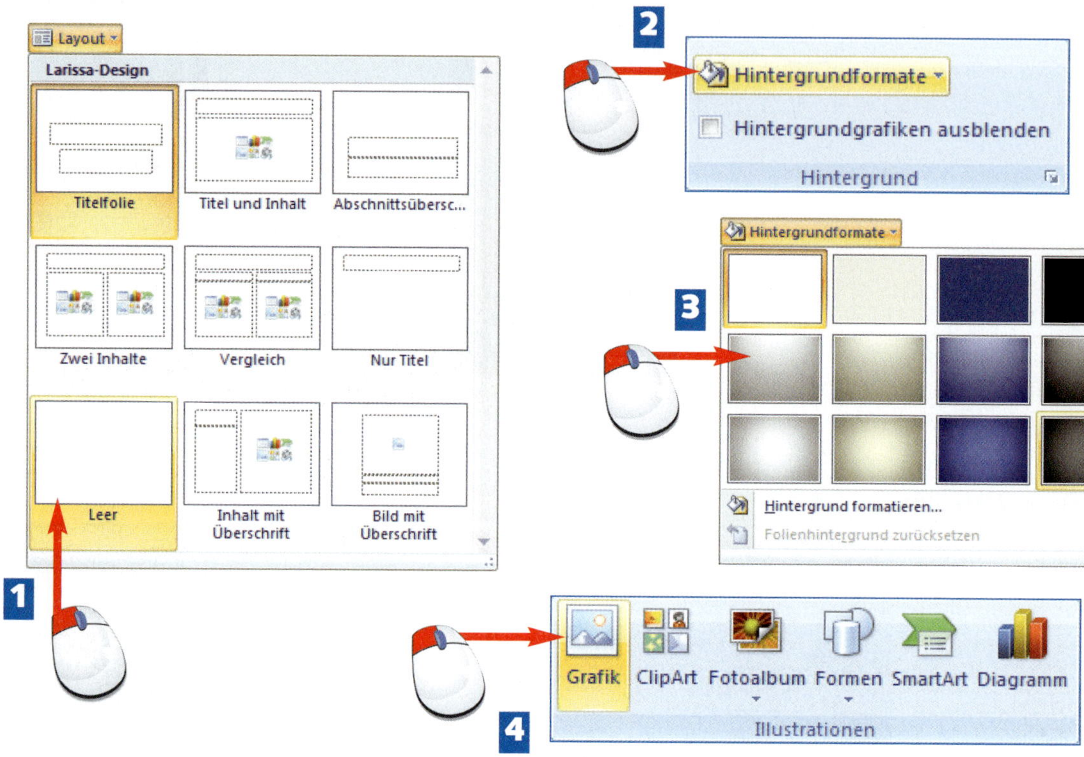

1. Erstellen Sie eine neue Präsentation und ändern Sie das Layout der Folie über *Start/Layout* in *Leer*.
2. Klicken Sie in der Registerkarte *Entwurf* auf *Hintergrundformate*.
3. Wählen Sie eines der voreingestellten *Hintergrundformate* aus.
4. Fügen Sie über *Einfügen/Grafik* ein Bild auf der Folie ein.

Bildformen orientieren sich am Verhältnis von Breite zu Höhe des Bildes. Das Positionieren des Bilds über *Anordnungsoptionen* ist in Bildformen nicht möglich.

WISSEN

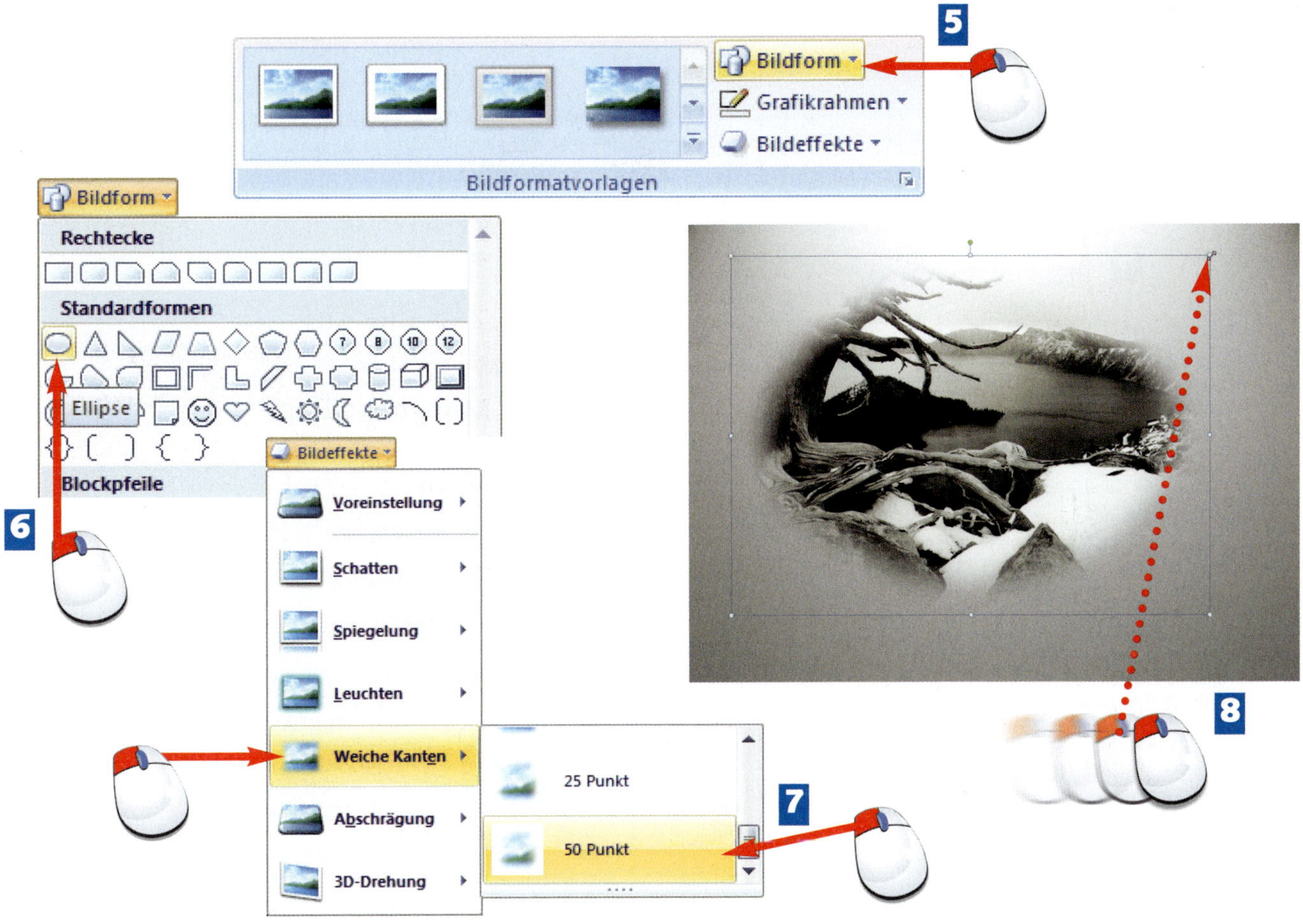

5 Klicken Sie in der Registerkarte *Format* der Bildtools auf die Schaltfläche *Bildform*.

6 Weisen Sie Ihrem Bild die Bildform *Ellipse* aus den Standardformen zu.

7 Blenden Sie mit dem Bildeffekt *Weiche Kanten* den Rand Ihres Bilds in den Hintergrund aus.

8 Verkleinern Sie Ihr Bild bei Bedarf, indem Sie mit gedrückter [Strg] + [⇧]-Taste an einem Eckpunkt ziehen und ordnen Sie das Bild dann neu auf der Folie an.

HINWEIS

Die *Integrierten Designs* enthalten unterschiedliche Formatvorlagen für *Hintergrundformate*.

HINWEIS

Die voreingestellten *Hintergrundformate* werden allen Folien der Präsentation zugewiesen.

TIPP

Die Hintergrundgrafiken eines Designs blenden Sie auf einzelnen Folien aus, indem Sie in der Befehlsgruppe *Hintergrund* das Kontrollkästchen *Hintergrundgrafiken ausblenden* aktivieren.

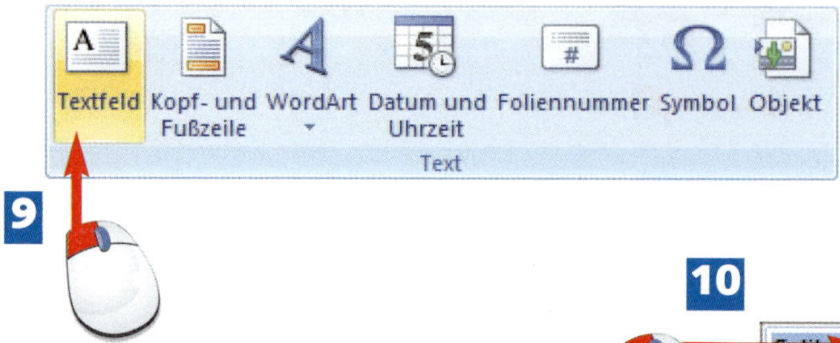

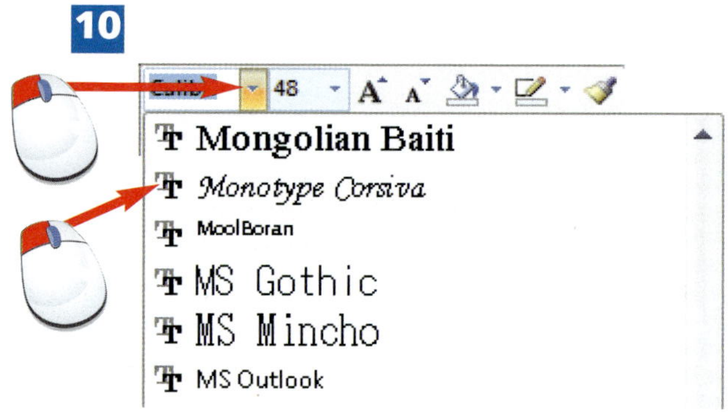

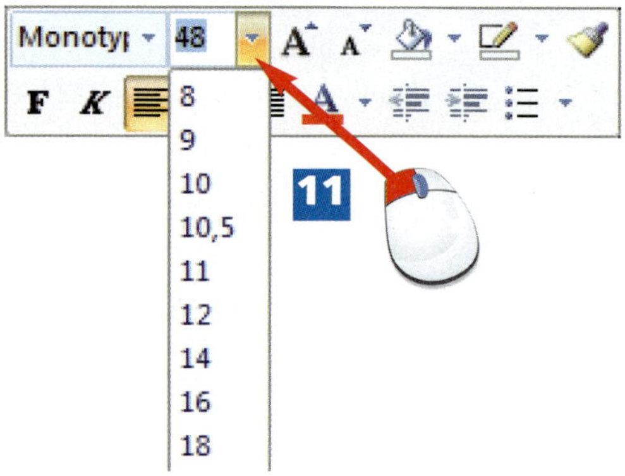

9 Fügen Sie mithilfe eines *Textfelds* eine Überschrift zu Ihrem Bild ein.

10 Rufen Sie per Klick mit der rechten Maustaste die Minisymbolleiste zum Textfeld auf und wählen Sie als Schriftart beispielsweise *Monotype Corsiva*.

11 Formatieren Sie Ihren Text in plakativer Größe. Die optimale Schriftgröße hängt von der Menge des Textes und der gewählten Schrift ab.

WordArt und *Texteffekte* sind nicht auf Textfelder begrenzt. Auch der Text in Platzhaltern und Formen kann mit *WordArt* formatiert werden.

WISSEN

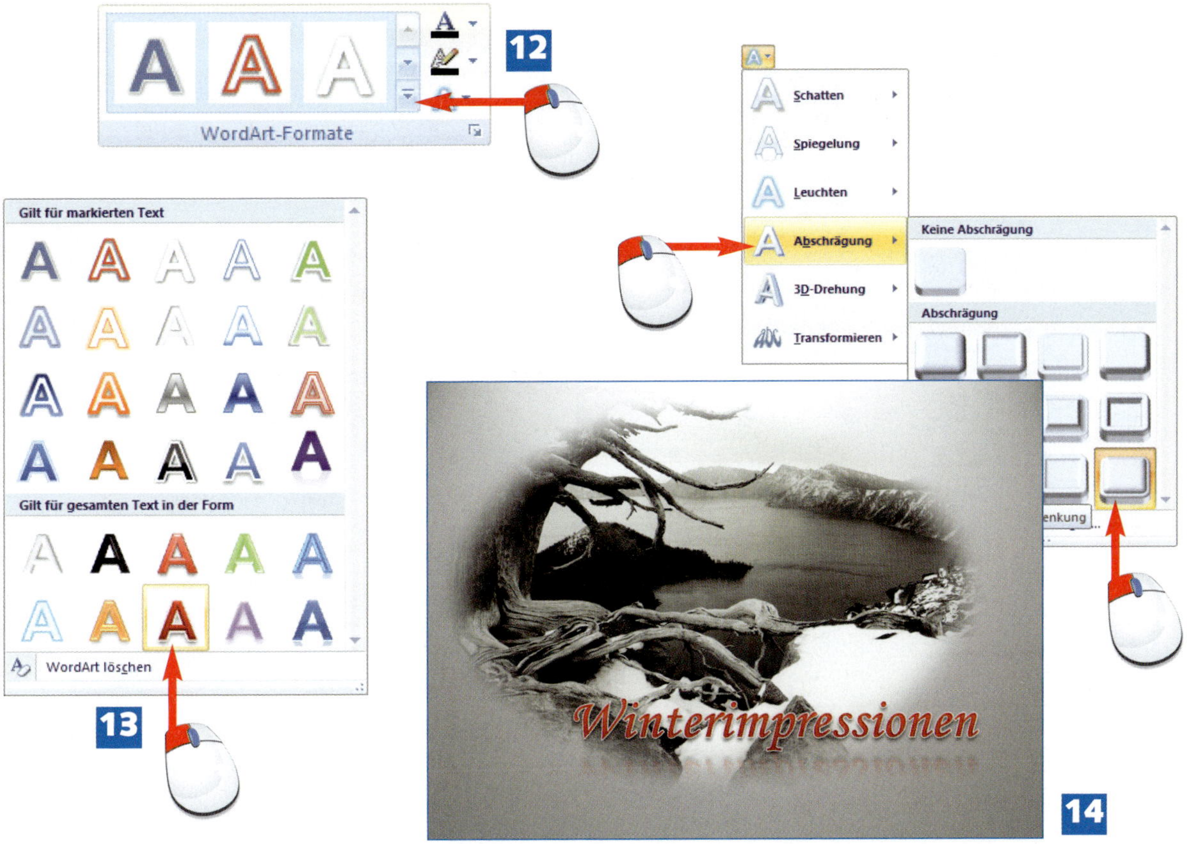

12 Öffnen Sie bei markiertem Textfeld die Grafikformate für WordArt in der Registerkarte *Format* der Zeichentools.

13 Zeigen Sie mit der Maus auf eine der Miniaturansichten, um Ihren Text in der Live-Vorschau mit diesem Grafikformat zu sehen. Klicken Sie auf das gewünschte Grafikformat, um es dem Text zuzuweisen.

14 Wählen Sie in der Befehlsgruppe *WordArt-Formate* die Option *Effekte* und weisen Sie Ihrem Text nach Belieben eine der reliefartigen *Abschrägungsvarianten* zu oder wählen Sie unter *Spiegelung* eine der *Spiegelungsvarianten*.

Ende

TIPP

Gehen Sie in Business-Präsentationen äußerst sparsam mit Schmuckschriften und *WordArt* um.

FACHWORT

WordArt: In allen Office-Anwendungen stehen diese speziellen Füll- und Grafikeffekte für Text zur Auswahl.

HINWEIS

WordArt können Sie in Kombination mit passenden Bildmotiven auch einsetzen, um Ihre Präsentation in Abschnitte zu unterteilen.

Start

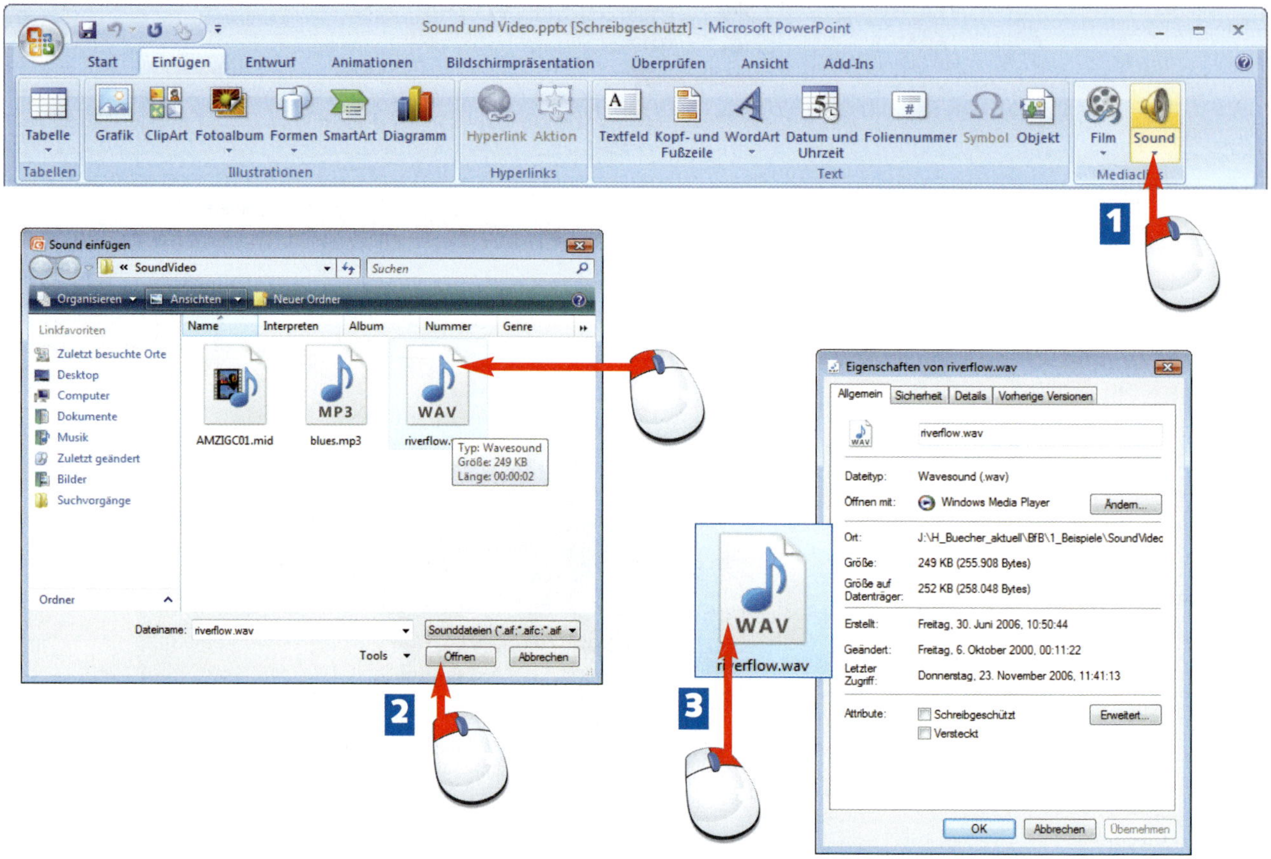

1 Klicken Sie in der Registerkarte *Einfügen* auf die Schaltfläche *Sound*.

2 Wählen Sie im Dialogfeld *Sound einfügen* die Sounddatei aus und klicken Sie auf *Öffnen*. Merken Sie sich die Größe der Sounddatei, die im Dialogfeld *Sound einfügen* angezeigt wird, sobald Sie mit der Maus auf die Datei zeigen.

3 Alternativ: Klicken Sie im *Explorer* mit der rechten Maustaste auf die Datei und wählen Sie *Eigenschaften*, um die Größe der Datei in Erfahrung zu bringen.

Nur WAV-Dateien bis 100 KB werden automatisch in der PowerPoint-Datei gespeichert. Größere Dateien werden verknüpft. Damit Sound problemlos auch auf anderen Rechnern wiedergegeben wird, speichern Sie zunächst Präsentation und Sound im gleichen Verzeichnis und fügen dann erst den Sound ein.

WISSEN

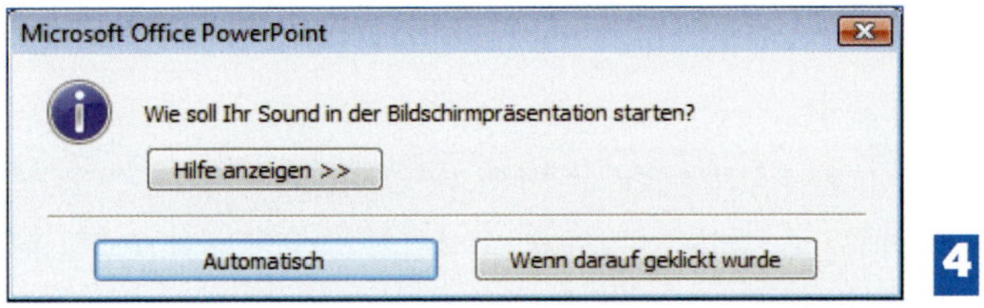

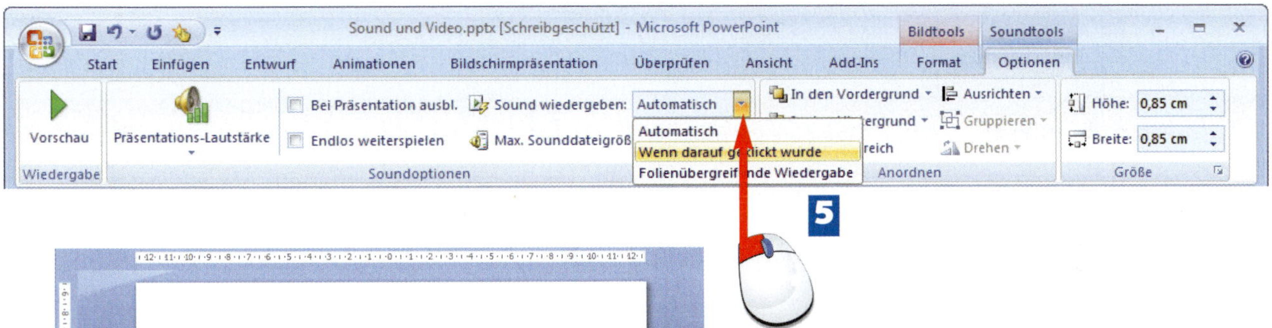

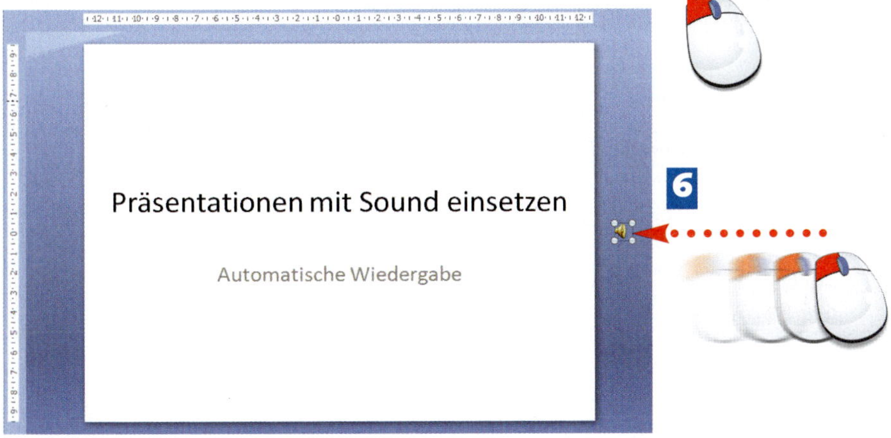

4 Entscheiden Sie, ob die Soundwiedergabe automatisch mit dem Aufruf der Folie oder erst per Mausklick gestartet werden soll.

5 In der Registerkarte *Optionen* der Soundtools, die immer dann angezeigt wird, wenn das Soundsymbol auf der Folie markiert ist, können Sie diese Einstellung nachträglich noch ändern.

6 Verschieben Sie bei automatischer Wiedergabe das Sound-Symbol in den grauen Bereich neben der Folie, wo es während der Präsentation nicht zu sehen ist.

Sound in Präsentationen ist als Hintergrundmusik zu unkommentierten Diashows oder als Pausenfüller sehr gut geeignet.

TIPP

Verknüpfen: In der PowerPoint-Datei wird beim Verknüpfen lediglich der Speicherort der Datei, nicht jedoch die Datei selbst gespeichert.

FACHWORT

Verknüpfte Dateien müssen beim Kopieren auf einen anderen Rechner manuell beigefügt werden.

HINWEIS

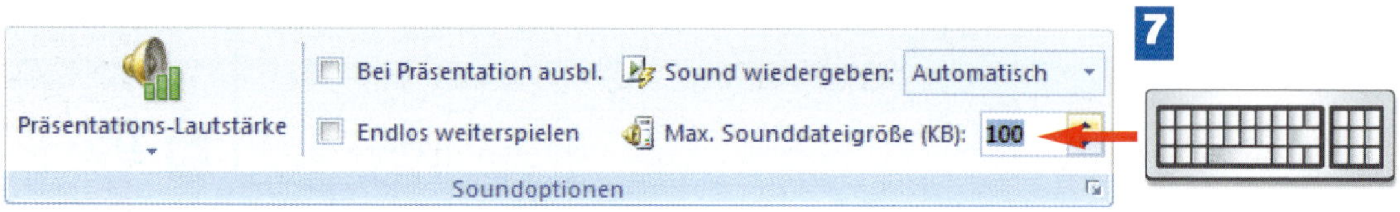

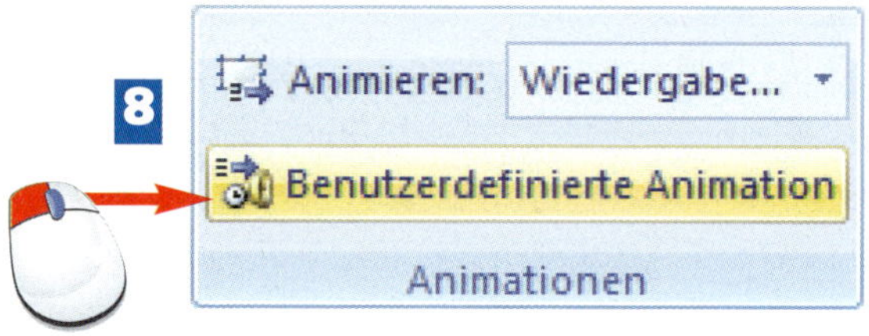

7 Bestimmen Sie über *Max. Sounddateigröße*, ab welcher Dateigröße WAV-Dateien lediglich verknüpft werden. Das Einbetten ist bis zu einer Dateigröße von maximal 50.000 KB möglich.

8 Wenn der Sound beim Klicken gestartet werden soll, nehmen Sie in der Registerkarte *Animation* über *Benutzerdefinierte Animation* weitere Einstellungen vor.

9 Doppelklicken Sie im Aufgabenbereich *Benutzerdefinierte Animation* am rechten Bildschirmrand auf den Eintrag mit Ihrer Sounddatei.

Wenn bei der Wiedergabe von Sound und Video Probleme auftreten, können fehlende Codecs die Ursache sein. Codecs sind eine Komponente des Betriebssystems. Welche Codecs auf einem Rechner vorhanden sind, hängt von der Version des Betriebssystems ab und davon, welche zusätzliche Software installiert ist.

WISSEN

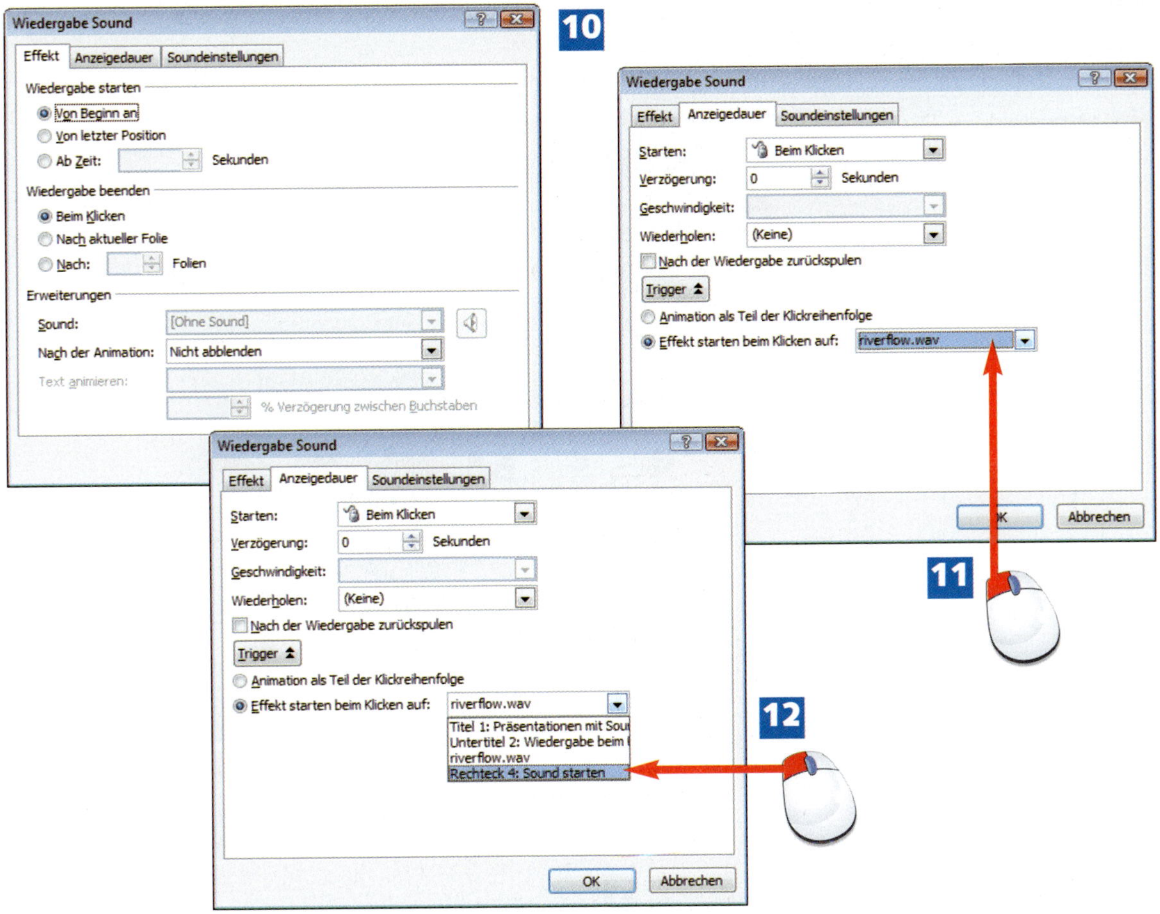

10 Entscheiden Sie in der Registerkarte *Effekt* unter Wiedergabe zunächst, wie lange der Sound abgespielt werden soll: Bis zum nächsten Klick, bis zum Ende der Folie oder über mehrere Folien hinweg.

11 Wechseln Sie dann in die Registerkarte *Anzeigedauer* und öffnen Sie die Liste neben *Effekt starten beim Klicken auf*.

12 Wählen Sie aus dieser Liste ein Objekt auf der Folie. In der Bildschirmpräsentation wird dann per Klick auf dieses Objekt die Soundwiedergabe gestartet.

Ende

Es ist immer ratsam, eine Präsentation zuvor auf dem Computer zu testen, auf dem sie dann vorgeführt werden soll.

TIPP

Codec: Software, mit der die Größe von Sound- und Videodateien beim Speichern komprimiert und bei der Wiedergabe dekomprimiert wird.

FACHWORT

Wenn Sie Sound und Video selbst produzieren und Präsentationen weitergeben möchten, speichern Sie Sounddateien im WAV-Format. Verwenden Sie für Videos Standardcodecs wie z. B. Cinepak.

TIPP

Start

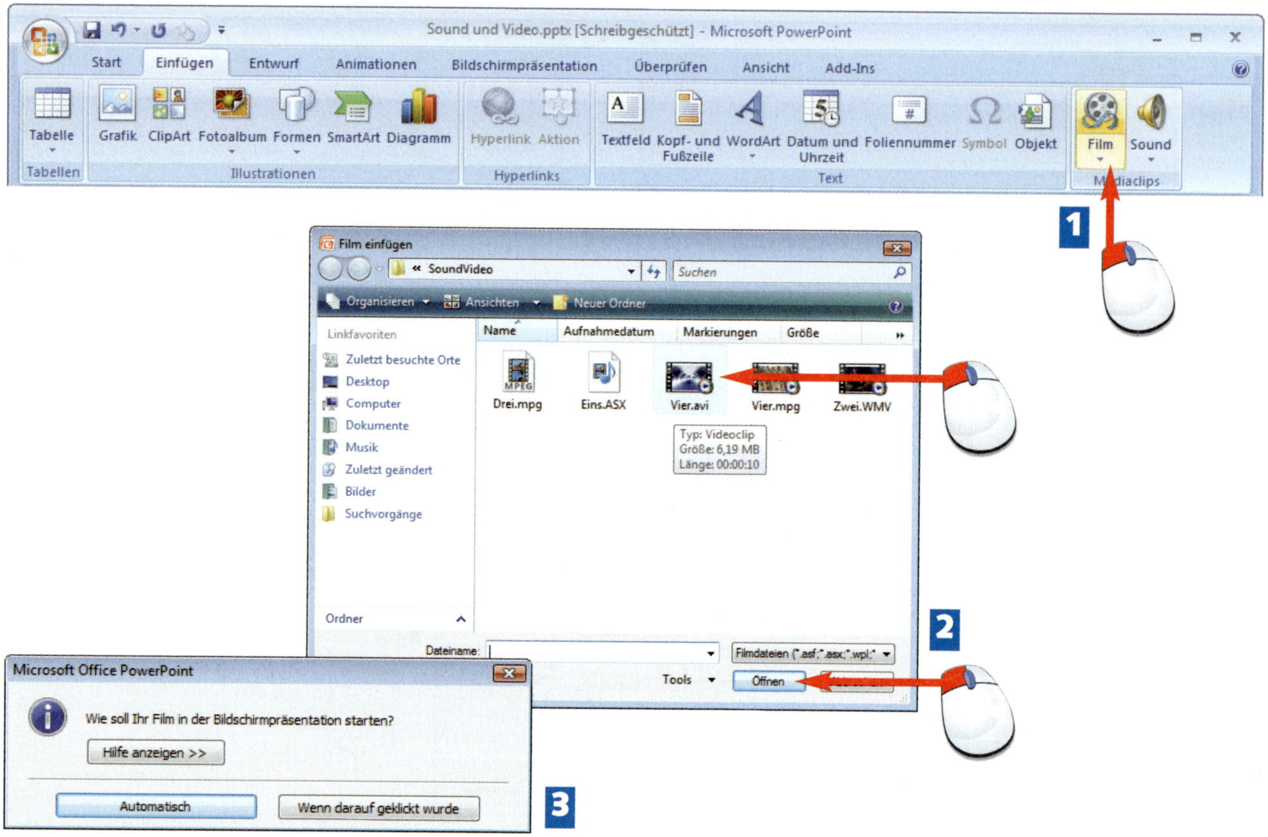

1 Klicken Sie in der Registerkarte *Einfügen* auf die Schaltfläche *Film*.

2 Wählen Sie im Dialogfeld *Film einfügen* Ihr Video aus.

3 Entscheiden Sie, ob das Video *automatisch* nach Aufruf der Folie gestartet werden soll oder erst *wenn darauf geklickt wurde*.

Anders als Sound werden Videos grundsätzlich verknüpft und nicht in der Präsentation gespeichert. Wenn Sie die Präsentation weitergeben möchten, müssen Präsentation und Film auf jeden Fall zuerst im gleichen Verzeichnis gespeichert werden. Erst dann kann der Film in die Präsentation eingefügt werden.

WISSEN

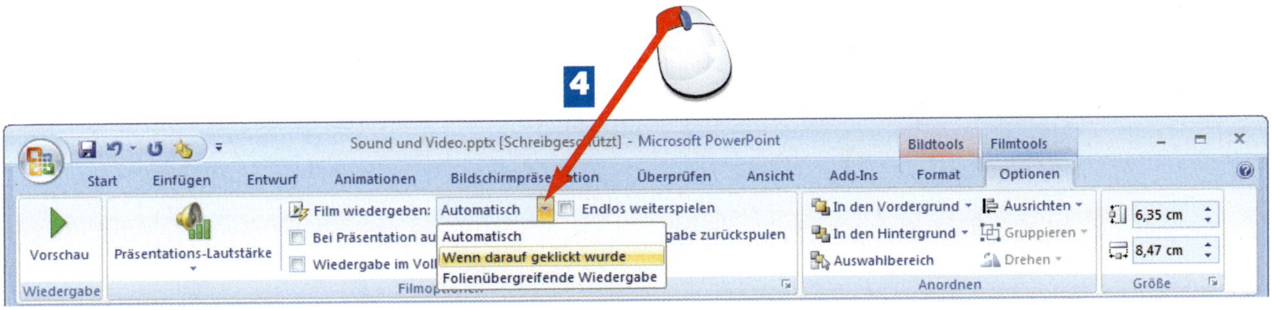

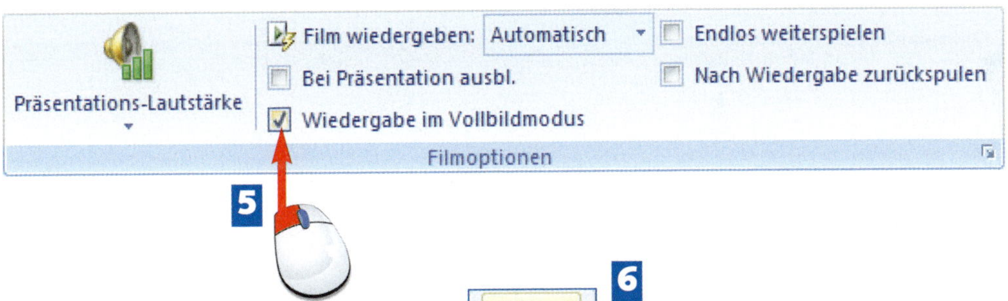

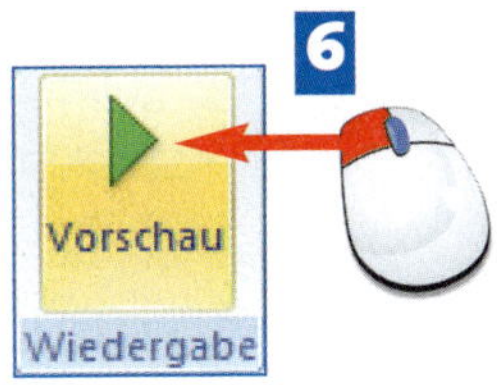

4 Ändern Sie bei Bedarf in den Optionen der *Filmtools* die Einstellung, wie der Film gestartet werden soll.

5 Wenn ein Film über eine ausreichende Auflösung verfügt, können Sie ihn auch im Vollbild über die ganze Folie wiedergeben.

6 Per Klick auf *Vorschau* wird der Film in der Normalansicht wiedergegeben.

Ende

Bei Filmen mit geringer Auflösung sind bei der *Wiedergabe im Vollbildmodus* die einzelnen Bildpixel zu sehen.

HINWEIS

Wenn Sie bei der Wiedergabe von Sound und Video Probleme haben, finden Sie hier weitere Informationen, Tipps und Tricks: www.ppt-faq.de/html/multimedia.html.

TIPP

8

Die Bildschirmpräsentation

Start

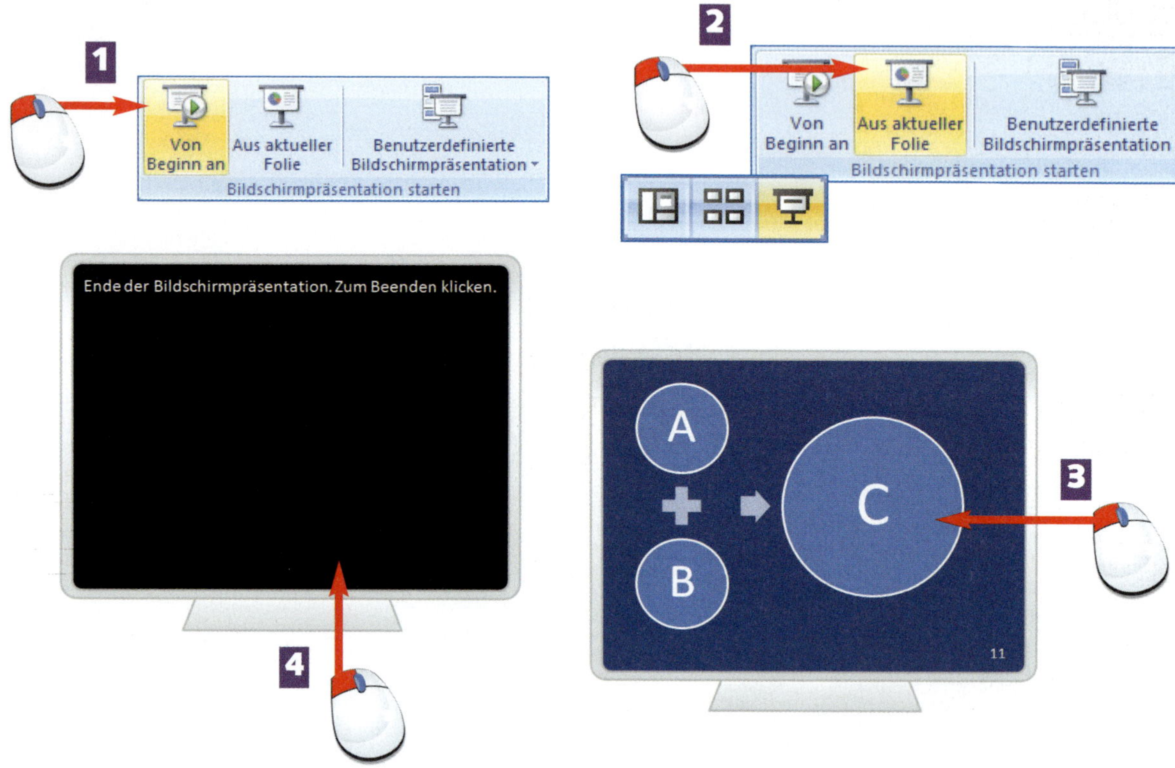

1 Klicken Sie in der Registerkarte *Bildschirmpräsentation* auf die Schaltfläche *Von Beginn an*, um Ihre Präsentation mit der ersten Folie zu starten.

2 Per Klick auf die Schaltfläche *Aus aktueller Folie* rufen Sie die Bildschirmpräsentation mit der aktuellen Folie auf. Diesen Befehl finden Sie auch in den Schaltflächen der Statusleiste.

3 Per Klick mit der linken Maustaste blenden Sie eine Folie nach der anderen ein.

4 Nach der letzten Folie wird der Bildschirm schwarz und der Hinweis *Ende der Bildschirmpräsentation. Zum Beenden klicken.* wird eingeblendet.

Die Bildschirmpräsentation kann schneller und einfacher per Tastatur gestartet werden: Mit F5 startet die Bildschirmpräsentation mit der ersten Folie. Mit ⇧ + F5 wird die Bildschirmpräsentation mit der aktuellen Folie gestartet.

WISSEN

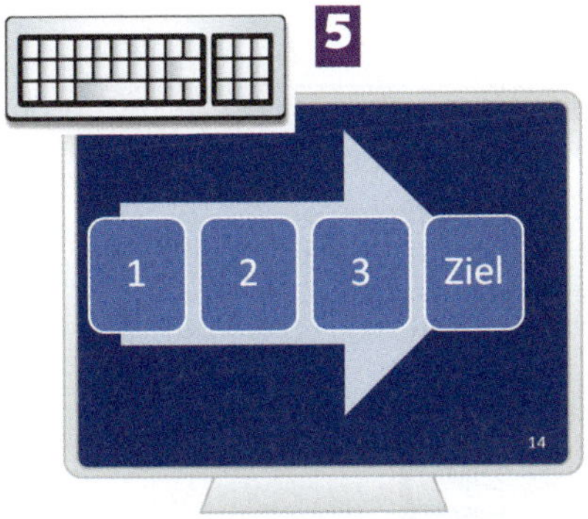

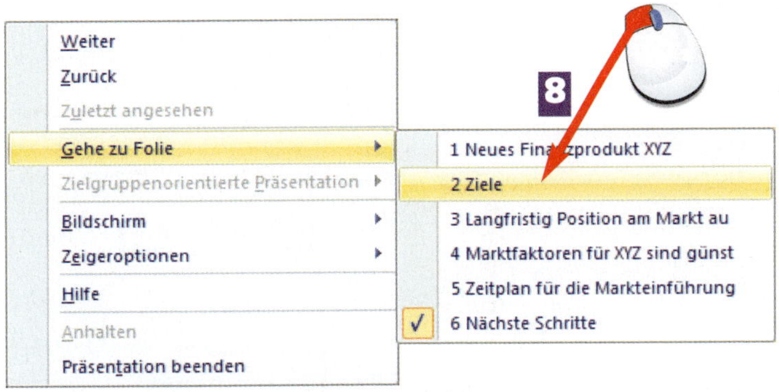

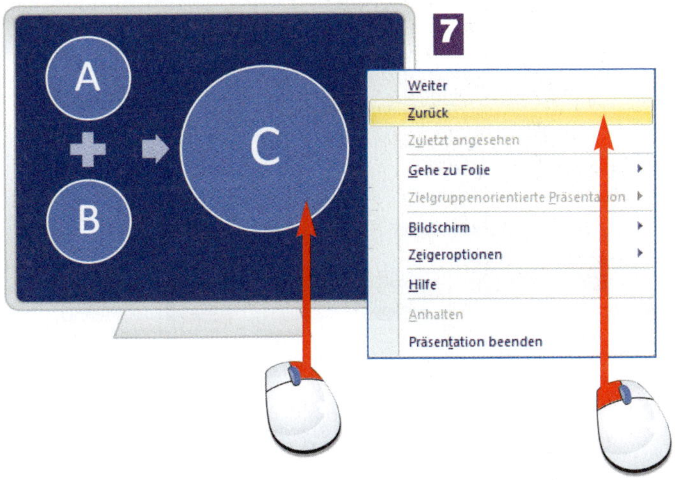

5 Um die Bildschirmpräsentation bereits vor der letzten Folie zu beenden, drücken Sie [Esc].

6 Um eine ganz bestimmte Folie direkt aufzurufen, geben Sie die Foliennummer über die Tastatur ein und drücken [↵].

7 Um die vorherige Folie nochmals zu zeigen, klicken Sie mit der rechten Maustaste an einer beliebigen Stelle auf der Folie. Wählen Sie aus dem Kontextmenü der Bildschirmpräsentation den Eintrag *Zurück*.

8 Wählen Sie im Kontextmenü *Gehe zu Folie*, um eine bestimmte Folie anhand ihres Titels auszuwählen.

Ende

HINWEIS

PowerPoint zeigt im Kontextmenü der Bildschirmpräsentation nur die Folientitel, die in einem Platzhalter stehen. Der Inhalt von Textfeldern wird nicht angezeigt.

FACHWORT

Die Schaltflächen in der linken unteren Ecke des Bildschirms werden **Popupsymbolleiste** genannt.

TIPP

Deaktivieren Sie in den *PowerPoint-Optionen* unter *Erweitert/Bildschirmpräsentation* die Optionen *Popupsymbolleiste anzeigen* und *Mit schwarzer Folie beenden*.

Per Folienübergang zum nächsten Thema

Start

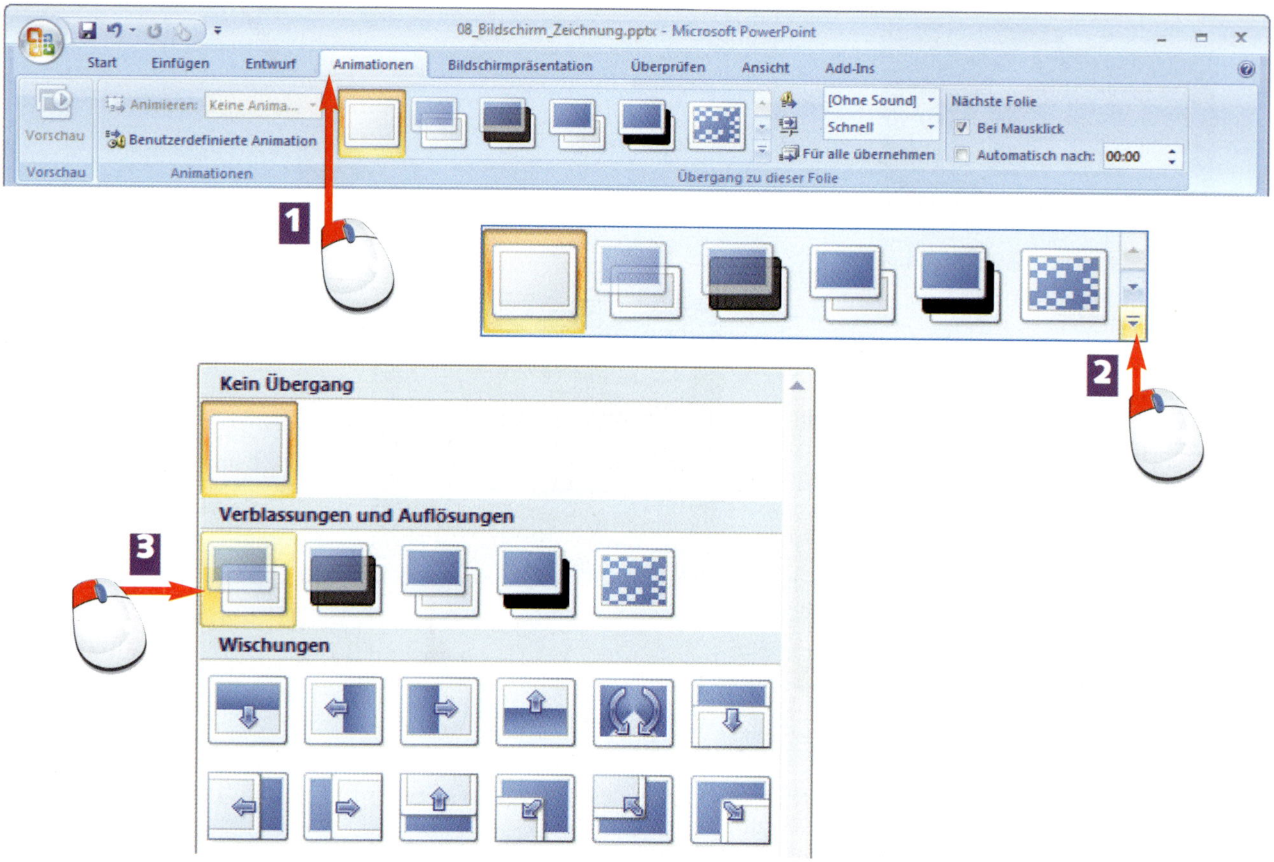

1 Rufen Sie die Registerkarte *Animationen* auf.

2 Öffnen Sie den Katalog mit den Effekten für Folienübergänge.

3 Zeigen Sie mit der Maus auf einen Effekt, um ihn in der Live-Vorschau zu sehen. Klicken Sie auf den Effekt, um ihn für die aktuelle Folie zu übernehmen.

Wenn Sie bei Fragen des Publikums vom Thema der aktuellen Folie abweichen, drücken Sie B oder W, um den Bildschirm vorübergehend auf schwarz oder weiß zu schalten. Dadurch wird deutlich, dass Sie gerade über ein anderes Thema sprechen. Nochmaliges Drücken der gleichen Taste blendet die Präsentation wieder ein.

WISSEN

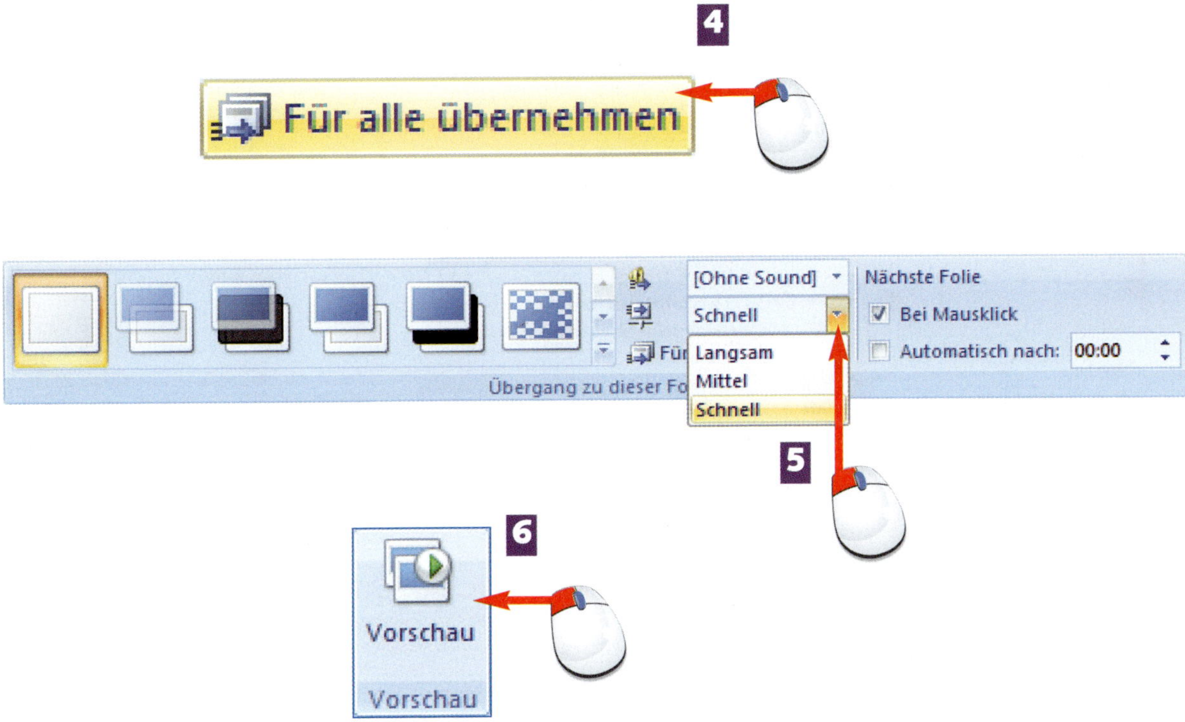

4 Um den ausgewählten Effekt nicht nur für eine einzelne Folie, sondern für die ganze Präsentation zu übernehmen, klicken Sie auf die Schaltfläche *Für alle übernehmen*.

5 Wählen Sie im Listenfeld neben der Schaltfläche *Übergangsgeschwindigkeit*, wie schnell der Folienübergang ausgeführt wird.

6 Um die Wirkung des Effekts in der Normalansicht zu prüfen, klicken Sie auf *Vorschau*.

Ende

Folienwechsel mit Übergangseffekt sind für das Auge des Betrachters angenehmer als harte Wechsel.

HINWEIS

Folienübergänge sind Eingangseffekte. Sie bestimmen, wie eine Folie eingeblendet, und nicht wie sie ausgeblendet wird.

HINWEIS

Verwenden Sie nicht mehr als zwei verschiedene Folienübergänge in einer Präsentation: einen Standardeffekt und einen zum Hervorheben wichtiger Inhalte oder des Beginns eines neuen Abschnitts.

TIPP

Start

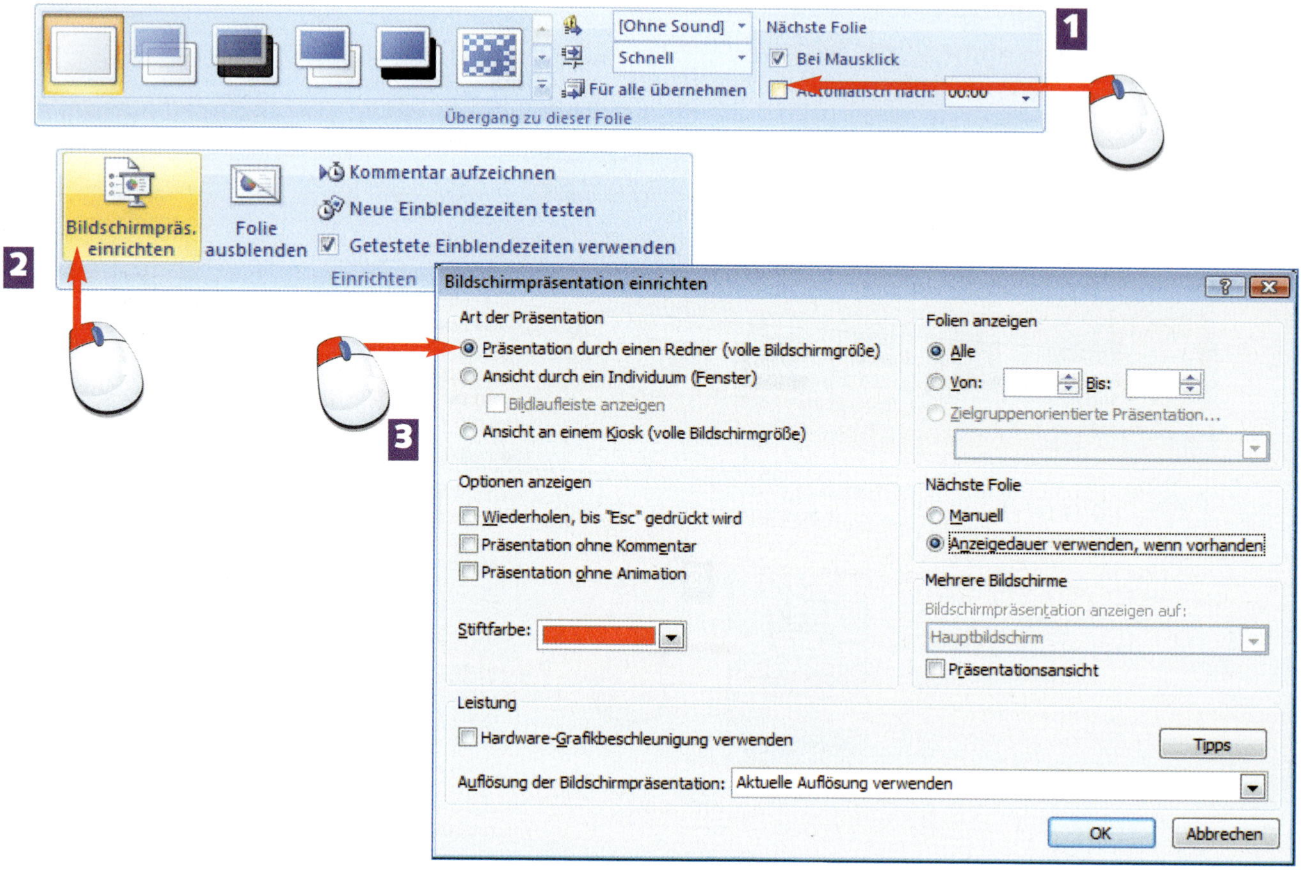

1 Deaktivieren Sie in der Registerkarte *Animationen* unter *Nächste Folie* die Option *Automatisch nach*.

2 Klicken Sie in der Registerkarte *Bildschirmpräsentation* auf *Bildschirmpräsentation einrichten*.

3 Wählen Sie im Dialogfeld *Bildschirmpräsentation einrichten* unter *Art der Präsentation* den Punkt *Präsentation durch einen Redner*.

Wenn Ihr Notebook zwei Bildschirme unterstützt, können Sie in der *Präsentationsansicht* festlegen, dass der eine Bildschirm (der Beamer) die Bildschirmpräsentation für das Publikum wiedergibt, während Sie auf dem anderen Bildschirm (dem Ihres Notebooks) Miniaturansichten der Folien und Ihre Notizen sehen.

WISSEN

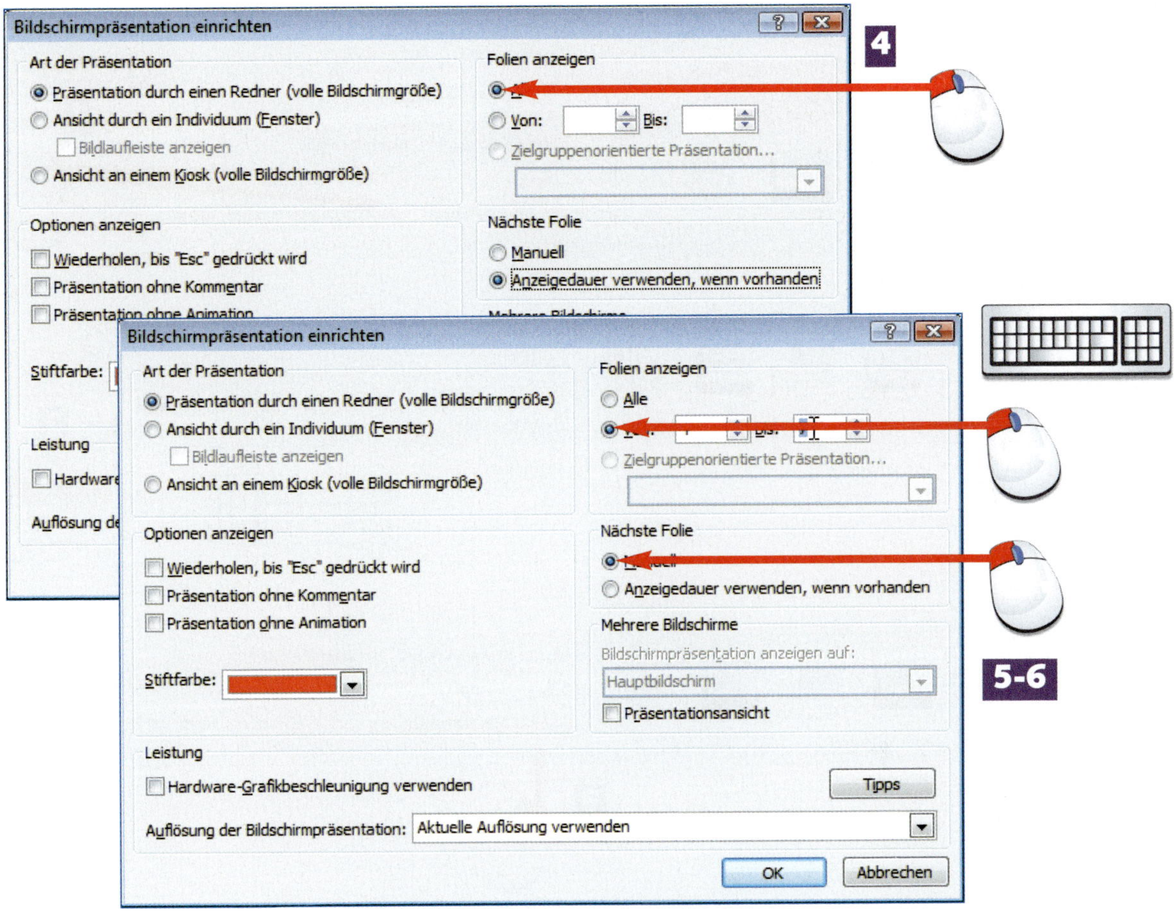

4 Wählen Sie unter *Folien anzeigen* die Option *Alle*, damit die Präsentation von der ersten bis zur letzten Folie wiedergegeben wird.

5 Alternativ: Zeigen Sie nur einen Ausschnitt Ihrer Präsentation. Aktivieren Sie die Option *Von Bis* und geben Sie in den Textfeldern die Nummern der ersten und letzten Folie ein, die gezeigt werden sollen.

6 Aktivieren Sie unter *Nächste Folie* die Option *Manuell*.

Ende

Achten Sie bei Vortragspräsentationen darauf, dass Ihre Folien Seitenzahlen haben. Dies erleichtert die Zuordnung von Rückfragen aus dem Publikum.

TIPP

Wenn Sie Ihre Präsentation während der Bearbeitung ohne Animationen wiedergeben möchten, setzen Sie ein Häkchen vor *Präsentation ohne Animation*.

HINWEIS

Start

1 Um eine Präsentation so einzurichten, dass sie mit vorgegebenen Einblendezeiten automatisch abläuft, deaktivieren Sie in der Registerkarte *Animationen* unter *Nächste Folie* das Häkchen vor *Bei Mausklick* und aktivieren die Option *Automatisch nach*.

2 Markieren Sie den voreingestellten Wert und überschreiben Sie ihn mit der gewünschten Anzeigedauer im Format *MM:SS (Minuten:Sekunden)*.

3 Für die aktuelle Folie wird die Einstellung sofort übernommen. Um sie allen Folien der Präsentation zuzuweisen, klicken Sie auf *Für alle übernehmen*.

Wenn eine Folie Animationen enthält, wird der automatische Folienübergang erst ausgelöst, nachdem alle Animationen auf der Folie wiedergegeben wurden. Die Einstellung *Automatisch nach 00:00 Sekunden* bewirkt dann, dass die nächste Folie unmittelbar nach der letzten Animation eingeblendet wird.

WISSEN

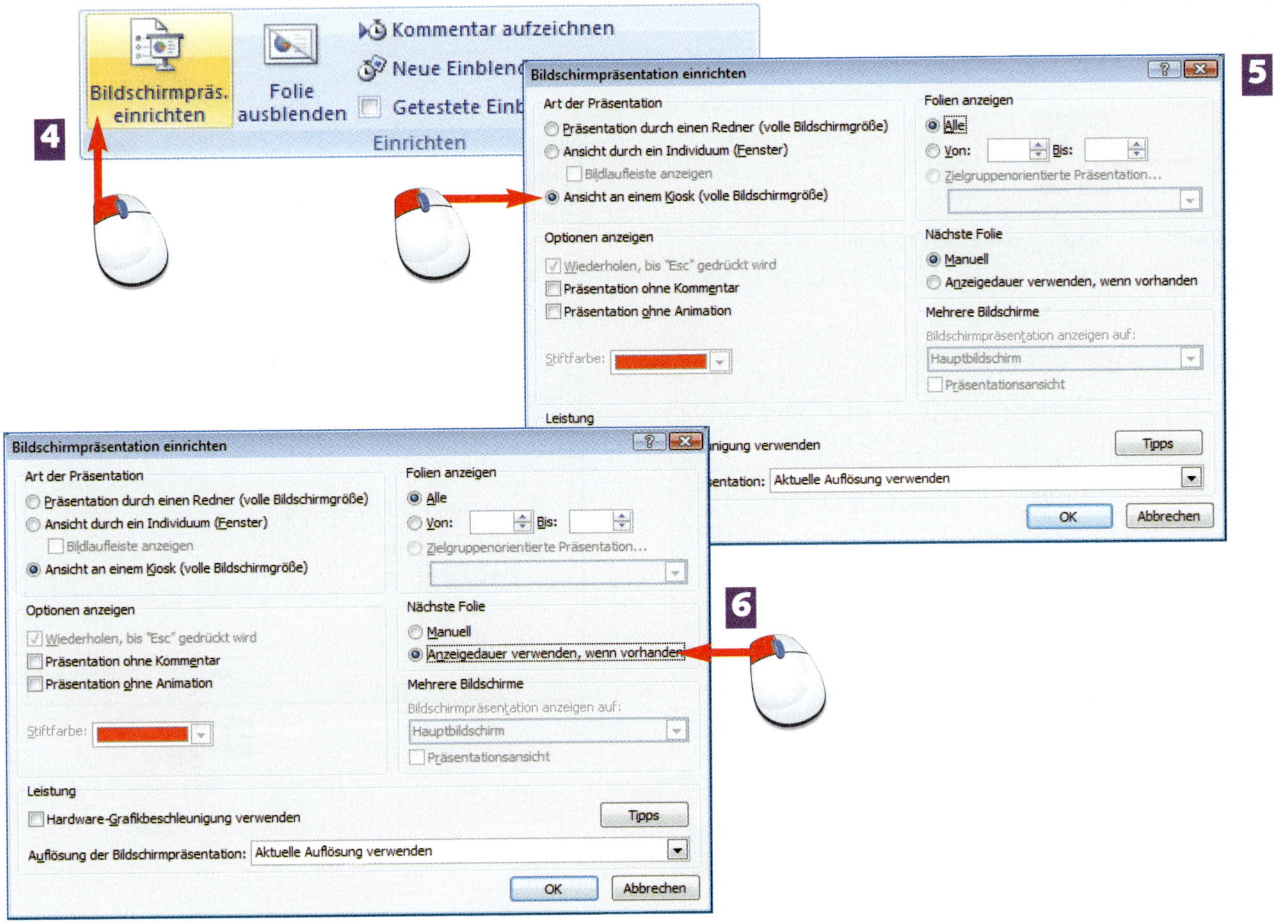

4 Rufen Sie in der Registerkarte *Bildschirmpräsentation* das Dialogfeld *Bildschirmpräsentation einrichten* auf.

5 Wählen Sie die Option *Ansicht an einem Kiosk*. In dieser Einstellung wird die Präsentation automatisch so lange wiedergegeben, bis Sie [Esc] drücken.

6 Wählen Sie unter *Nächste Folie* die Option *Anzeigedauer verwenden, wenn vorhanden*.

Ende

HINWEIS

In der Kioskansicht ist die Maus ohne Funktion. Die Präsentation wird nur wiedergegeben, wenn automatische Folienübergänge hinterlegt sind.

HINWEIS

Auch das Kontextmenü der Bildschirmpräsentation steht im Kioskmodus nicht zur Verfügung.

TIPP

Achten Sie darauf, dass weder Sie noch andere Personen während der Präsentation aus Versehen die Taste [Esc] drücken, um zu verhindern, dass Ihre Präsentation versehentlich beendet wird.

Start

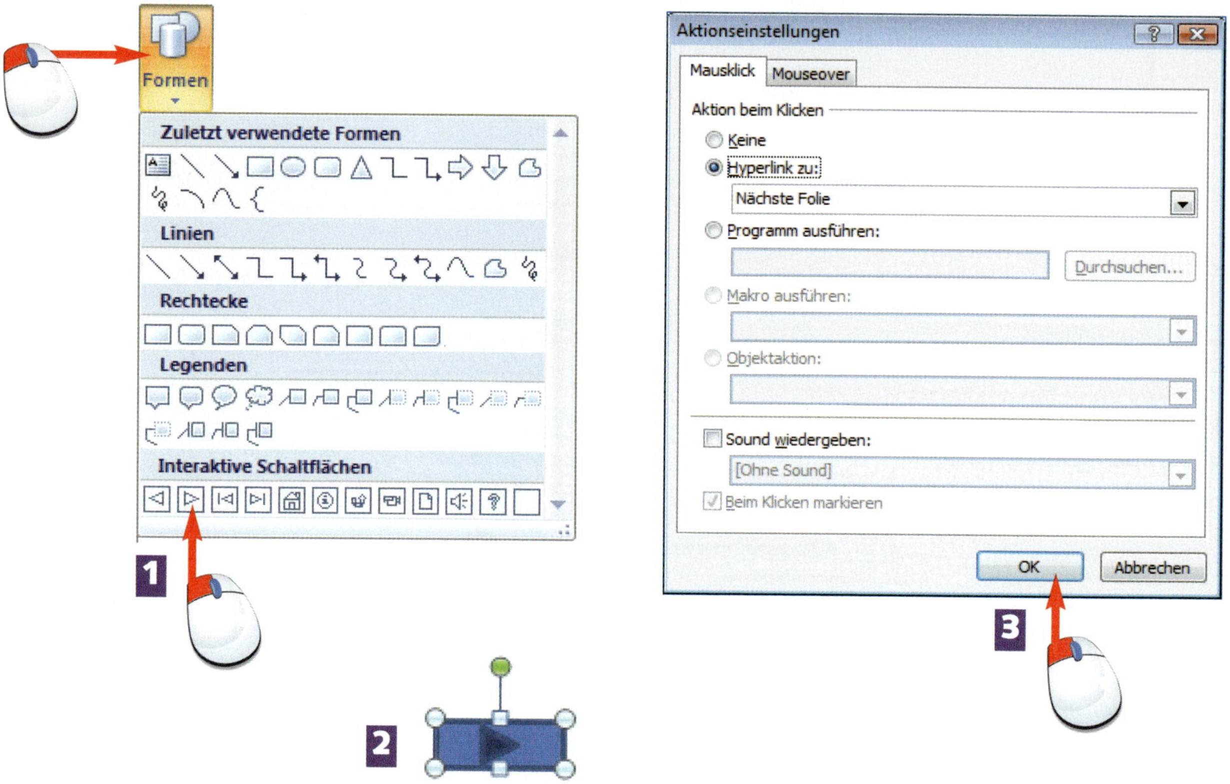

1 Klicken Sie in der Registerkarte *Start* auf *Formen* und unter *Interaktive Schaltflächen* wählen Sie *Nächste(r) oder Weiter* aus.

2 Zeichnen Sie die Schaltfläche auf die Folie.

3 Nach dem Zeichnen öffnet sich automatisch das Dialogfeld *Aktionseinstellungen*. Bestätigen Sie die Voreinstellung *Nächste Folie*. Damit wird in der Bildschirmpräsentation per Klick auf die Schaltfläche die nächste Folie aufgerufen.

Interaktive Präsentationen ähneln Internetseiten. Aktionsschaltflächen übernehmen in der Präsentation die Funktion von Hyperlinks: Der Betrachter kann sich frei in der Präsentation bewegen und selbst entscheiden, in welcher Reihenfolge er die Folien ansieht. Mit Aktionsschaltflächen kann auch Sound abgespielt oder die Präsentation beendet werden.

WISSEN

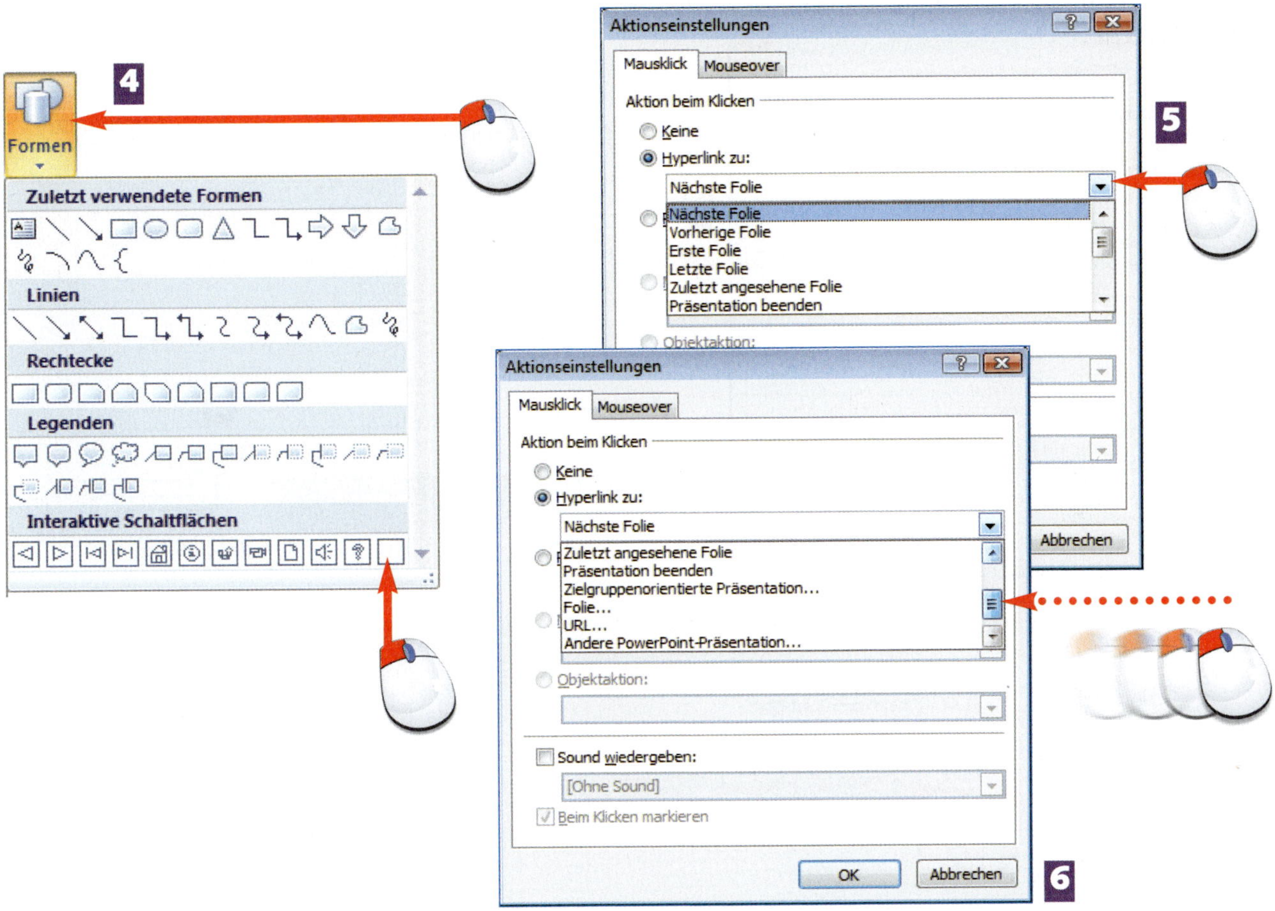

4 Wenn Sie keine vordefinierten Aktionen einsetzen, sondern eine ganz bestimmte Folie der Präsentation aufrufen möchten, verwenden Sie die Schaltfläche *Anpassen*.

5 Aktivieren Sie in den Aktionseinstellungen die Option *Hyperlink zu* und öffnen Sie das Listenfeld.

6 Scrollen Sie nach unten, bis der Eintrag *Folie* zu sehen ist.

Um einer Schaltfläche nachträglich eine andere Aktion zuzuweisen, rufen Sie in ihrem Kontextmenü den Befehl *Hyperlink bearbeiten* auf.

HINWEIS

Um ein beliebiges Folienobjekt als Schaltfläche einzusetzen, markieren Sie es und klicken in der Registerkarte *Einfügen* auf *Aktion*.

TIPP

Aktionsschaltflächen, die auf allen Folien zur Verfügung stehen sollen, hinterlegen Sie auf dem Folienmaster (➔ Kapitel 11).

HINWEIS

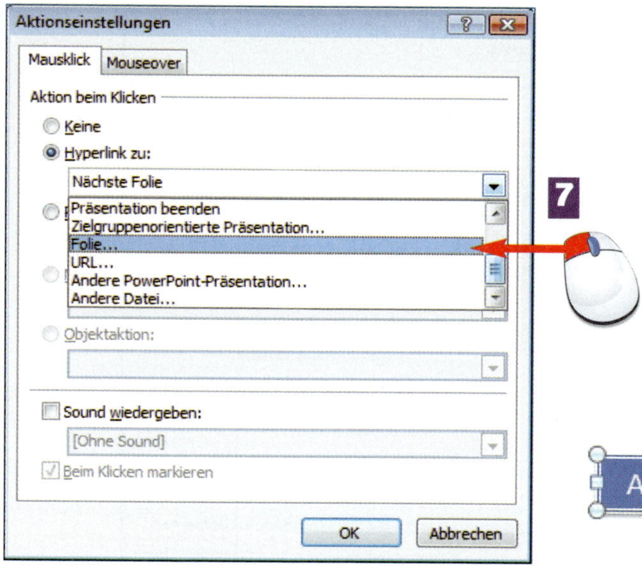

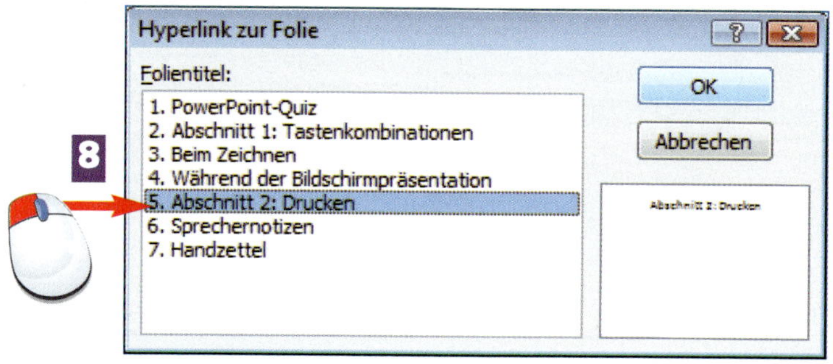

7 Klicken Sie auf den Eintrag *Folie*.

8 Wählen Sie im Dialogfeld *Hyperlink zur Folie* anhand des Folientitels die Folie aus, zu der die Schaltfläche verweisen soll.

9 Beschriften Sie die Schaltfläche mit einem aussagekräftigen Namen und formatieren Sie sie nach Belieben mit den Befehlen der *Zeichentools*.

Die Einstellung *Ansicht durch ein Individuum* bewirkt, dass die Präsentation in einem Fenster und nicht als Bildschirmpräsentation angezeigt wird. Der Betrachter kann wählen, in welcher Größe er das Programmfenster öffnet.

WISSEN

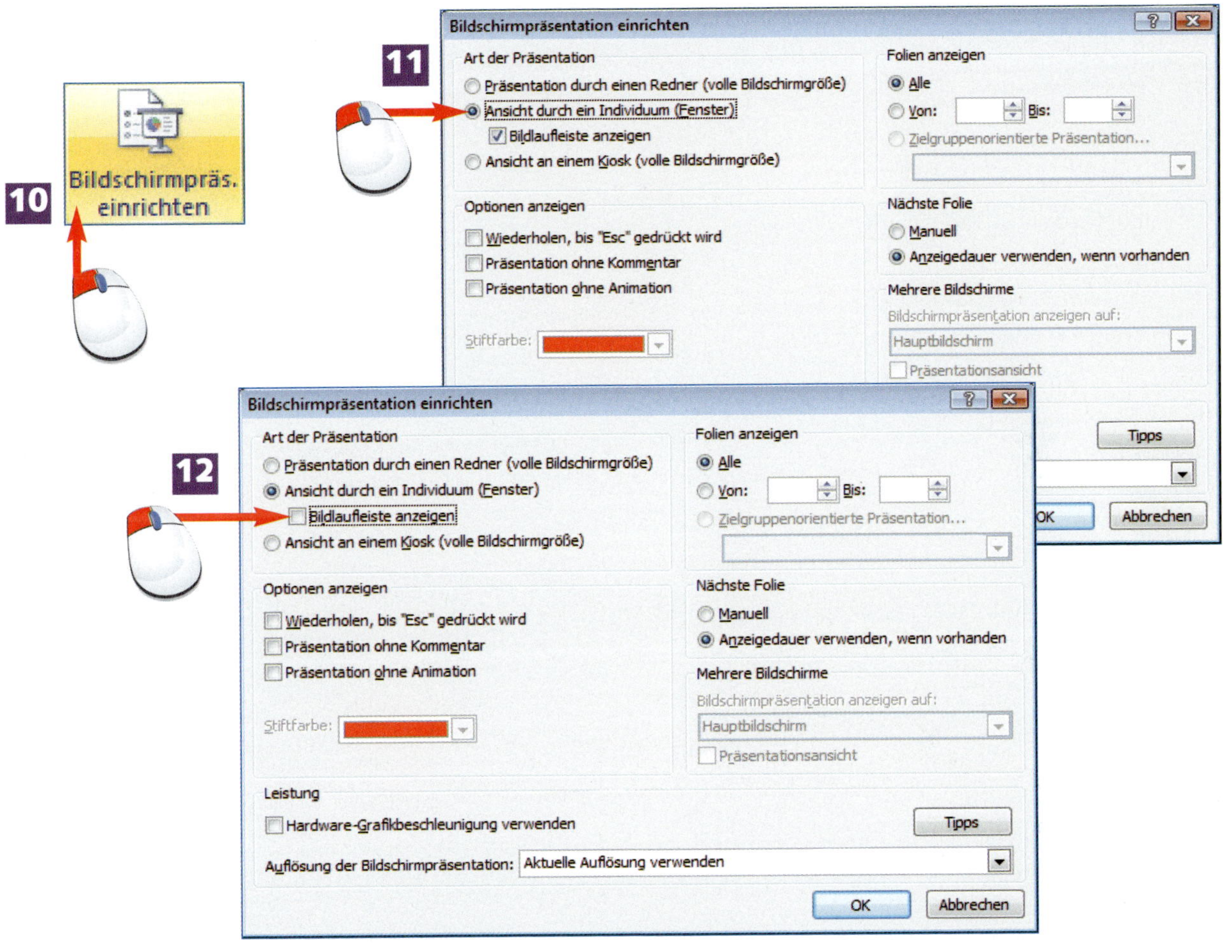

10 Wechseln Sie in die Registerkarte *Bildschirmpräsentation* und klicken Sie auf *Bildschirmpräsentation einrichten*.

11 Aktivieren Sie unter Art der Präsentation die Option *Ansicht durch ein Individuum*.

12 Deaktivieren Sie *Bildlaufleiste anzeigen*.

Ende

Im Dialogfeld *Hyperlink zur Folie* werden Folientitel nur angezeigt, wenn Sie in einem Platzhalter stehen.

HINWEIS

Das Ausblenden der *Bildlaufleiste* bewirkt, dass der Betrachter die Präsentation ausschließlich mit Hilfe der Schaltflächen steuern kann.

HINWEIS

9

Mit Animationen besser präsentieren

Aufzählungen Punkt für Punkt einblenden

Start

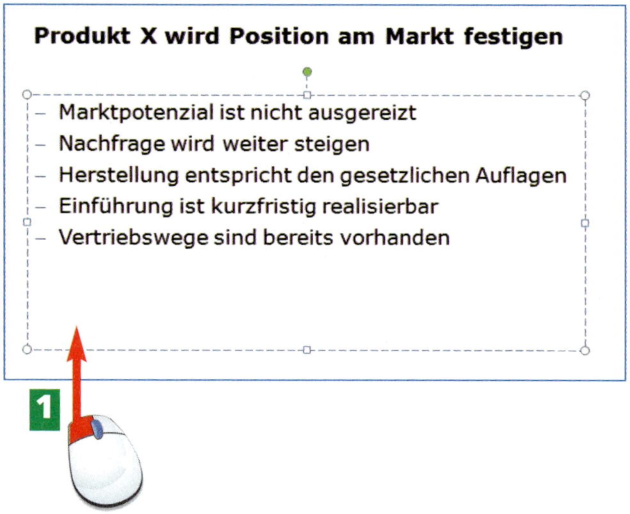

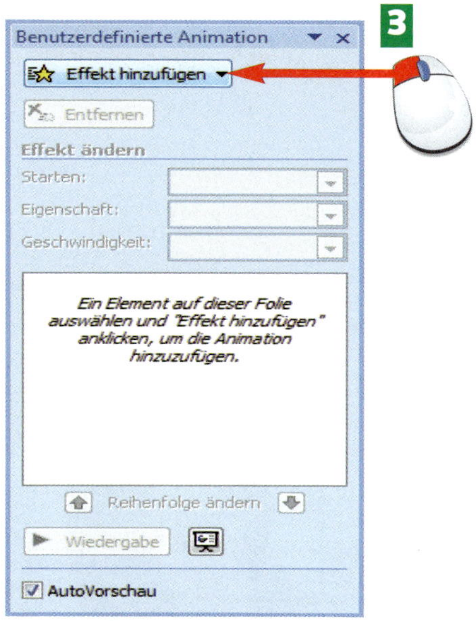

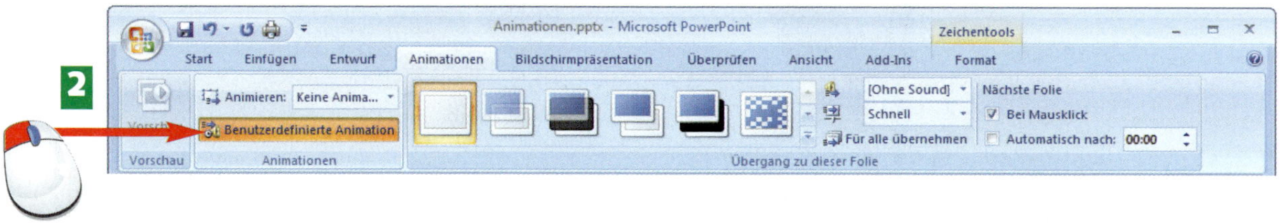

1 Klicken Sie in den Platzhalter oder das Textfeld, das Sie animieren möchten.

2 Wechseln Sie in die Registerkarte *Animation* und klicken Sie auf *Benutzerdefinierte Animation*.

3 Damit blenden Sie auf der rechten Seite des Programmfensters den Aufgabenbereich *Benutzerdefinierte Animation* ein. Klicken Sie im Aufgabenbereich auf *Effekt hinzufügen*.

Mit Animationseffekten werden während der Bildschirmpräsentation Objekte auf der Folie ein- und ausgeblendet, entlang von Pfaden bewegt oder über Ändern von Eigenschaften wie der Farbe hervorgehoben. Mit Hilfe von Animationen können Sie Informationen übersichtlicher darstellen und die Aufmerksamkeit Ihres Publikums lenken.

WISSEN

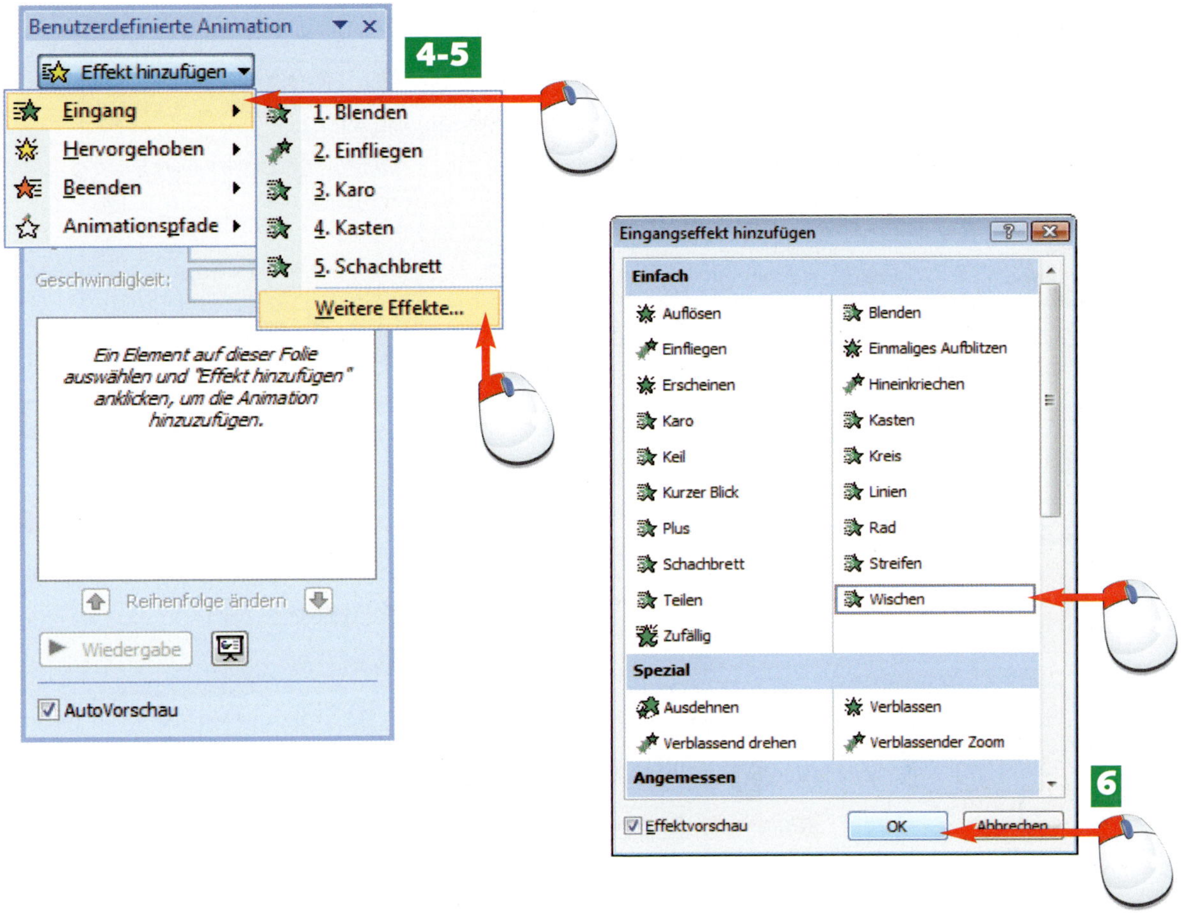

4 Wählen Sie die Effektgruppe *Eingang*, um ein Objekt erst per Mausklick auf der Folie einzublenden.

5 Klicken Sie dann auf *Weitere Effekte*.

6 Markieren Sie im Dialogfeld *Eingangseffekt hinzufügen* einen Effekt und bestätigen Sie mit *OK*.

Ende

Nutzen Sie die *Effektvorschau*, um die Wirkung eines Effekts auszuprobieren, bevor Sie ihn zuweisen.

TIPP

Mit einem **Folienübergang** wird der Übergang zur nächsten Folie animiert. **Animationseffekte** werden dagegen einzelnen Objekten auf der Folie zugewiesen.

FACHWORT

Bei aktivierter *Effektvorschau* wird die Animation auf der Folie ausgeführt, sobald ein Effekt im Dialogfeld markiert wurde.

HINWEIS

Start

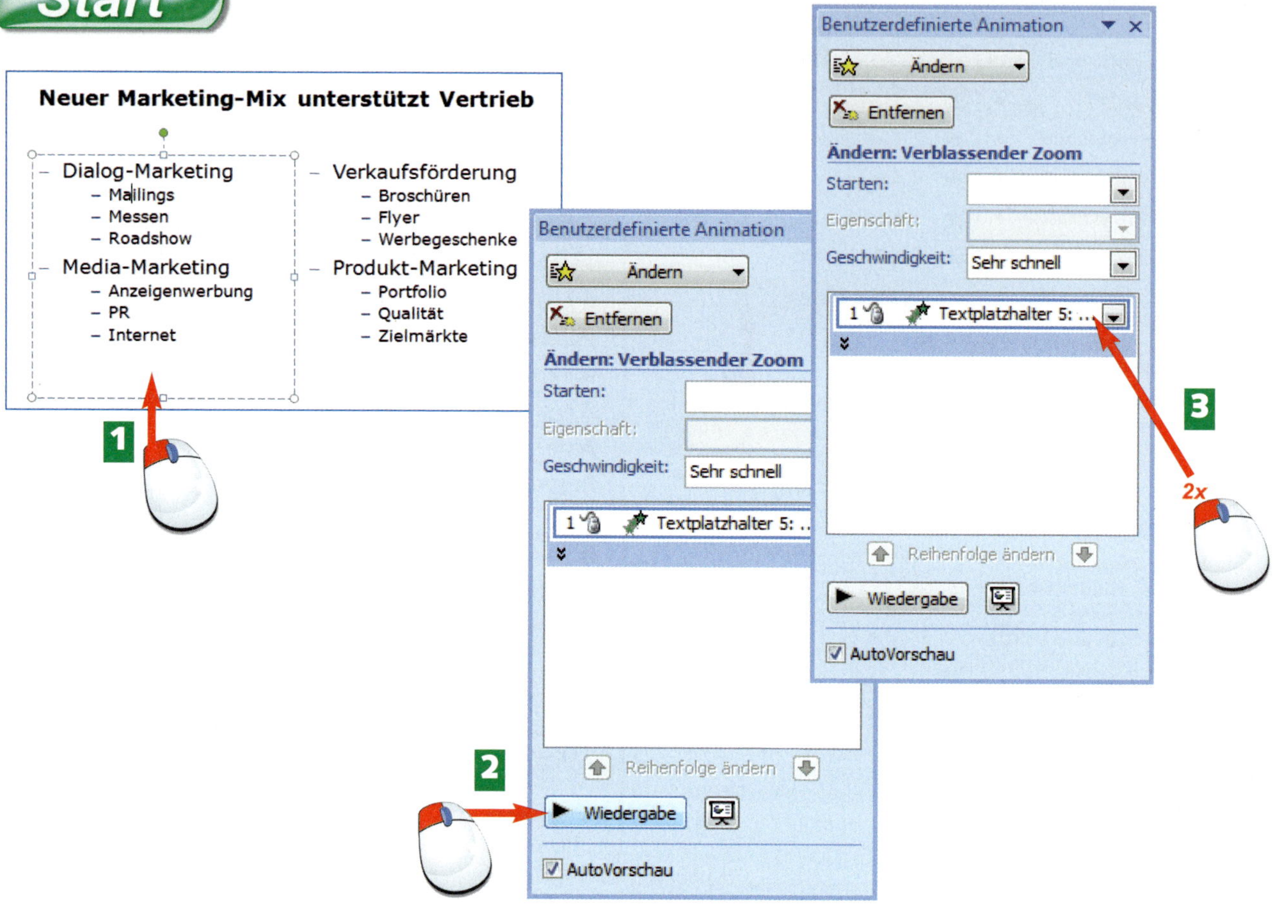

1 Weisen Sie einer Aufzählung mit zwei Gliederungsebenen einen Eingangseffekt zu.

2 Überprüfen Sie die Wiedergabe des Effekts: PowerPoint blendet die erste und zweite Gliederungsebene mit allen Unterpunkten gleichzeitig ein.

3 Um auch die Punkte der zweiten Gliederungsebene einzeln einzublenden, doppelklicken Sie auf den Effekt in der Animationsliste im Aufgabenbereich.

Einem Objekt können Sie mehrere Animationseffekte zuweisen, indem Sie die Befehlsfolge *Effekt hinzufügen* wiederholen. Dazu muss das Objekt auf der Folie markiert sein. Ist lediglich der Effekt in der Animationsliste markiert, steht nur die Schaltfläche *Ändern* zur Verfügung. Dann wird der vorhandene Effekt gegen einen anderen ausgetauscht.

WISSEN

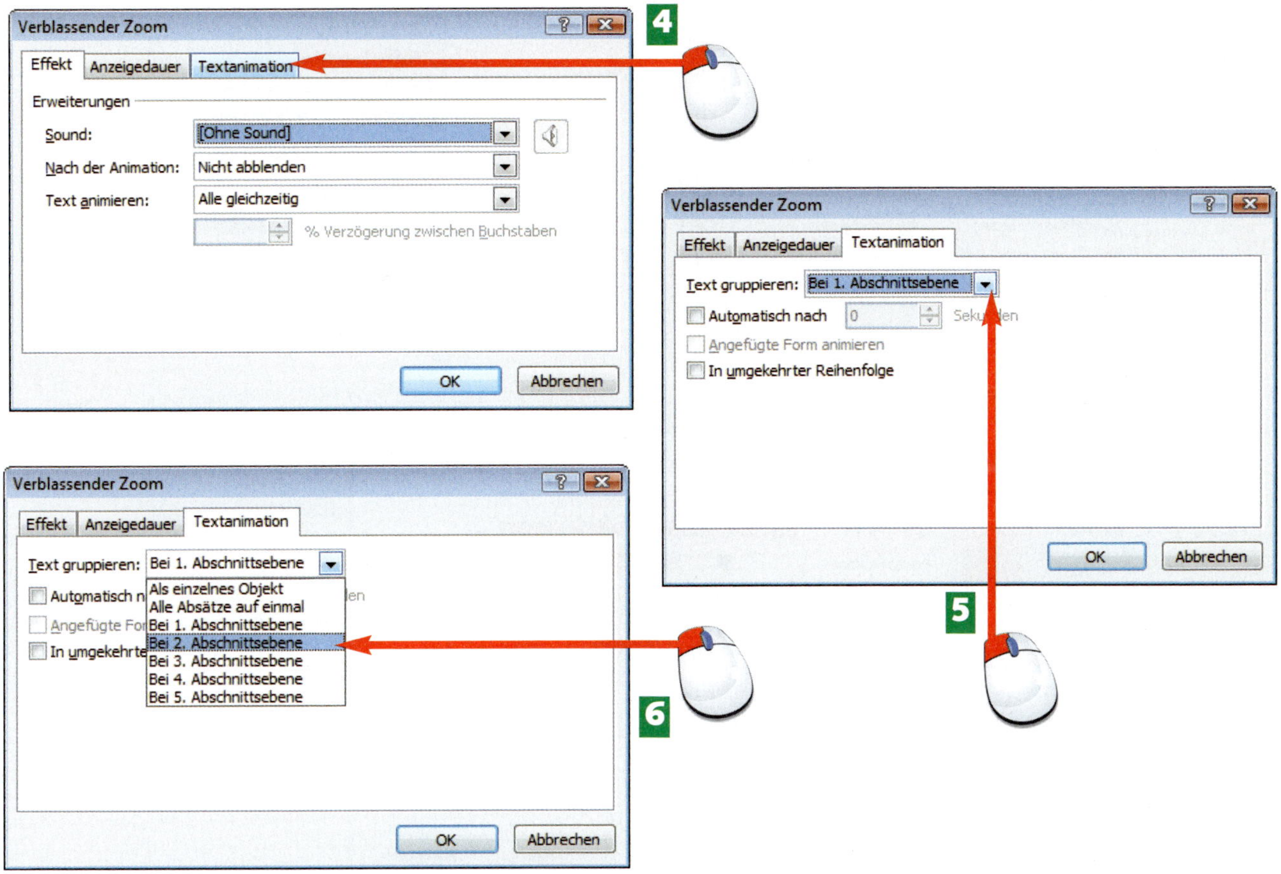

4 Damit öffnen Sie die *Effektoptionen*. Rufen Sie die Registerkarte *Textanimation* auf.

5 Klicken Sie auf den Pfeil neben *Text gruppieren*.

6 Wählen Sie aus dem Listenfeld den Eintrag *Bei 2. Abschnittsebene*.

Ende

Zu viele Animationen und Effekte können auf den Betrachter verwirrend wirken. Überlegen Sie sich immer, ob Ihre Animationen tatsächlich helfen, die Folie besser zu verstehen.

TIPP

Die **Abschnittsebenen** der Textanimation entsprechen den Gliederungsebenen des Textes.

FACHWORT

Damit die Aufzählungspunkte einer bestimmten Gliederungsebene einzeln eingeblendet werden, muss die Animation des Textes in den Effektoptionen bei der entsprechenden Abschnittsebene gruppiert sein.

HINWEIS

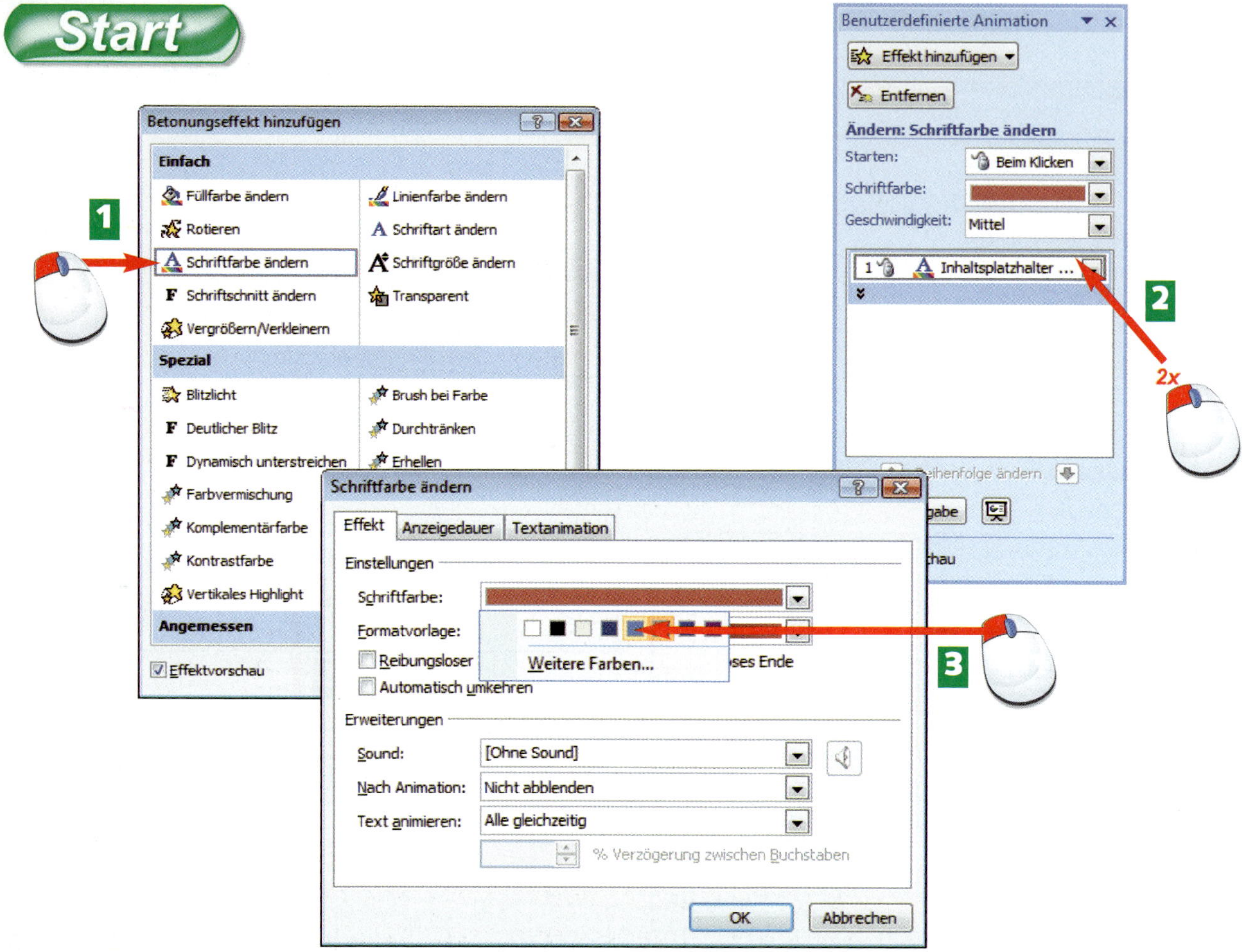

1 Weisen Sie einer Aufzählung über *Effekt hinzufügen*, Effektgruppe *Hervorgehoben* den Effekt *Schriftfarbe ändern* aus der Kategorie *Einfach* zu.

2 Öffnen Sie per Doppelklick auf den Animationseffekt in der Animationsliste die *Effektoptionen* und wechseln Sie in die Registerkarte *Effekt*.

3 Klicken Sie auf den Pfeil neben *Schriftfarbe* und wählen Sie aus der Farbpalette die Farbe aus, die der Text für die Dauer der Hervorhebung haben soll.

Während eines Vortrags ist es oft sinnvoll, zunächst eine grobe Übersicht zum Thema zu geben und dann erst ins Detail zu gehen. Mit Betonungseffekten erleichtern Sie Ihren Zuhörern die Orientierung, zu welcher Information auf der Folie Sie gerade sprechen.

WISSEN

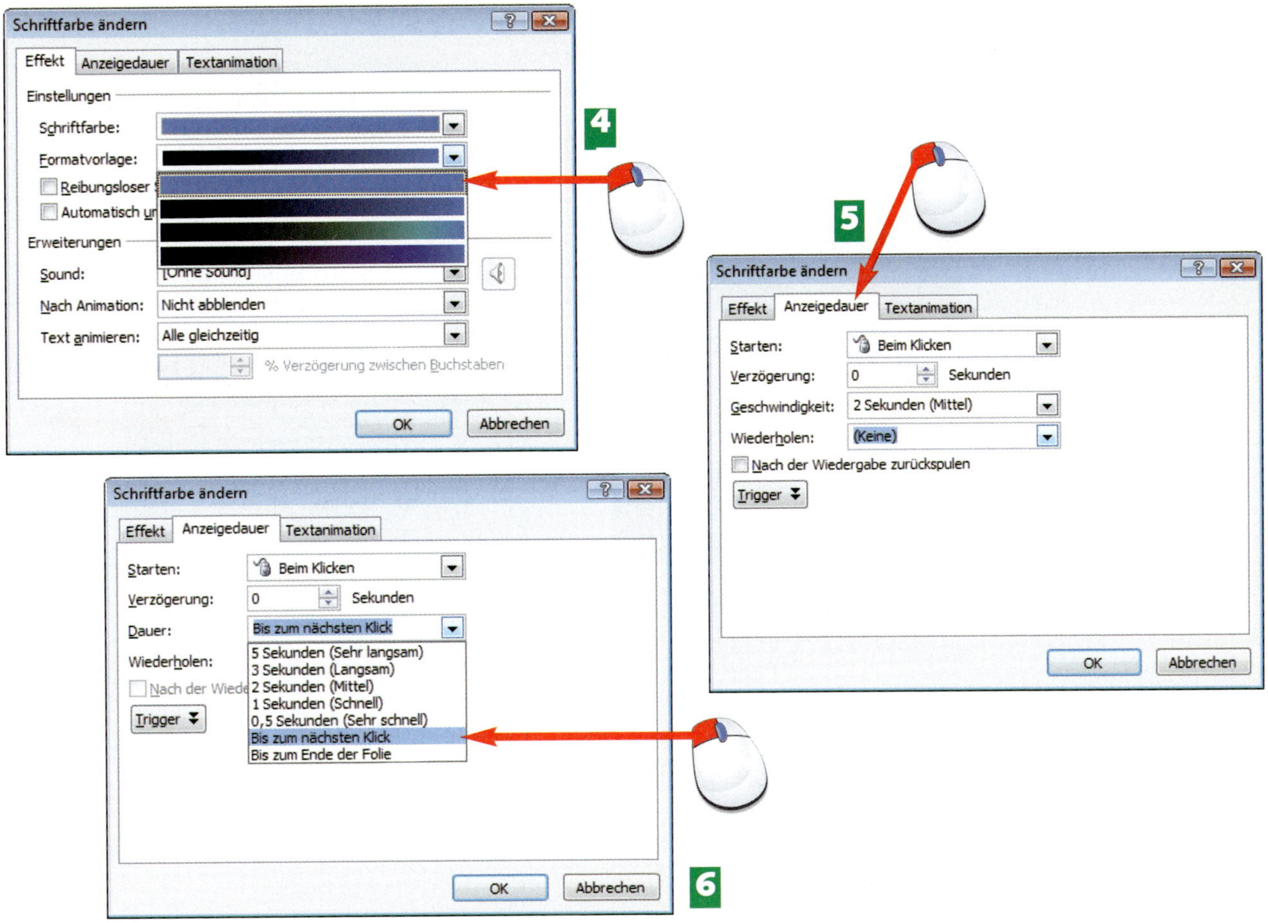

4 Klicken Sie auf den kleinen Pfeil neben *Formatvorlage* und wählen Sie aus dem Listenfeld die Formatvorlage ohne Verlauf aus.

5 Wechseln Sie dann in die Registerkarte *Anzeigedauer*.

6 Bestimmen Sie unter *Dauer*, dass die Schriftfarbe *bis zum nächsten Klick* geändert werden soll.

Ende

Mit der Einstellung *Bis zum nächsten Klick* wird ein Objekt mit Betonungseffekt beim Start der nächsten Animation auf seinen ursprünglichen Zustand zurückgesetzt.

HINWEIS

Über die **Formatvorlage** wird die Überblendung der Schriftfarbe in den hervorgehobenen Farbton bestimmt.

FACHWORT

In der Vorschau der Normalansicht ist es manchmal schwierig, die Wirkung einer Animation zu überprüfen. Mit ⇧ + F5 starten Sie die Bildschirmpräsentation mit der aktuellen Folie.

HINWEIS

Start

1

2

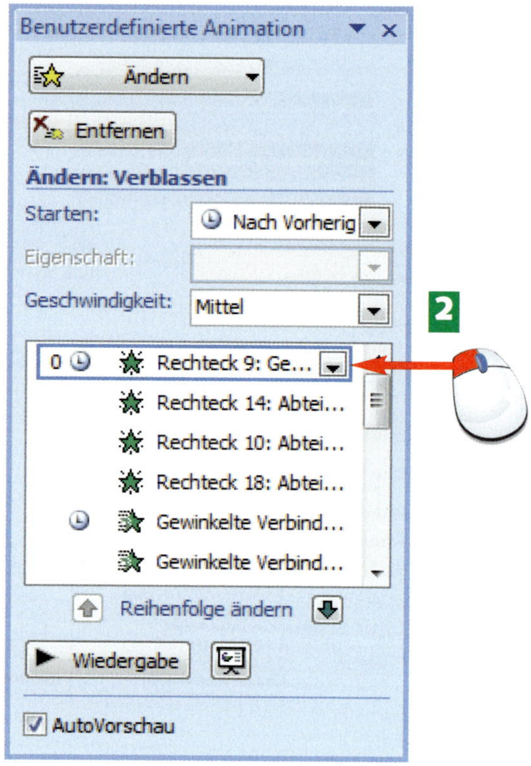

3

1 Nach dem Zuweisen von Animationen wird auf der Folie die Klickreihenfolge in einem Kästchen neben dem animierten Objekt angezeigt.

2 Um einen Animationseffekt zu bearbeiten, markieren Sie ihn in der Animationsliste.

3 Parallel dazu wird auf der Folie das Kästchen neben dem animierten Objekt farblich hervorgehoben.

Die Animationshinweise werden auf der Folie nur angezeigt, wenn der Aufgabenbereich *Benutzerdefinierte Animation* geöffnet ist.

WISSEN

4

5

6

4 Über die Animationsliste haben Sie direkten Zugriff auf die wichtigsten *Effektoptionen*.

5 Die Option zum *Starten* eines Effekts wird per Symbol auch vor dem Eintrag in der Animationsliste angezeigt.

6 Zusätzlich zu den Optionen für *Starten* und *Geschwindigkeit* verfügen viele Effekte über weitere Eigenschaften wie z. B. die Richtung, aus der ein Objekt eingeblendet wird.

Um in der Animationsliste mehrere Effekte zu markieren und gleichzeitig zu bearbeiten, halten Sie beim Klicken mit der linken Maustaste die [⇧]-Taste gedrückt.

TIPP

Die Geschwindigkeit, mit der ein Animationseffekt ausgeführt wird, hängt neben der in den Effektoptionen gewählten Geschwindigket auch von der Leistungsfähigkeit des Rechners ab, auf dem die Präsentation wiedergegeben wird.

HINWEIS

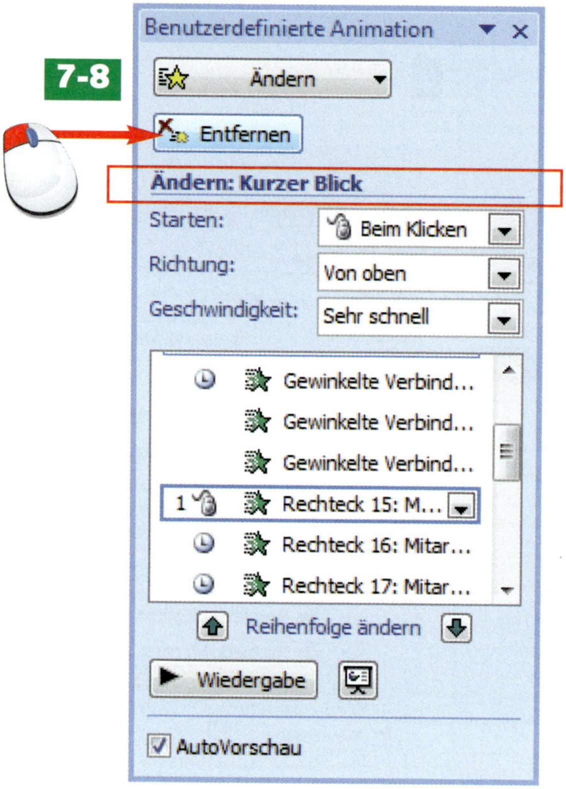

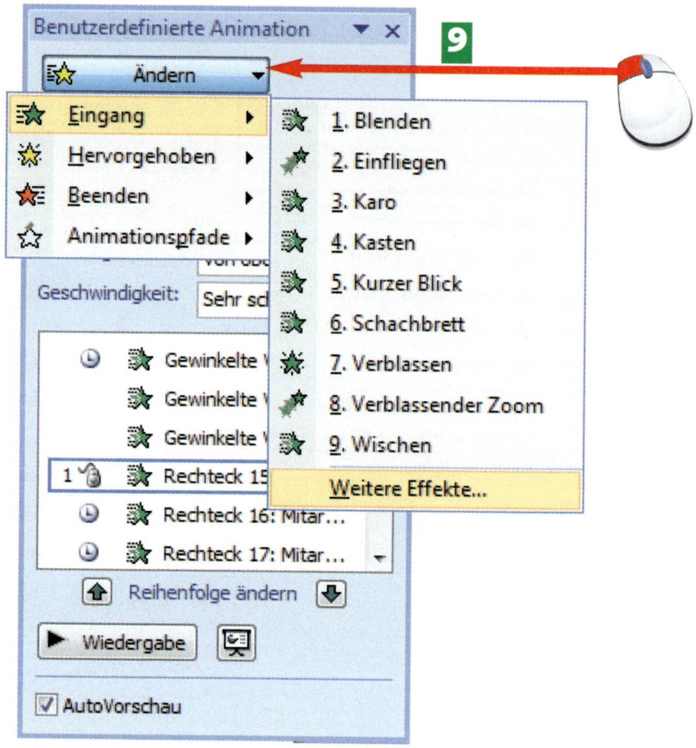

7 Über den Effektoptionen wird der Name eines Effekts angezeigt.

8 Um einen Effekt wieder zu löschen, klicken Sie auf *Entfernen*. Das Objekt auf der Folie wird dabei nicht entfernt.

9 Um einen Effekt durch einen anderen zu ersetzen, klicken Sie auf *Ändern*.

Die Markierung eines Effekts in der Animationsliste wird mit einer blauen Rahmenlinie angezeigt. Ist dagegen das Objekt auf der Folie markiert, werden die dazugehörigen Effekte in der Animationsliste mit einer grauen Rahmenlinie hervorgehoben.

WISSEN

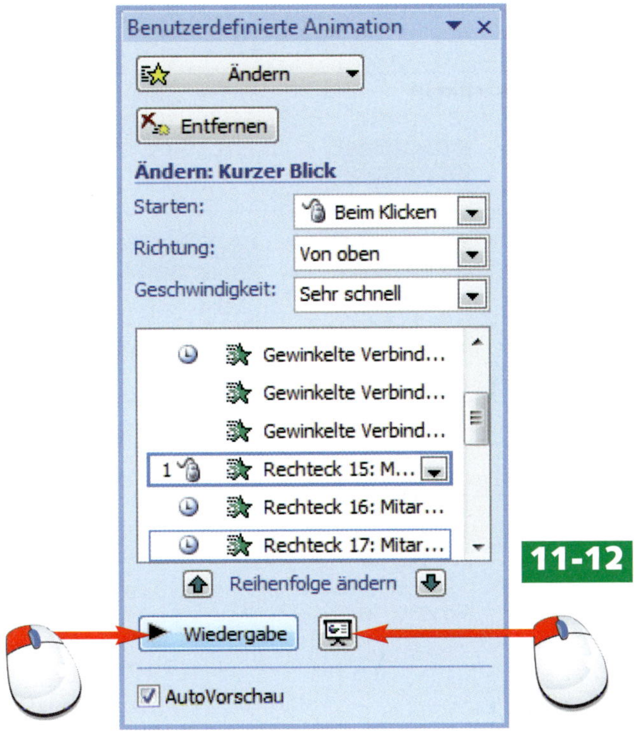

10 Per Klick auf die Pfeile *Reihenfolge ändern* am unteren Rand des Aufgabenbereichs ordnen Sie einen in der Liste markierten Effekt in der Animationsreihenfolge an anderer Position an.

11 Um die Animation der Folie als Vorschau in der Normalansicht zu sehen, klicken Sie auf die Schaltfläche *Wiedergabe*.

12 Per Klick auf das Symbol *Bildschirmpräsentation von aktueller Folie* neben der Schaltfläche *Wiedergabe* starten Sie die Bildschirmpräsentation mit der aktuellen Folie.

Ende

Setzen Sie für gleichartige Elemente einer Präsentation auch den gleichen Animationseffekt – es sei denn, Sie möchten etwas ganz besonders hervorheben.

TIPP

Die Option **AutoVorschau** bewirkt, dass PowerPoint unmittelbar nach dem Zuweisen eines Animationseffekts diesen in der Normalansicht ausführt.

FACHWORT

Achten Sie bei bewegten Eingangs- und Beenden-Animationen wie *Einfliegen* darauf, dass das animierte Objekt nicht über andere Folienelemente wie z. B. den Titel fliegt.

TIPP

Die Animation für ein Schaubild schnell einrichten

Start

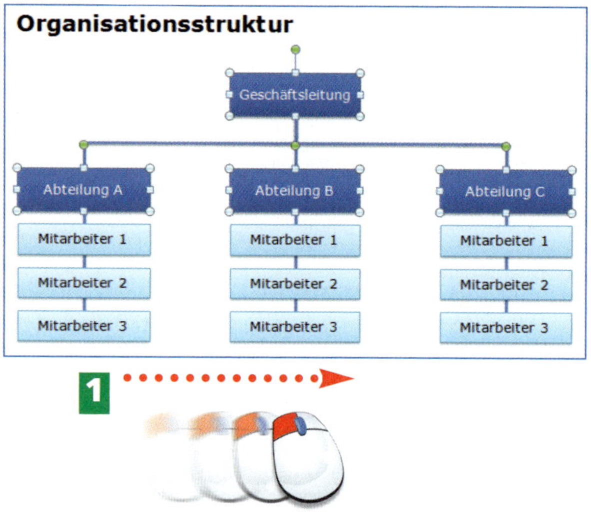

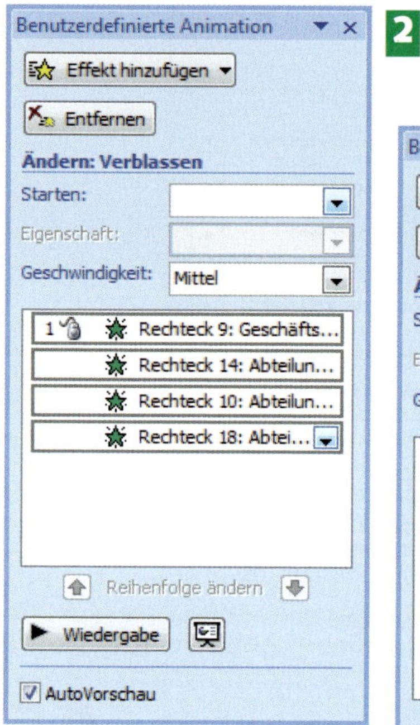

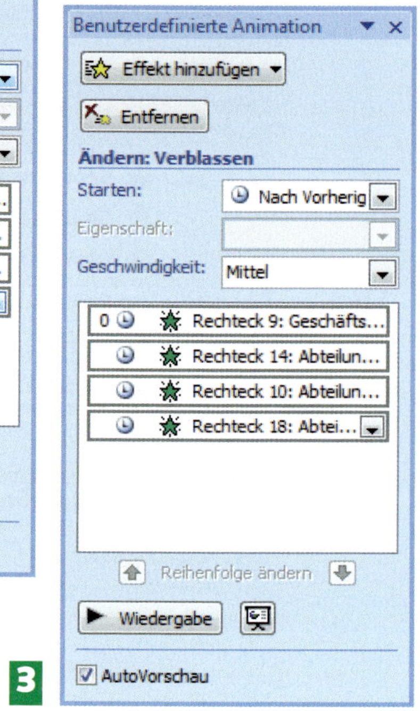

1 Markieren Sie auf der Folie alle Objekte, die den gleichen Animationseffekt bekommen sollen, und weisen Sie den Effekt zu.

2 Die Animationsliste zeigt daraufhin alle Objekte mit einer grauen Markierung an.

3 Ändern Sie die Optionen für *Starten*, *Geschwindigkeit* oder effektspezifische Einstellungen, werden diese Änderungen für alle Objekte gleichzeitig übernommen.

Auch der erste Effekt in der Animationsliste kann die Startoption *Mit Vorheriger* oder *Nach Vorheriger* haben. Die Animation wird dann unmittelbar im Anschluss an den Folienwechsel gestartet.

WISSEN

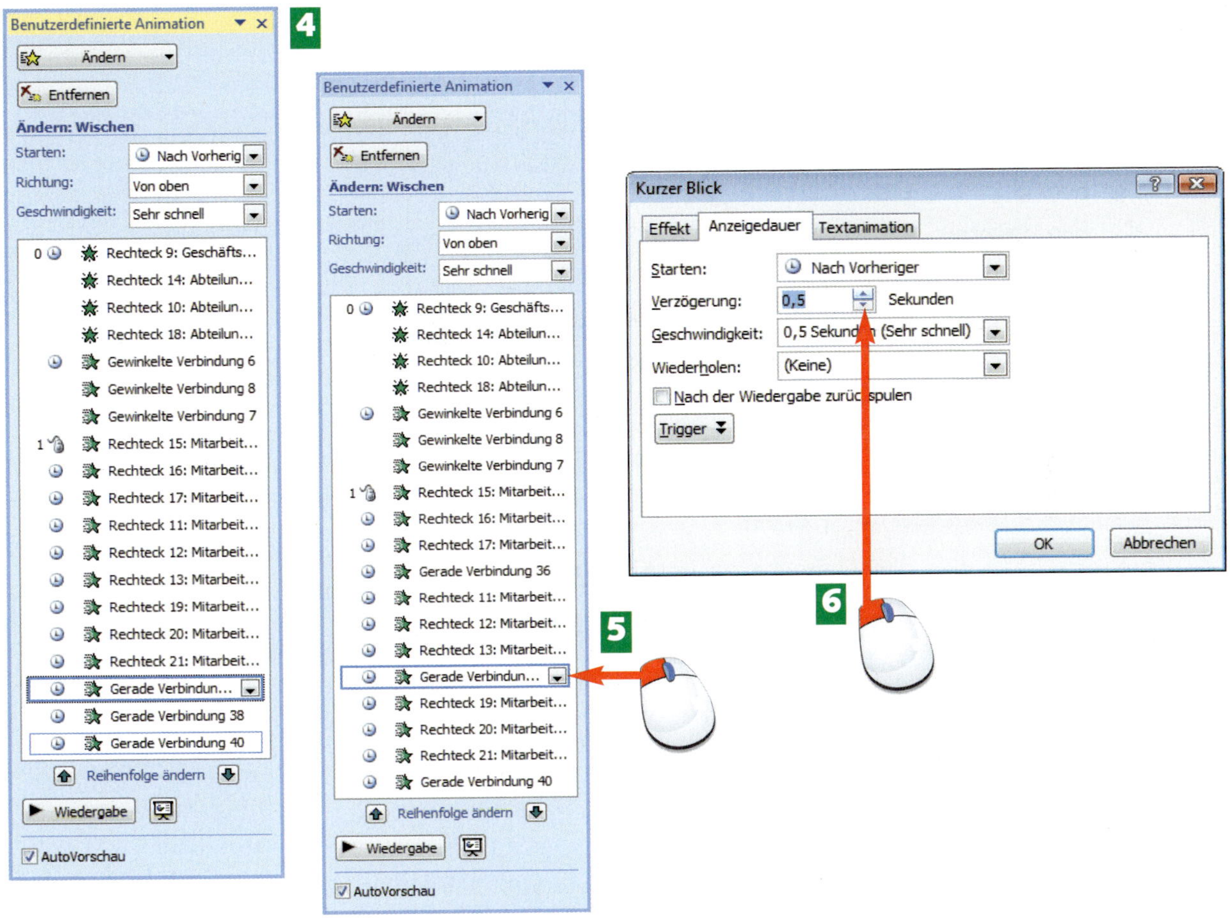

4 Verfahren Sie in gleicher Weise mit allen anderen Objekten.

5 Passen Sie dann über *Reihenfolge ändern* den Ablauf der Animation an.

6 Optimieren Sie bei Bedarf den Ablauf von Animationen, die die Startoptionen *Nach Vorheriger* oder *Mit Vorheriger* verwenden, indem Sie in den *Effektoptionen* unter *Anzeigedauer* eine kleine Verzögerung eingeben.

Ende

Um mehrere Objekte zu markieren, halten Sie die ⇧-Taste gedrückt, während Sie ein Objekt nach dem anderen anklicken.

TIPP

Beim Kopieren eines Objekts werden die zugehörigen Animationseinstellungen auch für die Kopie übernommen.

HINWEIS

Am schnellsten erstellen Sie animierte Schaubilder, indem Sie für gleichartige Objekte animierte Prototypen verwenden und das Schaubild aus Kopien dieser Prototypen zusammensetzen.

TIPP

Start

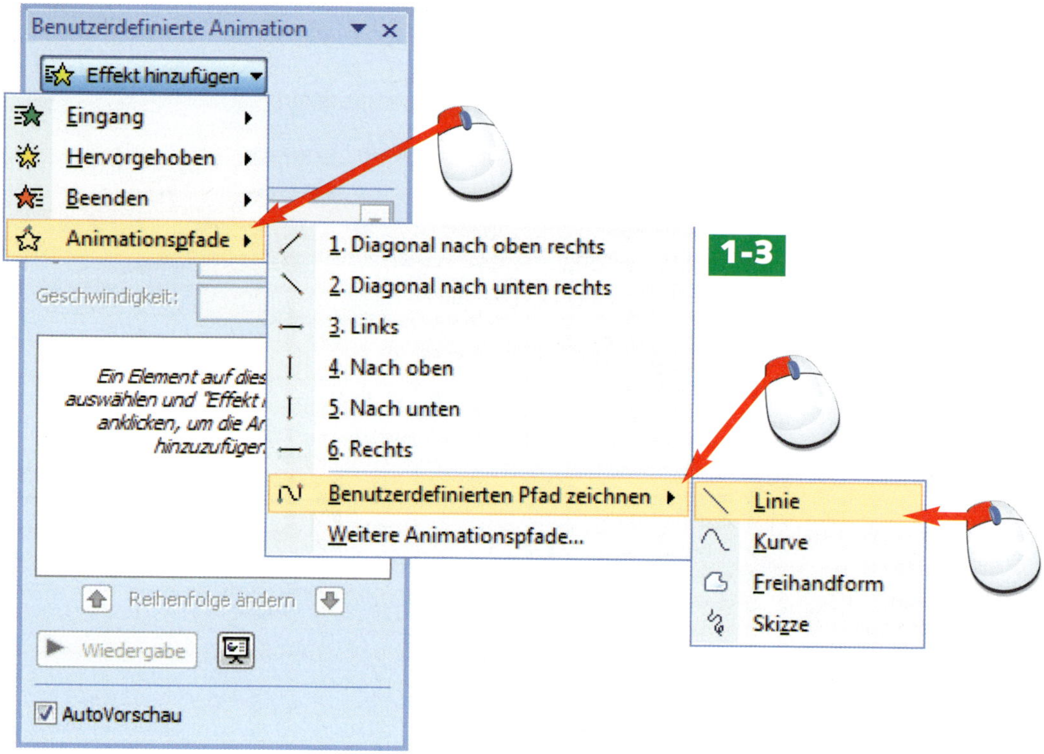

1 Um das Objekt entlang einer bestimmten Strecke zu animieren, markieren Sie es auf der Folie und klicken auf *Effekt hinzufügen*. Wählen Sie aus dem Untermenü die *Animationspfade* aus.

2 Klicken Sie auf *Benutzerdefinierten Pfad zeichnen …*

3 ... und dann auf *Linie*.

Animationspfade sind keine Eingangsanimationen. Das Objekt ist von Anfang an auf der Folie zu sehen und wird von seiner ursprünglichen Position an die Endposition des Pfads bewegt, sobald die Animation ausgelöst wird.

WISSEN

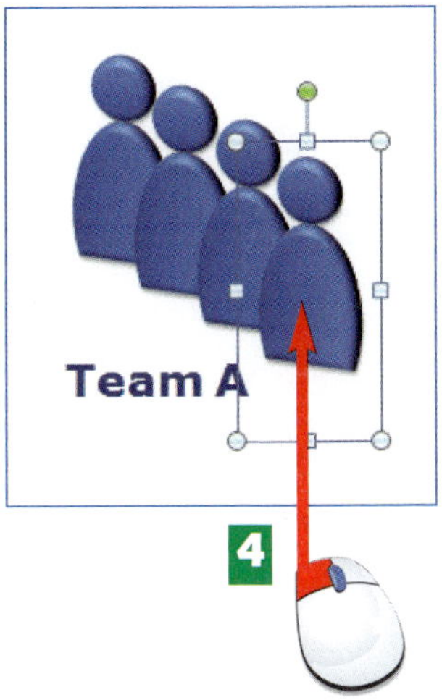

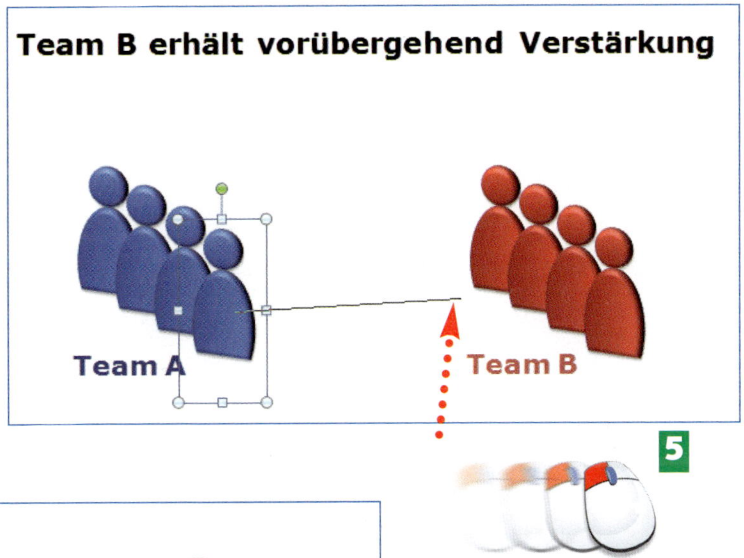

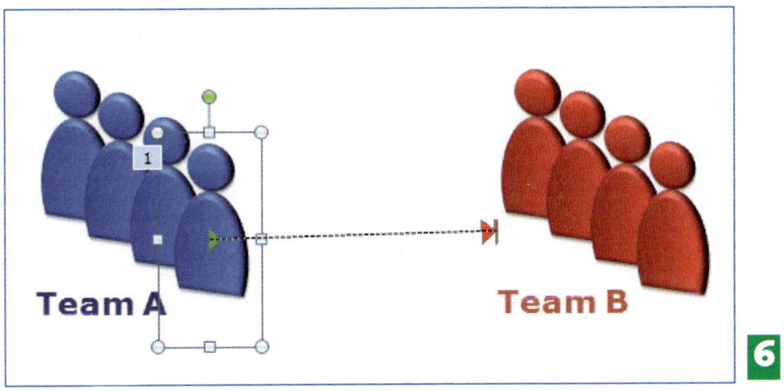

4 Der Mauszeiger wird zum Zeichnen des Pfads als Kreuz angezeigt. Klicken Sie in den Mittelpunkt des Objekts, halten Sie die Maustaste gedrückt …

5 … und ziehen Sie die Maus an den Punkt, an dem die Animation enden soll. Lassen Sie den Mauszeiger dann wieder los.

6 PowerPoint kennzeichnet den Startpunkt des Pfads mit einem grünen Pfeil und das Ende mit einem roten Pfeil.

Ende

Animationspfade können wie Zeichnungslinien vergrößert, verkleinert und rotiert werden.

HINWEIS

Animationspfade werden nur angezeigt, wenn der Aufgabenbereich *Benutzerdefinierte Animation* geöffnet ist. Sie erscheinen nicht im Ausdruck.

HINWEIS

Start

1

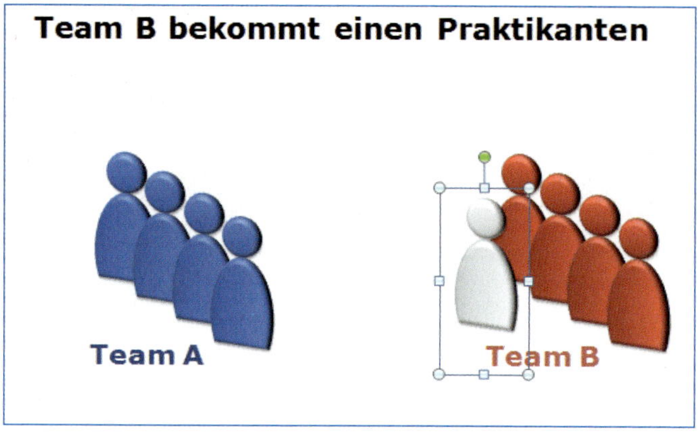

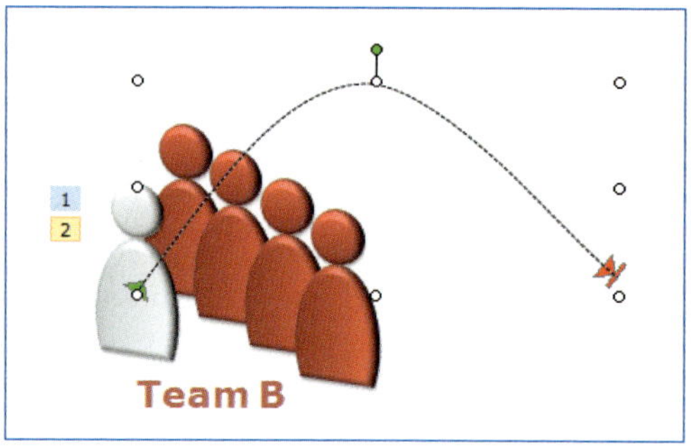

3

2

1 Ordnen Sie das Objekt, das Sie animieren möchten, an der Position an, an der es sich nach der Pfadanimation befinden soll.

2 Weisen Sie dem Objekt einen Eingangseffekt wie z. B. *Verblassender Zoom* zu.

3 Zeichnen Sie den Animationspfad. Setzen Sie den Startpunkt des Pfads auf das Objekt und den Endpunkt an die Position, an der die Animation beginnen soll.

Damit ein Objekt am Ende des Animationspfads exakt an der richtigen Stelle positioniert ist, zeichnen Sie den Pfad zunächst in der anderen Richtung und kehren ihn anschließend um.

WISSEN

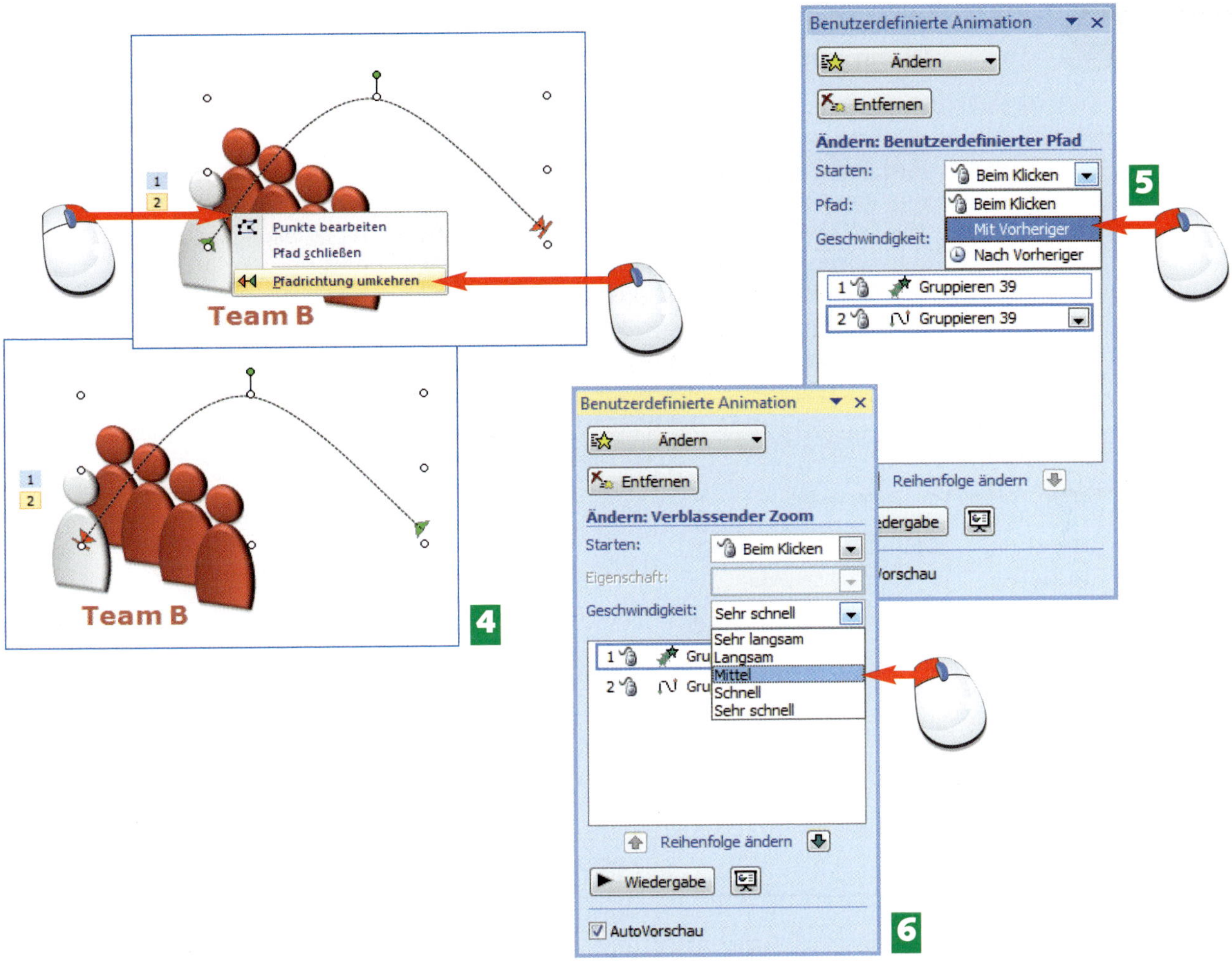

4 Klicken Sie mit der rechten Maustaste auf den Animationspfad und wählen Sie aus dem Kontextmenü *Pfadrichtung umkehren*.

5 Ändern Sie die Startoption für den Animationspfad auf *Mit Vorheriger*.

6 Passen Sie für einen gleichmäßigen Ablauf der beiden Animationen die *Geschwindigkeit* der Eingangsanimation an die des Pfads an.

Ende

Start- und Endpunkt eines Animationspfads können sich auch außerhalb der Folie befinden.

HINWEIS

Ein **gesperrter Pfad** bleibt an seiner ursprünglichen Position, wenn das Objekt verschoben wird. Nicht gesperrte Pfade werden zusammen mit dem Objekt verschoben.

FACHWORT

Reduzieren Sie den Zoomfaktor der Ansicht, um Objekte und Animationspfade im Bereich außerhalb der Folie anzuordnen.

TIPP

Start

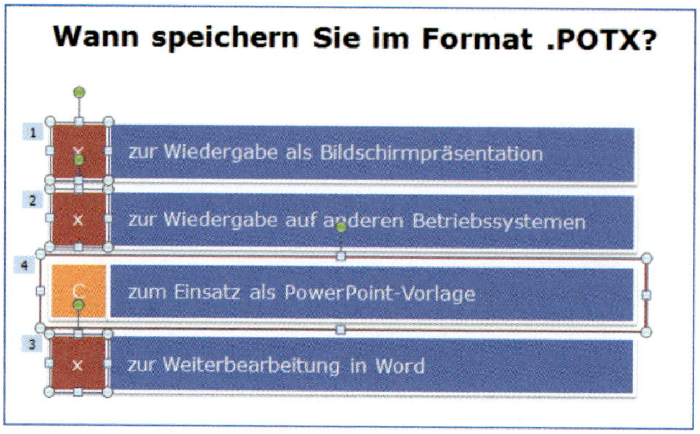

1

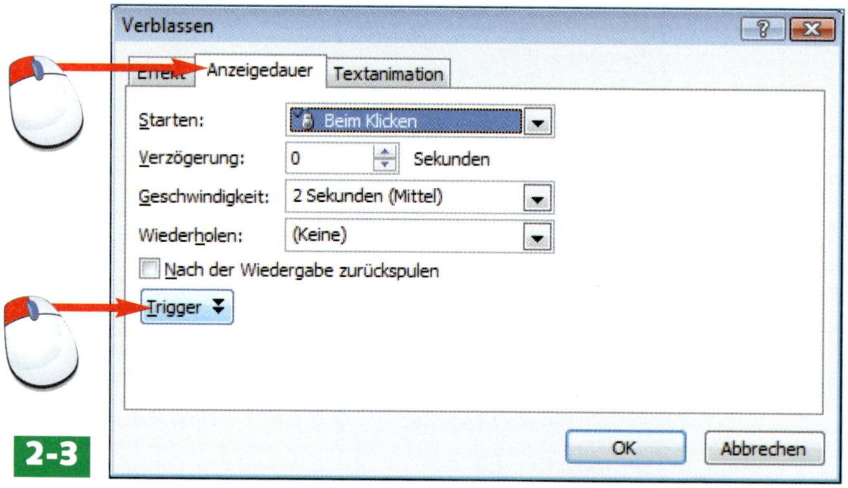

2-3

1 Richten Sie zunächst Folie und Animation ein. Im Beispiel soll per Klick auf eine falsche Antwort der Buchstabe durch ein rotes Kreuz zugedeckt und per Klick auf die richtige Antwort eine Rahmenlinie um die Antwort eingeblendet werden. Rufen Sie anschließend die *Effektoptionen* auf.

2 Wechseln Sie in den *Effektoptionen* in die Registerkarte *Anzeigedauer*.

3 Klicken Sie auf die Schaltfläche *Trigger*.

Triggeranimationen werden nur wiedergegeben, wenn der Trigger angeklickt wird. Durch wiederholtes Anklicken des Triggers können sie beliebig oft ausgelöst werden. Ein Klick außerhalb des Triggers löst den Folienübergang aus oder Animationen, die Teil der Klickreihenfolge sind.

WISSEN

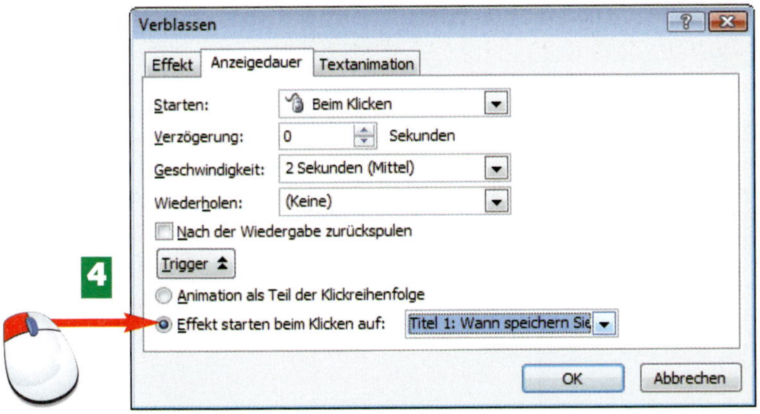

4

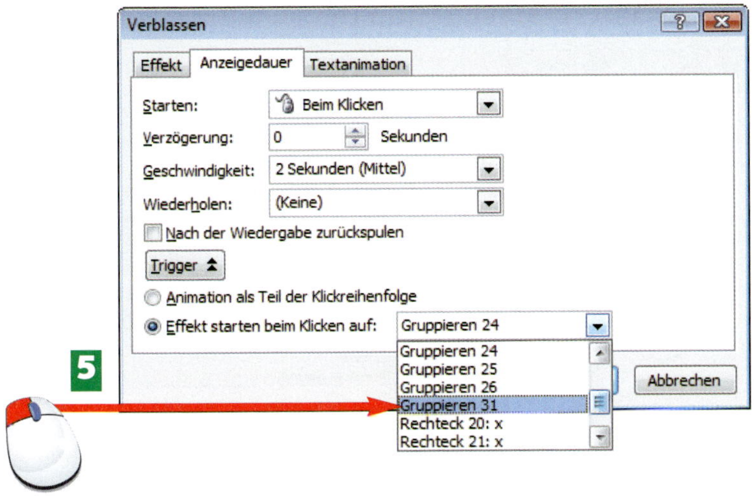

5

6

4 Aktivieren Sie in der Registerkarte *Anzeigedauer* ganz unten die Option *Effekt starten beim Klicken auf*.

5 Suchen Sie im nebenstehenden Listenfeld das Objekt auf der Folie aus, das Sie als Trigger einsetzen möchten.

6 Nach dem Zuweisen des Triggers erscheint in der Animationsliste ein entsprechender Eintrag. Auf der Folie erhält der Trigger eine besondere Markierung in Form eines ausgestreckten Zeigefingers.

Ende

Ein **Trigger** ist ein Folienobjekt, das eine oder mehrere Animationen auslöst, sobald in der Bildschirmpräsentation darauf geklickt wird.

FACHWORT

Um das richtige Objekt als Trigger einfacher zu identifizieren, rufen Sie in der Registerkarte *Format* der Zeichentools den *Auswahlbereich* auf. Klicken Sie zweimal mit etwas Verzögerung auf einen Eintrag und benennen Sie das Objekt um. Der neue Name des Objekts wird dann auch in den *Effektoptionen* angezeigt.

TIPP

Start

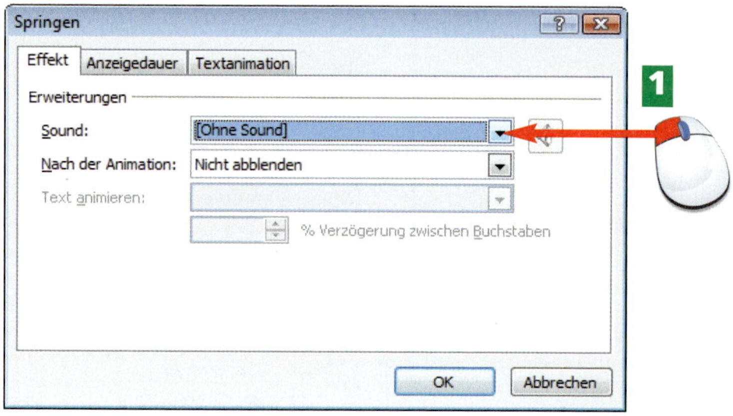

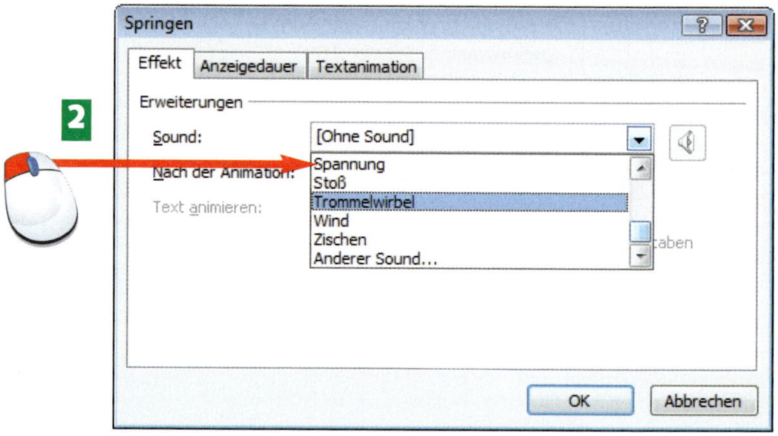

1 Öffnen Sie die *Effektoptionen* eines Animationseffekts und rufen Sie die Registerkarte *Effekt* auf. Klicken Sie auf den Pfeil neben *Sound*.

2 Wählen Sie im Listenfeld *Sound* entweder einen der voreingestellten Soundeffekte aus oder ...

Zur Kombination mit Animationseffekten können ausschließlich Sounddateien im Format .WAV eingesetzt werden.

WISSEN

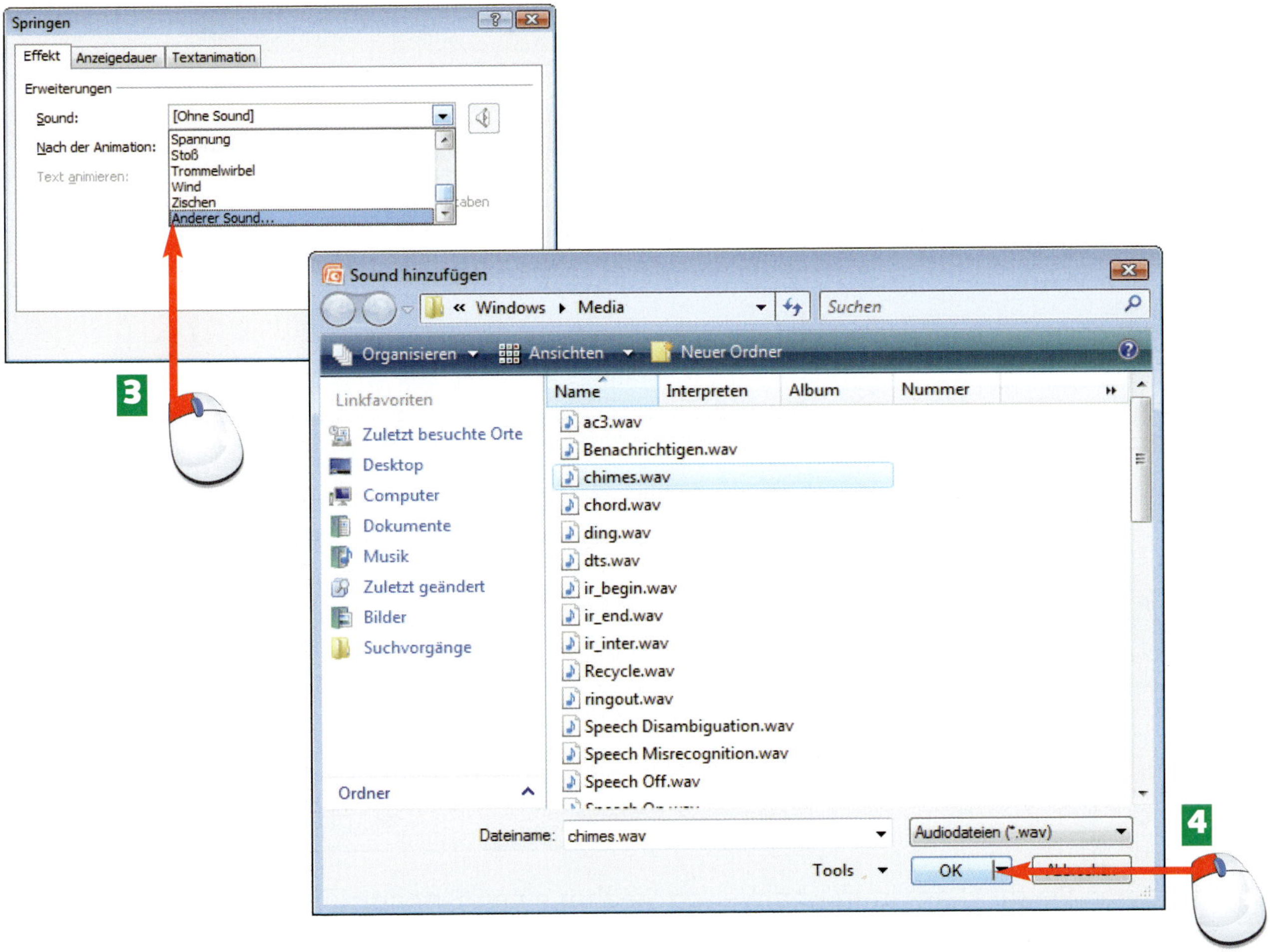

3 … scrollen Sie in der Liste nach unten, bis der Eintrag *Anderer Sound* zu sehen ist.

4 Wählen Sie dann im Dialogfeld *Sound einfügen* eine andere Sounddatei aus und bestätigen Sie mit *OK*.

Ende

Setzen Sie Animationen mit Sound nur sehr sparsam für besondere Hervorhebungen ein.

TIPP

Anders als Sounddateien, die Sie auf der Folie einfügen, werden die Sounddateien, die Sie mit Animationseffekten verwenden, immer in der PowerPoint-Datei gespeichert.

HINWEIS

Start

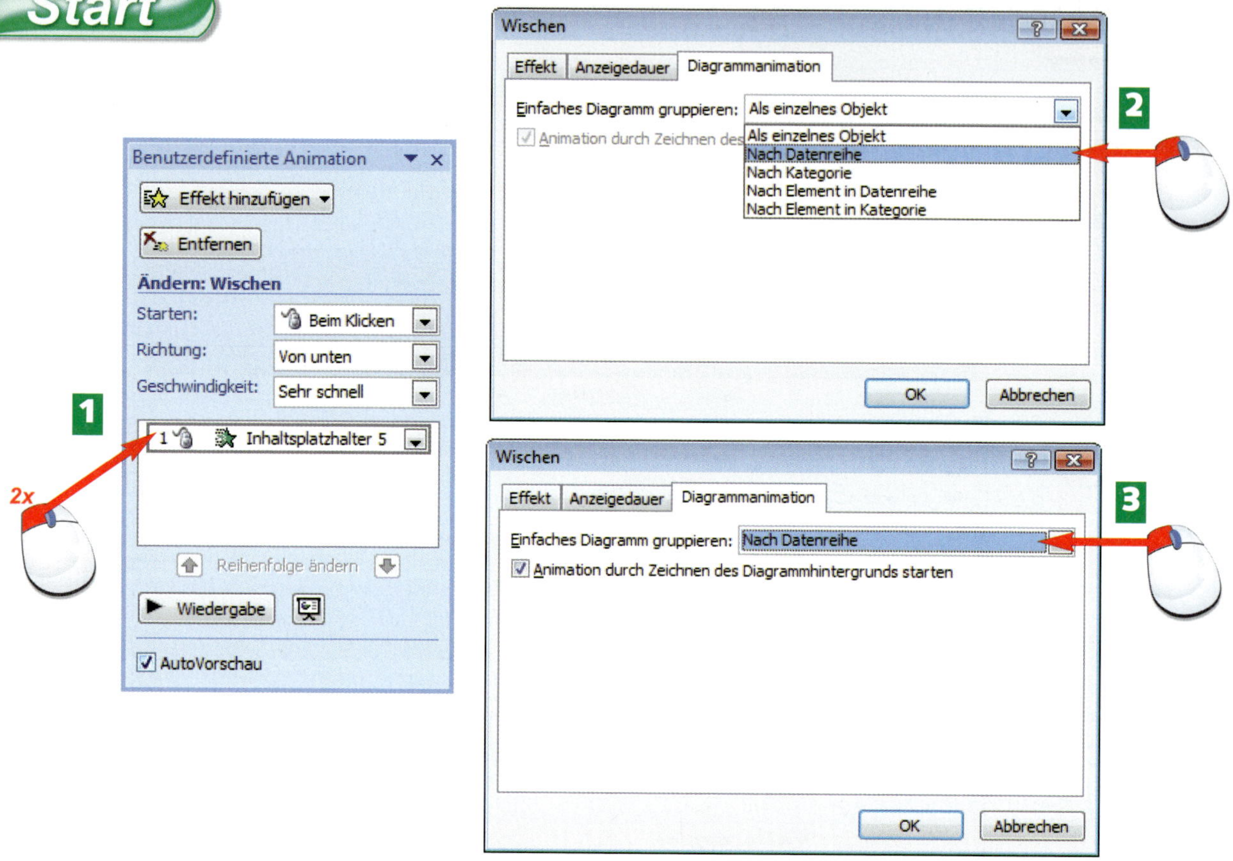

1 Markieren Sie Ihr Diagramm und weisen Sie ihm einen Eingangseffekt zu. Rufen Sie dann per Doppelklick auf den Eintrag in der Animationsliste die *Effektoptionen* auf.

2 Wählen Sie in der Registerkarte *Diagrammanimation* die Einstellung *Nach Datenreihe*, um per Mausklick jeweils alle Datenpunkte einer Reihe gleichzeitig einzublenden.

3 Die Option *Animation durch Zeichnen des Diagrammhintergrunds starten* bewirkt, dass zunächst Achsen, Beschriftungen, Gitternetzlinien etc. eingeblendet werden und dann die Animation der Datenreihen folgt.

Diagramme und SmartArts werden zunächst als ganzes Objekt animiert. In den Effektoptionen steht eine Auswahl an Voreinstellungen zur Verfügung, wie das Diagramm oder die SmartArts per Animation Schritt für Schritt eingeblendet werden können. Die Voreinstellungen für SmartArts hängen vom jeweiligen SmartArt-Typ ab.

WISSEN

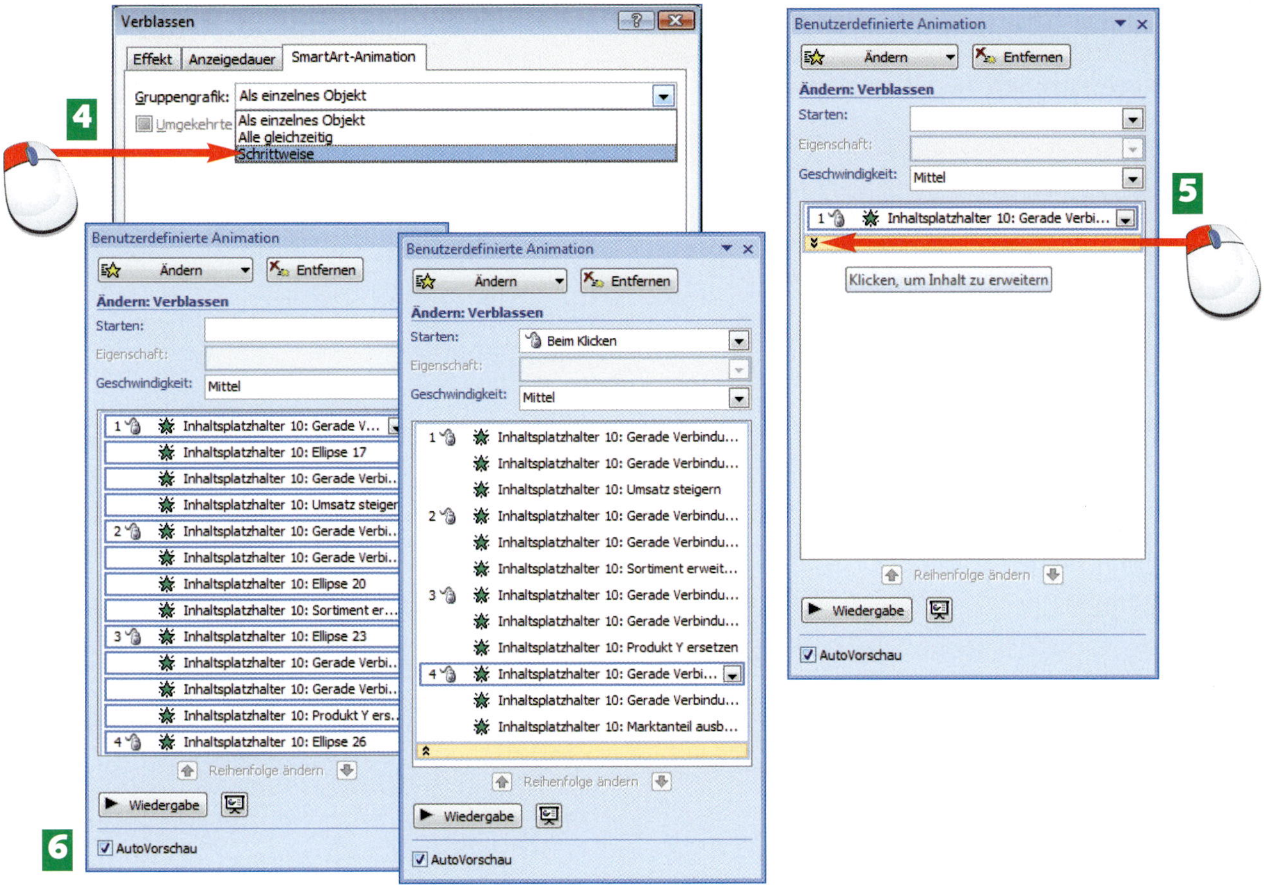

4 Um die Elemente von *SmartArt-Grafiken* nach und nach einzublenden, rufen Sie in den *Effektoptionen* die Registerkarte *SmartArt-Animation* auf. Mit der Einstellung *Schrittweise* bearbeiten Sie den Ablauf der Animation in der Animationsliste.

5 Klicken Sie dazu auf den Doppelpfeil unterhalb des Eintrags in der Animationsliste, um die Details einzublenden.

6 Passen Sie die Animation an Ihre Vorstellungen an: Entfernen Sie zum Beispiel für die Zielscheibe aus Kapitel 3 alle Eingangseffekte für *Ellipsen*, sodass nur Verbindungslinien und Beschriftungen animiert werden. Ändern Sie anschließend die Startoption für die Verbindungslinien auf *Beim Klicken*.

Ende

TIPP

Entscheiden Sie anhand der *AutoVorschau*, welche der voreingestellten Animationen für Ihre Zwecke am besten geeignet ist.

HINWEIS

Tabellen können nur als ganzes Objekt animiert werden.

TIPP

Ziehen Sie den Aufgabenbereich an der Teilungsleiste zum Folienbereich in die Breite. Dann können Sie die Einträge in der Animationsliste anhand ihrer Bezeichnungen unterscheiden.

10

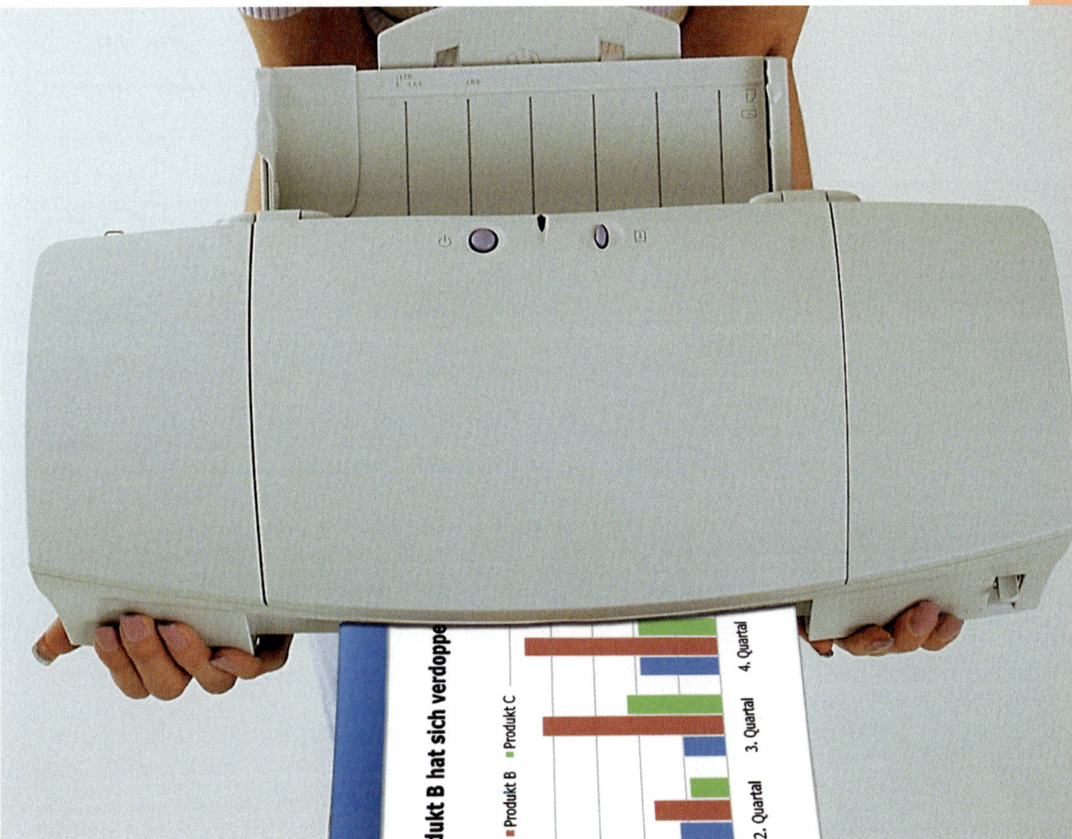

Für jeden Zweck den richtigen Ausdruck

Start

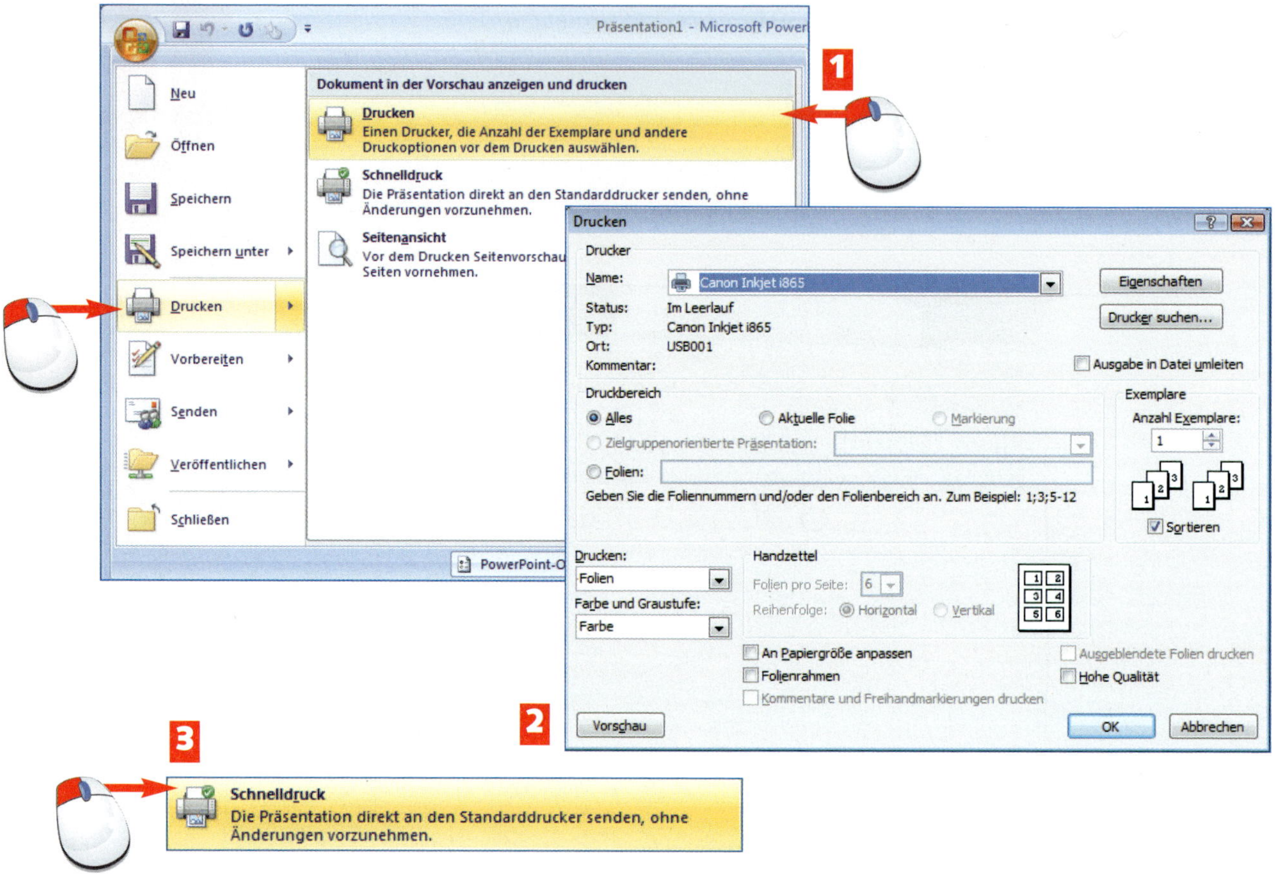

1 Zeigen Sie im Menü *Datei* auf den Eintrag *Drucken*. Wählen Sie die Option *Drucken* auf der rechten Seite des Dialogfelds, um das Dialogfeld *Drucken* zu öffnen.

2 Im Dialogfeld können Sie dann ganz genau festlegen, mit welchen Einstellungen der Ausdruck erfolgt.

3 Klicken Sie dagegen auf *Schnelldruck*, wird der Ausdruck mit den zuletzt festgelegten Einstellungen gestartet.

Neben den Folien einer Präsentation können Sie auch Ihre Notizen, die Gliederung sowie Handzettel für das Publikum drucken.

WISSEN

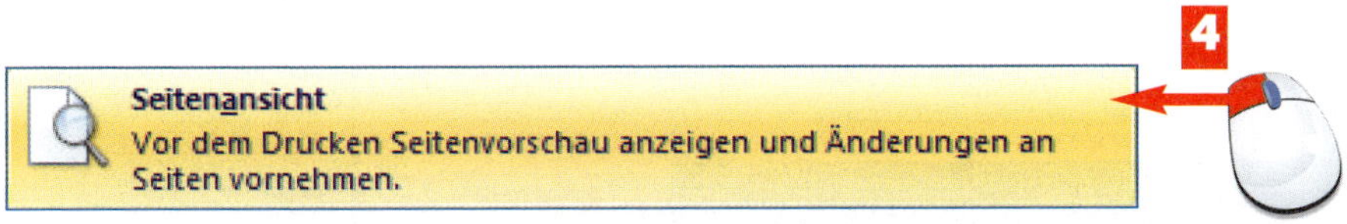

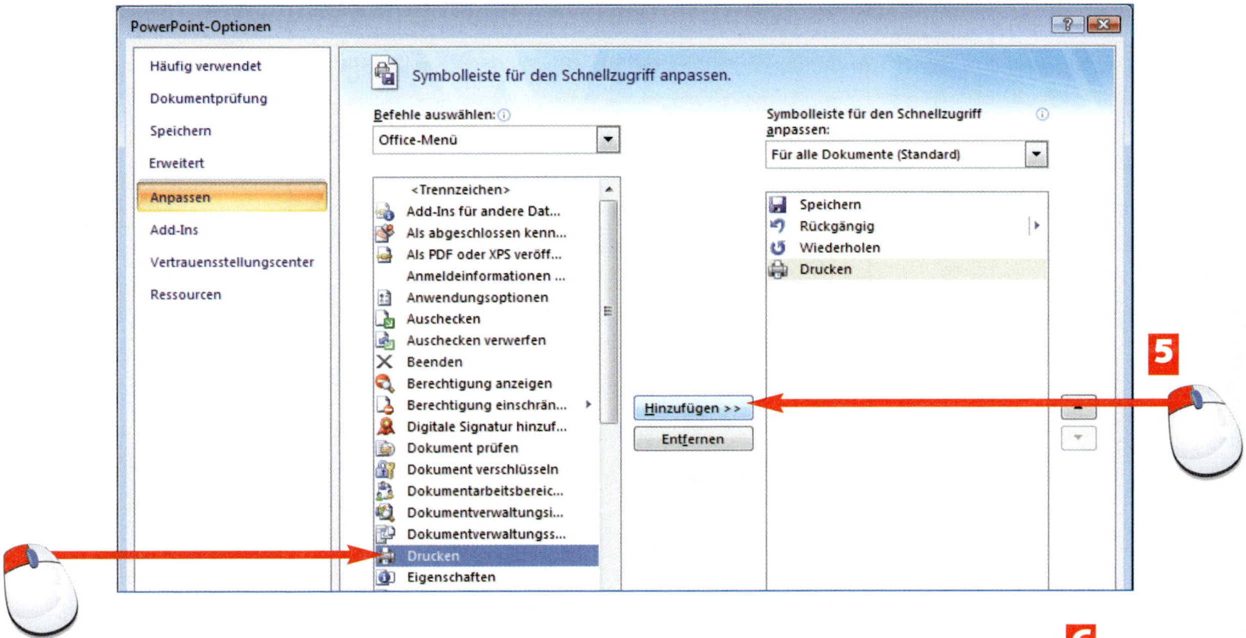

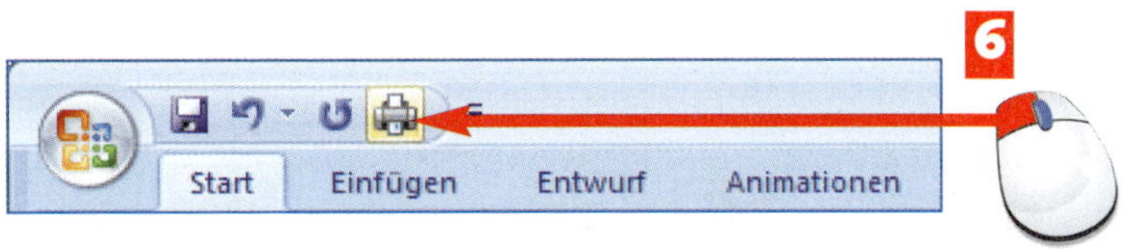

4 Über die *Seitenansicht* rufen Sie eine Vorschau auf den Druck auf, in der Sie überprüfen können, wie Ihre Folien im Ausdruck aussehen werden.

5 Wenn Sie häufig drucken, erweitern Sie wie in Kapitel 1 beschrieben die *Schnellzugriffsleiste*, sodass diese das Symbol für *Drucken* enthält.

6 Dann haben Sie jederzeit direkten Zugriff auf Ihre Druckeinstellungen.

Ende

Die *Seitenansicht* kann auch über *Vorschau* im Dialogfeld *Drucken* aufgerufen werden.

HINWEIS

Nehmen Sie zuerst im Dialogfeld *Drucken* alle Einstellungen für den Ausdruck vor und überprüfen Sie Ihre Einstellungen anhand der *Vorschau*. Starten Sie den Ausdruck dann direkt aus der *Seitenansicht* heraus.

TIPP

Start

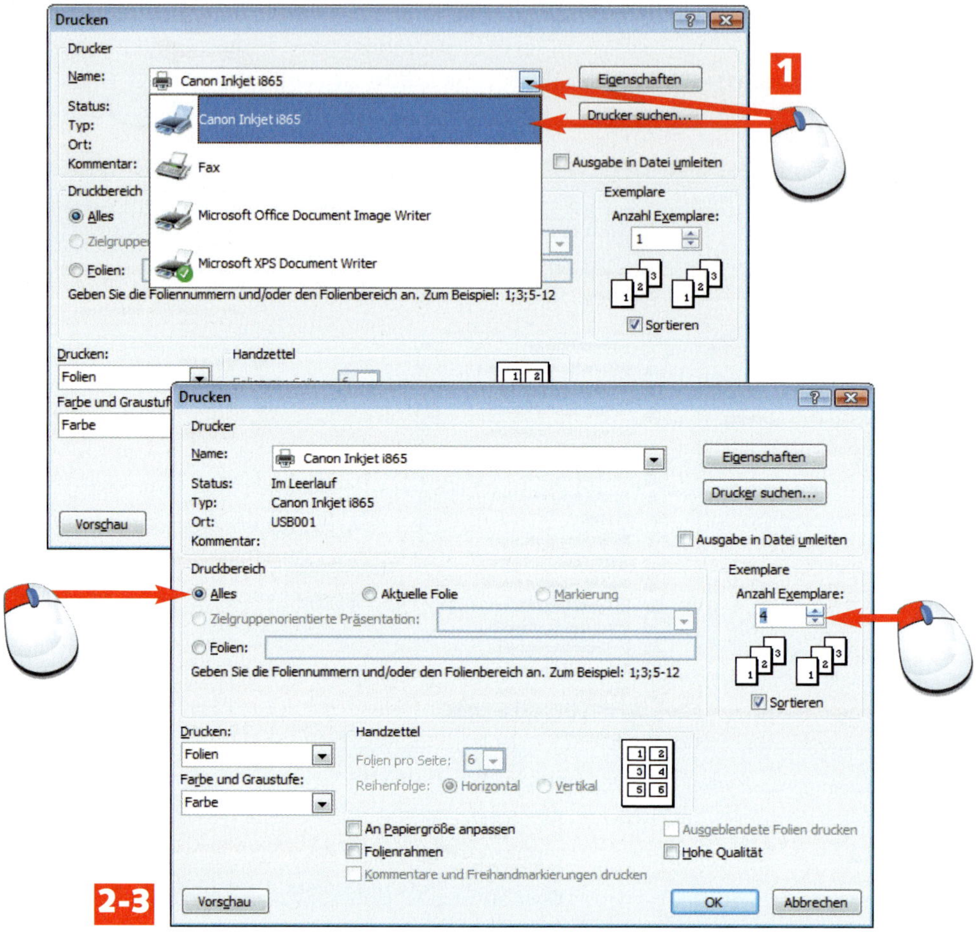

1 Überprüfen Sie im Dialogfeld *Drucken* zunächst, ob der richtige Drucker für den Ausdruck eingestellt ist, und stellen Sie hier den gewünschten Drucker ein.

2 Wählen Sie als Nächstes die *Anzahl der Exemplare*, die gedruckt werden sollen.

3 Bestimmen Sie im *Druckbereich*, ob die ganze Präsentation oder nur bestimmte Folien gedruckt werden sollen.

Die Tools *Document Image Writer*, *XPS Document Writer* oder auch *Adobe PDF* konvertieren eine PowerPoint-Datei lediglich in ein anderes Format. Ein echter Ausdruck erfolgt nicht. Welche Drucker zur Verfügung stehen, hängt neben der installierten Hard- und Software auch von Ihrer Windows-Version ab.

WISSEN

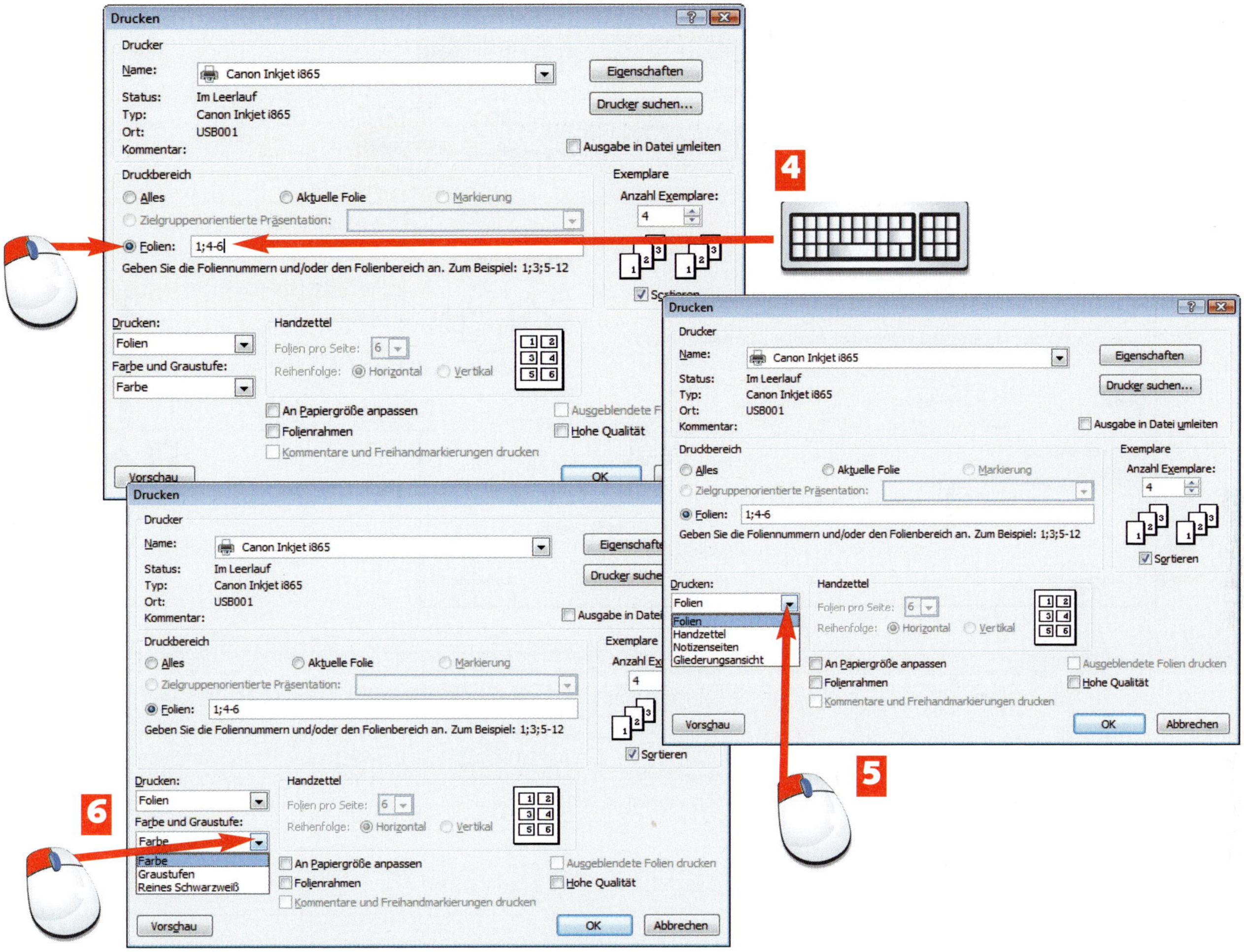

4 Um nur bestimmte Folien zu drucken, aktivieren Sie die Option *Folien*. Geben Sie einzelne Foliennummern bzw. Bereiche getrennt durch Semikolon in das Textfeld daneben ein.

5 Bestimmen Sie im Listenfeld *Drucken*, dass *Folien* (und nicht Handzettel oder Notizen etc.) gedruckt werden sollen.

6 Entscheiden Sie zum Schluss, ob die Präsentation in *Farbe* oder *Graustufen* gedruckt werden soll.

Die Option *Sortieren* bewirkt, dass die Präsentation fortlaufend ausgedruckt wird. Ist das Kontrollkästchen deaktiviert, wird der Ausdruck seitenweise sortiert.

HINWEIS

Beim Ausdruck auf einem Schwarzweißdrucker werden alle Farben automatisch in Grauwerte umgewandelt.

HINWEIS

Beim Schwarzweißdruck werden alle Formen mit einer schwarzen Linie und ohne Füllung gedruckt. Er ist in der Regel nur für Konzeptdrucke geeignet.

HINWEIS

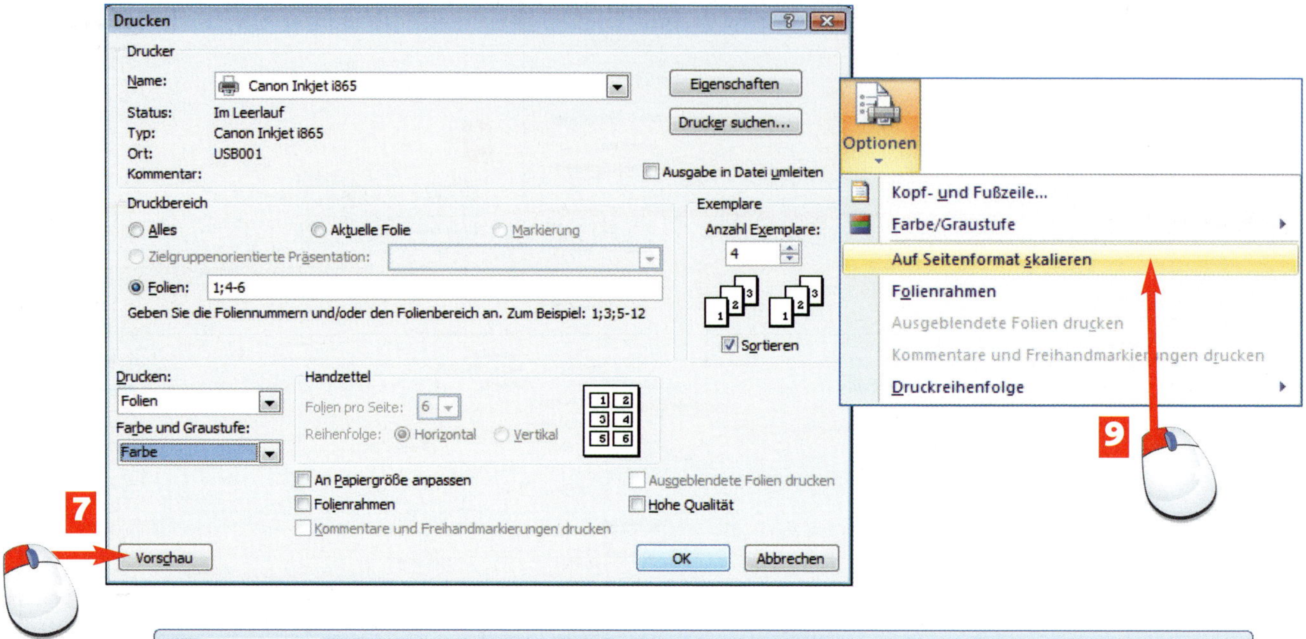

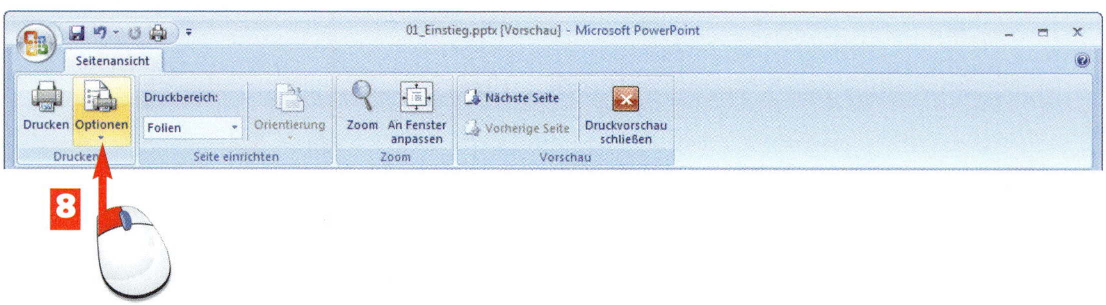

7 Bestätigen Sie Ihre Einstellungen mit *OK*, um den Ausdruck zu starten. Klicken Sie auf *Vorschau*, um Ihre Einstellungen in der *Seitenansicht* zu überprüfen.

8 Klicken Sie in der *Seitenansicht* auf *Optionen*, um weitere Einstellungen vorzunehmen.

9 Die Option *Auf Seitenformat skalieren* vergrößert die Folie auf den druckbaren Bereich Ihres Druckers.

Mit der Option *Folienrahmen* in den *Optionen* wird die Folie mit einer schwarzen Rahmenlinie gedruckt. Beurteilen Sie anhand der Vorschau, ob Ihre Folien im Ausdruck mit oder ohne Rahmenlinie besser wirken.

WISSEN

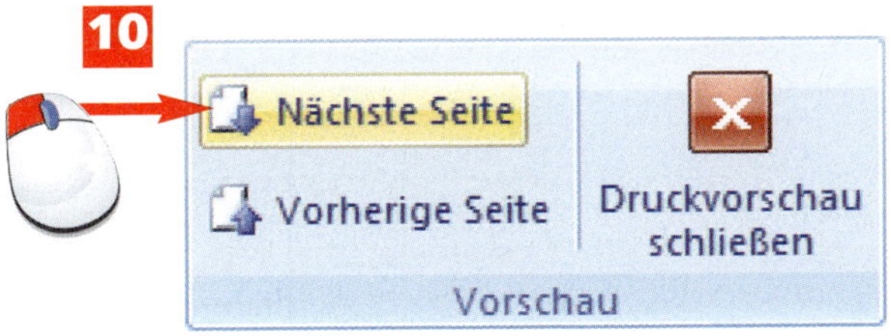

10 Per Klick auf die Schaltflächen *Nächste Seite* und *Vorherige Seite* blättern Sie in der Druckvorschau durch die Präsentation.

11 Wenn Sie mit Ihren Einstellungen zufrieden sind, klicken Sie auf *Drucken*, um den Ausdruck zu starten.

12 Per Klick auf *Druckvorschau schließen* brechen Sie den Druckvorgang ab und kehren in die Normalansicht von PowerPoint zurück.

Ende

Wenn Sie Overheadfolien drucken, verwenden Sie unbedingt den für Ihren Drucker entwickelten Folientyp (Laser/Tinte).

HINWEIS

Der **druckbare Bereich** bei einem Drucker ist jener Bereich der Papierseite, der abzüglich der Einzugsmechanismen eines Druckers bedruckt werden kann.

FACHWORT

Manche Grafikeffekte wie Schatten werden erst gedruckt, wenn Sie im Dialogfeld *Drucken* die Option *Hohe Qualität* aktiviert haben.

HINWEIS

Start

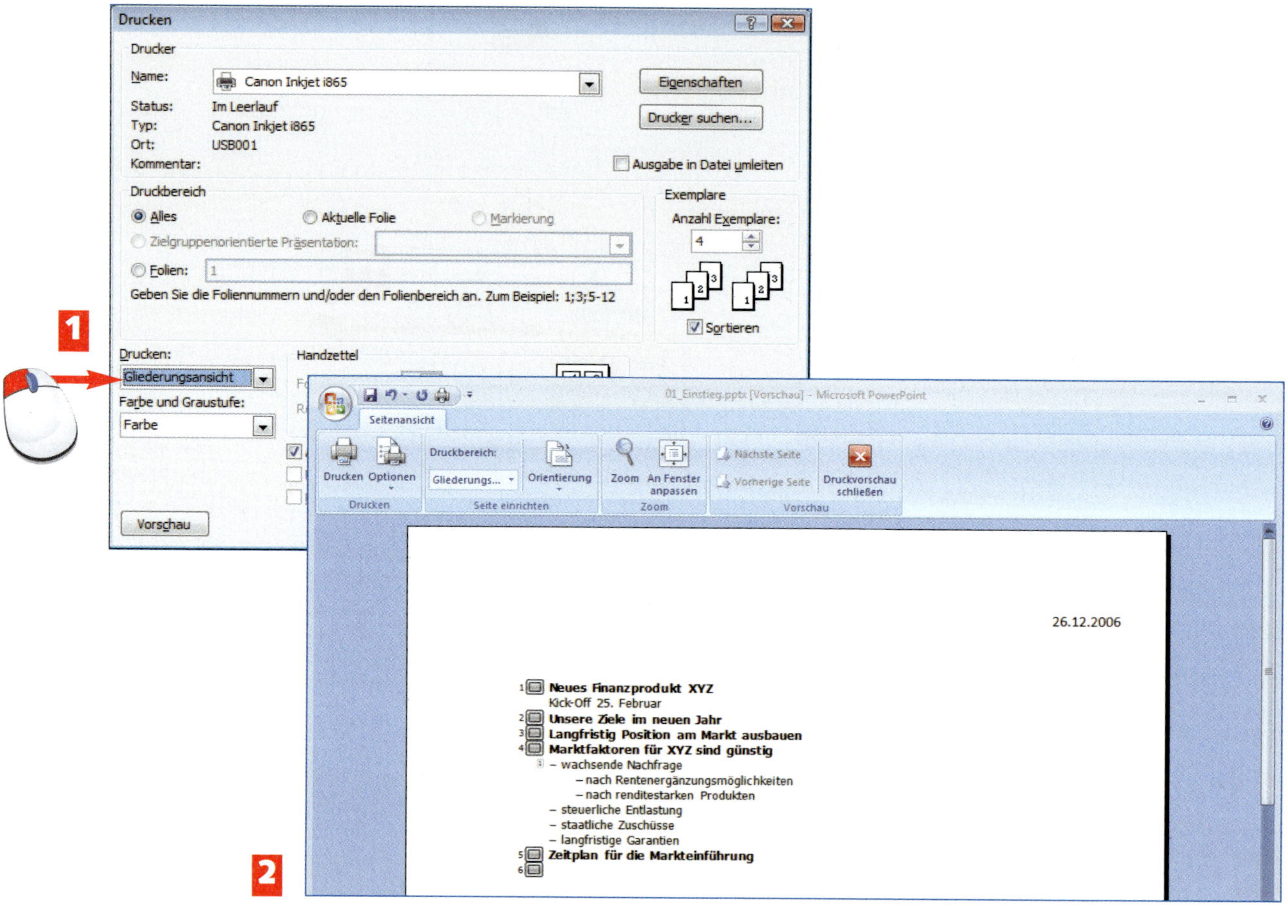

1 Einen schnellen Überblick über Ihre Präsentation erhalten Sie, wenn Sie die *Gliederungsansicht* ausdrucken.

2 Die *Gliederungsansicht* zeigt ausschließlich die Folientitel sowie den Text in Platzhaltern.

Die Formatierung der *Gliederungsansicht* ergibt sich aus den Voreinstellungen für die Folie und kann nicht abweichend gestaltet werden. Der Text der Notizenseiten kann dagegen in der Notizenansicht bearbeitet und formatiert werden.

WISSEN

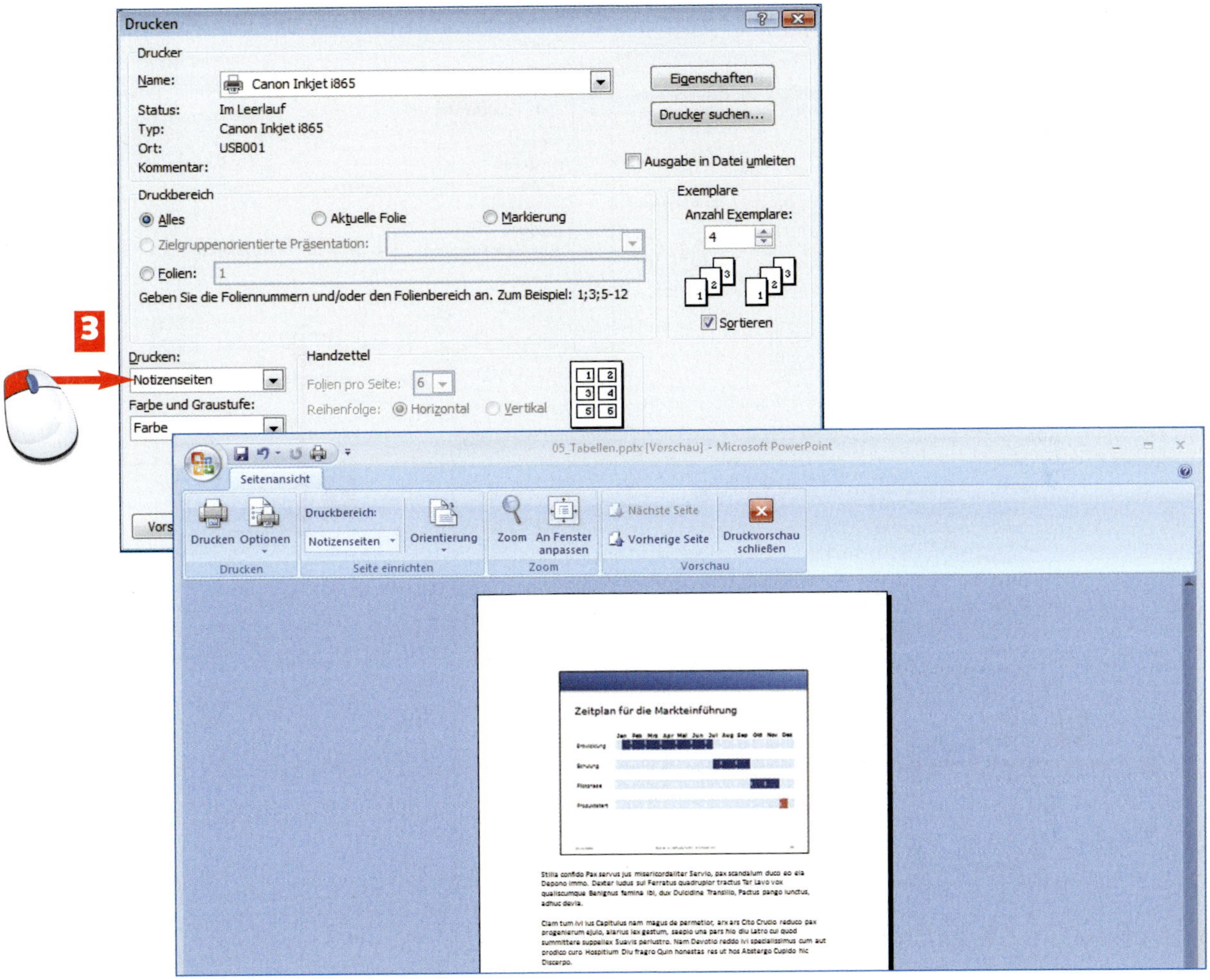

4

3 Die Vortragsnotizen, die Sie in den Notizenausschnitt eingegeben haben, können Sie als *Notizenseiten* ausdrucken.

4 *Notizenseiten* enthalten eine verkleinerte Abbildung der Folie und darunter Ihre Notizen.

Ende

Übersichtlich formatiert ist ein Ausdruck der *Notizenseiten* auch als Handout für Ihr Publikum geeignet.

TIPP

PowerPoint stellt für *Notizenseiten* einen eigenen Master zur Verfügung, den Sie über *Ansicht/Notizenmaster* aufrufen und bearbeiten können.

HINWEIS

Start

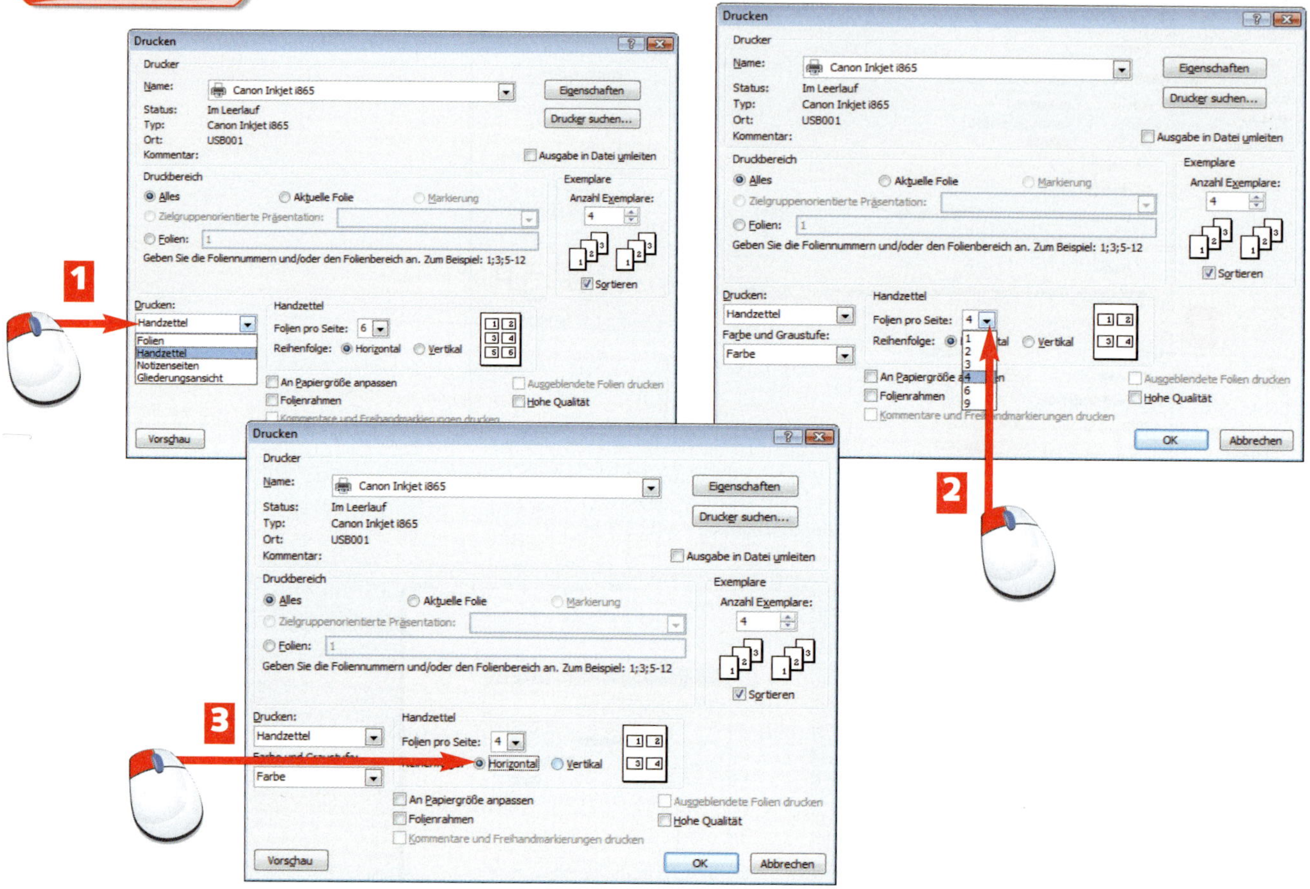

1 Wählen Sie die Einstellung *Handzettel*.

2 Bestimmen Sie unter *Folien pro Seite*, wie viele Miniaturbilder der Folien auf einer Seite angeordnet sein sollen.

3 Über *Reihenfolge Horizontal* bzw. *Vertikal* legen Sie fest, wie die Miniaturbilder durchnummeriert werden. Die Abbildung rechts daneben zeigt eine Vorschau auf Ihre Auswahl.

Mit der Einstellung *3 Folien pro Seite* werden rechts neben dem Miniaturbild Linien für handschriftliche Notizen gedruckt.

WISSEN

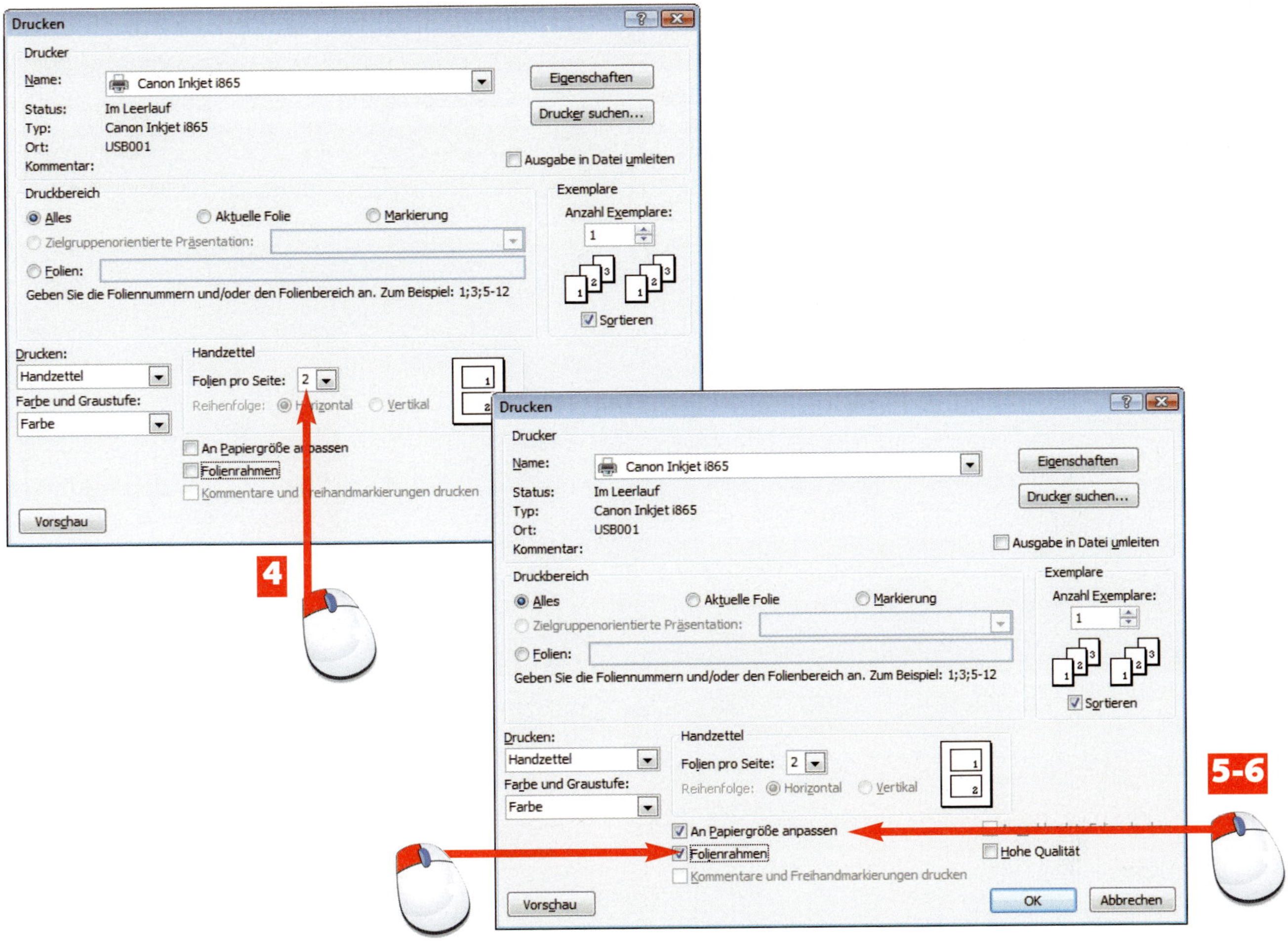

4 Wenn Sie Handzettel als Handout einsetzen, wählen Sie die Einstellung *2 Folien pro Seite*.

5 Aktivieren Sie die Option *An Papiergröße anpassen*.

6 Wenn Ihre Folien einen weißen Hintergrund verwenden, aktivieren Sie auch die Option *Folienrahmen*.

Ende

Handzettel, die in der Einstellung *2 Folien pro Seite* gedruckt werden, sind eine attraktive Alternative zu einem Handout und angenehmer in der Handhabung als Folien im DIN-A4-Querformat.

TIPP

Achten Sie darauf, dass Ihre Folien auch beim Ausdruck als Handzettel mühelos lesbar sind. Reduzieren Sie bei Bedarf die Zahl der Miniaturbilder, die pro Seite gedruckt werden.

TIPP

11

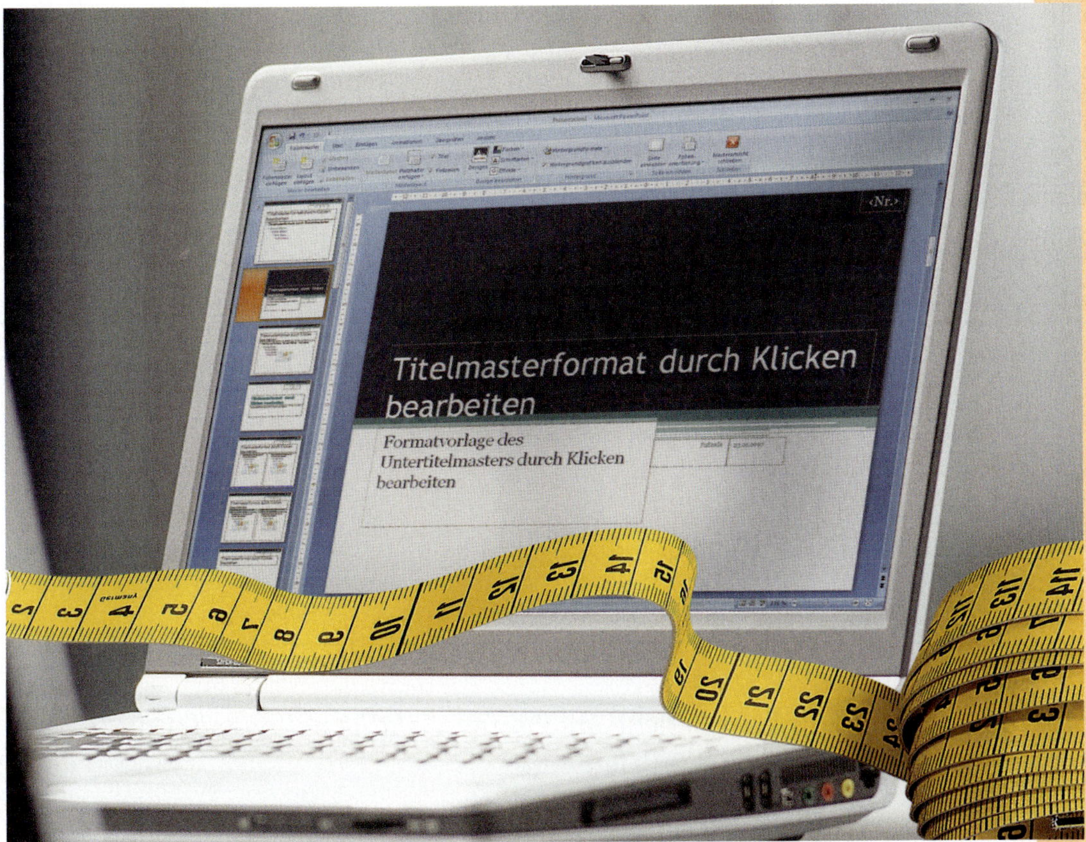

Eine eigene PowerPoint-Vorlage erstellen

Start

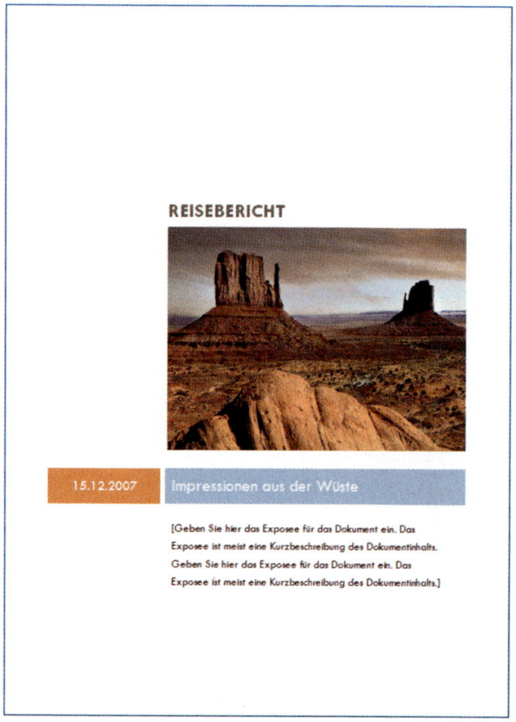

1

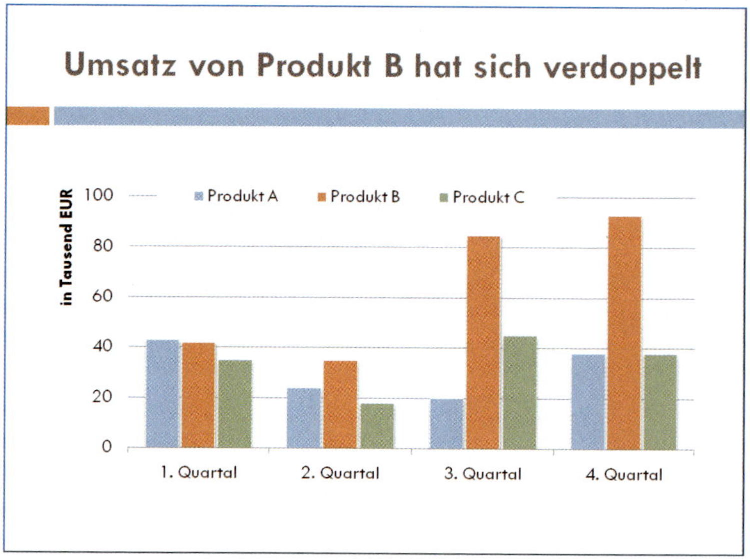

2

1 Das Deckblatt des in Word erstellten Berichts im Design *Galathea* verwendet die gleichen Farben, Schriften und grafischen Elemente …

2 … wie das in PowerPoint erstellte Diagramm.

Die einheitliche Gestaltung aller Briefe, Kalkulationen und Präsentationen sorgt für einen professionellen Eindruck Ihrer geschäftlichen und privaten Korrespondenz. Dazu stellt Office anwendungsübergreifend die sogenannten *Office-Designs* zur Verfügung. Sie werden in Word, Excel und PowerPoint jeweils durch programmspezifische Vorlagen ergänzt.

WISSEN

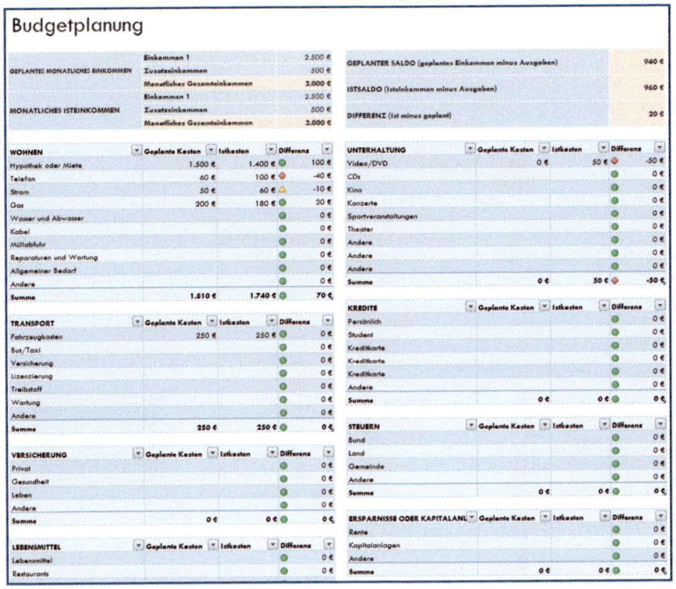

Budgetplanung

GEPLANTES MONATLICHES EINKOMMEN	Einkommen 1	2.500 €
	Zusatzeinkommen	500 €
	Monatliches Gesamteinkommen	3.000 €
MONATLICHES ISTEINKOMMEN	Einkommen 1	2.500 €
	Zusatzeinkommen	500 €
	Monatliches Gesamteinkommen	3.000 €

GEPLANTER SALDO (geplantes Einkommen minus Ausgaben)	940 €
ISTSALDO (Isteinkommen minus Ausgaben)	960 €
DIFFERENZ (Ist minus geplant)	20 €

WOHNEN	Geplante Kosten	Istkosten	Differenz
Hypothek oder Miete	1.500 €	1.400 €	100 €
Telefon	60 €	100 €	-40 €
Strom	50 €	60 €	-10 €
Gas	200 €	180 €	20 €
Wasser und Abwasser			0 €
Kabel			0 €
Müllabfuhr			0 €
Reparaturen und Wartung			0 €
Allgemeiner Bedarf			0 €
Andere			0 €
Summe	1.810 €	1.740 €	70 €

TRANSPORT	Geplante Kosten	Istkosten	Differenz
Fahrzeugkosten	250 €	250 €	0 €
Bus/Taxi			0 €
Versicherung			0 €
Lizenzierung			0 €
Treibstoff			0 €
Wartung			0 €
Andere			0 €
Summe	250 €	250 €	0 €

VERSICHERUNG	Geplante Kosten	Istkosten	Differenz
Privat			0 €
Gesundheit			0 €
Leben			0 €
Andere			0 €
Summe	0 €	0 €	0 €

LEBENSMITTEL	Geplante Kosten	Istkosten	Differenz
Lebensmittel			0 €
Restaurants			0 €

UNTERHALTUNG	Geplante Kosten	Istkosten	Differenz
Video/DVD	0 €	50 €	-50 €
CDs			0 €
Kino			0 €
Konzerte			0 €
Sportveranstaltungen			0 €
Theater			0 €
Andere			0 €
Andere			0 €
Andere			0 €
Summe	0 €	50 €	-50 €

KREDITE	Geplante Kosten	Istkosten	Differenz
Persönlich			0 €
Student			0 €
Kreditkarte			0 €
Kreditkarte			0 €
Kreditkarte			0 €
Andere			0 €
Summe	0 €	0 €	0 €

STEUERN	Geplante Kosten	Istkosten	Differenz
Bund			0 €
Land			0 €
Gemeinde			0 €
Andere			0 €
Summe	0 €	0 €	0 €

ERSPARNISSE ODER KAPITALANL	Geplante Kosten	Istkosten	Differenz
Rente			0 €
Kapitalanlagen			0 €
Andere			0 €
Summe	0 €	0 €	0 €

3

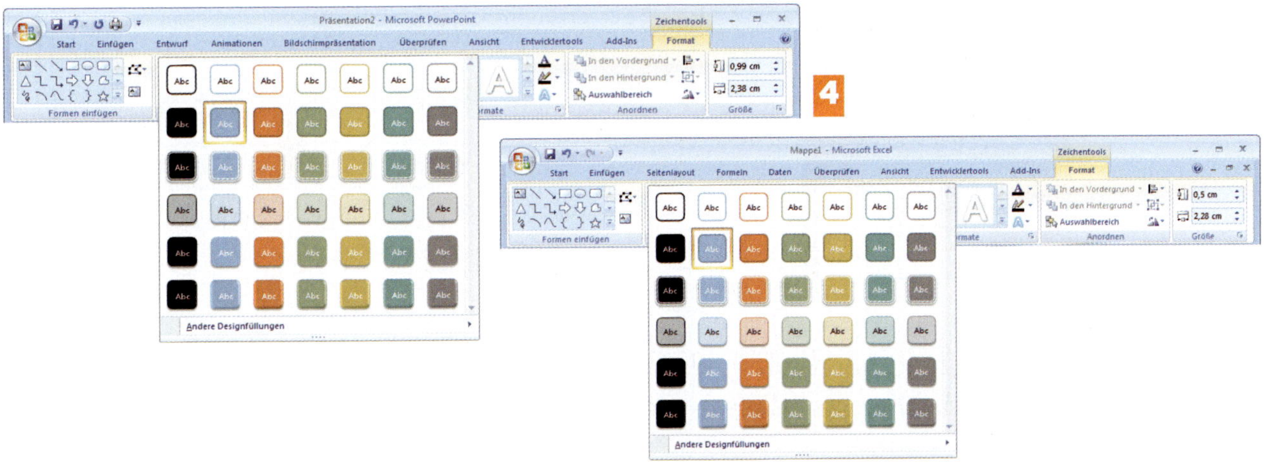

4

3 Die in Excel ebenfalls im *Galathea-Design* erstellte Budgetplanung verwendet die gleichen Farben und Schriften wie die in Word und PowerPoint erstellten Dokumente.

4 Die Grafikformate in Excel und PowerPoint sind identisch. Word stellt ähnliche Formate zur Verfügung. Grafiken, die Sie mit den voreingestellten Grafikformaten formatieren, haben in allen drei Anwendungen das gleiche „Look & Feel". **Ende**

In einer **PowerPoint-Vorlage** sind das Office-Design sowie grafische Hintergrundelemente und Voreinstellungen für das Layout des Dokuments hinterlegt.

FACHWORT

Office-Designs werden wahlweise in Word, Excel oder PowerPoint definiert und stehen dann auch in den anderen Anwendungen zur Verfügung.

HINWEIS

Office-Designs enthalten dagegen ausschließlich die Voreinstellungen für Schriftart und Dokumentfarben sowie grafische Effekte zum Gestalten von Zeichnungen und Schaubildern.

FACHWORT

Start

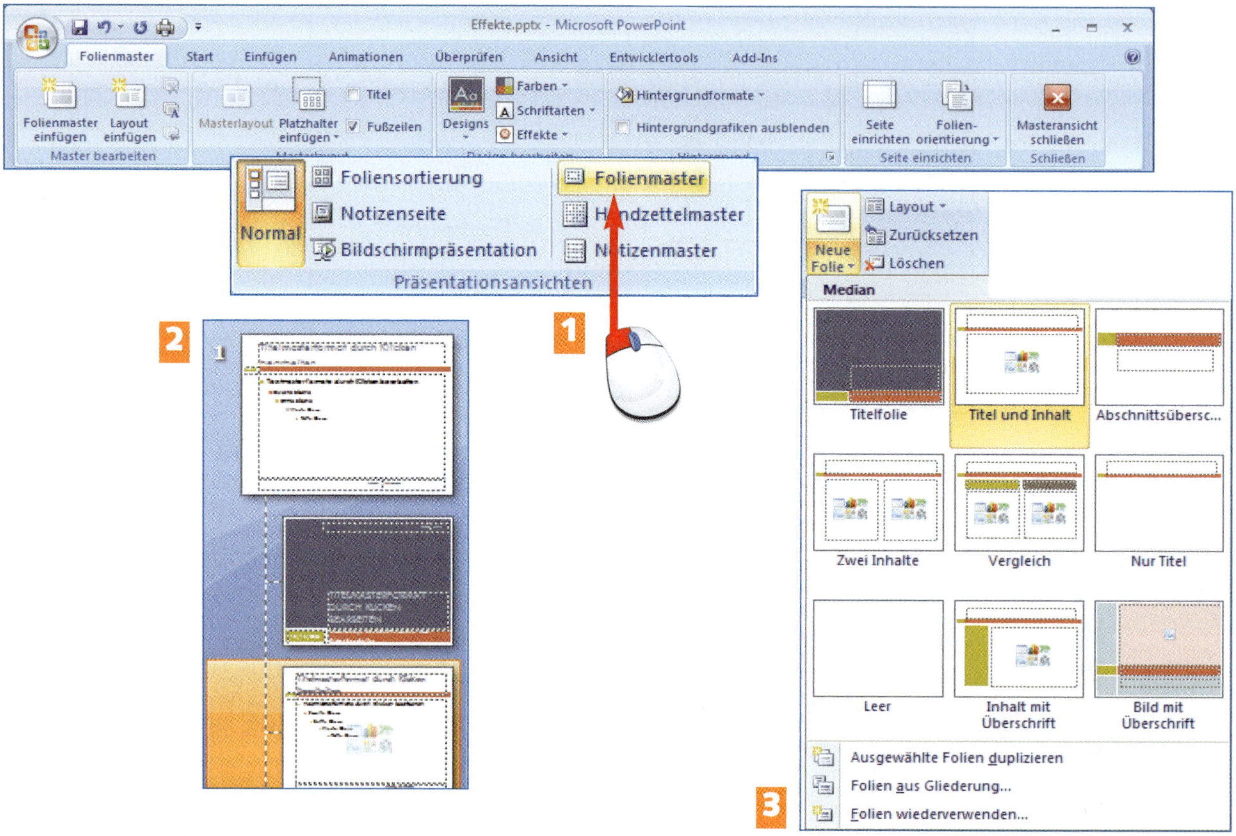

1 Um den Folienmaster zu bearbeiten, klicken Sie in der Registerkarte *Ansicht* auf *Folienmaster*. Die Multifunktionsleiste wird dann um die Registerkarte *Folienmaster* erweitert.

2 Die Masteransicht zeigt im Folienbereich das Layout der Folie, die Sie in der Normalansicht zuletzt bearbeitet haben. Links daneben befinden sich Miniaturansichten des Folienmasters und der Layouts.

3 Die Layouts des Folienmasters bestimmen die Auswahl des Layout-Katalogs beim Einfügen einer neuen Folie in der Normalansicht.

PowerPoint-Vorlagen werden durch Bearbeiten des Folienmasters und seiner Layouts erstellt. Dort werden die grafischen Hintergrundelemente der Folien angeordnet und Voreinstellungen für Formatierung und Position des Folieninhalts getroffen. Diese gelten dann für alle Folien in der Präsentation.

WISSEN

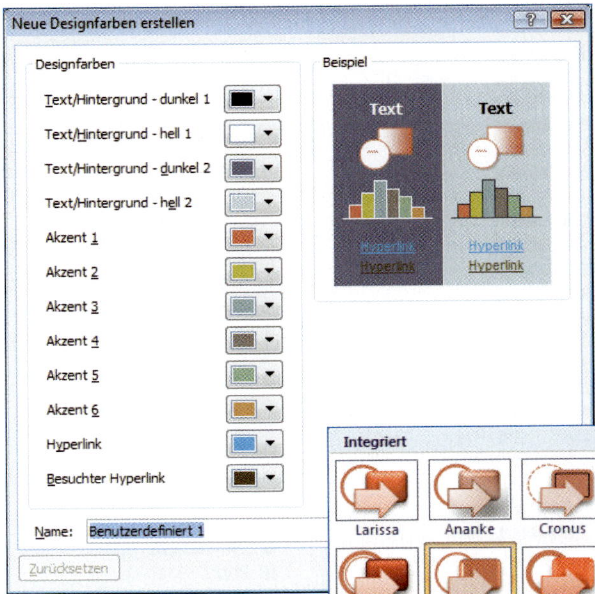

4

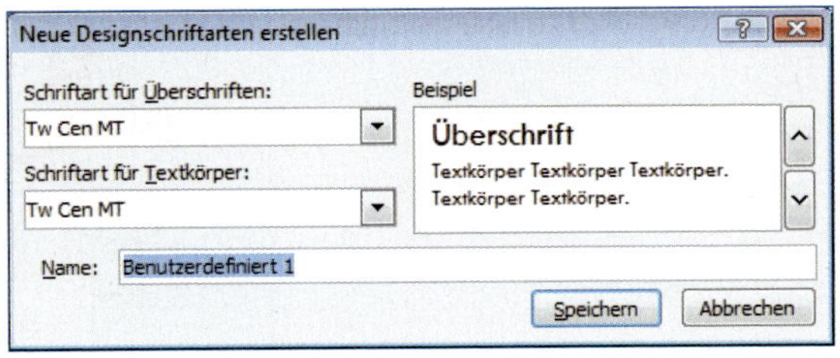

5

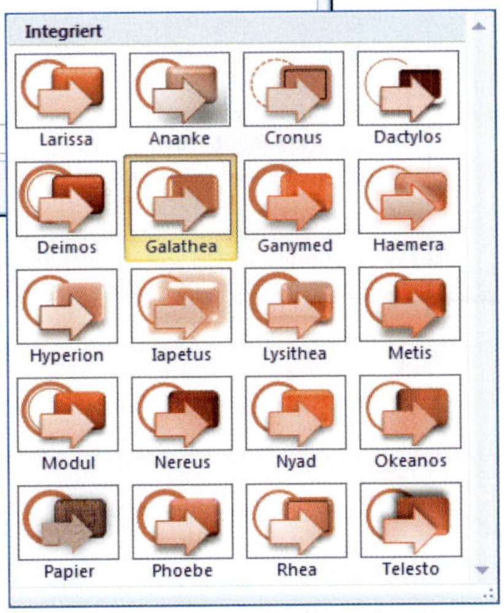

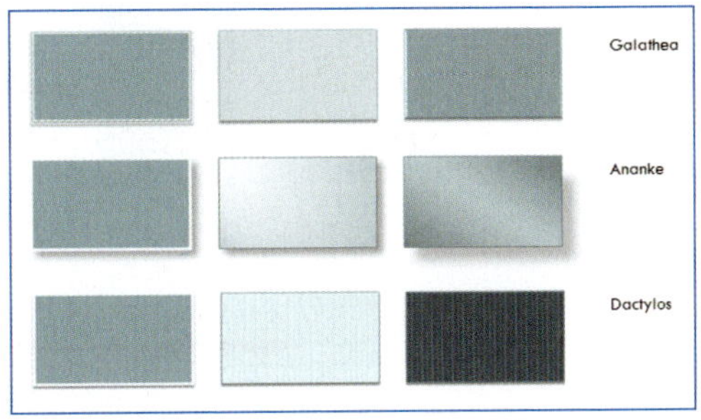

6

4 Die Designfarben definieren die Farben für Hintergrundformate, Text und Hyperlinks sowie die sechs Akzentfarben, die in allen Grafikformaten verwendet werden.

5 Designschriftarten bestehen aus einer Kombination von zwei Schriften für Titel und Textkörper. Den Textkörper bilden in PowerPoint die Inhalte von Platzhaltern und Textfeldern.

6 Effekte enthalten die Voreinstellungen für Fülleffekte, Formkonturen und Formeffekte. Auch sie bestimmen die Auswahl der Grafikformate für Formen, SmartArt und Diagramme.

Ende

Die grafischen Hintergrundelemente einer Präsentation werden als **Foliendesign** bezeichnet.

FACHWORT

Sie können eigene Designfarben und Designschriftarten anlegen, die Voreinstellungen der Effekte jedoch nicht bearbeiten.

HINWEIS

Layouts sorgen für die automatische Anordnung wiederkehrender Folienobjekte wie Titel, Kopf- und Fußzeile sowie die Einhaltung gleicher Randabstände auf allen Folien.

FACHWORT

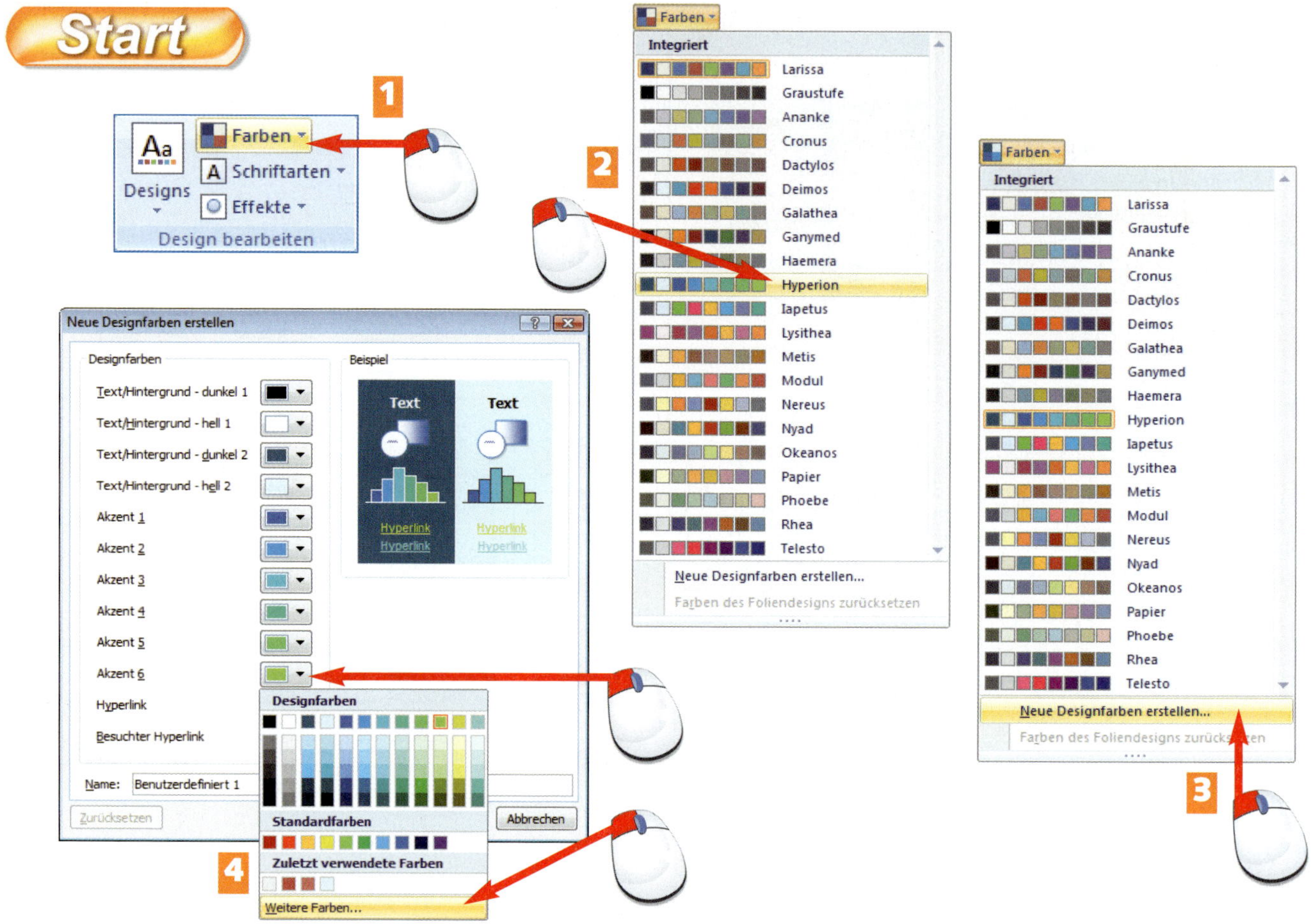

1 Um eigene Farbkombinationen als Designfarben anzulegen, klicken Sie im Folienmaster auf *Farben*.

2 Wählen Sie zunächst ein Design aus den integrierten Designfarben aus, das Ihren Vorstellungen am nächsten kommt.

3 Rufen Sie dann nochmals die *Farben* auf und klicken Sie auf *Neue Designfarben erstellen*.

4 Passen Sie jetzt die Farben des Designs an, indem Sie jeweils auf den Pfeil neben einem Farbfeld klicken und *Weitere Farben* wählen.

Die Grafikformate für Formen, SmartArts und Diagramme basieren auf den Designfarben und ihren Schattierungen und folgen im Programm hinterlegten Automatismen. Damit diese funktionieren, müssen die Akzentfarben so gewählt sein, dass sie sich sowohl von hellen als auch dunklen Hintergründen deutlich abheben.

WISSEN

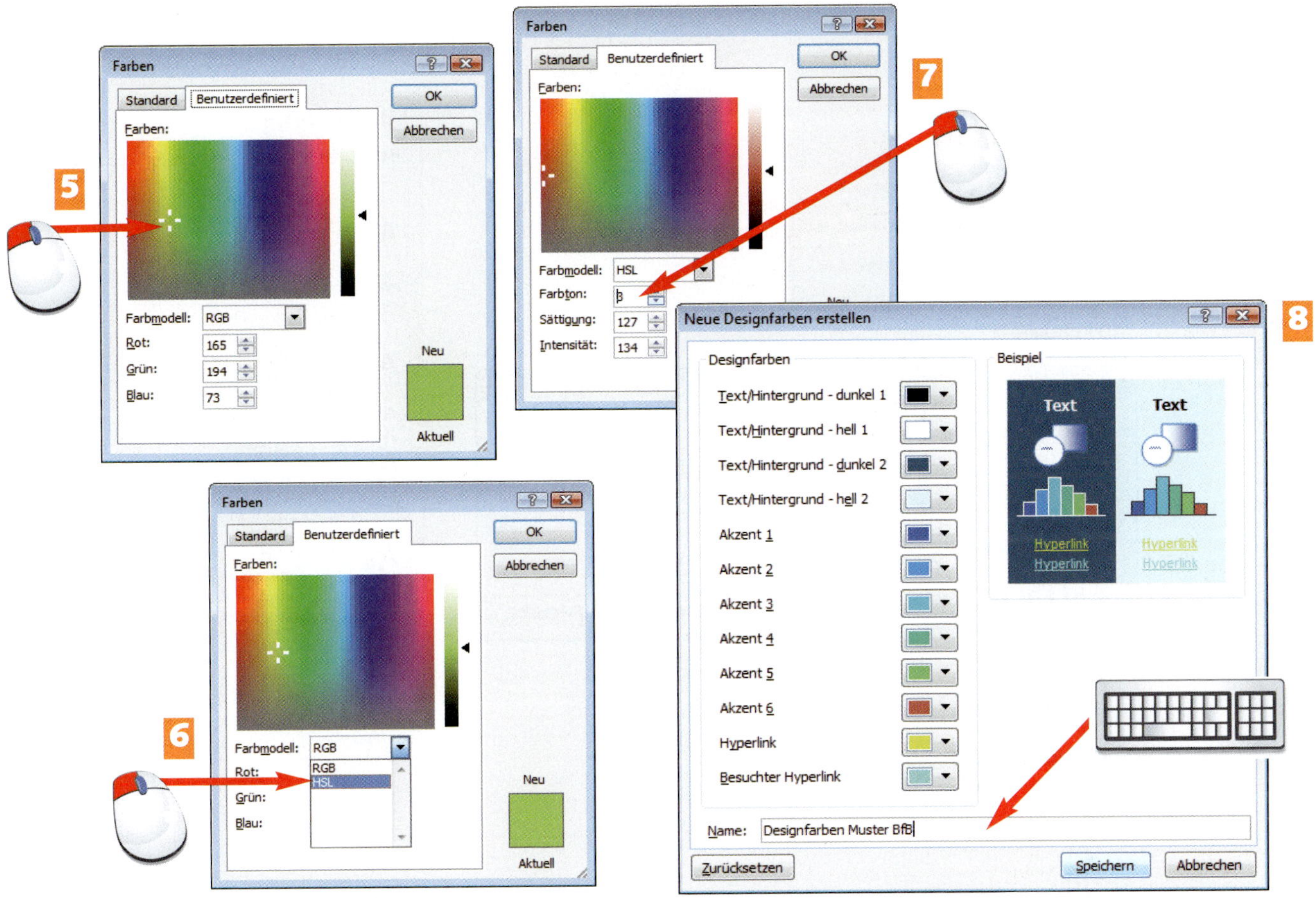

5 Wählen Sie im Dialogfeld *Farben* entweder durch Klicken in das Farbfeld oder durch Eingabe der Werte für *Rot*, *Grün* und *Blau* den gewünschten Farbton aus.

6 Alternativ: Stellen Sie *HSL* als Farbmodell ein.

7 Behalten Sie die Werte für *Sättigung* und *Intensität* bei und ändern Sie lediglich den Farbton, um eine Farbe auszutauschen.

8 Speichern Sie Ihre neuen Designfarben, indem Sie unten im Dialogfeld einen Namen für die Farbkombination eingeben und auf *Speichern* klicken.

Die **Intensität** eines Farbtons bestimmt, wie hell oder dunkel die Farbe ist.

FACHWORT

Am einfachsten erstellen Sie ein eigenes Farbschema, indem Sie einzelne Farbtöne eines vorhandenen Farbschemas austauschen.

HINWEIS

Die **Sättigung** bestimmt, wie intensiv die Farbe ist. Ungesättigte Farbtöne gehen in Grau über.

FACHWORT

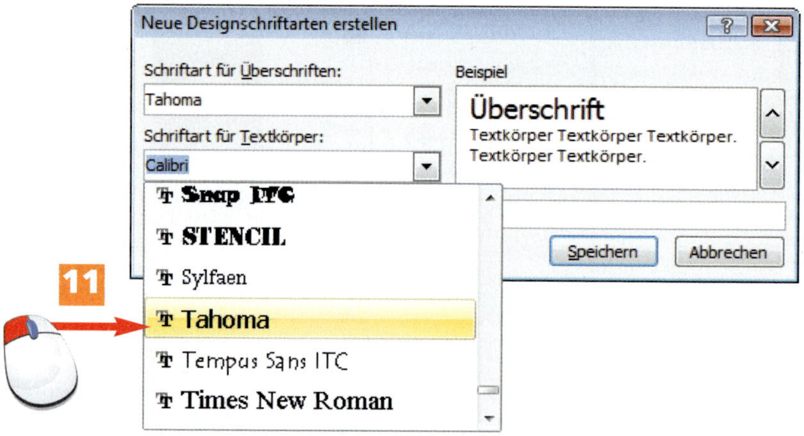

9 Klicken Sie auf *Schriftarten*...

10 ... und anschließend auf *Neue Designschriftarten* erstellen, um für Titel und Textkörper Ihrer Dokumente eine eigene Schriftkombination einzustellen.

11 Klicken Sie jeweils auf den Pfeil neben *Schriftart für Überschriften* und *Schriftart für Textkörper*, um eine Schrift auszuwählen.

In Bildschirm- und Beamerpräsentationen sind serifenlose Schriften wie Calibri, Arial, Verdana oder Tahoma besser lesbar als Serifenschriften wie Times New Roman. Für den Druck sind dagegen Serifenschriften besser geeignet.

WISSEN

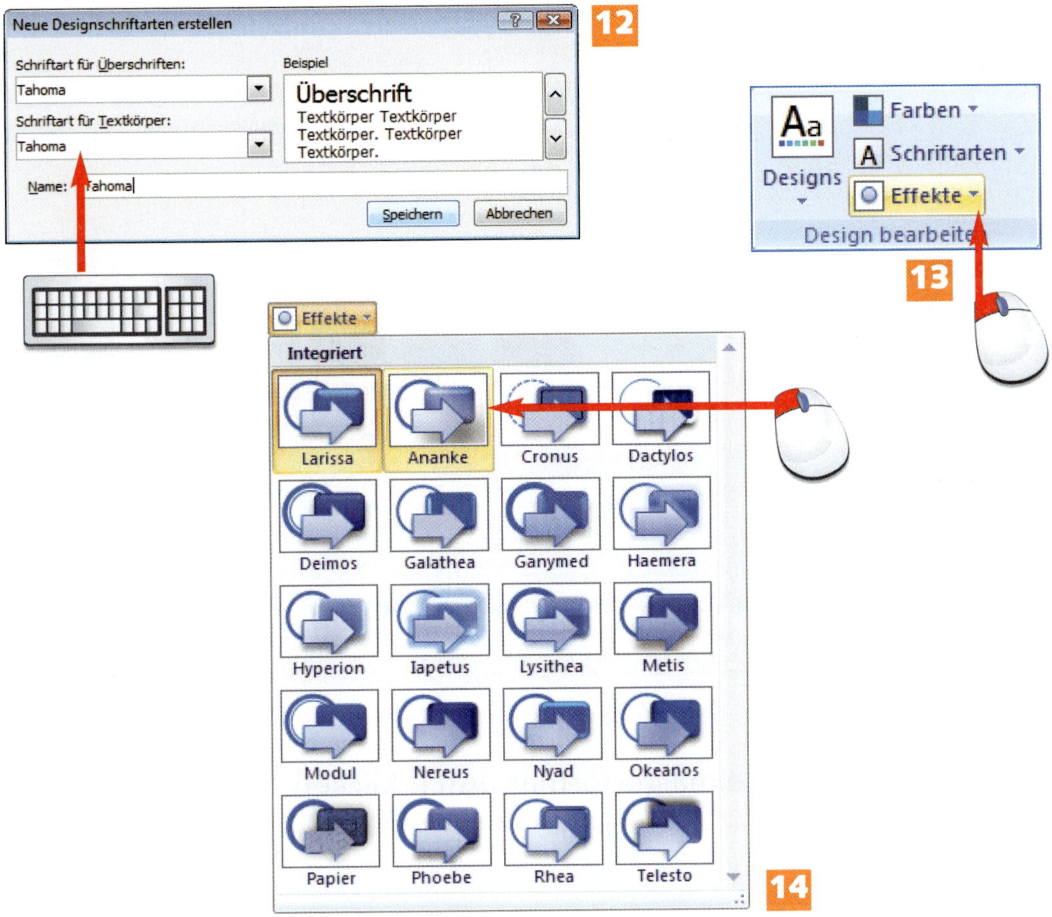

12 Geben Sie einen Namen für die neu erstellte Schriftenkombination ein und klicken Sie auf *Speichern*.

13 Öffnen Sie zum Schluss den *Effekte-Katalog*.

14 Klicken Sie auf eine Miniaturansicht, um den Stil der Grafikformate für Formen und Schaubilder zu bestimmen.

Ende

Die feinen Linien am Ende eines Buchstabens werden **Serifen** genannt.

FACHWORT

Zeichnen Sie mehrere Formen auf eine Folie und weisen Sie diesen Formen unterschiedliche *Grafikformate* zu. Öffnen Sie dann die *Effekte* und testen Sie mithilfe der Live-Vorschau, welche Voreinstellungen ein *Integrierter Effekt* bereithält.

TIPP

Start

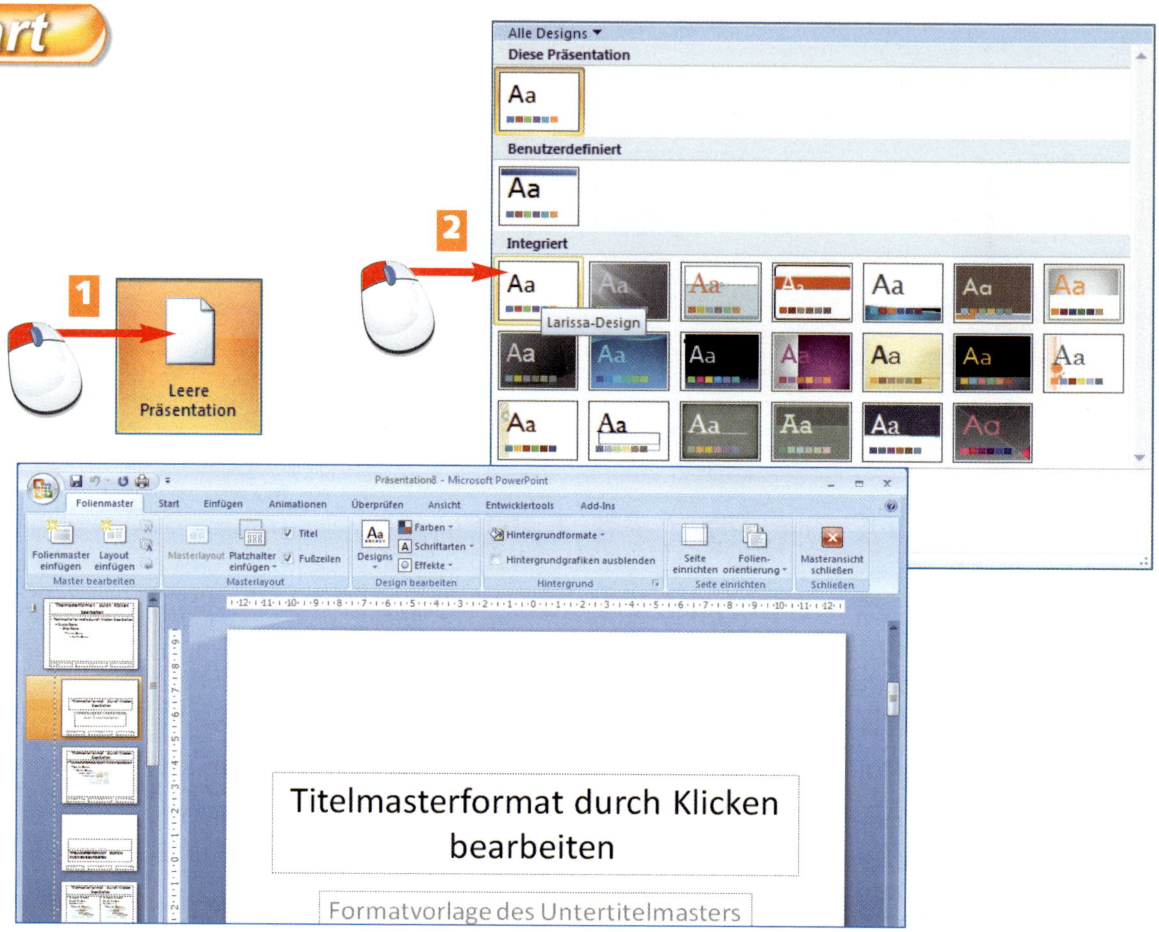

1 Erstellen Sie eine neue leere Präsentation, indem Sie im Menü *Datei* auf *Neu* klicken.

2 Weisen Sie der Präsentation in der Registerkarte *Entwurf* das *Larissa*-Design zu, wenn die neue Präsentation nicht bereits in diesem Design erstellt wurde.

3 Rufen Sie in der Registerkarte *Ansicht* den *Folienmaster* auf.

Folienmaster und Layouts sind hierarchisch aufgebaut. Änderungen am Folienmaster werden für alle Layouts übernommen. Änderungen an einem Layout wirken sich dagegen nicht auf den Master oder andere Layouts aus.

WISSEN

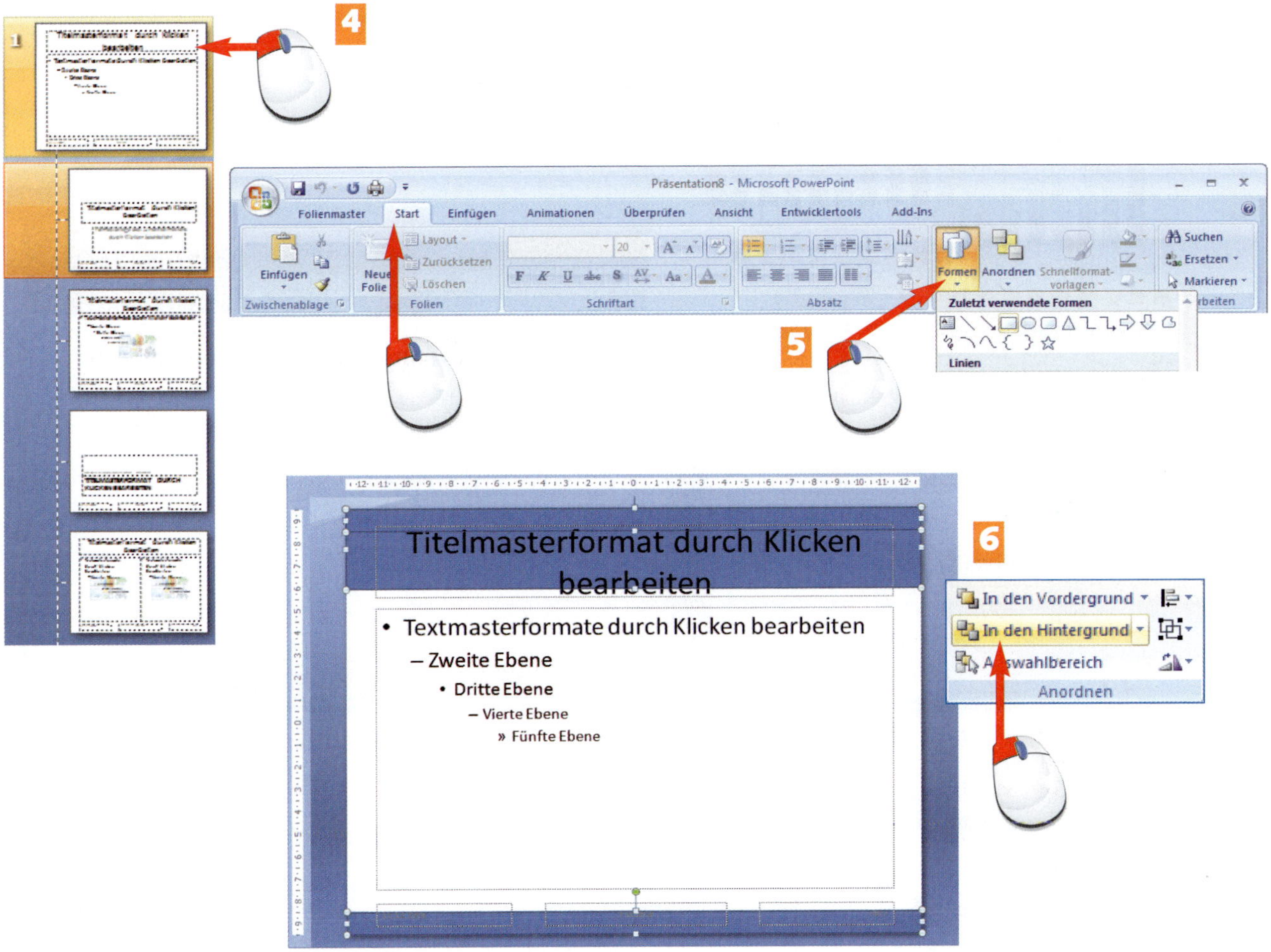

4 Klicken Sie auf die Miniaturansicht des Folienmasters und nehmen Sie auf dem Folienmaster die Einstellungen vor, die für alle oder die meisten Layouts gelten sollen.

5 Zeichnen Sie beispielsweise *Rechtecke* aus den *Formen* in der Registerkarte *Start* auf dem Master ein, um den Hintergrund Ihrer Folien durch farbige Flächen zu strukturieren.

6 Markieren Sie bei gedrückter [⇧]-Taste alle Formen und ordnen Sie sie über *Format/Ausrichten/In den Hintergrund* hinter den Platzhaltern des Folienmasters an.

TIPP

Achten Sie darauf, dass Sie tatsächlich den Folienmaster und nicht das dem Folienmaster sehr ähnliche Layout *Titel und Inhalt* bearbeiten.

HINWEIS

In der Voreinstellung von PowerPoint werden neue leere Präsentationen automatisch im *Larissa*-Design erstellt.

TIPP

Wenn Sie Ihr eigenes Design nicht vollständig neu erstellen möchten, können Sie auch die in PowerPoint integrierten Designs bearbeiten und anpassen.

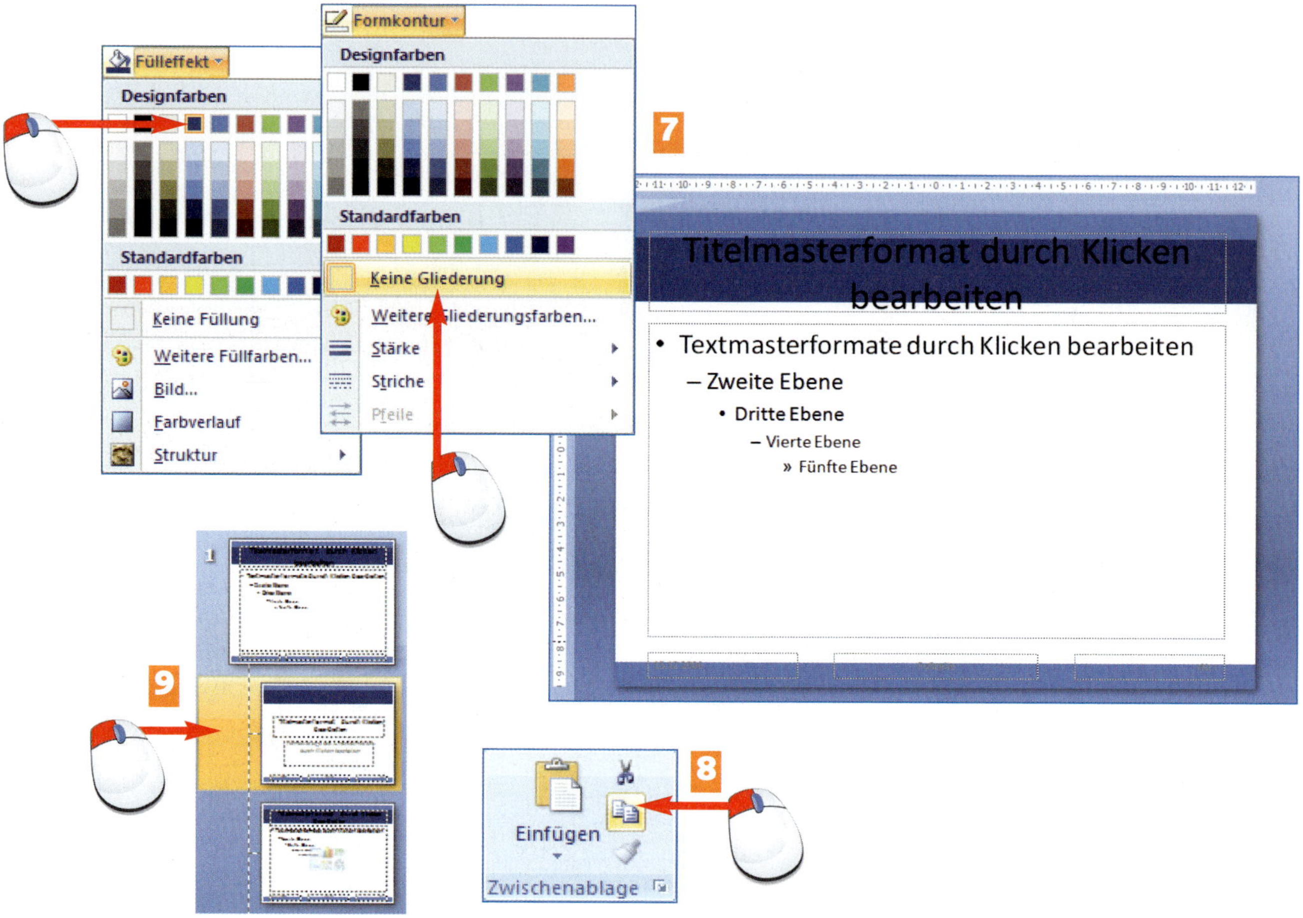

7 Weisen Sie den Rechtecken als *Fülleffekt* unterschiedliche Schattierungen eines Farbtons oder eine andere harmonische Farbkombination zu. Entfernen Sie die *Formkontur*.

8 Markieren Sie bei gedrückter ⇧-Taste alle Formen und klicken Sie auf *Kopieren* in der Registerkarte *Start*.

9 Rufen Sie wieder die Registerkarte *Folienmaster* auf und markieren Sie das Layout *Titelfolie*.

Ihrer Kreativität sind beim Entwickeln eigener Designs keine Grenzen gesetzt. Wichtig ist, dass die Schaubilder, die Sie später erstellen, genügend Platz auf der Folie haben. Schaubilder, die aus Platzmangel die Hintergrundbilder überdecken, sind schlecht lesbar und wirken nicht professionell.

WISSEN

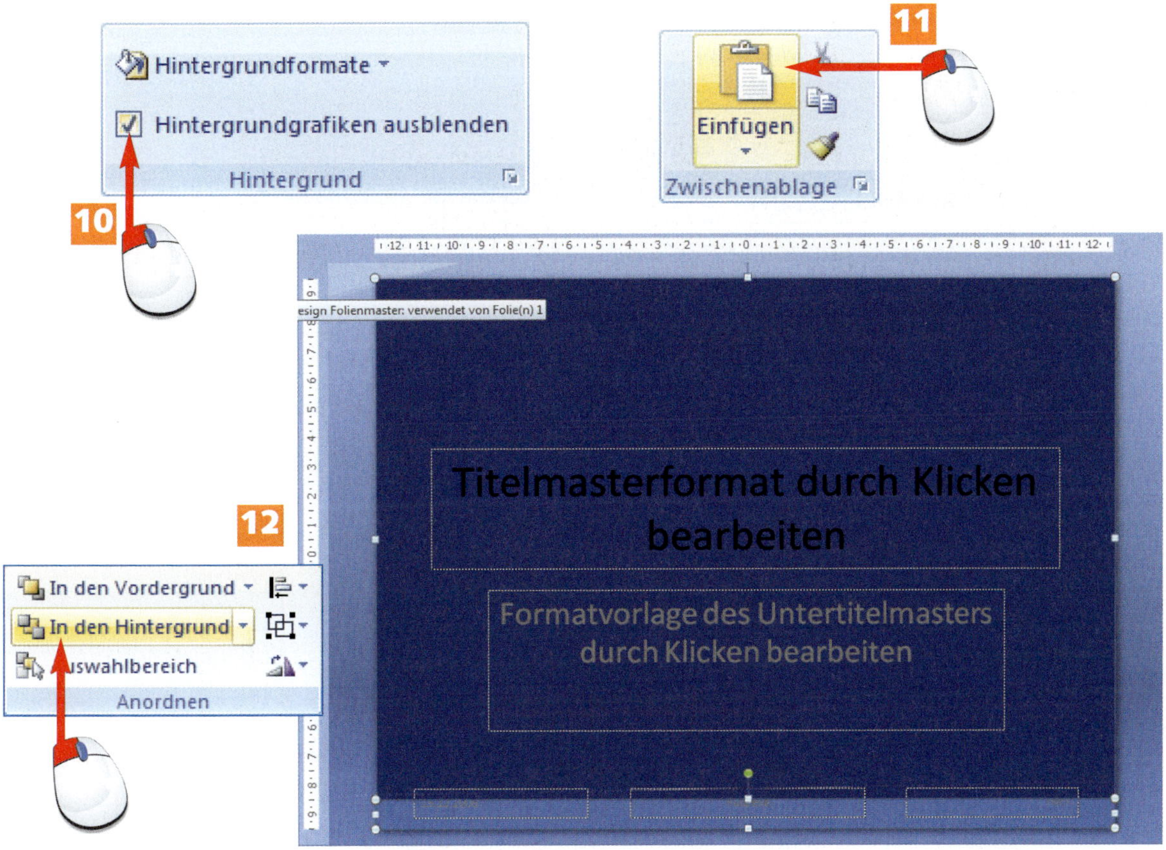

10 Blenden Sie auf dem Layout *Titelfolie* die grafischen Elemente des Folienmasters aus.

11 Klicken Sie auf *Einfügen* in der Registerkarte *Start*. Damit liegen Ihre Rechtecke auf dem Layout und Sie können sie abweichend vom Folienmaster neu anordnen.

12 Markieren Sie alle Formen und ordnen Sie sie wieder über *Format/Ausrichten/In den Hintergrund* hinter den Platzhaltern des Layouts an.

Ende

TIPP

Überlegen Sie sich vor dem Anlegen des Foliendesigns, wie viel Platz Sie in der Regel auf Ihren Folien benötigen, und passen Sie Ihr Design an diesen Bedarf an.

HINWEIS

Titelfolien werden in der Regel abweichend vom Rest der Präsentation gestaltet.

TIPP

Stimmen Sie Ihr Publikum auf das Thema Ihrer Präsentation ein, indem Sie anstelle einer einfachen Füllfläche ein zum Thema Ihrer Präsentation passendes Bild einfügen.

Start

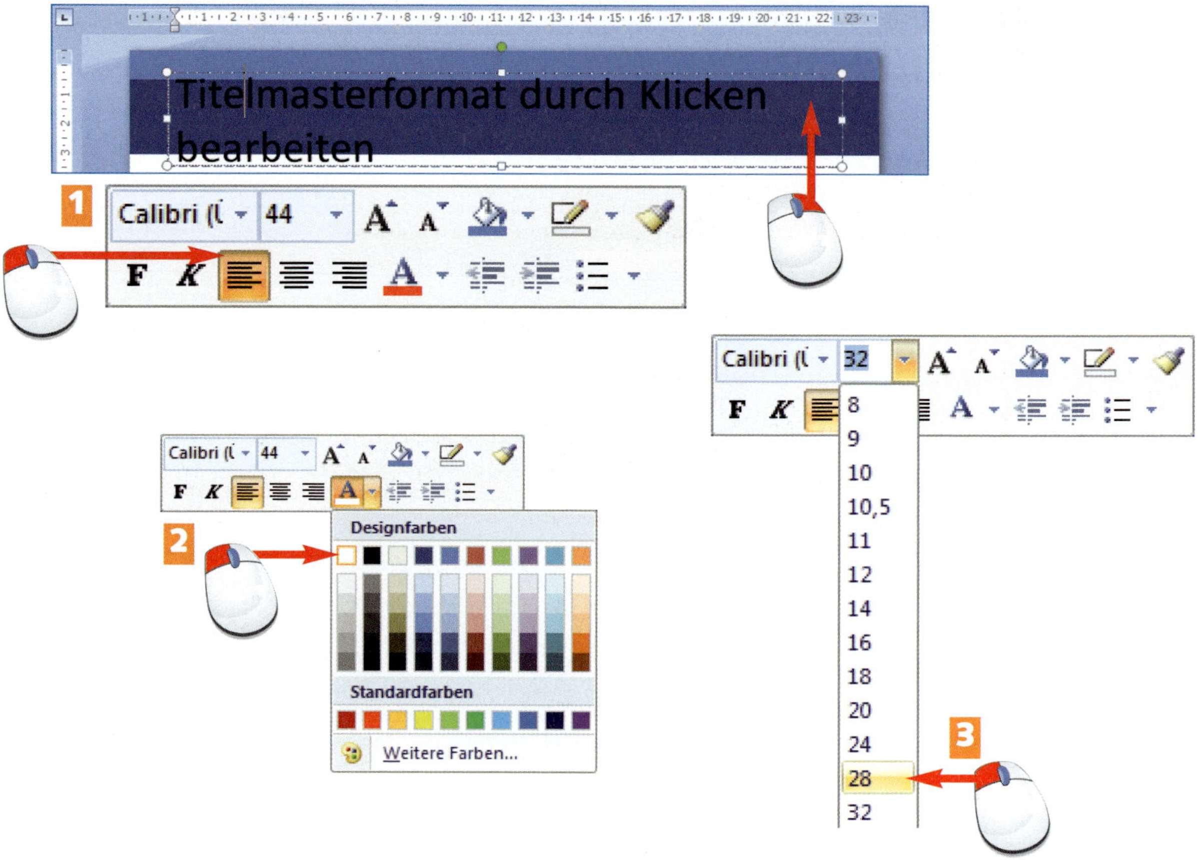

1 Richten Sie den Text im Titelplatzhalter linksbündig aus, indem Sie per Klick mitder rechten Maustaste in den Platzhalter das zugehörige Kontextmenü aufrufen und die Formatierung vornehmen.

2 Passen Sie die Schriftfarbe so an, dass sie vor dem Hintergrund gut lesbar ist.

3 Reduzieren Sie den Schriftgrad des Folientitels. Bei großen Schriftgraden ist es fast unmöglich, einzeilige **und** aussagekräftige Folientitel zu formulieren.

Für die Projektion mit modernen Beamern genügt meist eine Schriftgröße von 28 pt für den Folientitel und 24 bis 16 pt für Aufzählungen, Diagrammbeschriftungen und Textfelder.

WISSEN

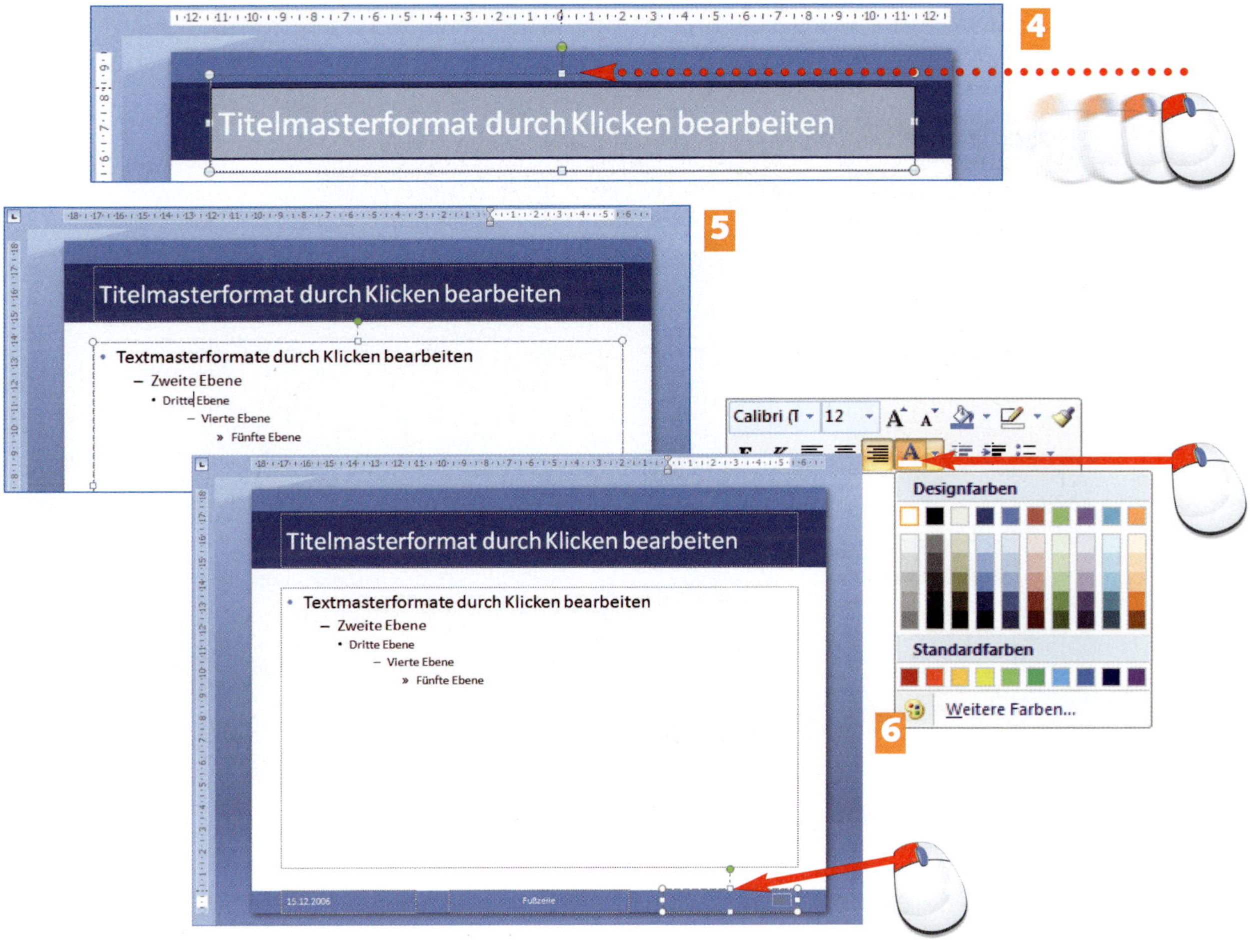

4 Passen Sie die Größe des Titelplatzhalters an die grafischen Hintergrundelemente der Folie an.

5 Formatieren Sie Schriftgröße, Schriftfarbe, Absatzabstand und Aufzählungszeichen des Platzhalters für den Inhalt wie in Kapitel 2 beschrieben.

6 Verschieben Sie die Platzhalter für Datum, Fußzeile und Foliennummer in den Bereich des blauen Rechtecks am unteren Folienrand und passen Sie die Schriftfarbe an.

Ende

Ergänzen Sie den Titel der Folie durch einen Untertitel, wenn die Aussage der Folie im Titel nicht zusammengefasst werden kann, ohne die Schriftgröße zu reduzieren.

TIPP

Achten Sie darauf, dass die Schriftgröße des Folientitels auf allen Folien einheitlich ist.

TIPP

Markieren Sie bei gedrückter ⇧-Taste alle Platzhalter für die Fußzeileneinträge und verschieben Sie sie gleichzeitig. Dann befinden sich die Platzhalter auch nach dem Verschieben wieder auf einer Höhe.

TIPP

Start

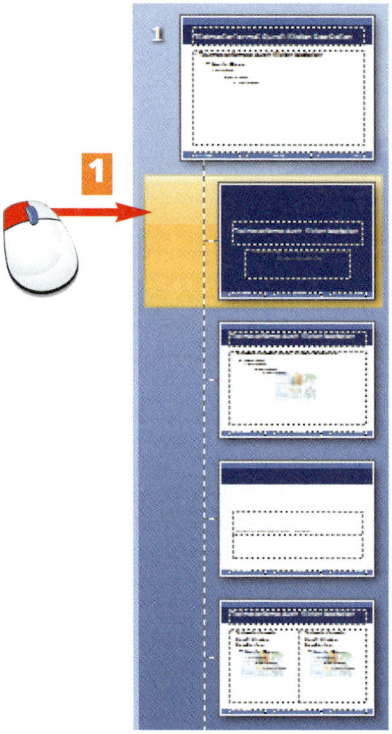

2-4

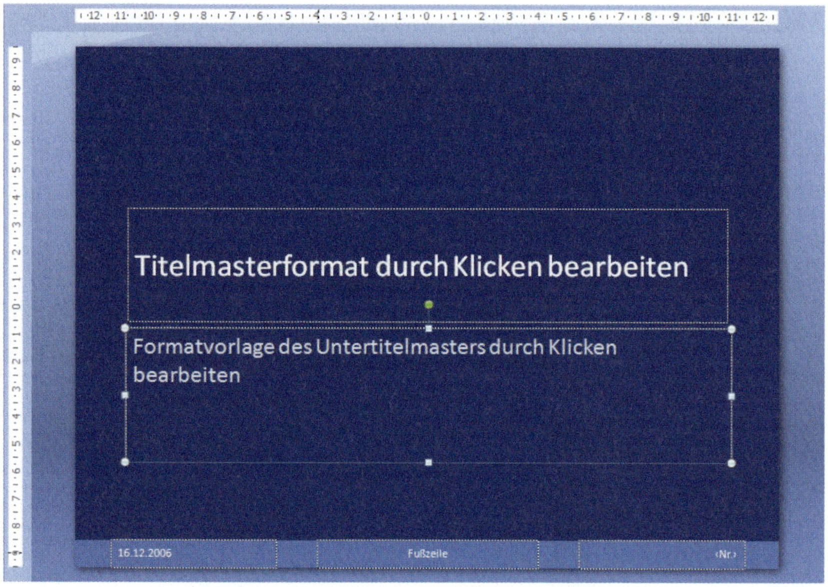

1. Markieren Sie im Bereich mit den Miniaturansichten von Folienmaster und Layouts das Layout *Titelfolie*.
2. Stellen Sie für den Titel der Präsentation einen höheren Schriftgrad ein.
3. Passen Sie die Schriftfarbe des Untertitels an, falls erforderlich.
4. Ändern Sie im Platzhalter für den Untertitel die Ausrichtung des Texts in *linksbündig* und ordnen Sie den zweiten Platzhalter unter dem Platzhalter für den Titel aus.

Der Markierungsrahmen eines Platzhalters im Layout bestimmt die Anordnung des Inhalts auf der Folie. Nicht nur die Position und Formatierung von Aufzählungen wird über das Layout bestimmt, sondern auch die blauen Objektrahmen von SmartArts und Diagrammen.

WISSEN

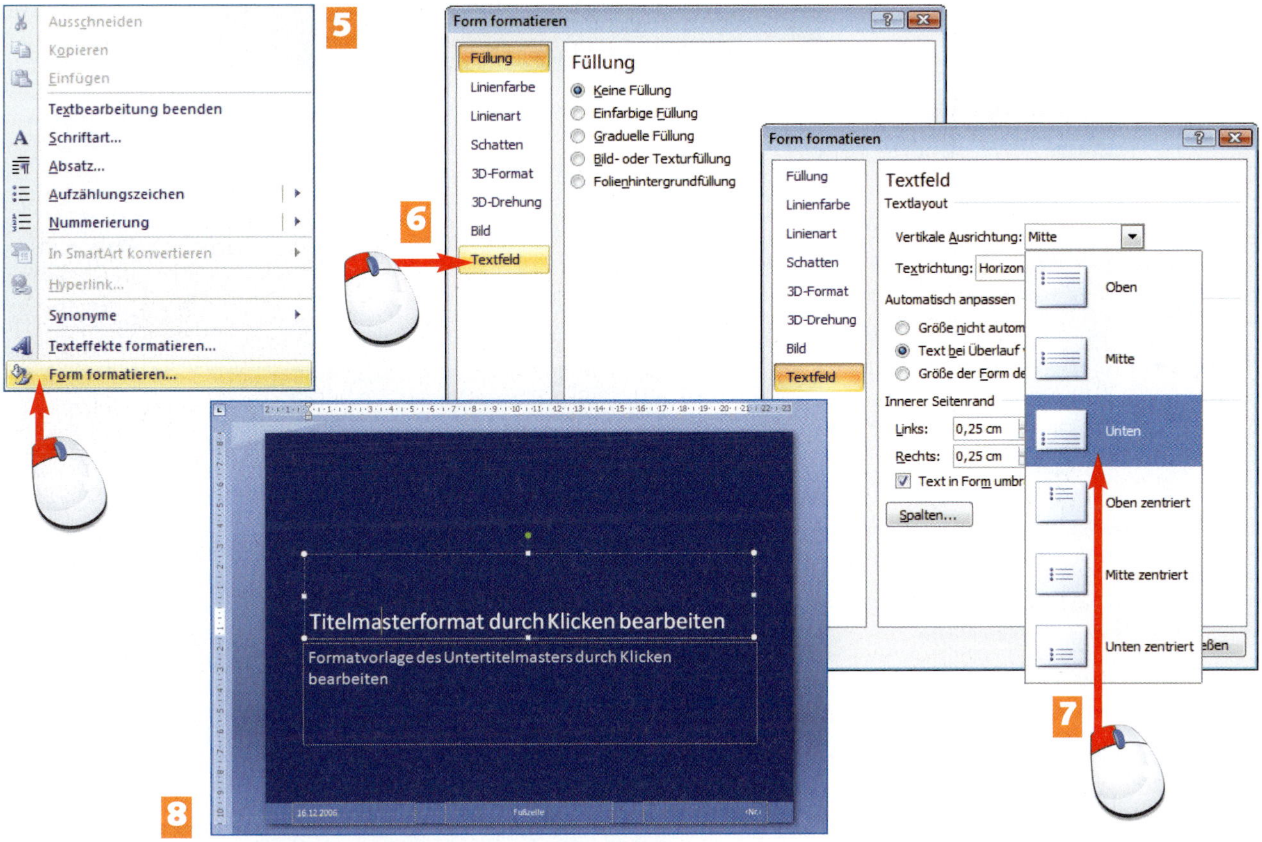

5 Rufen Sie per Klick der rechten Maustaste das Kontextmenü des Titelplatzhalters auf und wählen Sie *Form formatieren*.

6 Klicken Sie im Dialogfeld *Form formatieren* auf den Eintrag *Textfeld*.

7 Öffnen Sie das Listenfeld *Vertikale Anordnung* und wählen Sie die Einstellung *Unten*.

8 Durch die angepasste Ausrichtung im Textfeld werden Titel und Untertitel auch dann auf der Folie richtig angeordnet, wenn Sie in einen Platzhalter zweizeiligen Text eingeben.

HINWEIS

Sobald Sie mit der Maus auf die Miniaturansicht eines Layouts zeigen, wird sein Name eingeblendet.

TIPP

Damit beim Eingeben von Text in einen Platzhalter die Schriftgröße nicht automatisch an die Textmenge angepasst wird, aktivieren Sie im Dialogfeld *Form formatieren* unter *Automatisch anpassen* die Option *Größe nicht automatisch anpassen*.

9 Halten Sie den Layout-Katalog beim Einfügen neuer Folien übersichtlich: Überlegen Sie, welche Layouts Sie für Ihre Präsentationen benötigen. Löschen Sie nicht benötigte Layouts, indem Sie per Klick mit der rechten Maustaste auf eine Miniaturansicht das Kontextmenü aufrufen ...

10 ... und den Befehl *Layout löschen* wählen.

11 Passen Sie die übrigens Layouts an, indem Sie die Schrift nachformatieren, die Anordnung der Platzhalter korrigieren oder für bestimmte Layouts andere Hintergrundgrafiken definieren.

Das Einrichten von Master und Folienlayouts spart sehr viel Zeit, wenn Sie nachträglich Änderungen an der Formatierung von Folien vornehmen müssen. Alle Formatierungen, die auf den Vorgaben des Layouts basieren, werden automatisch geändert, wenn Sie das den Folien zugrunde liegende Layout ändern.

WISSEN

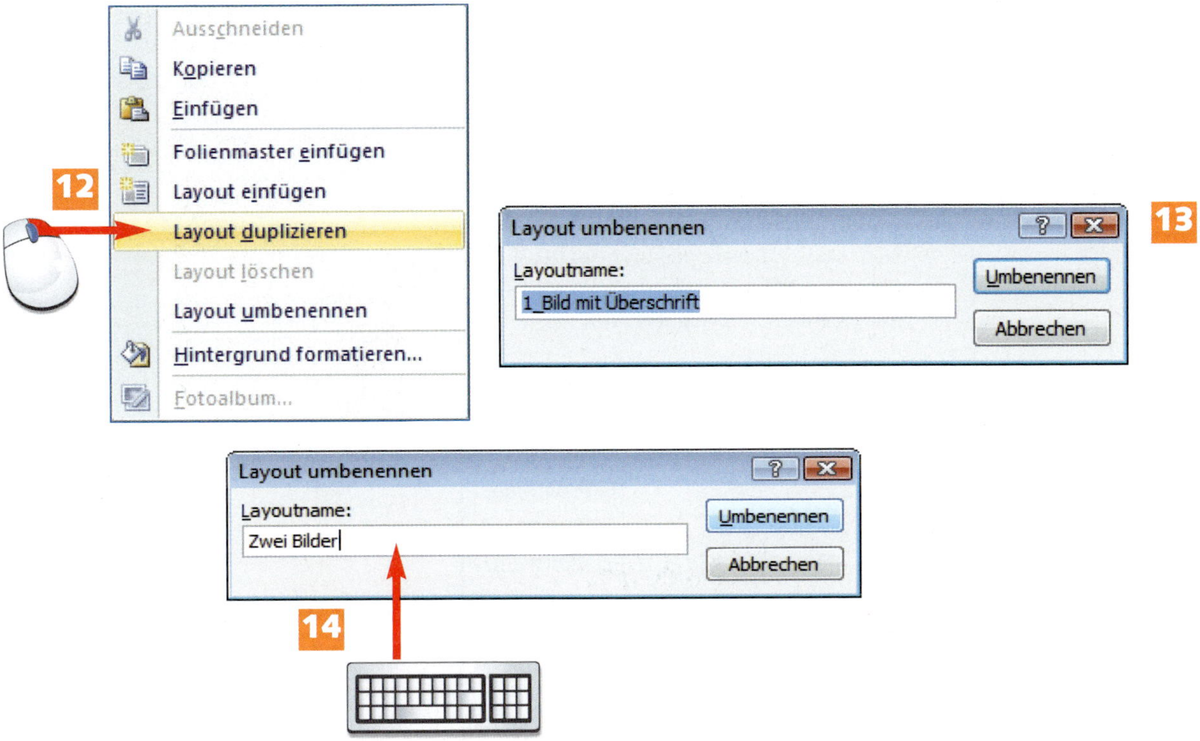

12 Um Variationen eines bereits vorhandenen Layouts anzufertigen, rufen Sie wiederum mit der rechten Maustaste das Kontextmenü des Layouts auf und wählen *Layout duplizieren*.

13 Geben Sie dem neu erstellten Layout einen Namen, der seinen Inhalt beschreibt. Rufen Sie dazu über das Kontextmenü den Befehl *Layout umbenennen* auf ...

14 ... und überschreiben Sie den voreingestellten Namen. Passen Sie dann wiederum Anordnung und Formatierung der Platzhalter an.

Ende

Nur Layouts, die von keiner Folie in der aktuellen Präsentation verwendet werden, können gelöscht werden.

HINWEIS

Kopieren Sie Platzhalter von einem Layout auf ein anderes, um Position und Formatierung des Platzhalters unverändert zu übernehmen.

TIPP

Bei der Verwendung mehrerer ähnlicher Layouts können diese beim Einfügen einer neuen Folie anhand der Bezeichnung unterschieden werden, die im Katalog unterhalb der Miniaturansicht angezeigt wird.

HINWEIS

Start

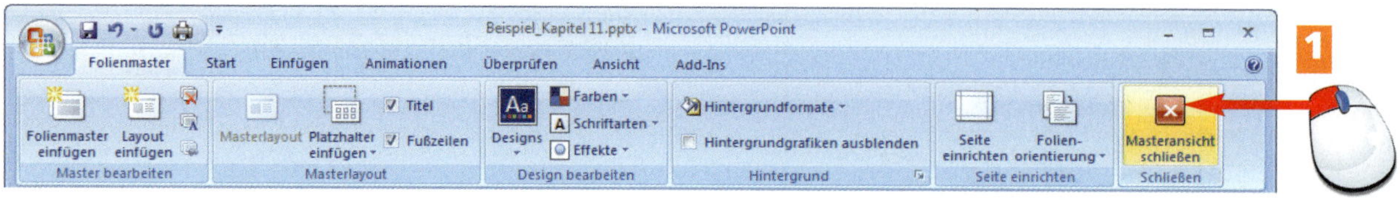

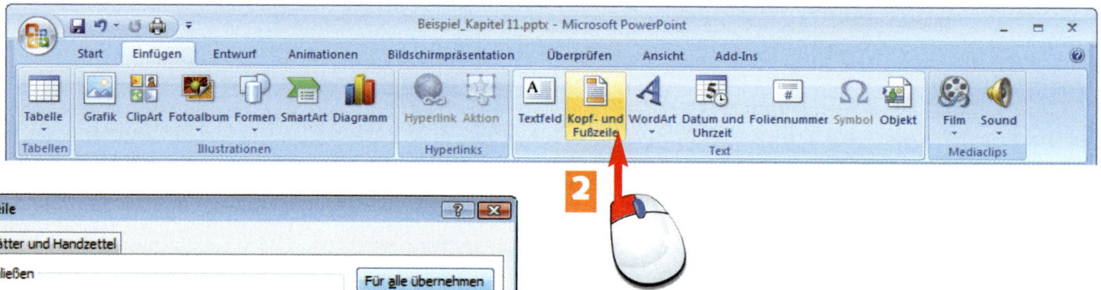

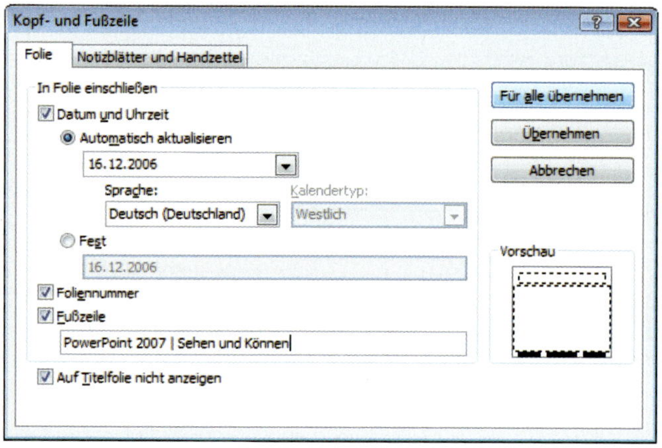

3

1 Wenn Sie den Folienmaster und alle Layouts bearbeitet haben, wechseln Sie zurück in die *Normalansicht*.

2 Klicken Sie in der Registerkarte *Einfügen* auf *Kopf- und Fußzeile* ...

3 ... und ergänzen Sie Ihre PowerPoint-Vorlage um Vorgaben, welche Fußzeileneinträge die Präsentation enthalten soll.

Nach dem Speichern eines Office-Designs wird es nach dem nächsten Programmstart in Word und Excel unter *Seitenlayout/Designs* angezeigt. In PowerPoint finden Sie Ihr Design in den *Designs* der Registerkarte *Entwurf* unter *Benutzerdefiniert*.

WISSEN

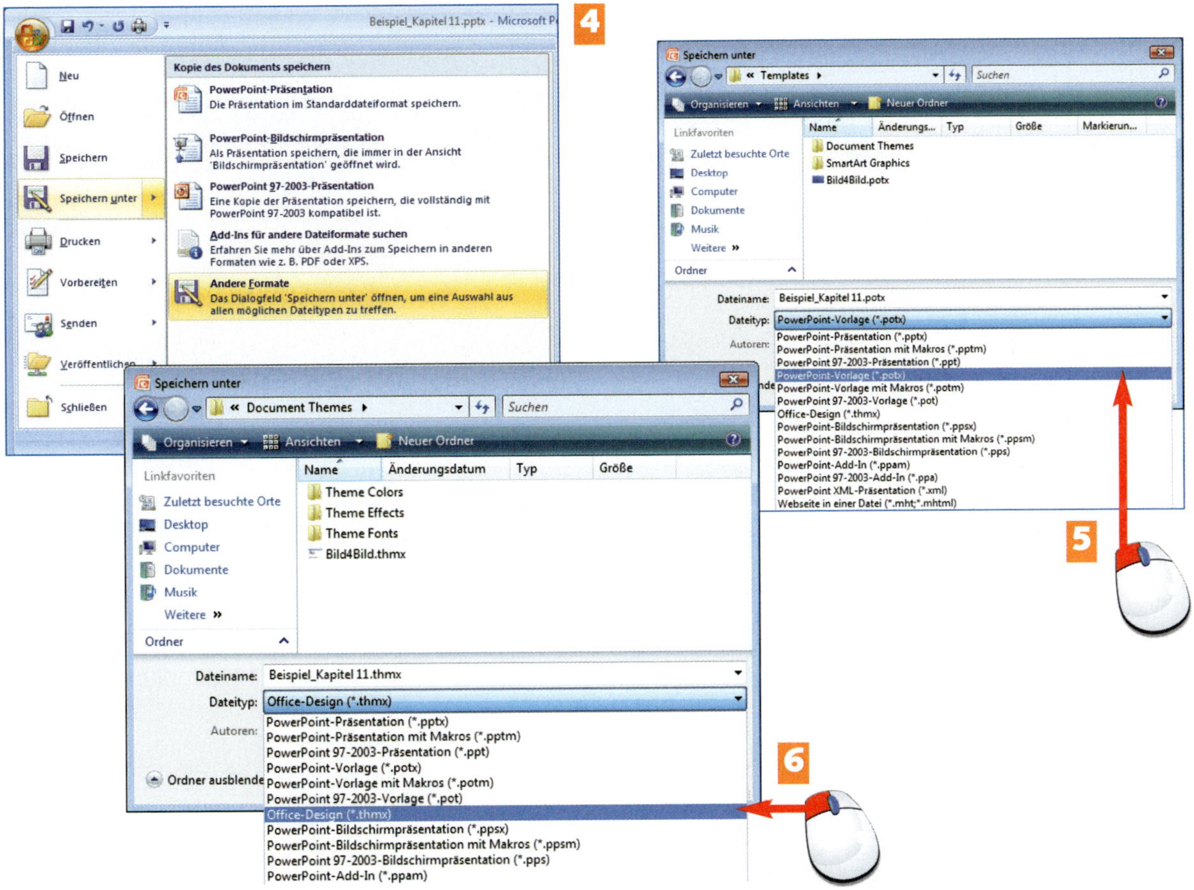

4 Zeigen Sie im Menü *Datei* auf *Speichern unter* und klicken Sie dann auf *Andere Formate* oder direkt auf *Speichern unter*.

5 Klicken Sie auf den Pfeil neben *Dateityp* und wählen Sie aus der Liste *PowerPoint-Vorlage (*.potx)*, um neue Präsentationen auf der Basis dieser Vorlage zu erstellen.

6 Wählen Sie als Dateityp *Office-Design (*.thmx)*, um das Design nicht nur in PowerPoint, sondern auch in Word und Excel einzusetzen.

Ende

Beim Zuweisen eines Designs in PowerPoint werden lediglich Layout und Design übernommen, nicht aber die Fußzeileneinträge und Musterfolien einer Vorlage.

HINWEIS

PowerPoint-Vorlagen können neben Design- und Layoutvoreinstellungen auch fertig gestaltete Folien als Musterfolien enthalten.

HINWEIS

Die Fußzeileneinträge einer PowerPoint-Vorlage werden nur übernommen, wenn die neue Präsentation über *Neue Präsentation/Meine Vorlagen* auf der Basis der Vorlage erstellt wird.

HINWEIS

12

Präsentationen fertig-stellen und weitergeben

Start

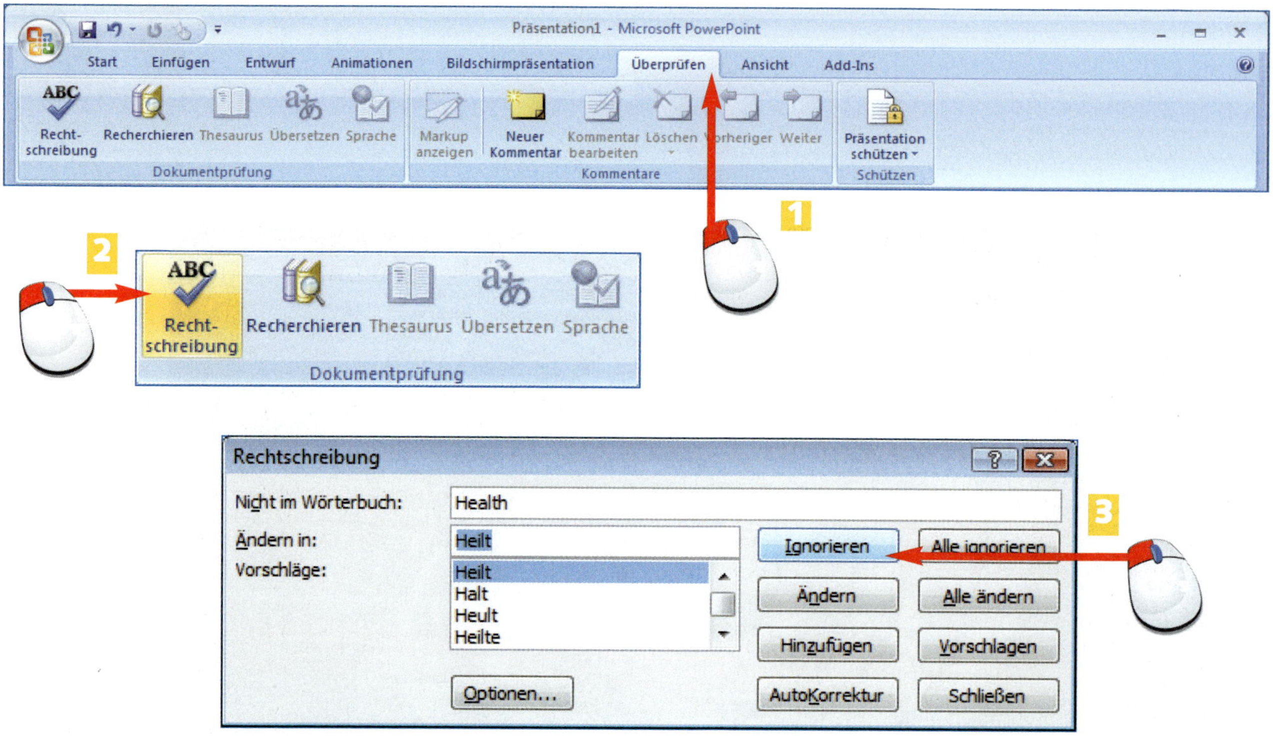

1 Rufen Sie die Registerkarte *Überprüfen* auf.

2 Starten Sie die Rechtschreibprüfung, indem Sie auf die Schaltfläche *Rechtschreibung* klicken.

3 Klicken Sie auf *Ignorieren*, wenn ein richtig geschriebenes Wort als falsch angezeigt wird.

PowerPoint überprüft in der Rechtschreibprüfung alle Wörter, die nicht im Wörterbuch aufgeführt sind. Um die Prüfung abzukürzen, können Sie in Ihren Präsentationen häufig vorkommende Begriffe wie Firmen- oder Produktnamen dem Wörterbuch hinzufügen. Sie werden dann auch in anderen Präsentationen nicht mehr überprüft.

WISSEN

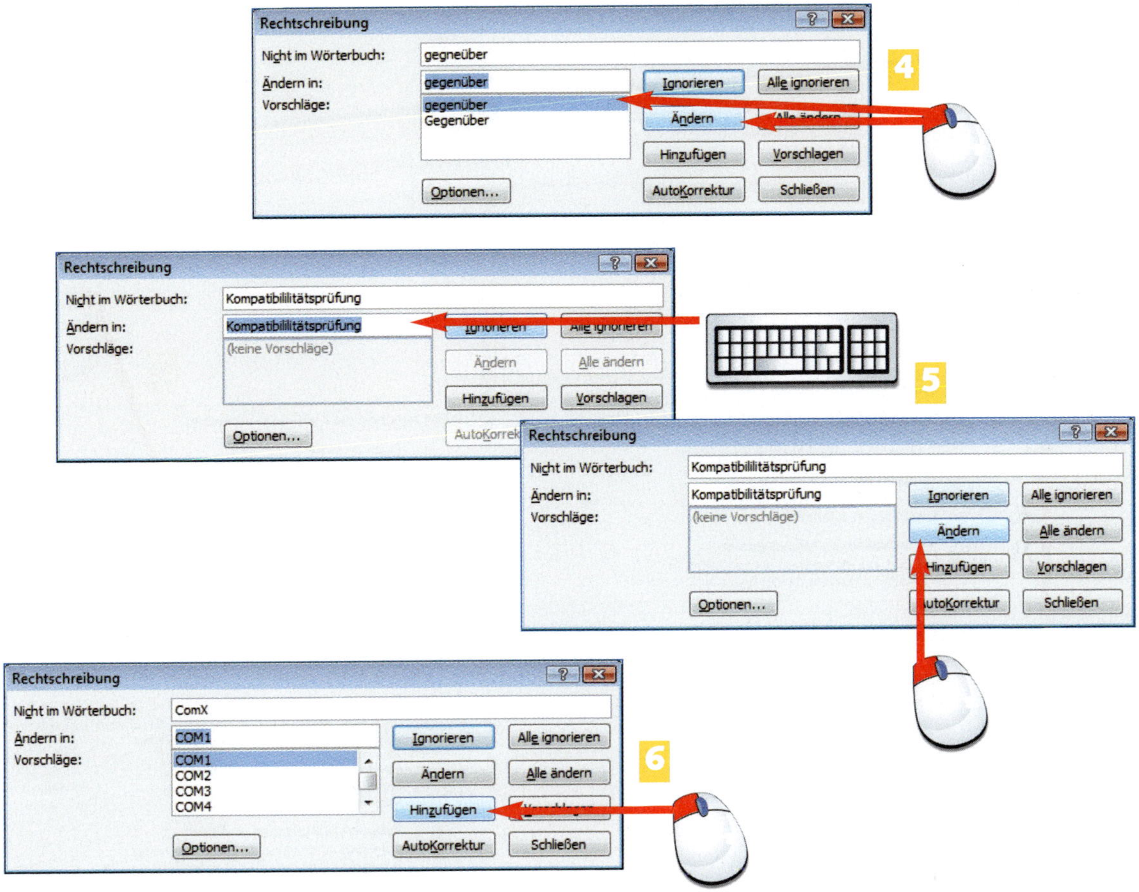

4 Wenn PowerPoint zu einem falsch geschriebenen Wort im unteren Listenfeld mehrere Änderungsvorschläge anbietet, klicken Sie auf den richtigen Eintrag und dann auf *Ändern*.

5 Werden zu einem falsch geschriebenen Begriff keine Korrekturvorschläge eingeblendet, geben Sie neben *Ändern in* die richtige Schreibweise ein und klicken auf *Ändern*.

6 Klicken Sie auf *Hinzufügen*, um einen richtig geschriebenen Begriff in das Wörterbuch aufzunehmen.

Ende

Klicken Sie auf *Auto-Korrektur*, wenn in PowerPoint ein falsch geschriebenes Wort künftig gleich nach der Eingabe korrigiert werden soll.

TIPP

Per Klick auf die Schaltflächen *Alle ignorieren* und *Alle ändern* wird der aktuelle Begriff für die ganze Präsentation ignoriert oder korrigiert.

HINWEIS

Verschieben Sie das Dialogfeld *Rechtschreibung* durch Ziehen an seiner blauen Leiste, falls es auf der Folie den Kontext verdeckt, in dem das geprüfte Wort steht.

TIPP

Persönliche Daten entfernen

Start

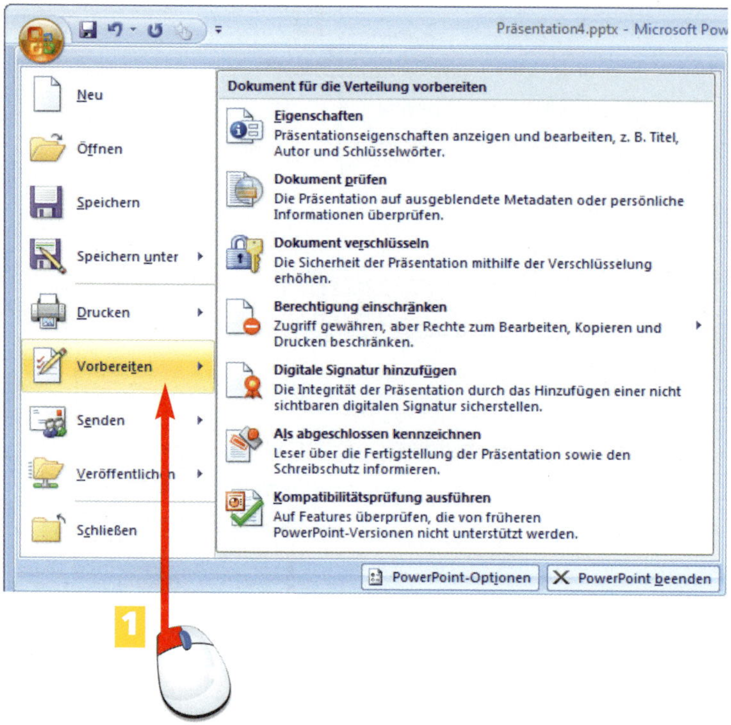

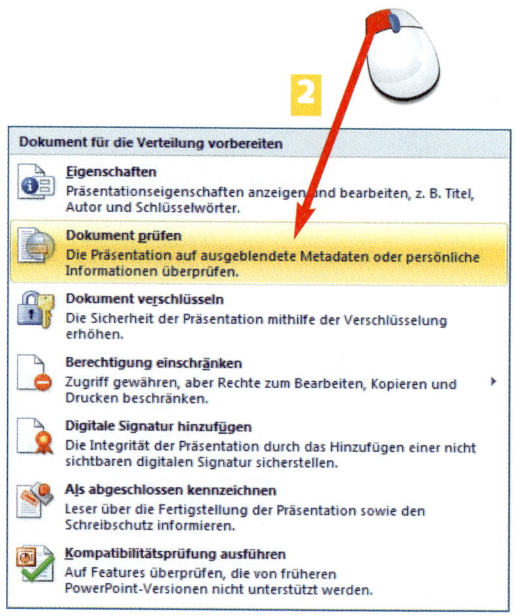

1 Zeigen Sie im Menü *Datei* mit der Maus auf den Eintrag *Vorbereiten*.

2 Klicken Sie auf *Dokument prüfen*.

Häufig werden ungewollt persönliche Informationen wie Präsentationsnotizen, Kommentare oder außerhalb des sichtbaren Bereichs der Folie hinterlegte Skizzen weitergegeben. Durch eine Dokumentprüfung finden Sie versteckte Daten in einer Präsentation und entscheiden, welche Informationen entfernt werden sollen.

WISSEN

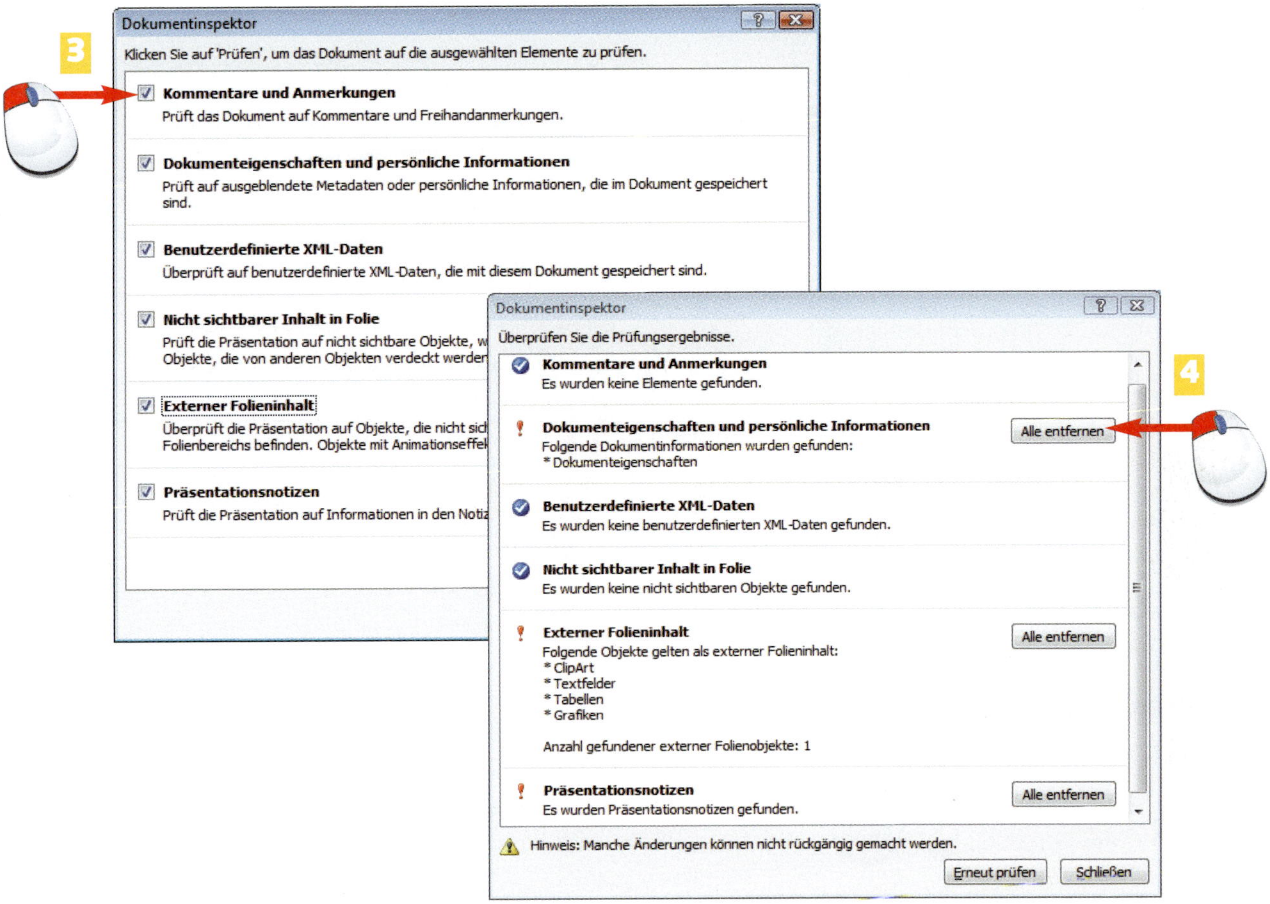

3 Setzen Sie im *Dokumentinspektor* ein Häkchen vor alle Einträge und klicken Sie dann auf *Prüfen*.

4 Klicken Sie im Prüfungsergebnis auf *Alle entfernen*, wenn die Präsentation Daten enthält, die Sie nicht weitergeben möchten.

Ende

Erstellen Sie vor der Dokumentprüfung eine Kopie Ihrer Präsentation. Bei der prüfung entfernte Daten können zum Teil nicht wieder hergestellt werden.

TIPP

Entfernen Sie persönliche Informationen in den Datenblättern manuell. Diese werden von der Dokumentinspektion nicht erfasst.

TIPP

Um zu überprüfen, welchen externen Folieninhalt eine Präsentation enthält, reduzieren Sie den *Zoomfaktor* der Ansicht. Dann können Sie den Bereich außerhalb der Folie sehen.

TIPP

Start

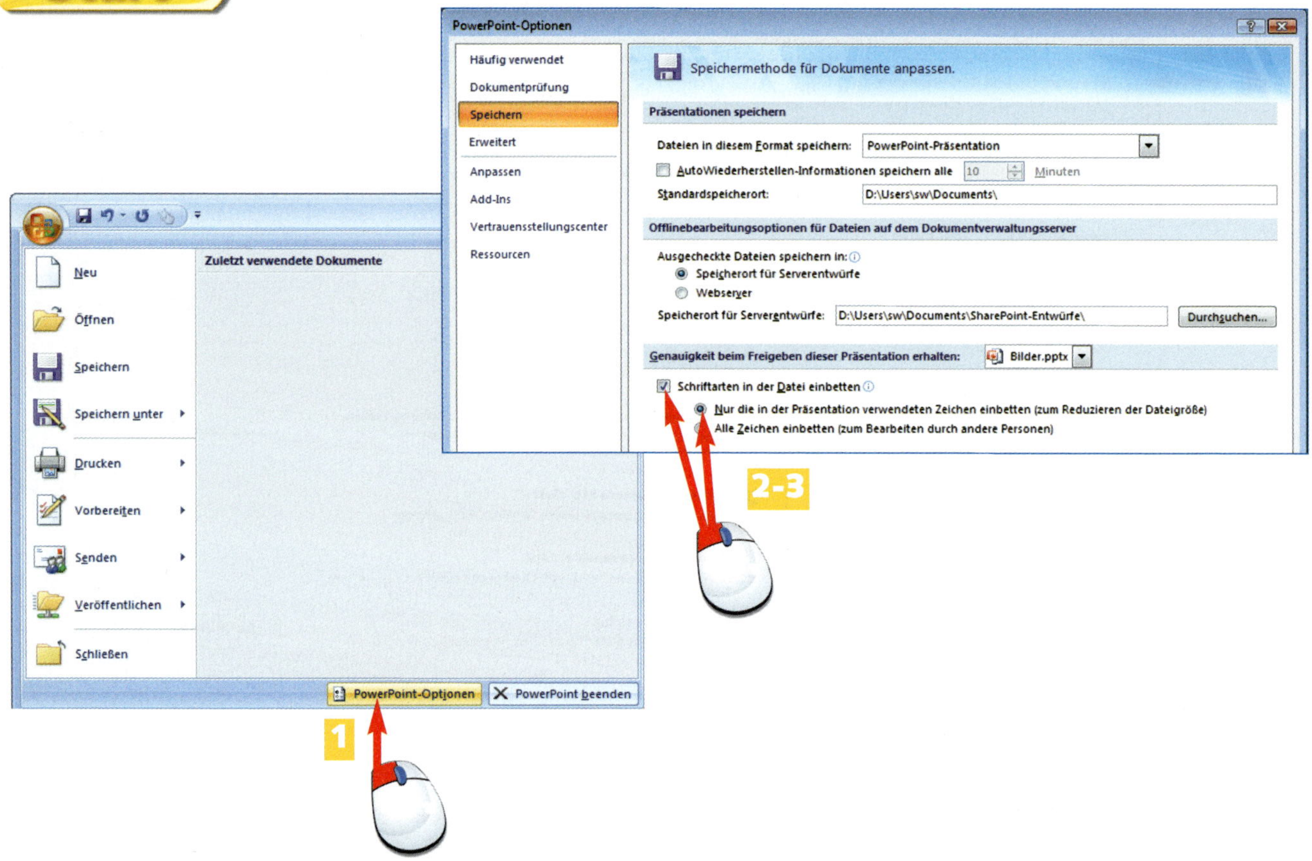

1 Wenn Sie keine Standardschriften verwenden, können Sie die in der Präsentation verwendeten Schriften in die Datei einbetten. Rufen Sie dazu in den *PowerPoint-Optionen* die Rubrik *Speichern* auf.

2 Setzen Sie ein Häkchen vor *Schriftarten in der Datei einbetten*.

3 Wählen Sie dann, ob alle Zeichen oder nur die in der Präsentation verwendeten eingebettet werden sollen.

Fehlt bei der Wiedergabe auf einem anderen Rechner die Schrift, mit der die Präsentation erstellt wurde, ersetzt PowerPoint die fehlende Schrift durch eine andere. Die Folge ist häufig eine fehlerhafte Darstellung der Folie, wenn Textfelder andere Objekte überdecken oder der Zeilenumbruch nicht mehr stimmt.

WISSEN

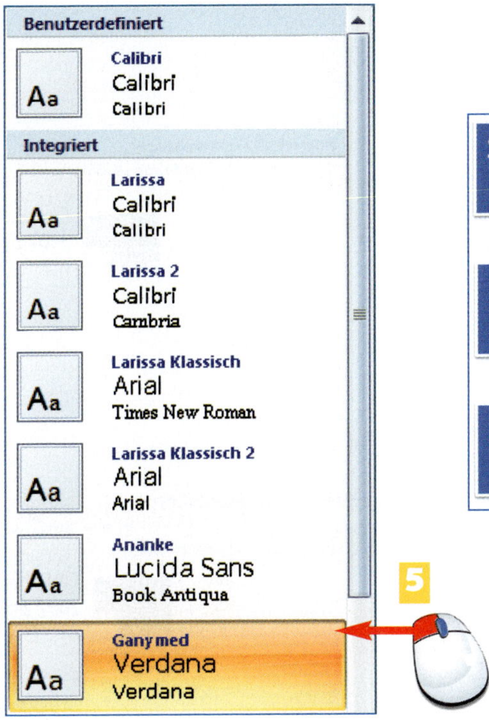

4 Die Alternative zum Einbetten: Setzen Sie eine weit verbreitete Standardschrift ein. Wechseln Sie dazu in die Registerkarte *Entwurf* und klicken Sie auf *Schriftarten*.

5 Wählen Sie aus den Designschriftarten *Larissa Klassisch 2* oder *Ganymed* aus.

6 Überprüfen Sie, ob Ihre Folien nach dem Austauschen der Schrift noch korrekt dargestellt werden, und passen Sie bei Bedarf die Schriftgröße an.

Ende

Beim Einbetten von Schriften treten immer wieder Probleme auf. Verwenden Sie deshalb in Präsentationen, die Sie weitergeben möchten, nur Standardschriften.

HINWEIS

Schriftarten wie Arial, Verdana und Wingdings sind **Standardschriften**, die in der Regel auf allen Windows-Rechnern installiert sind.

FACHWORT

Manuelle, von der Designschrift abweichende Formatierungen werden beim Austauschen der Designschrift nicht geändert und müssen manuell nachbearbeitet werden.

HINWEIS

Start

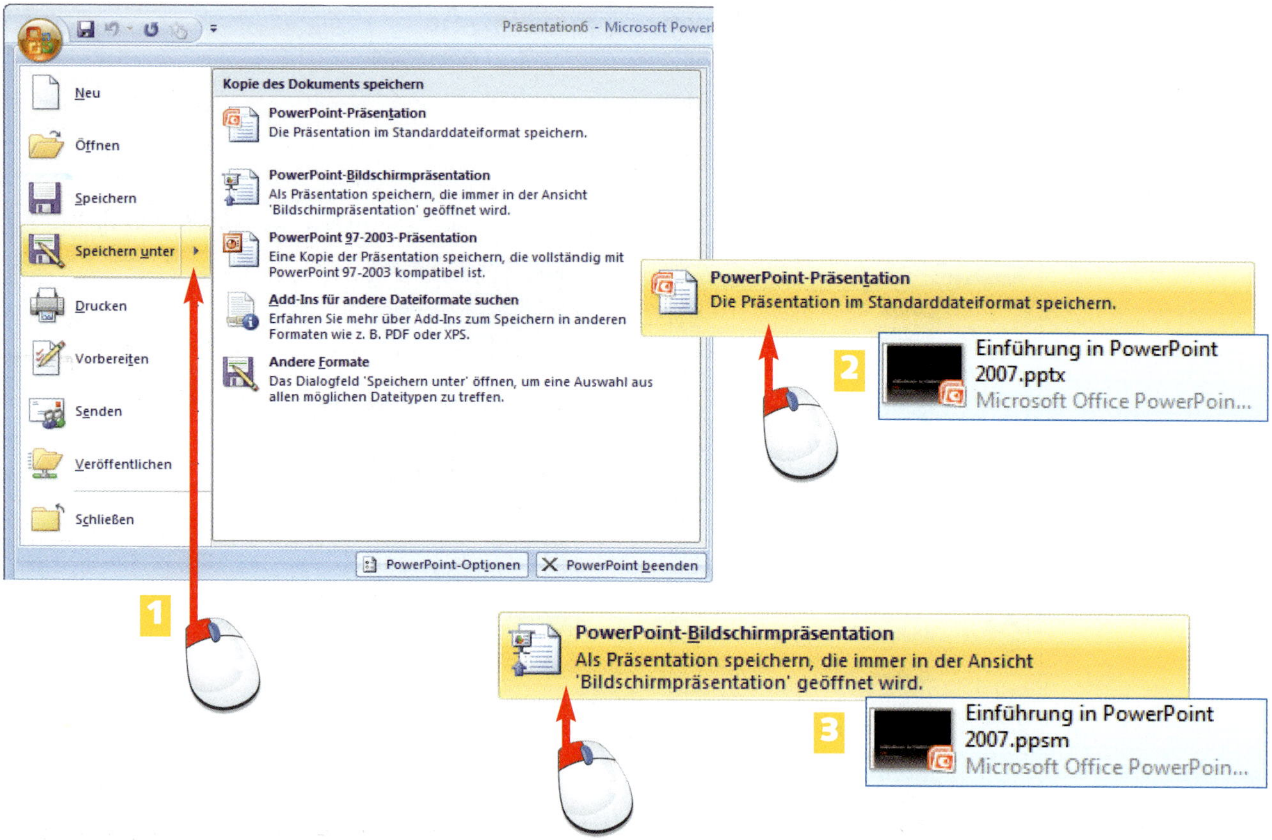

1 Zeigen Sie im Menü *Datei* auf den Eintrag *Speichern unter*. PowerPoint blendet daraufhin verschiedene Speicherformate zur Auswahl ein.

2 Wenn der Empfänger Ihrer Präsentation ebenfalls PowerPoint 2007 einsetzt, wählen Sie das Format *PowerPoint-Präsentation*.

3 Wählen Sie *PowerPoint-Bildschirmpräsentation*, wenn der Empfänger PowerPoint 2007 einsetzt und per Doppelklick im Explorer nicht PowerPoint, sondern gleich die Bildschirmpräsentation gestartet werden soll.

Dateien im Format .PPTX können auf anderen Rechnern mit älteren PowerPoint-Versionen nur geöffnet werden, wenn auf dem Rechner das *Compatibility Pack* installiert ist. Wie beim Speichern im PowerPoint 97-2003-Format werden Formen und Schaubilder mit Grafikeffekten, die von den älteren Versionen nicht unterstützt werden, durch Bilder ersetzt.

WISSEN

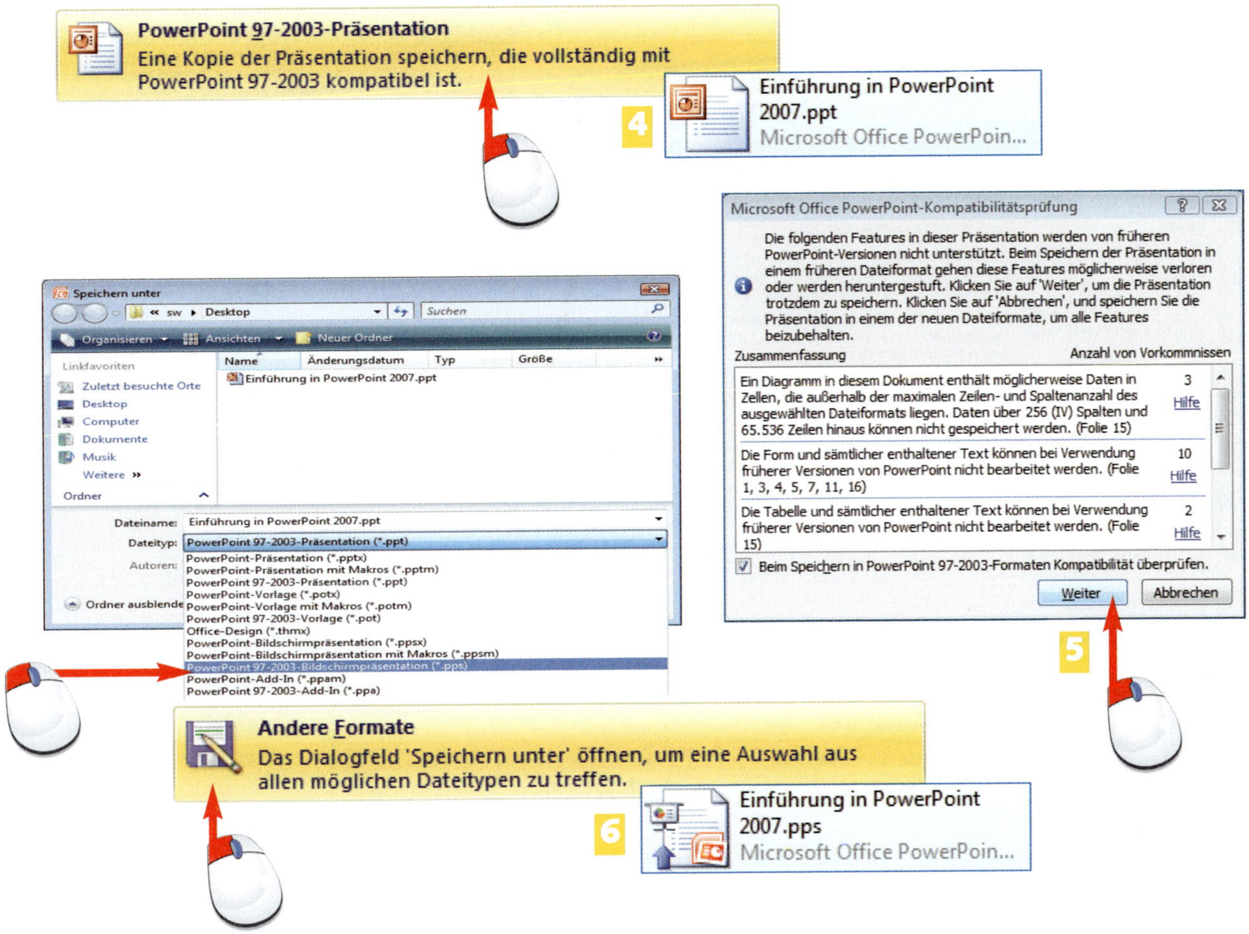

4 Wenn Sie nicht wissen, welche Programmversion der Empfänger Ihrer Präsentation einsetzt, speichern Sie Ihre Präsentation als *PowerPoint 97-2003-Präsentation*.

5 Beim Speichern für ältere Versionen führt PowerPoint eine Kompatibilitätsprüfung durch. Klicken Sie auf *Weiter*, um das Speichern fortzusetzen und abzuschließen.

6 Um eine Präsentation für ältere Versionen als Bildschirmpräsentation zu speichern, wählen Sie *Andere Formate*. Stellen Sie im Dialogfeld *Speichern unter* als *Dateityp* dann *PowerPoint 97-2003-Bildschirmpräsentation* ein.

Ende

Um Präsentationen zu bearbeiten, die als Bildschirmpräsentation gespeichert wurden, öffnen Sie sie aus PowerPoint heraus über *Öffnen* im Menü *Datei*.

HINWEIS

Achten Sie beim Speichern im 97-2003-Format darauf, welche Datei Sie weiterbearbeiten. Sonst erzeugen Sie zwei Versionen Ihrer Präsentation.

TIPP

Das *Compatibility Pack* steht unter www.microsoft.de zum kostenlosen Download zur Verfügung. Geben Sie in das Suchfeld rechts oben *compatibility pack* ein.

HINWEIS

Präsentationen von einer CD wiedergeben

Start

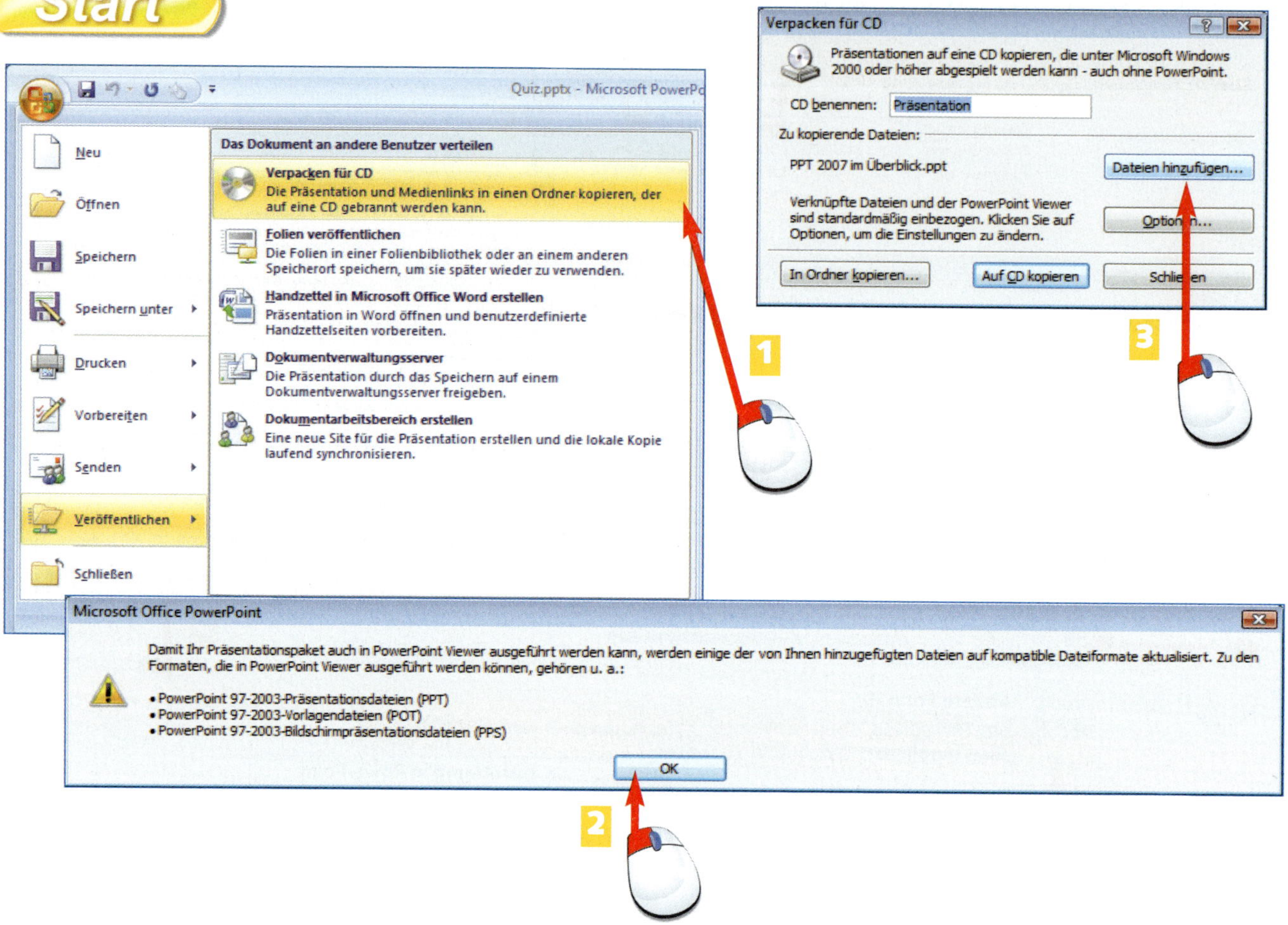

1 Zeigen Sie im Menü *Datei* auf *Veröffentlichen*. Klicken Sie dann auf *Verpacken für CD*.

2 Bestätigen Sie, dass Ihre Präsentation in das PowerPoint 97-2003-Format konvertiert wird.

3 Wenn Sie mehrere Dateien auf CD brennen möchten, wählen Sie über *Dateien hinzufügen* die weiteren Präsentationen aus. Um nur eine Präsentation auf CD zu brennen, fahren Sie mit Schritt 7 fort.

Beim *Verpacken für CD* erzeugt PowerPoint ein CD-Image, das den PowerPoint-Viewer sowie eine Funktion zum automatischen Start der CD enthält. Nach dem Einlegen der CD wird automatisch die Präsentation gestartet, auch wenn auf dem Rechner des Empfängers weder PowerPoint noch der Viewer installiert sind.

WISSEN

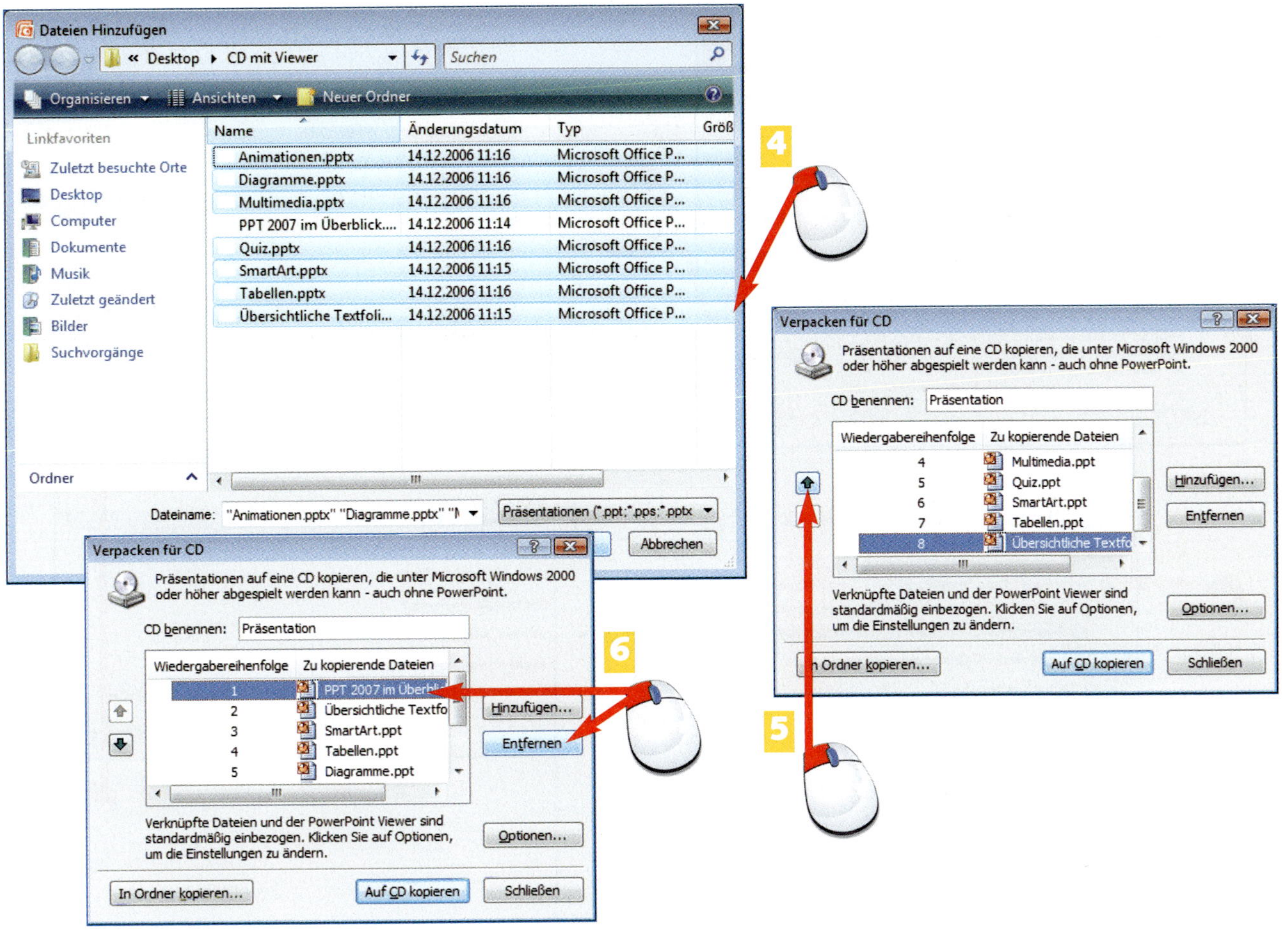

4 Wählen Sie im Dialogfeld *Dateien hinzufügen* die Präsentation(en) aus. Halten Sie die Strg-Taste gedrückt, um mehrere Dateien zu markieren.

5 Passen Sie die Reihenfolge an, in der die Präsentationen nacheinander wiedergegeben werden: Markieren Sie einen Eintrag in der Liste und ändern Sie per Klick auf die Pfeiltasten die Reihenfolge.

6 Um eine Datei wieder aus der Liste zu entfernen, markieren Sie den Eintrag und klicken auf *Entfernen*.

Mit dem **PowerPoint-Viewer** können PowerPoint-Präsentationen zwar als Bildschirmpräsentation wiedergegeben, nicht aber bearbeitet werden.

FACHWORT

Der PowerPoint-Viewer funktioniert erst ab Windows 2000 mit Service Pack 4 oder höher. Ältere Windows-Versionen werden nicht unterstützt.

HINWEIS

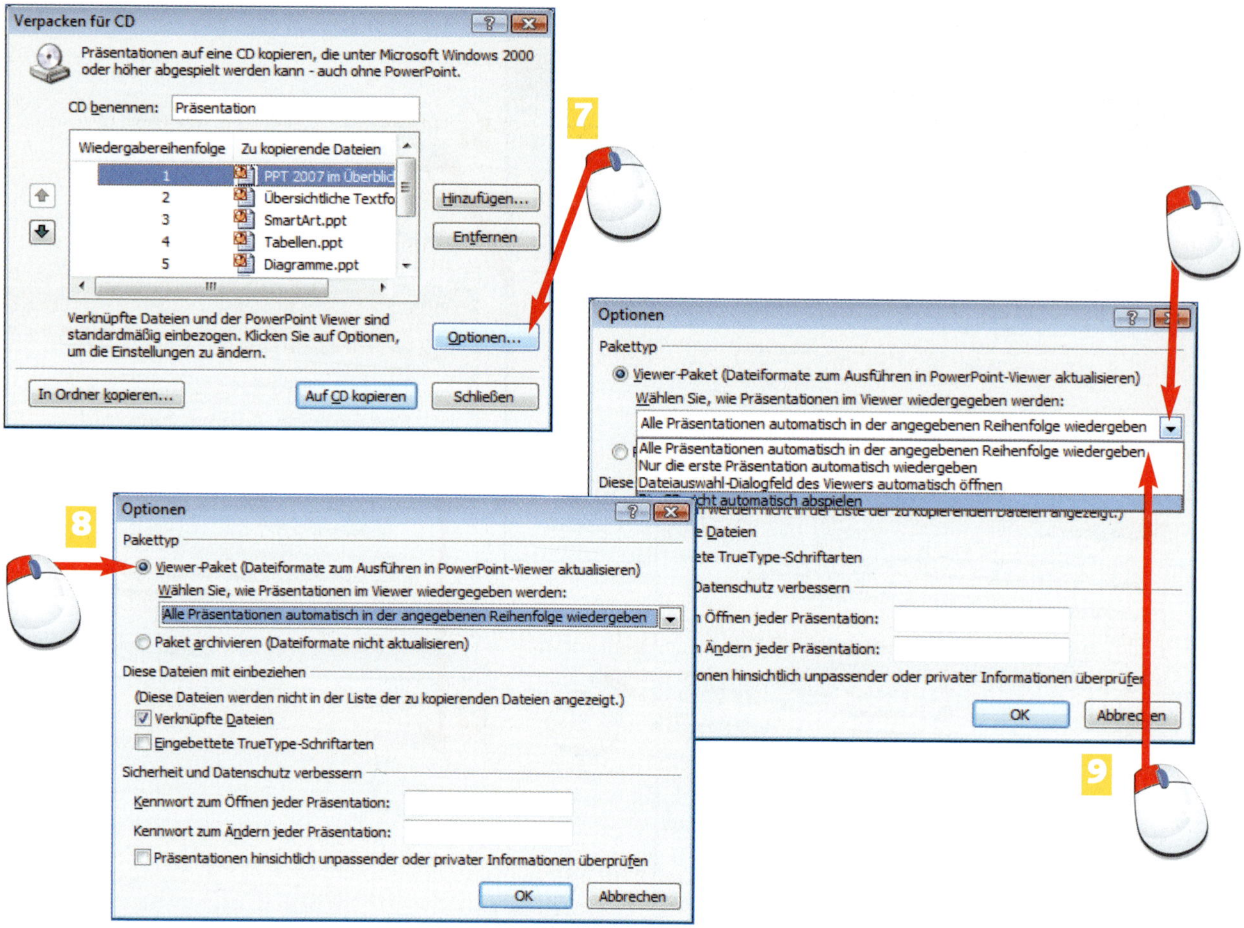

7 Klicken Sie auf *Optionen*, um die Wiedergabeeinstellungen für die CD festzulegen.

8 Aktivieren Sie die Option *Viewer-Paket*.

9 Öffnen Sie die Liste und wählen Sie die Art der Wiedergabe im Viewer aus. Die Einstellung *Alle Präsentationen automatisch ...* bewirkt, dass mehrere Präsentationen nacheinander wiedergegeben werden.

Die Option *Paket archivieren* bedeutet, dass die Präsentation als PowerPoint 2007-Präsentation im Format .PPTX zusammen mit allen verknüpften Dateien im gleichen Verzeichnis gespeichert wird. Ein CD-Image mit Viewer wird nur erstellt, wenn Sie die Option *Viewer-Paket* wählen.

WISSEN

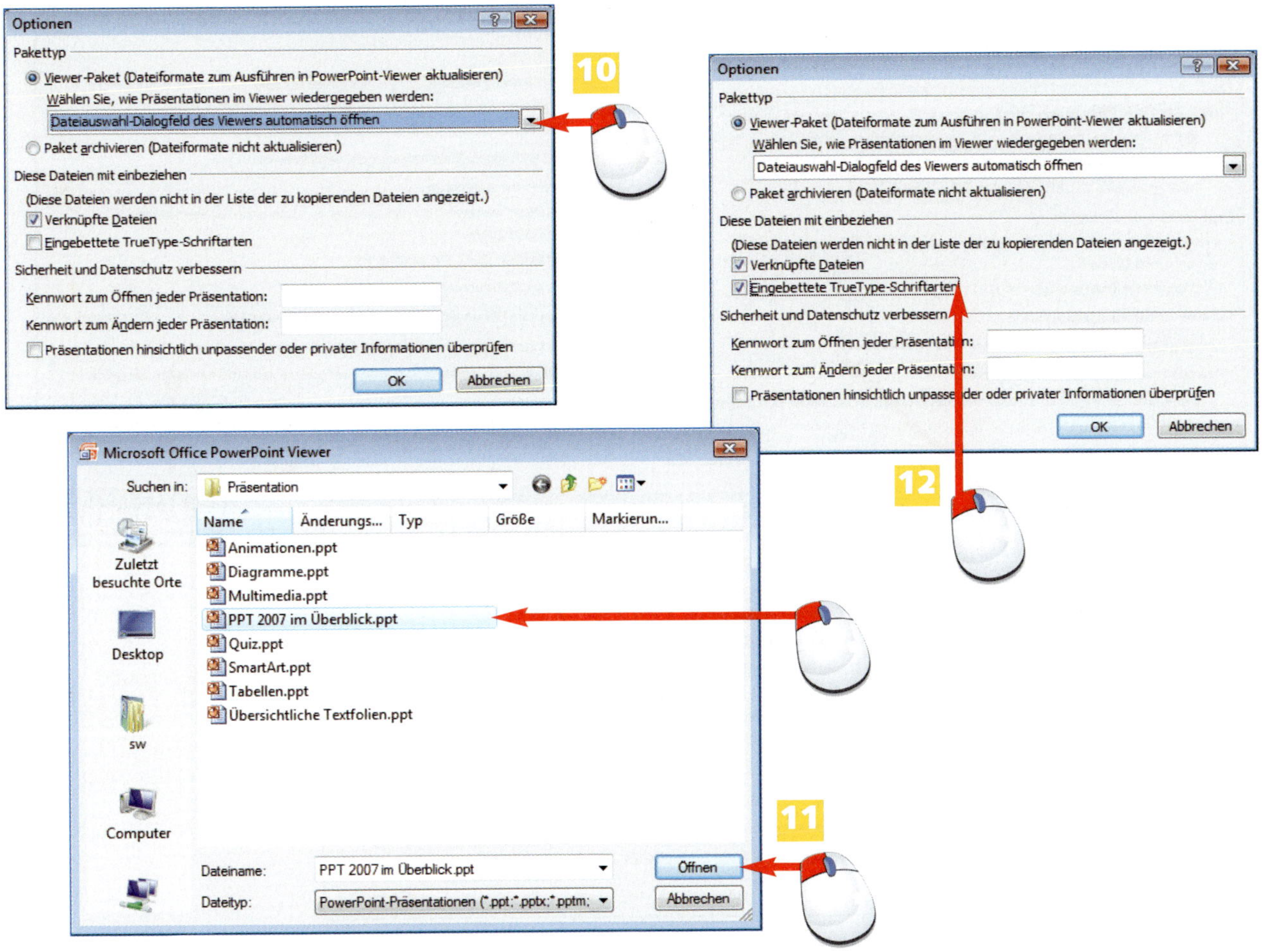

10 Mit der Einstellung *Dateiauswahl-Dialogfeld des Viewers automatisch öffnen* wird nach dem Einlegen der CD nicht die Präsentation, sondern der PowerPoint-Viewer gestartet.

11 Im Dateiauswahl-Dialogfeld des Viewers kann der Betrachter dann selbst bestimmen, welche Präsentation er ansehen möchte.

12 Aktivieren Sie das Einbetten von Schriften, wenn Sie in Ihrer Präsentation keine Standardschriften verwenden.

Testen Sie auf einem anderen Rechner, ob das Einbetten von Schriften geklappt hat. Dabei darf die verwendete Schrift auf dem Testrechner nicht installiert sein.

TIPP

Verknüpfte Dateien können ein Hyperlink auf andere Dateien, Sound- oder Video sein, die nicht in der Datei selbst gespeichert sind.

FACHWORT

Die Option *Paket archivieren* bewirkt, dass die Präsentation im Format .PPTX zusammen mit allen verknüpften Dateien in einem Verzeichnis gespeichert wird.

HINWEIS

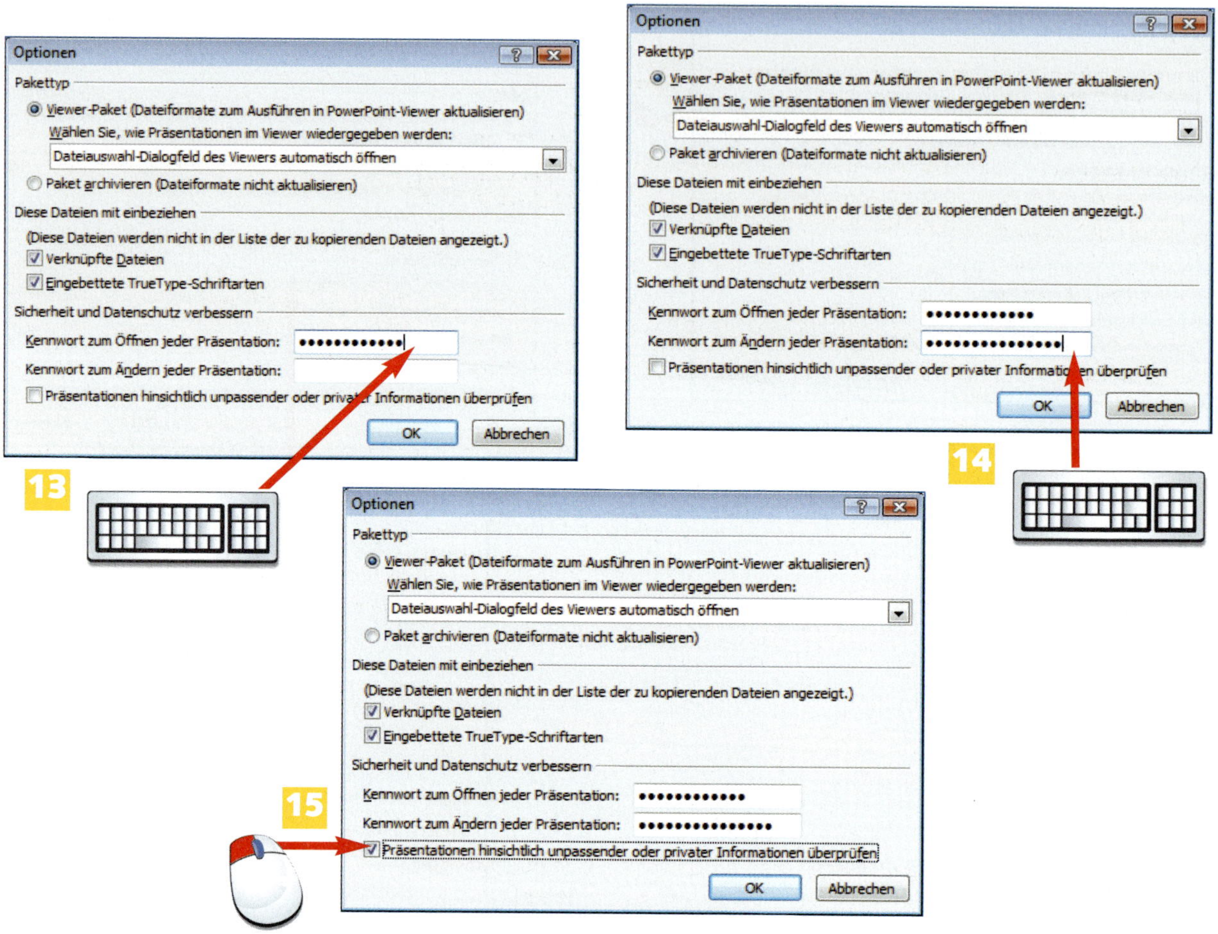

13 Wenn Ihre Präsentation vertrauliche Informationen enthält, können Sie durch Vergabe eines Kennworts verhindern, dass Unbefugte die Präsentation öffnen und ansehen.

14 Ist lediglich ein Kennwort zum Ändern der Präsentation hinterlegt, kann jeder die Präsentation öffnen und ansehen, den Inhalt aber nicht verändern.

15 Aktivieren Sie *Präsentationen hinsichtlich ... privater Informationen überprüfen*, um die versehentliche Weitergabe persönlicher Informationen zu vermeiden.

Für die Überprüfung hinsichtlich privater Informationen wird beim Erstellen des Pakets der Dokumentinspektor ausgeführt. Er prüft nicht nur die aktuell geöffnete Präsentation, sondern alle Präsentationen, die dem Paket hinzugefügt werden, und wird deshalb unter Umständen mehrfach ausgeführt, bevor Sie mit dem Erstellen der CD fortfahren können.

WISSEN

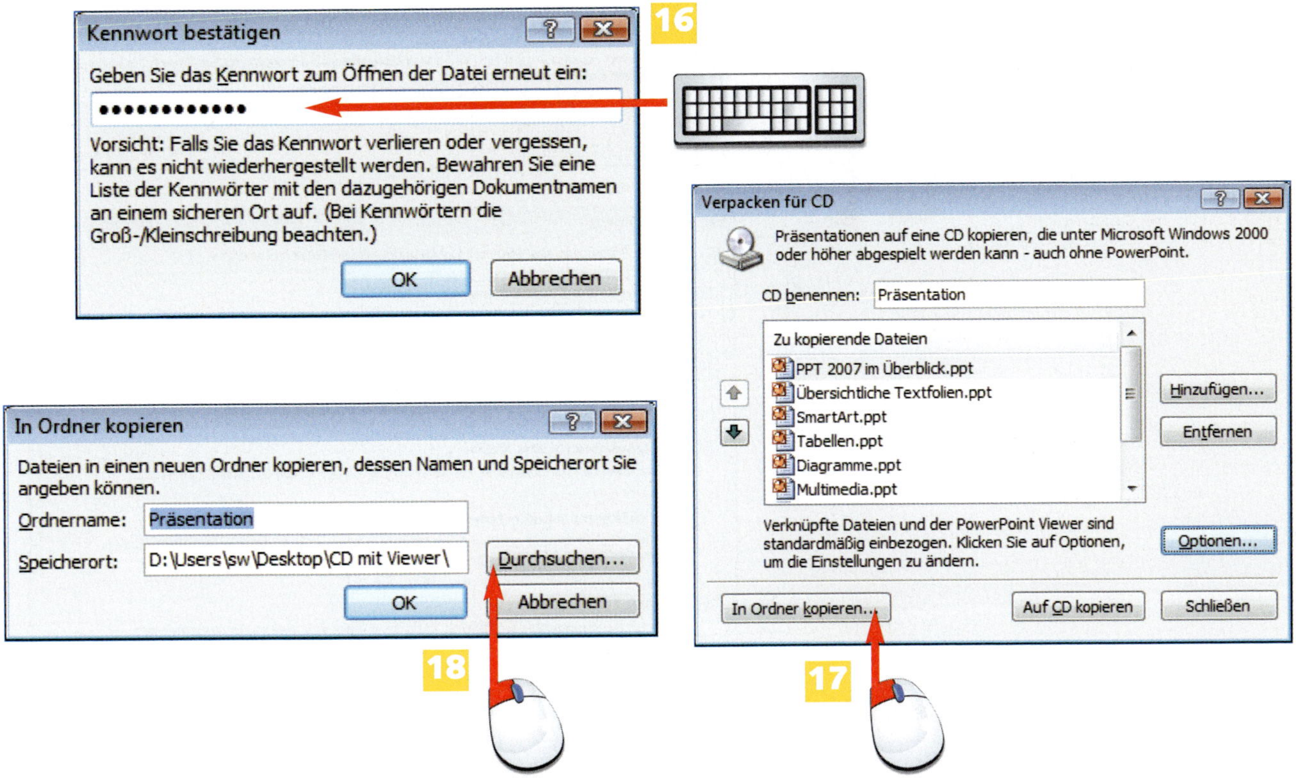

16 Geben Sie anschließend zur Bestätigung Ihr Kennwort nochmals ein. Wenn Sie sowohl das Öffnen als auch das Bearbeiten geschützt haben, müssen Sie beide Kennwörter bestätigen.

17 Klicken Sie anschließend auf die Schaltfläche *In Ordner kopieren ...*

18 ... und wählen Sie über *Durchsuchen* ein Verzeichnis auf Ihrem Rechner aus.

Das Kennwort zum Bearbeiten schützt lediglich vor versehentlichen Änderungen an einer Datei und ist zum Datenschutz nicht geeignet.

HINWEIS

Das Kennwort zum Öffnen einer Präsentation kann nicht wiederhergestellt werden. Wenn Sie es vergessen oder verlieren, können Sie nicht mehr auf Ihre Präsentation zugreifen.

HINWEIS

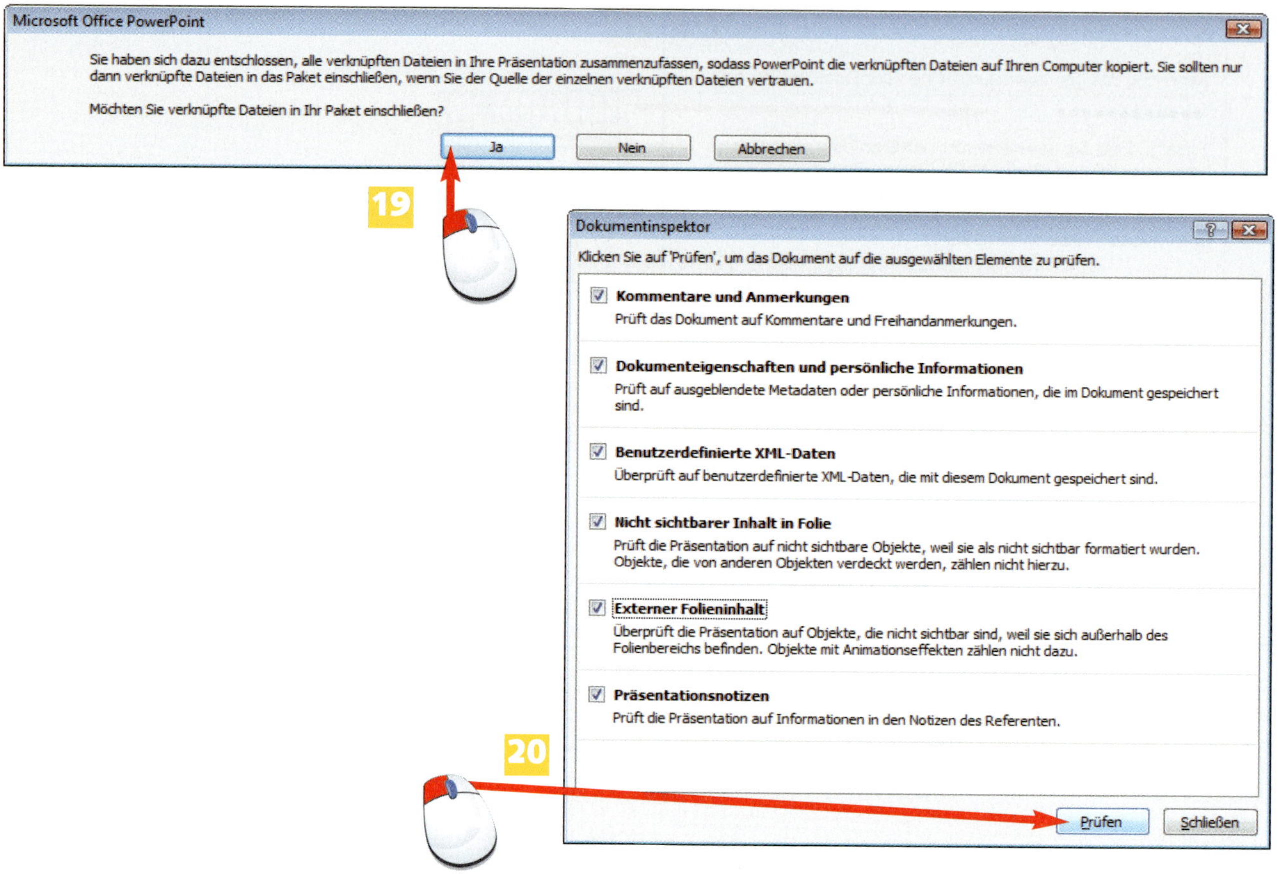

19 Bestätigen Sie, dass verknüpfte Dateien in das Paket eingeschlossen werden sollen.

20 Wenn Sie die Option *Präsentationen hinsichtlich … privater Informationen überprüfen* aktiviert haben, wird als Nächstes der *Dokumentinspektor* gestartet.

Beim *Verpacken für CD* werden von der CD ausführbare Programmbibliotheken des PowerPoint-Viewers, Kopien der Präsentationen und aller verknüpften Dateien sowie die Funktionen zum automatischen Start der CD erstellt. Ob die CD dann tatsächlich automatisch gestartet wird, hängt von den Starteinstellungen für CDs auf dem jeweiligen Rechner ab.

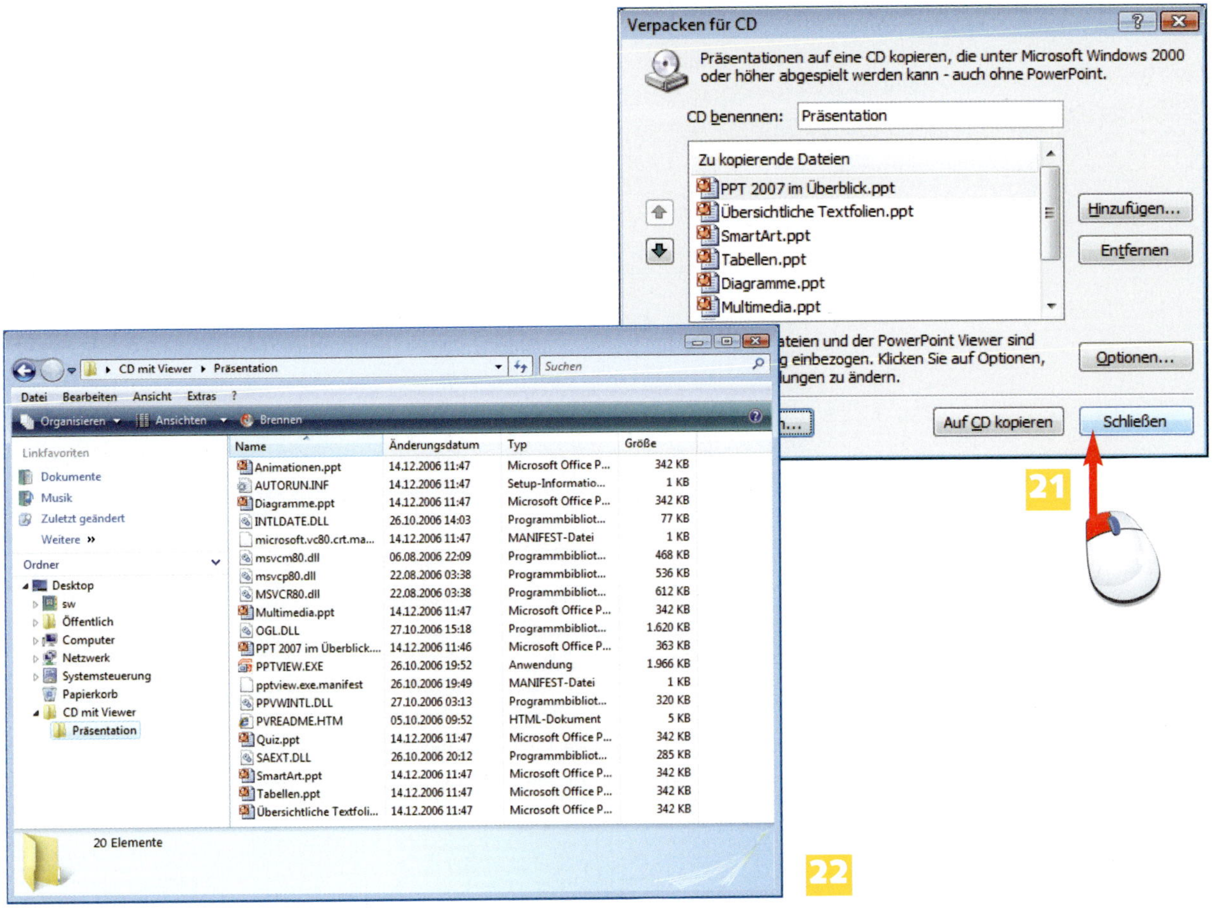

21 Wenn das Paket fertig verarbeitet ist, klicken Sie im Dialogfeld *Verpacken für CD* auf *Schließen* .

22 Öffnen Sie jetzt das Verzeichnis auf Ihrem Rechner, das die Dateien für die CD enthält. Diese Dateien (und nicht den Ordner, in dem sie sich befinden!) brennen Sie mithilfe Ihres Brennprogramms auf eine CD.

Ende

Testen Sie vor der Weitergabe einer CD, ob die CD fehlerfrei läuft. Diesen Test nehmen Sie am besten auf einem anderen Rechner vor.

TIPP

Der PowerPoint-Viewer ist kein vollwertiger Ersatz für PowerPoint und unterstützt nicht alle Funktionen der Vollversion.

HINWEIS

Über das Kontextmenü der Bildschirmpräsentation können Sie Präsentationen auch mit dem PowerPoint-Viewer ausdrucken.

TIPP

Lexikon

Abstandsbreite

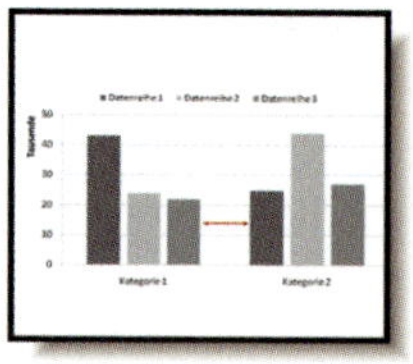

Abstand zwischen den Rubriken in einem Diagramm.

Anzeigeeinheit

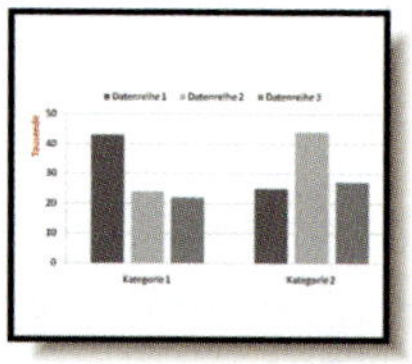

Beschriftung der Größenachse in einem Diagramm, die angibt, welche Werte die Teilstriche der Achse darstellen.

Bildformat

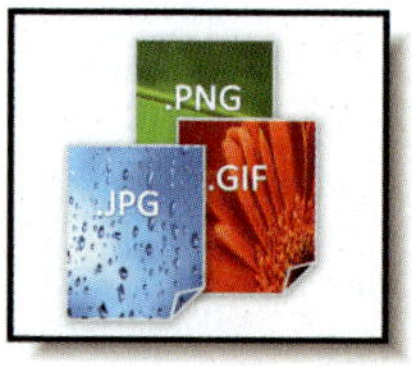

Dateityp, unter dem ein Bild gespeichert und dabei komprimiert wird.

Bildschirmauflösung

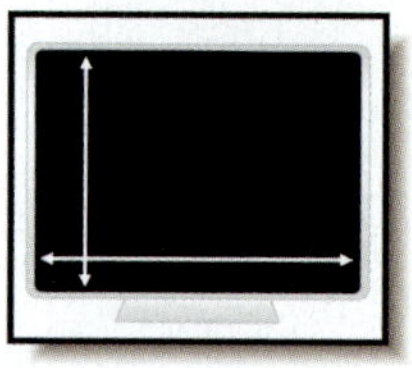

Anzahl der Bildpunkte, die auf einem Bildschirm in der Breite und Höhe angezeigt werden.

Cursor

Blinkender Strich in einem Textfeld oder Platzhalter, der die Stelle kennzeichnet, an der Text eingefügt wird.

Dateiformat

Art und Weise, wie Informationen in einer Datei gespeichert werden.

Datenbeschriftung

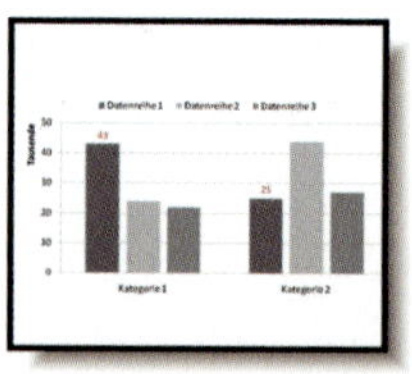

In Diagrammen die Angabe des Werts eines Datenpunkts.

Datenpunkt

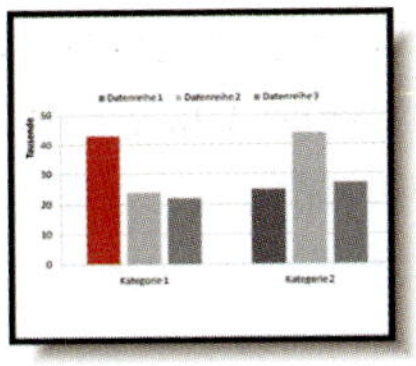

Einzelner Wert in einem Diagramm.

Datenreihe

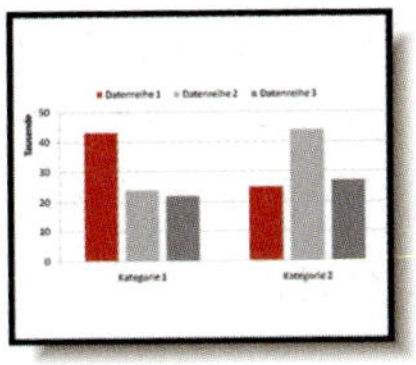

Alle Datenpunkte einer Rubrik.

Design

Voreinstellungen für Farbe, Schrift, Layout und grafische Hintergrundelemente.

Diagramm

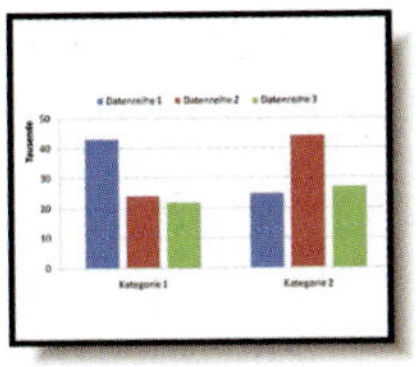

Bildhafte Darstellung von Zahlen, um zeitliche Entwicklungen, Rangfolgen, Anteile o. Ä. zu vergleichen.

Effekt

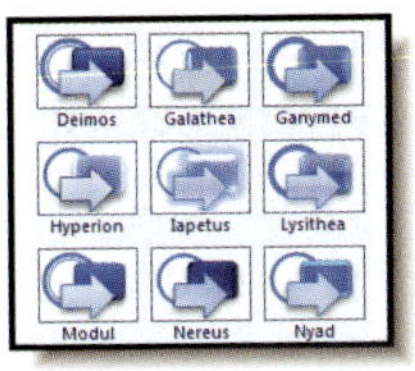

Voreinstellungen für Füllfarbe, Rahmenlinien, Schatten, 3-D-Konturen u. Ä.

Folienmaster

Bestimmt Design, Layout und Format der Folien einer Präsentation.

Folienübergang

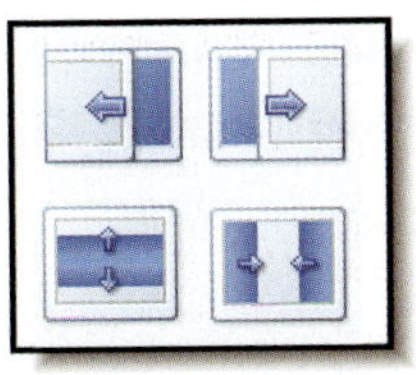

Animation des Übergangs von einer Folie zur nächsten.

Formen

Zeichnungsobjekte mit vordefinierter Form, die lediglich in Breite und Höhe angepasst werden müssen.

Formkontur

Die Rahmenlinie von Objekten.

Formkorrekturpunkt

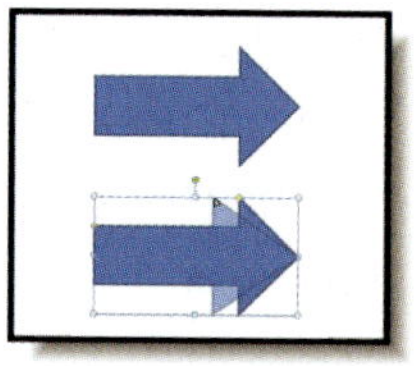

Gelbe Raute einer markierten Form, mit deren Hilfe die Form angepasst werden kann.

Gitternetzlinien (Diagramm)

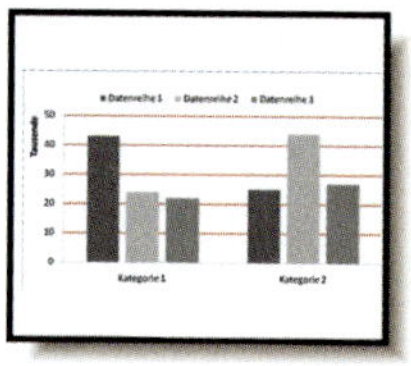

Linien im Hintergrund von Datenreihen, die eine optische Verbindung zwischen Datenpunkt und Achse herstellen und das Lesen des Diagramms erleichtern.

Gitternetzlinien (Tabelle)

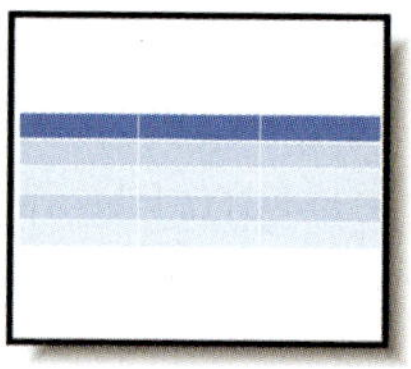

Hilfslinien, die die Trennlinien zwischen den Zellen einer Tabelle kennzeichnen und nur während der Bearbeitung der Tabelle zu sehen sind.

Horizontale Primärachse

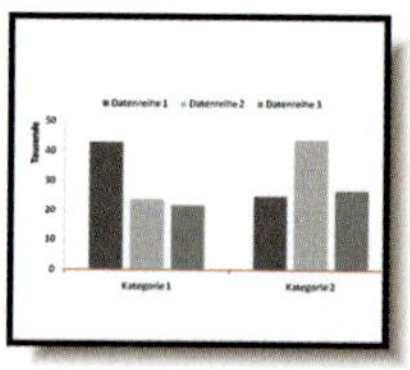

Waagerechte Achse in einem Diagramm.

Intervall

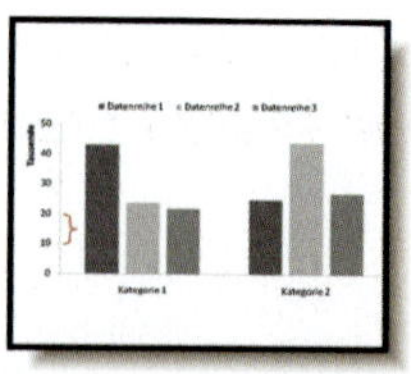

Abstand zwischen den Teilstrichen einer Achse im Diagramm.

Komprimierung

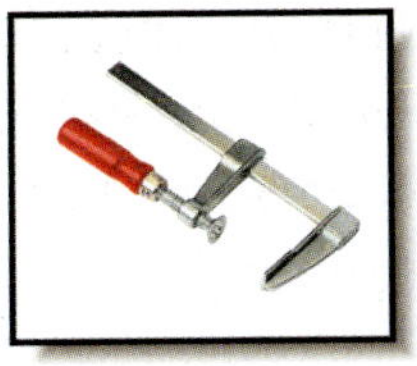

Reduzierung des Speicherbedarfs, den eine Datei auf dem Datenträger benötigt.

Kontextmenü

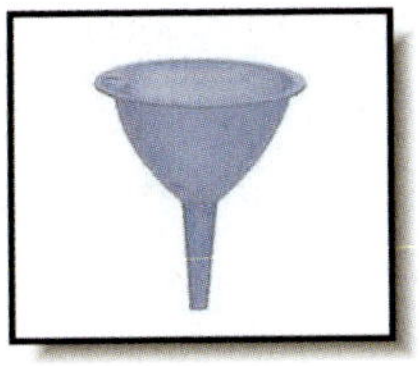

Auswahl von Befehlen, mit denen ein Objekt bearbeitet werden kann.

Layout

Benutzerdefinierte Voreinstellung für die Anordnung von grafischen Hintergrundelementen und Platzhaltern.

Legende

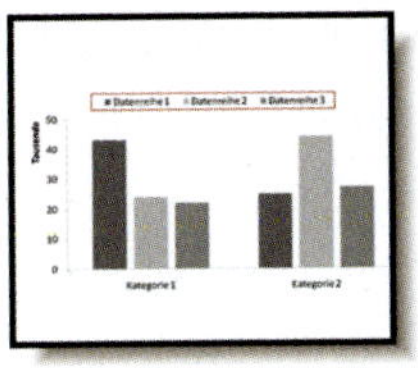

Beschriftung der Datenreihen im Diagramm.

Live-Vorschau

Anzeige von Formatierungseinstellungen auf der Folie, ohne dass die Formatierung endgültig zugewiesen wird.

Minisymbolleiste

Kontextmenü für das Formatieren von Text.

Organigramm

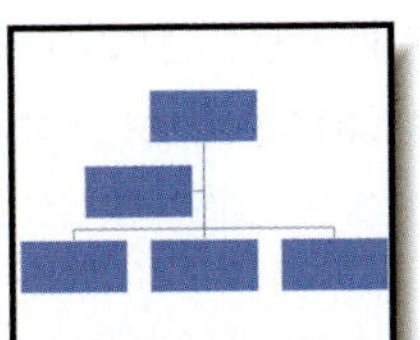

Bildhafte Darstellung von Hierarchien und Organisationsstrukturen.

PPT-Viewer

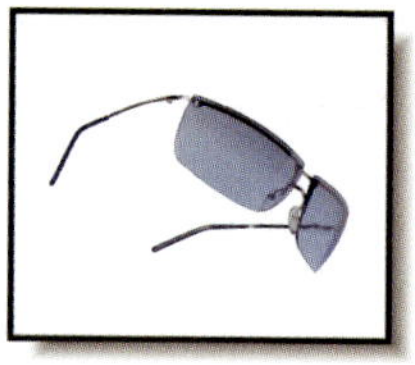

Kostenlose Software, mit der PowerPoint-Präsentationen auf Rechnern ohne PowerPoint angesehen und gedruckt, jedoch nicht bearbeitet werden können.

QuickInfo

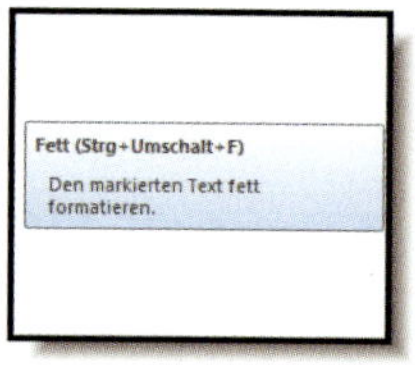

Kurzinformation, die eingeblendet wird, sobald die Maus auf eine Schaltfläche gesetzt wird. Sie enthält knappe Erläuterungen zu dem Befehl, den die Schaltfläche ausführt.

Reihenachsen-überlappung

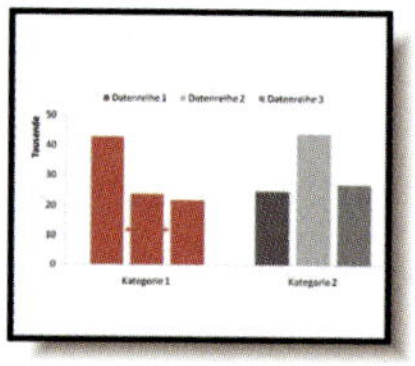

Der Abstand zwischen den Datenpunkten einer Rubrik in Diagrammen.

Richtungstasten

Vier Tasten der Tastatur mit Pfeilen nach links, rechts, oben und unten.

Seitenverhältnis

Das proportionale Verhältnis von Breite zu Höhe bei Bildern, Formen, Platzhaltern etc.

SmartArt

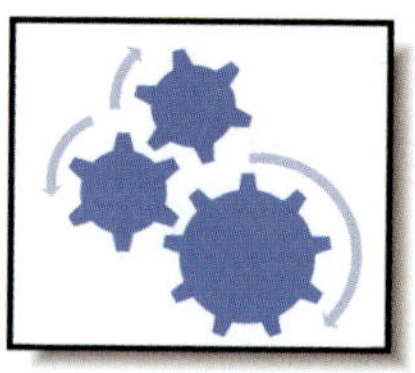

Im Programm vordefinierte Grafiken für Strukturen, Abläufe, Hierarchien u. Ä., die individuell angepasst werden können.

Spaltenkopf

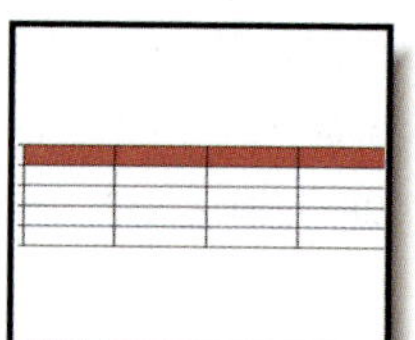

Oberste Zelle einer Tabellenspalte, die angibt, welche Art der Information die Spalte enthält.

Tastenkombination (auch Shortcut genannt)

Direkter Aufruf von Programmbefehlen über die Tastatur, indem zuerst die erste Taste gedrückt und gehalten wird, dann die zweite und eventuell eine dritte Taste.

Teilstrich

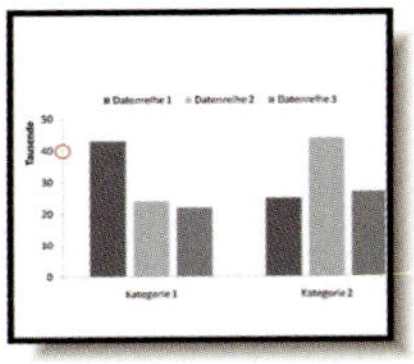

Unterteilung einer Achse in Diagrammen.

Trigger

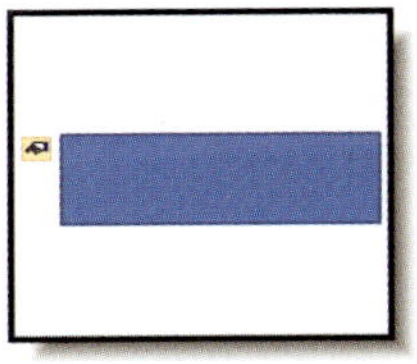

Auslöser für Animationen, die nicht in einer bestimmten Reihenfolge oder mehrfach wiedergegeben werden sollen.

Verbindungslinien

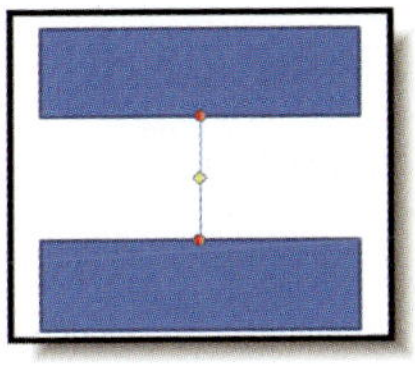

Gezeichnete Linien, die an den Verbindungspunkten von Objekten einrasten und beim Verschieben des Objekts mitwandern.

Verknüpfung

Verweis auf den Speicherort einer Datei, die mit der Präsentation nur verbunden, aber nicht in der Präsentation gespeichert ist (Hyperlinks zu anderen Präsentationen, Sound und Video).

Vertikale Primärachse

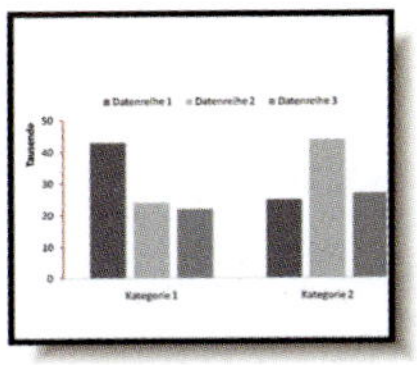

Senkrechte Achse in einem Diagramm.

Zeilenkopf

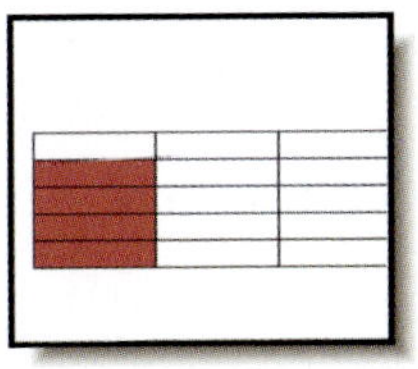

Erste Zelle einer Tabellenzeile, die angibt, welche Art der Information die Zeile enthält.

A

Absatz 39
Absatzabstand 47
Absatzschaltung 39
Abschnittsebene 167
Achsen 113
Achsenoptionen 113
Add-Ins 15
Aktionsschaltflächen 158
Akzentfarben 203, 204
Animation 17, 156, 164
  Ablauf 175
Animationseffekt 165
  bearbeiten 170
Animationseinstellungen 175
Animationsleiste 171
Animationsliste 166
Animationspfad 176, 177
  zeichnen 178
Ansicht
  anpassen
Auf CD brennen 230
Aufgabenbereiche 17
Aufzählung 56, 166
Aufzählungsfunktion 41
Aufzählungszeichen 41, 44
Ausdruck 188
Ausrichtung 93
AutoFormat 33
AutoKorrektur 32, 223
AutoVorschau 173, 185

B

Beamer 13, 212
Befehl rückgängig 35
Beispielwerte 118
Betonungseffekte 168
Bildeffekte 138
Bilder
  einfärben 136
  einfügen 126
  freistellen 132
  komprimieren 131
  vergrößern 128
  verkleinern 128
  zuschneiden 128
Bildformate 127
Bildkacheln 134
Bildschirmpräsentation 150
Bildschirmauflösung 15

C

CD 230
Codec 145

D

Datei
  öffnen 20
  speichern 20
Daten 109
Datenbereich 108
Datenbeschriftungen 121
Datenpunkt 116

Datenreihe 117
Datenwerte 111
Design 23, 25
Designfarben 203
Designschrift 227
Designschriftarten 203
Designvorlage 22
Diagramm 108
Diagrammanimation 184
Diagrammdatenbereich 109
Diagramme
  animieren 184
  formatieren 112
Diagrammtyp 108
Diagrammtypen
  Balkendiagramm 118
  Kreisdiagramm 119
  Säulendiagramm 118
  Verbunddiagramme 121
Dokumentinspektor 225, 234
Drucken 188
Drucker 188
Druckvorschau 193

E

Effekt 25, 141, 152, 165, 168, 204
  löschen 172
Effektgruppe 165
Effektoptionen 172
Effektvorschau 165
Ellipse 73

F

Farbe 49, 203, 204
Farbschema 205
Farbstimmung 136
Fenster anpassen 29
Film 147
Filmtools 147
Folien 16
  anordnen 26
  drucken 190
  einfügen 26
  löschen 26
Foliendesign. 203
Folienmaster 202, 208
Foliensortierung 30
Folienübergang 152, 165
Folienwechsel 153
Form 69, 72
Formatieren 212
Formatvorlage 63, 96, 169
Formeffekte 77, 133
Formkontur 133
Führungslinien 78
Fülleffekt 64, 132
Füllfarbe 64, 105

G

Galathea-Design 201
Gantt-Diagramm 99
Gesperrter Pfad 179
Gewinkelte Verbindung 83

Gitternetzlinien 31, 79, 97
Gliederung 41
Gliederungsebene 166
Grafik einfügen 126
Grafikformat 76, 96, 201, 204
Grafische Elemente 208
Größenachse 114
Großschreibung 33
Gruppieren 75

H

Handout 197
Handzettel
  drucken 188
Helligkeit 137
Hintergrundfarbe 105
Hintergrundformate 139
Hintergrundgrafiken 139
Hintergrundmusik 143

I

Infokiosk 156
Interaktive Präsentationen 158
Intervall 113

K

Kennwort 234
Kioskansicht 157
Kontextmenüs 19
Kontrast 137
Kopf- und Fußzeile 50

L

Layout 26, 202, 203, 208
  nachbearbeiten 214
  organisieren 214
Layout-Katalog 26
Leere Präsentation 12, 22
Legende 114
Legendenoptionen 115
Liste 40
Live-Vorschau 67

M

Markieren 48, 175
Masteransicht 28
Messepräsentation 156
Microsoft Office 12
Multifunktionsleiste 14

N

Neue Folie 26
Neue Präsentation 22
Normalansicht 28
Notizenansicht 194
Notizenausschnitt 16
Notizenseiten ausdrucken 194

O

Office-Designs 200
Office-Schaltfläche 14
Organigramm 80
Overheadfolien drucken 193

P

PDF 190
Pfadanimation 178
Popupsymbolleiste 151
PowerPoint 13
PowerPoint-Viewer 231
PowerPoint-Vorlage 218
Präsentation
 öffnen 229
 schließen 21
 speichern 21
Programmfenster 13

R

Rahmen 102
Rahmeneinstellungen 102
Rahmenlinie 192
Rechtecke 73
Rechtsbündig 93
Rechtschreibprüfung 222
Rechtschreibung 222
Registerkarte 15

S

Sättigung 205
Schatten 193
Schattierung 104
Schaubild 174, 210
Schmuckschriften 141
Schnelldruck 188
Schnellzugriffsleiste 14, 34
Schrift 204
Schriftart 25, 43, 201, 227
Schriften 226
 einbetten 227
Schriftfarbe 48
Schriftgröße 67
Schriftsymbol 43
Schwarzweißdruck 191
Schwarzweißdrucker 191
Seitenränder 94
Seitenverhältnis 127
Serifen 207
Serifenlose Schriften 206
Serifenschriften 206
Silbentrennung 39
Skalierung 128, 135
SmartArt 57
 animieren 184
SmartArt-Grafiken 56
Sound 142, 182
 einfügen 142
Sound-Symbol 143
Soundwiedergabe 143
Spalten 52, 93
Spaltenkopf 97
Speicherformate 228
Speichern 228
Standardformen 72
Standardschriften 226
Startmenü 12
Symbole 72

T

Tabellen 90
Tabellentools 91
Tabellenzellen 98
Taskleiste 13
Text
  anordnen 86
  eingeben 38
  formatieren 48
Text in Tabellen 100
Textbereich 60
Texteffekte 138
Texteinzug 41
Textfeld 86
Textfolien 52
Textplatzhalter 47
Textur 134
Titel 214
Titelfolie 26, 211
Transparenzregler 105
Trennlinien 103
Trigger 180
  zuweisen 181
Triggeranimationen 180

V

Verbindungslinien 83
Videos 146
  importieren 146
Vorlage 23
Vortragspräsentation 155

W

WAV-Dateien 142
Weiche Kanten 133
WordArt 141

Z

Zeichnen 73
Zeilen 93
Zeilenbegrenzung 94
Zeilenkopf 98
Zeilenschaltung 38
Zeitplan 98
Zellen
  formatieren 101
  vertikal ausrichten 97
Zellentextlayout 94
Zentrieren 93
Zoom 30

informit.de, Partner von Markt+Technik, bietet aktuelles Fachwissen rund um die Uhr.
www.informit.de
In Zusammenarbeit mit den Top-Autoren von Markt+Technik, absoluten Spezialisten ihres Fachgebiets, bieten wir Ihnen ständig hochinteressante, brandaktuelle deutsch- und englischsprachige Bücher, Softwareprodukte, Video-Trainings sowie eBooks.
wenn Sie mehr wissen wollen ...
www.informit.de